高等院校创新创业教育系列教材
上海市精品课程系列教材
上海高校本科重点教学改革项目

社会创业学
社会创业思维·过程·实践

魏拴成 王 晶 葛 凤 曹 扬 编著

本书是一部系统介绍社会创业基本理论、创业过程、创业思想和创业实践案例的社会创业通识教材。内容囊括社会创业概论、企业家精神与创业能力开发、社会创业团队建立、社会创业机会识别与评价、社会创业环境分析、商业模式选择、商业计划书制订、社会创业融资策略、社会创业法律与伦理、社会企业战略管理、社会企业经营管理、社会企业营销管理和社会创业领域发展等，同时在教材体例上，每章设置了引导案例、创新思维游戏、案例分析、创业挑战等教学内容。这些内容会对社会创业课程的教学和学习发挥很大的辅助作用。

本书具有注重社会创业理论知识的系统性、突出内容的实用性和强调结构的新颖性等特点，能够更好地满足高等学校开展创新创业教育和创新创业人才培养的需要。

本书适用于本科和研究生层面社会创业或创业基础课程的教学，也可作为高职类创业通识课程或者社会创业类培训项目的教材，还可作为从事社会创业的创业者或对社会创业感兴趣的相关人士的参考用书。

为方便教师开展教学活动，本书配有多媒体课件和习题参考答案。选用教材的教师可以登录机械工业出版社教育服务网（www.cmpedu.com）下载。

图书在版编目（CIP）数据

社会创业学：社会创业思维·过程·实践/魏拴成等编著.—北京：机械工业出版社，2021.10

高等院校创新创业教育系列教材

ISBN 978-7-111-69526-4

Ⅰ.①社… Ⅱ.①魏… Ⅲ.①创业-高等学校-教材 Ⅳ.①F241.4

中国版本图书馆 CIP 数据核字（2021）第 221407 号

机械工业出版社（北京市百万庄大街22号 邮政编码100037）
策划编辑：裴 泱　　　责任编辑：裴 泱
责任校对：张亚楠 王 延　封面设计：王 旭
责任印制：李 昂
北京捷迅佳彩印刷有限公司印刷
2022年1月第1版第1次印刷
184mm×260mm·23.75印张·463千字
标准书号：ISBN 978-7-111-69526-4
定价：69.80元

电话服务　　　　　　　　　网络服务
客服电话：010-88361066　　机 工 官 网：www.cmpbook.com
　　　　　010-88379833　　机 工 官 博：weibo.com/cmp1952
　　　　　010-68326294　　金 书 网：www.golden-book.com
封底无防伪标均为盗版　　　机工教育服务网：www.cmpedu.com

[前言]

社会创业（Social Entrepreneurship）在我们国家被翻译成公益创业。社会创业活动起源于欧美发达国家，自2006年孟加拉国乡村银行创始人尤努斯获得诺贝尔和平奖后，全球范围掀起一场公益创业热潮。所谓社会创业，就是用商业手段解决社会问题的创业行为。

近年来，我国社会企业发展迅速，一批通过社会创业成长起来的社会企业逐渐成长，一些青年大学生有志于将社会公益作为终身职业选择。2006年，湖南大学率先创建中国第一个以"公益创业"命名的大学生社团——滴水恩公益创业协会；2009年北京大学成立公益创业研究会；2010年清华大学举办了"北极光—清华"全国大学生公益创业实践赛；2014年1月，由共青团中央等组织发起的"创青春"公益创业竞赛覆盖了全国2200多所普通高校。2016年在教育部举办的第二届中国"互联网+"大学生创新创业大赛中，专门设立了以社会价值为导向的非营利性创业的"互联网+"公益创业赛道，2019年在"青红赛道"新增设置了"公益组"，继续鼓励公益类型的创业项目。特别是"大众创业、万众创新"被提升到国家战略之后，"社会创业"的概念得到大众的关注与认可，很多大学不断创建社会创业研究中心。与此同时，社会创业课程也融入各大学创业教育和商学院课程体系中。越来越多的大学生和创业者投身社会创业领域，探索运用商业手段解决各种各样社会问题的有效途径。

社会创业与商业创业相比，更加强调社会问题的解决和社会财富的创造；社会创业者与商业创业者相比，更加强调社会责任感和道德推动力；社会创业环境与商业创业环境相比，更加需要推动法律制度的完善和公益理念的营造。所以，社会创业较之商业创业的难度要大很多，会面临更多的挑战。

编撰一部既具备理论与知识的系统性，又满足内容的新颖性、实用性，同时，编排体例具有一定的创新性，文字具有较强的可读性，并通过创业家的智慧和创新创业教育游戏对大学生社会创业、社会企业家精神培养和社会企业建设具有很大启迪作用的社会创业学教材，无论如何对我们来说都是很大的挑战。

社会创业不仅仅是一个从0到1的发展过程，更是在高度不确定条件下的解决社会问题的商业实验。基于确定条件下的传统管理理论知识，难以为处在高度不确定环境中的社会创业者提供理论支持和帮助。如何编写一部将创业知识、创业

社会创业学：
社会创业思维·过程·实践

实践和拓展思维游戏有机整合在一起的社会创业学教材，是我们一直思考的问题。拉里·雷法尔所著的《创业时代——唤醒个人、企业和国家的创业精神》、梅田望夫所著的《G时代创业的5大定律》、理查德·多尔夫所著的《创业的轨迹：从创意到一个企业真正的诞生》、海迪·M.内克等所著的《如何教创业：基于实践的百森教学法》和格雷等所著的《创新、变革&非凡思维训练》等给了我们很大启发。

精益创业运动引领者埃里克·莱斯认为："创业即是某种形式的管理。"管理学家德鲁克指出："管理是一种实践。其本质不在于知，而在于行。"百森认为，创业是一种基于实践的行为，提倡利用实践的方法开展创业教育。所以，我们在本书中把社会创业理论、创业家思想、国内外创业实践和创新创业游戏有机地结合在一起，使学习者在系统学习社会创业理论知识的同时，通过创业家语录体验创业者思维模式，运用案例分析社会创业经验教训，通过游戏进行创业思维拓展，能够在培养学生们和社会创业者的创新创业精神和能力方面发挥很强的作用。

本书具有以下几方面的特点：

第一，注重创业理论知识的系统性。本书的理论知识体系围绕着社会创业过程而展开，涵盖了社会创业过程中的核心内容，把社会创业的相关知识做了全面的阐述，有助于学习者对社会创业过程形成整体的认识和全面的把握。

第二，突出内容的实用性。本书注重创业理论和社会创业实际的联系，将社会创业理论、创业家思想、社会创业案例、拓展思维游戏结合在一起，使学生们和社会创业者能够在学习社会创业理论的同时，领悟创业家和管理学家们的思考方式和解决问题的方法，增进大学生和社会创业者的创新力，很好地满足社会创新创业人才培养的要求。

第三，强调结构的新颖性。本书的章节组织基本上按照社会创业过程进行布局，结构合理，层次清晰。在编排体例上，每一章均设置了引导案例、创新思维游戏、案例分析、延伸阅读等栏目。这样的编排体例在帮助大学生和社会创业者在不确定的环境中创造、发现和开发社会创业机会，提升创新创业思维与行动能力方面具有很强的推动作用。

为了更好地反映社会创业的最新动态，本书设置了社会创业新发展的章节，介绍了创业领域最新研究动态。在相关章节，增加了社会创业团队冲突管理和社会创业者的压力管理等内容。

本书由王晶负责编写第三章、第五章和第十一章，葛凤负责编写第四章、第六章和第七章，曹扬负责编写第九章、第十三章和第十四章，魏拴成编写了其余章节，并负责全书整体结构的设计和统稿。

本书在编写过程中，得到了恩派公益丁立先生、湖南大学汪忠教授、上海市

前　言

慈善教育培训中心徐本亮先生等许多专家学者的帮助，在此向各位专家学者致以衷心的感谢。

本书在编写过程中，参阅了大量的文献和研究资料，书后列出了主要参考文献，但仍难免有疏漏之处，敬请谅解。

社会创业教育在我国处于起步阶段。由于作者水平有限，书中的缺陷在所难免，殷切期望能够得到读者和同行专家学者的批评和赐教，以便进一步修订和完善。

作　者

目录

前言

第1章　社会企业与社会创业概述 1
    1.1　社会企业 3
    1.2　社会创新与社会创业 17
    1.3　社会创业模型 25
    1.4　社会创业的类型 29

第2章　社会企业家精神与创业能力开发 36
    2.1　社会创业者与社会企业家精神 37
    2.2　社会创业者的品质特征 42
    2.3　社会创业者具备的特质、知识、能力与社会创业人才培养 44
    2.4　社会企业成长中创业者的角色转变 49

第3章　社会创业团队建设 56
    3.1　社会创业团队的组成要素 57
    3.2　创业团队的一般类型 63
    3.3　创业团队的构建 64
    3.4　创业团队的冲突管理 68
    3.5　社会企业文化 71

第4章　社会创业机会管理 78
    4.1　社会创业机会的概念与分类 79
    4.2　创意的形成 83
    4.3　社会创业机会的来源 87
    4.4　社会创业机会识别与评价 92

第5章　社会产品与服务开发管理 105
    5.1　产品与服务开发一般模型 106

目　录

  5.2 产品与服务概念的开发与测试 ……………………………………… 108
  5.3 产品与服务的设计与试制 …………………………………………… 114
  5.4 新产品与服务测试 …………………………………………………… 118

第6章 社会企业知识产权管理 ………………………………………………… 126
  6.1 知识产权基本知识 …………………………………………………… 128
  6.2 知识产权价值评估 …………………………………………………… 131
  6.3 知识产权的交易策略 ………………………………………………… 134
  6.4 知识产权战略的运用 ………………………………………………… 136

第7章 社会创业环境 …………………………………………………………… 146
  7.1 社会创业环境的概念及特征 ………………………………………… 147
  7.2 社会创业环境分类 …………………………………………………… 149
  7.3 社会创业环境分析技术 ……………………………………………… 157
  7.4 企业孵化器 …………………………………………………………… 161

第8章 社会商业模式构建 …………………………………………………………… 169
  8.1 商业模式的概念 ……………………………………………………… 170
  8.2 社会商业模式的类型 ………………………………………………… 174
  8.3 社会商业模式的构建与检验 ………………………………………… 176
  8.4 商业模式的演进和创新 ……………………………………………… 182

第9章 社会创业中的法律与伦理 …………………………………………………… 194
  9.1 社会企业创立的法律 ………………………………………………… 196
  9.2 社会企业治理结构 …………………………………………………… 201
  9.3 创业过程中的法律 …………………………………………………… 205
  9.4 创业过程中的伦理与社会责任 ……………………………………… 206

第10章 社会企业商业计划 ……………………………………………………… 216
  10.1 商业计划书 ………………………………………………………… 218
  10.2 商业计划书的内容 ………………………………………………… 221
  10.3 商业计划书的制订 ………………………………………………… 225
  10.4 商业计划书的评价 ………………………………………………… 228
  10.5 商业计划书的陈述 ………………………………………………… 232
  10.6 商业计划书的包装与更新 ………………………………………… 235

第 11 章　社会创业筹融资管理 ………………………………… 242

11.1　社会创业者面临的难题 …………………………… 243
11.2　社会创业融资的特点与种类 ……………………… 245
11.3　社会创业融筹资渠道 ……………………………… 248
11.4　创业融资过程 ……………………………………… 256

第 12 章　社会企业战略管理 …………………………………… 264

12.1　社会企业成长的概念与特征 ……………………… 266
12.2　社会企业战略的制定 ……………………………… 272
12.3　社会企业战略 ……………………………………… 279
12.4　战略实施 …………………………………………… 282

第 13 章　社会企业经营管理 …………………………………… 288

13.1　社会企业人力资源管理 …………………………… 289
13.2　志愿者管理 ………………………………………… 294
13.3　社会企业运营管理 ………………………………… 298
13.4　项目管理 …………………………………………… 305
13.5　社会企业财务管理 ………………………………… 308

第 14 章　社会企业营销管理 …………………………………… 317

14.1　市场营销理念 ……………………………………… 318
14.2　社会产品的市场特征与购买行为 ………………… 320
14.3　社会企业市场营销战略 …………………………… 325
14.4　社会企业市场营销策略 …………………………… 330
14.5　社会企业营销管理 ………………………………… 337

第 15 章　社会创业新发展 ……………………………………… 342

15.1　设计思维 …………………………………………… 343
15.2　精益创业 …………………………………………… 348
15.3　四步创业法 ………………………………………… 353
15.4　企业内创业 ………………………………………… 361

参考文献 ………………………………………………………… 371

第1章 社会企业与社会创业概述

学习目标

- 掌握社会企业和社会创业的概念。
- 熟悉社会企业的产生和发展。
- 掌握社会企业和社会创业的特征。
- 掌握社会企业和社会创业模型。

引导案例

尤努斯和他的格莱珉银行

格莱珉银行创始人穆罕默德·尤努斯（Muhammad Yunus）是一位极富创新精神的创业者，他留美并获经济学博士学位后回到孟加拉国，任教于吉大港大学。1974年蔓延孟加拉国的大饥荒使尤努斯深感震撼。他无法用经济学理论向学生解释贫穷的现实，便决定深入到乡村去实地调查研究。

一天，尤努斯在乔布拉村遇到了以制作竹凳为生的索菲亚。她每天需要大约22美分购买原材料，可是她身无分文，只能向中间商借钱。作为借款的代价，她必须把制作好的产品按既定的价格卖给这些中间商，最后留给她的报酬仅仅2美分。而如果索菲亚有钱买原材料，她可以获得比此高出6~10倍的收入！尤努斯想，如果索菲亚能够获得贷款，她就能够从中间商手中解放出来，把生产的产品直接销售给客户，最后走出困境。为什么索菲亚不能以一个合理的利率借到22美分？这是由于没有一个能够帮助穷人走出困境的金融机构。

尤努斯认为："贷款是人类的一种生存权利。"1976年，格莱珉银行在孟加拉的乔布拉村诞生，它颠覆了几百年来银行业的游戏规则：借贷给无抵押担保的穷人。格莱珉银行利用金融工具救助那些被遗忘的人们，同时实现盈利与防范风险的秘诀是对"穷人"进行重新定义。尤努斯坚信，所有人都有一种与生俱来的生存技能。格莱珉银行要帮助他们活得更好，最大限度地利用他们现有的技能，提升他们赚钱的能力，并使挣到的钱转变为开启其他能力的钥匙，使穷人逐步走向富裕。

格莱珉银行发明了一种基于社会化的人际信贷关系。一个想要申请贷款的人必须首先找到第二个人，向其说明格莱珉银行的规范。第二个人被格莱珉的事迹所感动决定加入这个小组。于是这两个人再去找第三个、第四个、第五个成员。这个小组的组长通常是五人中最后一个贷款者。贷款小组的所有成员都必须到银行去接受七天培训，每个组员必须单独接受考试。一旦全组都通过考试，其中一位组员可以申请第一笔25美元左右的贷款。

格莱珉银行的每一个贷款者几乎都是这样开始的。过去对于家庭来说，她只是一张要吃饭的嘴，一笔要付的嫁妆费。但是今天，平生第一次，一个机构信任了她，借给她一笔钱。她发誓一定会还清每一分钱。小组如果能按时还款，累积到一定的份额，信用额度就会增加，组员们能借到更多的钱。当小组中有成员不能还贷的时候，别的成员就会帮助她。如果小组自己无法解决问题，这个小组在今后的几年里，就没有资格再申请贷款甚至被停贷。

尤努斯把格莱珉银行的金融产品做到了极致，把复杂深奥的金融产品设计成"傻瓜式"，让目不识丁的农妇一眼就能看明白，使得一名格莱珉银行的贷款者，逐步地变成了这个银行的存款者，甚至这个银行的持股者。通过这种三位一体的方式，不仅客户的信用，甚至命运也与格莱珉银行捆绑在了一起，使客户成为忠实的"格莱珉信徒"。

过去三十年中，格莱珉银行在孟加拉国4万多个村庄中建立了1千多个分行，服务了600万借款人，间接影响到3000万人，其中96%为地位低下的妇女。而格莱珉银行的贷款还款率高达98.89%。经联合国推动，格莱珉银行的扶贫模式已被世界70多个国家效仿。

社会创业并非一定是做慈善事业。社会创业照样可以以商业利益为目的，但是它的社会效益却远远超越了它的商业目的。尤努斯创立的格莱珉银行是一个典范，它颠覆了"银行"和"穷人"的传统定义，用创新使"扶贫"变成了一个能够良性循环的规模化的商业活动。

资料来源：王煜全. 尤努斯与格莱珉银行［EB/OL］.（2019-03-03）. https://www.mifengcha.com/news/，本书作者有所改编。

第1章
社会企业与社会创业概述

1.1 社会企业

1.1.1 社会企业的概念

1. 社会企业的学术界概念

社会企业（Social Enterprise）概念源于西方发达国家。作为一种新的企业模式，其在20世纪中后期兴起，于20世纪90年代以来在全球范围内快速成长。社会企业由于兼具经济目标和社会目标的双重特性，被认为是当下解决社会问题的创新组织形式，受到广泛关注。有人认为社会企业概念由经济合作与发展组织（Organization for Economic Co-operation and Development，OECD）于1994年在一份报告中首次提出，并在1999年被进一步完善。也有人认为是法国经济学家蒂埃里·让泰1998年首次提出社会企业这一概念。关于社会企业的定义据统计有数百种之多，本书选取了部分社会企业的定义制成表格（见表1-1），方便学习者比较学习。

表1-1 社会企业定义列表

组　　织	定　　义
经济合作与发展组织（OECD）	任何可以产生公共利益的私人活动，具有企业精神策略，以达成特定经济或社会目标，而非以利润极大化为主要追求，且有助于解决社会排斥及失业问题的组织
欧洲社会企业研究网络（EMES）	对社会企业的定义分为两种：一种是经济学的标准，另一种主要是社会学的指标 就社会企业经济和企业化的一面，有以下四项标准：①持续生产，销售商品和（或）提供服务的行为；②高度自治性；③高经济风险；④少量有偿工作 就社会企业社会化的一面则提出了以下五项标准：①有明确的目标来造福社会；②民间团体发起的计划；③决策权并不基于资本所有权；④受社会企业活动影响的各类团体的参与性；⑤有限的利益分配 上述指标并非构成规范的标准，而是为学者在浩瀚的社会企业"宇宙"中定位提供了一个"理想模型"。这些指标不带有任何准则性的视角，它们更像是一种工具或指南针，帮助研究人员来定位各种息息相关的实体，并可帮助他们确立其所认为的社会企业这一类组织的具体界限
英国贸工部	是以社会目标为主的企业，其盈余主要用来为达成社会目标而在商业或社区中再投资，而并非用于股东或所有者利益最大化

(续)

组织	定义
英国社会企业联盟（SEUK）	社会企业是"运用商业手段，实现社会目的"
中国社会企业调查报告	如果组织采用商业模式和创新的资金筹集方法，并善于探索、整合一切可用的资源，无论是政府的资助、捐赠或是自己的商业运作，那么就可以视为社会企业
中国香港社会企业咨询委员会	一个运用创业精神和自负盈亏形式运营达成特定社会目的的企业，其不少于65%的可分配利润会重新注入企业以继续致力于实现其社会目标
维基百科	社会企业与其他一般私有企业不同的是，它不只是为了股东或者企业的拥有者谋取最大的利润而运作。社会企业的目的是解决社会问题，而不是纯粹为了盈利
安东尼奥·托马斯（Antonio Thomas）	社会企业乃是第三部门的要素之一，它是社会经济的另一种形式
卡罗·波兹卡（Carlo Pozca）和阿尔塞斯特·桑特瑞（Alceste Santuari）	社会企业兼具社团与合作社两种法律地位，且经常超越法律允许从事组织活动。部分国家给予社会企业正式法律地位的认可，其未来应吸纳更多的商业营收及企业活动
丹尼斯·杨（Dennis Young）	社会企业以促进社会进步或对公共财政有所贡献为目标，采用的是企业方案

以上的定义都指出了社会企业必须以解决特定的社会问题为创建和运营的首要目的。社会企业应该包含如下基本要素：①一个持续的生产产品或销售服务的活动；②高度自主；③有显著的经济风险；④最低数量的付薪工作者；⑤使社区受益的明确目标；⑥一群公民发起的行动；⑦不是基于资本所有权来进行决策；⑧具有参与本质，即所有受影响的人都参与活动；⑨进行有限的利润分配。也就是说，社会企业具有经济性和社会性两种性质：一方面，它需要按照市场的规则运行，承担市场及其他风险，具有经济性；另一方面，社会企业具有明确的社会使命，其收益主要用于促进社区、弱势群体以及社会企业本身的发展和投资，社会企业重视社会价值而非最大的经济利益，具有社会性。

除此以外，开展社会企业活动需要有一批具有社会企业家精神的公民。他们被称为社会企业家或社会创业家。他们和商业企业家一样富有创新精神。为鼓励社会企业以创新方式解决社会问题，凸显社会企业的社会及创新价值，考虑到社会企业发展的成熟程度、企业形式、组织形态、股权结构和业务的多样性，一个严谨的官方定义或政府认可的认证体系可能在一定程度上影响到社会企业的创新潜能。因此，建议采用比较宽松的标准去识别社会企业。

第 1 章
社会企业与社会创业概述

2. 世界各国对社会企业认定的标准

根据对各国社会企业立法的考察,各国政府主要从组织目标、收入来源、利润分配、资产处置、治理结构五个维度对社会企业进行认定。

(1)组织目标。社会企业首要是为了实现社会目标。很多国家都规定社会企业是服务于弱势和特殊群体或社区利益,为他们创造工作机会,或者以社会发展、教育、环境保护为目标。

(2)收入来源。社会企业可以接受捐赠,但不能依赖捐赠作为主要收入来源。各国一般都规定,收入中应有一定比例来自商业活动。

(3)利润分配。社会企业的利润主要用于社会目的再投资或留存在组织和社区,实现社会目标和公共福利。各国都对社会企业的利润分配进行限制,有些国家允许所有者或投资人分配有限利润,个别国家不限制利润分配。

(4)资产处置。社会企业注销后的财产处置方式十分重要。各国一般规定社会企业的剩余资产也应用于社会及环境目的,创办者不能收回资产。有些国家规定社会企业可以分配一定资产或自由处置资产。

(5)治理结构。社会企业可以有不同的治理结构,不同之处在于理(董)事会是否由民主选举和广大会员选举产生,组织成员是否可以参与治理。欧洲强调社会企业的民主管理方式,但对美国等其他国家而言并不是必须具备的,社会企业也可以采用与普通企业相同的治理方式。

在这五个维度中,组织目标维度表明了社会企业的社会性,收入来源维度表明了社会企业的商业性,利润分配维度、资产处置维度和治理结构维度表明了社会企业的非营利性,它们共同构成了社会企业区别于其他组织类型的特征。

3. 我国社会企业的认定

我国目前还没有权威的社会企业官方定义和认定标准,很多机构都声称自己是社会企业,但这种说法缺乏公认和权威的依据。很多个人或单位在创办社会企业的时候,并不清楚什么是社会企业,不知道社会企业在组织目标、收入来源、利润分配、资产处置和治理结构等方面的特点。政府出台针对社会企业的优惠政策也难以落实。因此,制定适合中国的社会企业认定标准可以解决很多现实问题,从而有利于社会企业的健康发展。

我国社会企业的官方定义可以采用通行定义,即使用商业手段实现社会目的的组织。借鉴国际经验,我国对社会企业可以考虑从组织目标、收入来源、利润分配、资产处置、治理结构五个维度进行认定:①在组织目标上,社会企业的首要目的是服务社会弱势群体等;②在收入来源上,社会企业的主要收入来自商品或服务的销售及贸易,而不是政府拨款或社会捐款;③在利润分配上,社会企业除允许少量利润可以分配以外,绝大部分利润应用于社会目的和扩大再生产;

④在资产处置上，社会企业在注销清算财产时，投资人不能收回资产，而应转交给其他社会企业或慈善组织；⑤在治理结构上，社会企业遵循民主治理的原则，出资人应征求利益相关方的意见。就目前而言，在我国现有的各种法律形式组织中，能够符合以上标准的主要是民办非企业单位中比较商业化的那部分。

> **社会创业启示录**
>
> 世界上有两种类型的社会企业。第一类是旨在解决社会问题、不亏损也不分红的公司，其所有者是那些将所有利润用来再投资以扩大和改善这个企业的投资者。我们称之为Ⅰ型社会企业。第二类则是由穷人所有的营利公司，它们或直接由穷人拥有，或通过那些致力于某个特定社会事业的信托机构由穷人拥有。我们称之为Ⅱ型社会企业。由于利润流向穷人可以缓解贫困，因此这样的企业有助于解决某一社会问题。格莱珉银行的所有者是穷人，他们既是银行储户又是客户，是社会企业的范例。——尤努斯（格莱珉银行创始人）
>
> 社会企业是一种用以达到某种社会目的的生意，例如为弱势群体创造就业和培训机会、利用本身赚取的利润资助其辖下的社会服务等。其所得利润主要用于再投资本身业务，以达到既定社会目的，而非分派给股东。——谢家驹（香港社会企业的领军人物、香港仁人学社创始人）

1.1.2　社会企业的产生与发展

社会企业是一种融合了市场竞争和社会目标的混合型企业，是社会部门和经济部门跨界融合的产物。近十几年来，随着各国社会企业的发展，政治家和政策制定者日益重视社会企业的作用。在这一背景下，社会企业的兴起及其原因的研究逐渐被各国理论界重视。

从历史角度来看，人类为了社会目的而进行商品交易的历史可能与人类社会的历史一样悠久。互助组织、合作社、社区企业等都是社会企业的组织形式。现代形式的社会企业起源于工业革命时期的合作社。1761年，在苏格兰产生了最早的消费合作社——芬威克编织社（The Fenwick Weavers' Society）。它为了集体目的进行商品贸易，为社员购买食物和书籍，并提供储蓄、贷款和教育等多项服务。

1843年，英国北方罗虚代尔（Rochdale）的一个法兰绒纺织厂，工人要求增加工资的罢工斗争失败后，工人们一起商量补救措施。28个纺织工人决定筹集28

第 1 章
社会企业与社会创业概述

英镑建立消费合作社,这个合作社被命名为"罗虚代尔公平先锋社"(the Rochdale Equitable Pioneers Society)。一年后,该消费合作社开始营业,主要业务是向社员出售面粉、黄油、茶叶、蜡烛等日用品,它被认为是世界上最早的社会企业。此后,英国以及欧洲产生了大量的合作社。到 19 世纪末,合作社运动已经成为一种世界现象。

第二次世界大战之后,欧美国家开始实施福利国家政策。这一时期,社会企业的发展呈现出相对下降的趋势。20 世纪 60 年代,美国的非营利组织开始尝试与企业合作,为社会弱势群体创造工作机会。20 世纪 70 年代,发展中国家出现了小额信贷组织,尤努斯创办的格莱珉银行模式几乎拓展到所有国家。20 世纪 90 年代末,美国对非营利组织的慈善捐款和政府资助下降,非营利组织开始尝试运用商业手段获取收入,社会企业开始重新发展。这一时期,一些独特的社会企业吸引了公众注意力,促使更多人加入这一领域。

20 世纪 90 年代中期,我国的社会企业开始产生。最近几年,社会企业的发展受到越来越多的关注,开始形成了一股社会企业热潮。从发展背景来看,我国社会企业兴起的主要原因包括非营利组织面临资金压力、政府政策扶持、商业精英进入社会创业领域、外国经验的影响。

首先,非营利组织面临资金压力。在改革开放的背景下,政府改变了与非营利组织的隶属关系,不再提供直接的资金支持。在这种情况下,很多非营利组织开始通过市场化手段获得收入,转变成为社会企业。通过这种转型,非营利组织降低了对政府和社会捐赠的依赖程度,提高了自身的独立性。

其次,政府对非营利组织提供政策扶持。我国政府和非营利组织之间的关系从行政依附式的直接控制转变为契约式的间接调控,为非营利组织的发展创造了更大空间。虽然政府缩减了向非营利组织提供的直接资金支持,但开始通过政府购买服务的方式支持其发展。在政府扶持下,全国各地建立了公益组织孵化器,孵化的很多机构都是社会企业。

再次,商业精英进入社会创业领域。随着经济的发展,越来越多具有社会使命感的企业家开始关注社会事业,他们多数富有管理经验和熟悉市场营销。他们积极创办服务于公众的社会企业,被称为"社会创业家"。社会创业家使用商业方式建立可持续发展的企业,作为实现社会目标的工具。

最后,国外理念与模式为社会企业发展提供借鉴。"社会企业"这个概念在 2004 年被引入我国,最初是通过译著、论坛、研讨会和学术会议进行传播。近几年,我国社会企业界与国外的交流日渐增多,借鉴了国外社会企业发展的成功模式。通过这些交流,中国政府和第三部门都认识到推动社会企业发展的重要性。

社会创业学：
社会创业思维·过程·实践

> **社会创业小贴士**
>
> ### 罗虚代尔原则与 B 型企业认证
>
> 1843 年，英国北方罗虚代尔的一个法兰绒纺织厂工人罢工斗争失败后，工人们决定组织消费合作社。在该社的章程和会议纪要中拟定了入社自由、民主管理、按交易额分配盈余、股本利息应受限制、对政治和宗教中立、现金交易、促进社员教育等七项必须遵守的原则，这些合作原则被称为"罗虚代尔原则"。
>
> B 型企业（B Corporation）是兼顾利润、公平、公益的社会企业。由 B Lab 创立的认证机制，让企业能够"符合社会与环境表现、企业责任，与透明化的严苛标准"。认证标准包括员工、社区、环境、长期效益、核心价值五个维度。目前，已有 50 多个国家、130 个行业、两千多家企业通过 B 型企业认证。我国的第一反应⊖等多家企业通过了 B 型企业认证。

1.1.3 一般创业理论

1. 蒂蒙斯创业过程模型

杰弗里·蒂蒙斯（Jeffry A. Timmons）于 1999 年在他所著的《新企业的创建》（*New Venture Creation*）一书中提出该创业模型。蒂蒙斯认为，创业是创业机会、创业团队和资源三要素之间适当匹配的高度平衡过程。（见图 1-1）

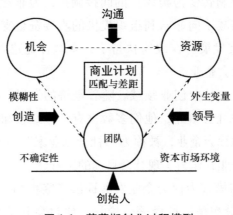

图 1-1 蒂蒙斯创业过程模型

⊖ 第一反应是一家急救培训和赛事生命救援机构，为个人安全、赛事保障等提供安全与应急服务，总部位于上海。

创业机会、创业团队和资源是创业过程中的关键构成要素，其中，创业机会是创业过程中的核心要素，创业过程本质是发现并开发机会；资源是创业过程中的必要支持，是开发机会谋求收益的基础；创业团队是创业过程中发现机会、整合资源的主体，是新创企业的关键组成要素。随着时空变迁、机会的模糊性、市场的不确定性、资本市场风险以及外部环境等因素对创业活动的冲击，创业过程充满风险与不确定性，创业三要素也会因为相对地位的变化而产生失衡现象。这时，创业团队扮演着调整活动重心以获得创业机会与资源相对平衡的核心决策者角色。创业初期创业团队的决策重心在于迅速整合资源以抓住创业机会。随着新企业的创立与成长，资源日渐丰富，企业面临更为复杂的环境，创业团队的决策重心转向合理配置资源以提高资源效率，构建规范管理体系以抵抗外部竞争与不确定性等活动。

2. 威克姆创业过程模型

菲利普·威克姆（Philip A. Wickham）创业过程模型是由创业者、机会、资源、组织四个要素构成的。创业者处于创业活动的中心地位，是创业活动主导者，其作用在于识别和确认商业机会、整合和管理创业资源、创立和领导创业组织。创业者的基本任务就是有效地管理机会、资源和组织之间的关系。三者之间的关系为：资源要集中用于机会的利用上，并且要注意资源的成本和风险；资源的集合形成组织，组织的资本结构、组织结构、程序和制度，以及组织文化等形成一个有机的整体，来适应所开发的机会，为此组织需要根据机会的变化而不断地调整。

同时，创业过程是一个不断学习的过程，创业者在学习中不断发展、完善和壮大。创业型组织是一个学习型组织。创业组织不仅要对商业机会做出及时的反应，还要根据变化的情势及时总结、积累、调整，要通过"干中学"，使组织的规则、结构、文化、资源等组织发展要素不断改进，组织在不断的成功与失败中学习和锤炼，从而不断发展、完善和壮大。威克姆创业过程模型如图1-2所示。

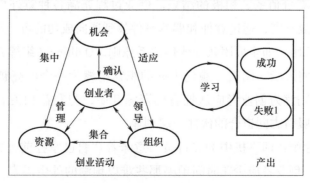

图1-2 威克姆创业过程模型

3. 效果推理理论

萨阿斯·萨阿斯瓦斯（Saras Sarasvathy）提出效果推理理论，该理论旨在揭示创业者如何在高度不确定情景下做出决策。创业者的决策机制不是目标导向，而是先从自己手上掌握的资源出发。创业者首先要问自己三个问题：我是谁、我知道什么、我认识谁。回答这三个问题可以使创业者搞清楚自己手头上拥有的个性特质、知识经验能力和社会资源及组织资源。然后，创业者依据自身能承受的损失或风险，而非效益最大化，在企业可以进行的行动集合中选择一个合适的创业行动。在完成这一行动之后，企业的既有手段集合可能会发生变化。因此，企业重新通过回答这三个问题以评估手段，再次在行动集合中做出选择，并反复进行。在此过程中，创业目标并非一早就确定的，而是根据创业行动的情况不断修订。通过不断尝试和修正行动，逐渐摸索出创业成功的有效路径。效果推理理论的基本原理如图1-3所示。

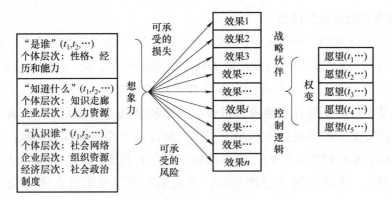

图1-3 效果推理理论的基本原理

在整个创业过程中，创业者应遵循以下五个原则：

1）在手之鸟原则：又称从自己拥有的资源出发原则。来自西方谚语"一鸟在手，胜过二鸟在林"，意即自己拥有的资源胜过无法得到的资源。

2）柠檬水原则：又称拥抱意外事件原则。"柠檬"意味着生活中的苦难，"柠檬水"则意味着有价值的、积极的结果。创业过程充满各种意外事件，创业者应对意外事件持开放态度，通过意外和偶然事件找到通向成功的可行路径。

3）缝被子原则：即生成团队和伙伴关系原则。Quilting（绗缝）是美国早期妇女聚集在一起，将形状、图案、颜色不同的织物绗缝为一个漂亮被子的一种消遣活动。缝被子原则意为创业者应从拥有的资源开始，与利益相关者互动，从中获得新的资源，并吸引志同道合的伙伴一起创业。

4）飞行员原则：即飞机中的飞行员，意味着"自己掌控前进方向""航程在自己的控制中"。创业者应少花时间预测那些难以预测的外生因素，专注于可控因素，去创造未来。

5）可承受损失原则：由于创业活动后果的不确定性使得潜在收益难以预测，创业者在不确定的环境下在自己可承受的风险范围内，通过不断尝试和修正行动，慢慢摸索出行之有效的路径，最终取得成功。

4. 创业叙事理论

对创业企业来说，获取资源的支持至关重要。然而新企业普遍存在"新进入缺陷"，这些缺陷包括缺乏经营历史以展示其可靠性，不易吸引优秀员工以快速建立核心竞争力，以及难以与客户、投资者等利益相关者建立稳定可靠关系等。这些缺陷集中被称为新企业成长中的"合法性门槛"。新企业往往缺乏支持新企业的规范和价值观等认知基础，创业者必须创造新词汇、制作新标签，从而建立新企业实体的声誉，即创造性合法化战略。

创业叙事（Entreneurial Narrative）被认为是获取合法性的一种有效方式。创业叙事是创业家讲述的关于自己的或自己企业的故事，包括口头的和书面的两种不同形式。口头叙事包括创业家在日常工作中与自己的雇员、客户、投资者或其他利益相关者的对话；书面叙事包括创业家精心制作的各种宣传材料如企业简介、企业网站等，也包括创业家为特定目的而制作的如商业计划书、招股说明书以及工作报告等。

创业家通过叙事获得资源支持可以被看作是一个"说服"的过程。在这个过程中风险投资商主要考虑故事本身的内容和企业家的情感表达方面的因素。一个好的故事，包括深思熟虑的情节、出人意料且合理的结局，体现企业家花费的时间精力和资源。激情则说明创业家在创业过程中有多大的动力，在追求目标途中会如何克服困难以及企业家是否能够影响、说服并引导员工们走向成功。

1.1.4　社会企业理论

1. 社会企业光谱理论

格里高利·迪斯（J. Gregory Dees）认为，社会企业一词并非单纯为财政目标而存在，而是一种多元混合的综合体（Hybrid）。他提出了"社会企业光谱"的概念，表1-2从主要动机、方法和目标以及主要利益相关者的角度，分析了社会企业与传统的非营利组织和私人企业之间的关系。在社会企业光谱中，社会企业是处于纯慈善与纯营利之间的连续体，此种概念也揭示出非营利组织商业化或市场化是其转变为社会企业的途径。

另外，部分社会企业研究者提出了"双重底线"（Double Bottom Line）或者"双重价值创造"（Double Value Creation）的概念。这种理念的基本观点是，社会企业应该是一种混合性的组织（Hybrid），同时兼具"社会目标"和"经济目标"，同时它由两种力量所驱动。其一，社会变革本身是受益于"创新理念""企业家精神""企业式解决方案"；其二，组织的可持续发展需要多样化的筹资模式，通常包括"可获得性收入"(Earned Income)。

表1-2 社会企业光谱

主要利益相关者	选择的连续		
	纯慈善	混合性	纯商业
	主要动机、方法和目标		
	诉诸善意 使命驱动 创造社会价值	混合动机 使命与市场驱动 创造社会价值与经济价值并重	诉诸自我利益 市场驱动 创造经济价值
受益人	免费	补助金方式或全额支付与免费的混合方式	完全按市场价格付费
资本	捐款与补助	低于市场价格的资本或捐款与市场价格资本形成的混合资本	完全市场价格的资本
人力	志愿者	低于市场行情工资或同时有志愿者与付全薪的员工	完全按市场行情付薪
供应商	捐赠物品	特殊折扣或物品捐赠与全价供货相混合	完全按市场价格收费

2. 金·阿特洛的可持续性发展光谱图——社会组织演进趋势图

传统非营利组织与传统营利企业在社会变革环境下，尽管初始的目标有所差异，但是为了实现"可持续性的发展战略"，两种组织形式最终还是向中间状态"社会创业"或"社会负责型"企业靠拢。据此，金·阿特洛（Kim Alter）绘制出一幅更为详细的可持续性发展的光谱图，从图1-4中可以更加清楚地看到从传统非营利性组织到传统商业组织之间各多元综合的连续变化过程。同时，该光谱也更加清晰地表明，一家承担社会责任的企业不应该混同于社会企业。

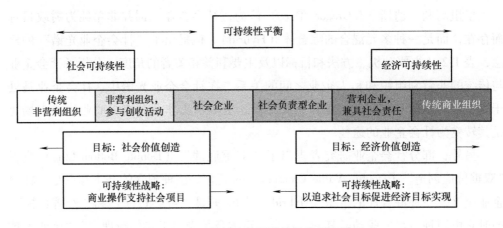

图1-4 金·阿特洛的可持续性发展光谱图

第1章
社会企业与社会创业概述

企业社会责任是在企业利润最大化目标之外所担负的义务，所以，企业往往是将其看成作为一种"附加责任"，常常是通过善因营销提升公司的品牌形象，获得所有利益相关者对企业的良好印象，实现在同质化的商业世界中脱颖而出的目的。而社会企业正在挑战这种商业模式，并且表明从事道德商业活动是出自内心的社会责任，而不是一种附加责任。表1-3从企业的目标和伦理角度勾划了这些商业模式的理性类型，有助于我们理解它们之间的差别。

表1-3 企业的目标和伦理

比较项目	传统商业企业	企业社会责任	社会企业
竞争目标	以价格和质量取胜	以道德取胜	以两者取胜
客户	以客户需求为导向，满足客户需求	以道德交易满足客户	是客户为公民
底线	单一（利润）	单一（利润），但具有独立的企业社会责任报告	三重或多重（利润、社会、环境）
长期目标	企业发展	确保企业为当地社区做出贡献	以可持续的商业模式实现社会或环境目标
成功指数	为股东带来利润	提升企业形象	解决预先确认的社会/环境问题，提高股东价值
环境与社会	处于边缘地位	整合到企业某些方面之中	核心使命
股东	股东	股东、当地社区或范围更广的社会	股东、员工、当地社会或范围更广的社会

3. 创业拼凑、社会拼凑与网络拼凑理论

"拼凑"（Bricolage）的概念是由法国人类学家列维·斯特劳斯（Claude Lévi-Strauss）在1967年发表的开创性著作《原始思维》（*The Savage Mind*）中提出的，用来比喻人类行为者充分利用周围环境中资源的行事方式。后来它的概念从人类学领域被引入科学、信息技术、创新研究、法学、组织理论等多个领域。

特德·贝克（Ted Baker）和里德·纳尔逊（Reed Nelson）提出创业拼凑的概念，并将创业行为概括为"创业拼凑"（Entrepreneurial Bricolage）。创业拼凑是整合手头现有资源解决创新的问题和发现新的机会，通过将就和对有限资源的创造

性利用开展创业行动。

　　从本质上讲,创业拼凑战略解决了创业企业在高度变革和高度不确定的市场上所面临的战略挑战,那就是不断地创新和重塑公司现有资源禀赋,以取得可持续的竞争优势,所以这也是一个资源依赖和情境嵌入的社会互动过程。贝克和纳尔逊通过对29个资源束缚下的新创业企业的田野研究,构建出了创业拼凑的过程模型(见图1-5)。

　　面对资源匮乏型环境中所遇到的创业挑战,创业者有三种方法来应对:①通过创业拼凑来解决资源约束;②通过寻求和获取新的外部资源来迎接挑战;③创业者规避这些挑战,这包括维持现状、缩减规模和解散新企业三种可能性。为了实现创业拼凑,创业者可以选择要素投入、制度规范化和获取新顾客群体三种路径,而这三种拼凑路径会产生三种不同的互动强化过程和破除资源限制的方法,包括通过对现有创业实践的一致性强化形成认同拼凑、通过制度规范化将创业拼凑变成创业常规,以及通过获取新顾客群体从而进入服务需求和利润更多的新市场。这三种创业路径和三种强化过程的互动整合最终会导致两种拼凑结果:新企业实现成长和新企业不成长。同时,为了有效地实施创业拼凑战略,创业者需要具备五种拼凑能力:创造力、即兴而作的能力、资源的整合能力、对模糊性和挫折的承受能力,以及社会技能和构建社会网络的能力。

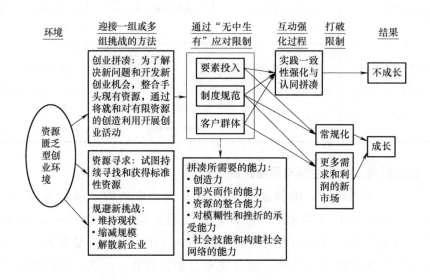

图 1-5　创业拼凑过程模型

　　创业拼凑包括三个关键要素:将就(Make-do)、整合资源用于新目的和利用手头资源。"将就"是指面对问题和机会时积极行动,而不是犹豫怀疑手边的资源是否能够产生有益的效果；"整合资源用于新目的"是指打破资源原有用途约束，重新组合实现新功能，满足新需求；"利用手头资源"是指创业者需要不断积攒零散的、廉价的甚至免费的、常被认为是无用的或是不符合标准的资源，进而形成一个资源"百宝箱"。

拼凑常用于五类资源中：物质资源、人力资源、技术、客户/市场、制度环境。拼凑分为两类：①全面性拼凑，即在同时进行的多个项目或多种资源中实施拼凑；②选择性拼凑，是指在上述五类资源中的某些领域进行拼凑。

马里亚劳拉·狄·多梅尼科（MariaLaura Di Domenico）等通过研究英国社会企业如何通过社会拼凑解决资源稀缺对企业社会成长的束缚，提出社会拼凑的概念，认为社会价值创造、利益相关者参与、劝说是社会拼凑的核心概念。特德·贝克（Ted Baker）提出"网络拼凑"的概念，即通过已有的社会网络，创业者从杂乱无章的网络中重新组合出可供新项目使用的资源。

社会创业启示录

社会创新家不限于任何形式，更不会限于"社会企业"这样狭窄的范围。他们的创造性很大程度上在于找到新的务实地推进大众福祉的方式。——比尔·德雷顿（阿育王创始人）

社会企业有别一般企业，具备两个条件：一为清晰公益使命，明确社会目标；二是创造收入及利润，以持续经营。——谢家驹（香港社会企业的领军人物、香港仁人学社创始人）

1.1.5 社会企业的特征

1. 英国社会企业联盟（The Social Enterprise Coalition）**认为社会企业应具有的共同特征**

（1）企业导向——直接参与为市场生产产品或提供服务。

（2）社会目标——有明确的社会和/或环境目标，如创造就业机会、培训或提供本地服务；其伦理价值可包括对本地社会技能建设的承诺，为实现其社会目标，其收益主要用于再投资。

（3）社会所有制——治理结构和所有制结构通常是建立在利益相关者团体或代表更广泛的利益相关者对企业实施控制的托管人或董事的参与基础之上的

自治组织。

2. 英国大使馆文化教育处在《英国非营利组织》中概括的社会企业的特征

（1）必须具备社会目标。
（2）结合了成功的商业模式。
（3）资产锁定原则，即其经营利润不得分配给股东，而要继续投入项目或社区发展。
（4）关注个人发展。
（5）多样性与灵活性。
（6）以自治为组织管理的主要模式。
（7）创新性与革命性。

3. 尤努斯认为社会企业应该具备的特征

（1）企业目标是克服贫穷，或解决威胁人民与社会的一个或多个问题（例如教育、卫生、使用科技机会、环境），而不是追求获利的最大化。
（2）公司保持财务与经济持续发展能力。
（3）投资人只取原始资金额，不配发红利。
（4）股东取回原始资金额，获利部分留在公司作为扩张与改善运营之用。
（5）公司具有环保意识。
（6）公司员工得到市价薪酬，工作条件也比标准情况更佳。
（7）心情喜悦。

4. Virtue Ventures LLC 创立者金·阿特洛总结社会企业的综合特征

（1）运用商业手段和方法达到社会目标。
（2）融合社会和商业的资本和管理方法。
（3）创造社会和经济价值。
（4）从商业活动中获得收益来支持社会项目。
（5）由市场驱动同时由使命引导。
（6）同时衡量财务绩效和社会影响。
（7）在提供公共产品的过程中满足经济目标。
（8）从无约束收入中享受财务上的自由。
（9）在达成使命的过程中融入商业战略。

所以，无论社会企业采取什么样的法律形式，在社会实践中，社会企业始终以"社会目标"为目标，以"商业运营"为手段的模式已经获得了国际上的广泛认可和采纳。即便部分国家在法律上还没有专门为社会企业立法，但实际上也在通过税收优惠、政府补贴以及政府契约外包的方式鼓励社会企业的成长。

第1章
社会企业与社会创业概述

社会创业小贴士

美体小铺的经营准则

在美容化妆品业界,有一位妈妈在34岁开始创业,其创业动机只是为了实现有饭吃、把孩子喂饱穿暖等生存需要。正是这种母爱精神使得她仰仗智慧、勇气和独特的创意,坚持保护动物、支持社区、关怀女性、捍卫人权、注重环保等五大理念,最终成为纯天然美容化妆品业界的"绿色旗手"。她就是英国美体小铺(The Body Shop)的创始人安妮塔·罗迪克(Anita Roddick)。在公司成长过程中,安妮塔把公司作为推动社会进步的力量,使每一位职员都成为"视志愿者行动为天职"的积极的公民。她始终奉行"贸易而非援助"的准则。安妮塔认为,"社区公平交易"是一个三方共赢的经营活动:消费者得到绿色环保美容化妆品,企业以合理的价格购得天然原料,贫穷落后地区获得就业、建设及尊严。

1.2 社会创新与社会创业

1.2.1 社会创新

1. 社会创新的概念

创新概念的起源可追溯到1912年经济学家约瑟夫·熊彼特(Joseph Schumpeter)的《经济发展概论》。熊彼特在其著作中提出:创新是指把一种新的生产要素和生产条件的"新结合"引入生产体系。它包括五种情况:引入一种新产品,引入一种新的生产方法,开辟一个新的市场,获得原材料或半成品的一种新的供应来源,实现一种新的组织。

自1986年管理学家彼得·德鲁克(Peter Drucker)提出"社会创新"的概念,特别是20世纪90年代以来,社会创新受到各国政府、学术界、民间组织和国际社会的广泛关注和重视。社会创新的概念提出到现在只有20多年的历史。人们对社会创新概念的内涵和外延尚没有一个统一的认识,对社会创新的理解也在不断地发生着变化。

在国际学术界,有两个社会创新的定义具有广泛的影响。一个是英国杨氏基金会主席杰夫·摩根的定义。他认为,社会创新是在满足社会目标方面产生效果的新想

社会创业学：
社会创业思维·过程·实践

法，或者是指受满足社会需求目标所驱使并主要由社会目的为主的组织所从事和扩散的创造性行动和服务。另一个是美国斯坦福大学社会创新研究中心詹姆斯·菲尔斯（James A. Phills）等人的定义。菲尔斯等认为，社会创新是对某个社会问题的新颖的解决办法，这个解决办法比现有的办法更有效、效益更高、更可持续或更加公正，同时它所创造的价值为整个社会带来利益而非仅仅对某些个人有利。

我国学者王名认为："社会创新可以理解为一个涉及社会生活的基本理念、组织和制度的创新过程，是在旧的社会生活范式或体系的基础上建立新的运作模式的过程，其中既包含着对旧的生活范式或体系的否定，以及在理念、组织和制度层面突破旧有体制的大胆改革，也包含有建构新的理念、组织和制度的种种积极探索和尝试。"

社会创新的定义有广义和狭义之分。广义的社会创新包括政府社会创新、公司社会创新和公民社会创新等或者说政府、企业、公民等各种社会行动者在社会领域为解决社会问题、满足社会需求而进行的各种创新。狭义的社会创新主要是指公民和公民社会组织等社会行动者在社会领域为解决社会问题，满足社会需求而发起和实施的创造性活动。社会创新的内容很多，包括社会组织创新、社会治理创新和社会服务创新，它们分别构成了主题创新、过程创新和产品创新三大类创新。

社会创业小贴士

印度塔塔社会科学院研究员印迪拉·加藤伯格（Indira Katenberg）论社会创新要素

（1）燃烧（Buring）：它要求你协调好自身与工作、热情和动机之间的关系。

（2）感知（Sensing）：借鉴设计思维，社会创新要求我们利用所有感觉去找出问题。

（3）提出问题（Questioning）：创新者最突出的表现之一就是问对问题。

（4）构想网络（Idea Networking）：包括分享难题，形成创意并在其周围建立网络。

（5）联合（Associating）：联合各种不同构想，创造新机会和领先地位的认知技巧。

（6）试验（Experimenting）：在真实世界中测试其创新，并且利用用户反馈改进其理念。

（7）影响（Impacting）：社会创新并非是以表现构想来结束的。

第1章 社会企业与社会创业概述

2. 社会创新的特征

（1）社会创新的主体。作为社会创新主体的社会行动者，主要是公民社会组织及社会企业家、社会活动家等杰出公民。社会创新不排斥甚至需要政府和企业在创新的实施和推广过程中的参与，但它首先强调和关注的是公民社会的主动性和首倡精神。

（2）社会创新的领域。社会创新的活动领域主要是教育、医疗、养老、环保等社会领域。社会创新不同于技术创新，后者是人们在认识和改造自然世界中所从事的创造性活动，社会创新则是人类为满足自身生存和发展的社会性需求而从事的创造性活动。

（3）社会创新的目的。社会创新的目的不是增进某些特定个人的利益，而是增进社会利益；不是实现私人目标而是实现社会目标。实现社会目标，创造社会价值，增进社会公益，保障公民权利是社会创新者从事创造性行动或服务的动机或目的。

（4）社会创新的过程。社会创新是解决社会问题、满足社会需求创意的提出、实施和推广的过程。这将它与文化创新、理论创新和知识创新区别开来。后三者侧重于提出新知识、新理论、新观念，而不太关心将它们应用来解决社会问题。

（5）社会创新的结果。社会创新是解决社会问题方面富有成效的创造性活动，从而在一定程度上推动了社会变革。成功的社会创新往往表现为一种得到社会认可和接受的新理念、新产品或服务、新组织、新生活方式等。

3. 社会创新的分类

（1）根据发起社会创新的社会行动者的特征进行分类。社会创新可以分为个人发起的社会创新、社会运动发起的社会创新、社会组织发起的社会创新等。

（2）根据社会创新的领域进行分类。社会创新可以分为卫生保健、公共设施建设、灾害救助、扶贫济困、环境保护、弱势群体维权、社区服务、特殊人群服务、公益服务等。

（3）根据社会创新的目标进行分类。这些具体的价值目标包括消除贫困，反对社会歧视、减少社会不平等、追求社会融合、实现公平贸易、推动环境保护等。

（4）根据社会创新的过程因素进行分类。社会创新可以分为合作取向的社会创新、参与取向的社会创新、透明取向的社会创新、赋权取向的社会创新等。

（5）根据社会创新的结果进行分类。社会创新可以分为服务类社会创新、组织类社会创新、行为规范类社会创新、理念类社会创新、行为方式类社会创新。

（6）根据社会创新的路径进行分类。社会创新可以分为服务模式的创新、筹款模式的创新以及组织形式的创新。社会创新要求从用户需求出发，通过引进互联网技术创造资源，实现社会资源的可持续发展。

> **社会创业小贴士**
>
> **阿育王（Ashoka）与施瓦布（Schwab）社会创业基金会**
>
> 　　阿育王（Ashoka）是全球最大的社会企业家组织，为当今世界最紧迫的社会问题提供解决方案。自成立以来，已孕育出两千多名社会企业家，为他们提供创业资金、专业支援服务以及遍布全球七十个国家的社会企业家网络。
>
> 　　施瓦布社会创业基金会（Schwab）由世界经济论坛主席克劳斯·施瓦布和夫人于2000年创办。其致力于发现、奖励和联合具有强烈社会责任感并致力于打造可持续发展的社会企业和个人，旨在鼓励创业者从社会问题的根本原因入手，推动社会变革。

1.2.2 社会创业

1. 社会创业的概念

社会创业（Social Entrepreneurship），又叫"公益创业"。很多学者分别从不同视角对社会创业的概念进行诠释。由于出发点和研究视角不同，而且不同国家的社会创业活动本身具有不同特点，目前为止学者们在社会创业的领域、边界、形式和内涵等方面都尚未形成一致意见。我们精选部分社会创业的定义（见表1-4），供学习者比较学习。

表1-4　社会创业定义

学者/机构	定　义
格里高利·迪斯 （J. Gregory Dees）	社会创业包括两个方面：一是利用变革的新方法解决社会问题并为社会创造效益；二是引用商业经营模式产生经济效益，但经营的目的不是为个人谋取利益，而是造福社会。社会创业可以从4个维度来定义：①社会创业是一项持续产生社会价值的事业；②通过不断发掘新机会来达到社会目的；③持续的创新、适应和学习过程；④不受当前资源稀缺限制的大胆行动
汤姆·里斯 （Tom Reis）	社会创业就是把商业机制和市场竞争引入非营利性组织，从而让这些组织更高效地为社会提供服务
亚瑟·布鲁克斯 （Arthur Brooks）	社会创业的内涵包括以下一个或多个内容：①社会创业关注的是那些自由市场体系和政府没有解决的社会问题和没有满足的需要；②社会创业从根本上是受社会利益驱动的；③社会创业往往借助而非抵制市场力量

第1章
社会企业与社会创业概述

(续)

学者/机构	定　义
詹姆斯·奥斯丁 (James E. Austin)等	社会创业是创新性的创造社会价值的活动,既可能出现在非营利组织、企业或政府部门内部,也可能是跨部门的活动。社会创业可以分为广义和狭义两种:广义的社会创业包括所有创造社会价值而非为个人或利益相关者创造财富的活动;狭义的社会创业指将商业技能运用于社会部门,例如非营利组织从事创收活动为组织获得可持续的资源
牛津大学社会创业研究中心	社会创业是个人、机构和网络,通过捕捉新机会,挑战传统市场结构失效。社会创业可以指营利或非营利组织的创新立业,而大多介于两者之间
施瓦布社会创业基金会	社会创业是关注处于社会边缘的贫困群体,运用可操作的、创新的、可持续的方法为整个社会创造福利;采用跨部门、多学科的方法解决经济和社会问题。社会创业组织可以是非营利性或营利性的,所涉足的领域包括健康、福利、人权、劳工权益、环境、经济发展和农业等,不论关注哪个领域,他们都有共同的价值观和工作流程。他们共享一个信念:所有人都天生有能力为社会和经济发展做出有意义的贡献
中国公益创业研究中心	社会创业是指个人、社会组织或者网络等在社会使命的激发下,追求创新、效率和社会效果,是面向社会需要、建立新的组织,或向公众提供产品或服务的社会活动
湖南工商大学唐亚阳	社会创业是指个人、社会组织或者网络等在社会使命的激发下,追求创新、效率和社会效果,是面向社会需要、建立新的组织,或向公众提供产品或服务的社会活动。包括创办兼顾社会利益的非营利组织、创办兼顾社会利益的营利性企业、志愿公益活动等
广东科学技术职业学院严中华	社会创业分为广义和狭义两种。广义的社会创业是指采用创新的方法解决社会主要问题,采用传统的商业手段创造社会价值而非个人价值;其既包括一些营利组织充分利用资源解决社会问题,也包括非营利组织支持个体去创立自己的小型公司或者企业。狭义的社会创业主要是指非营利组织运用商业机制和市场竞争来创收

从上述诸多定义中还是可以归纳出社会创业涉及的几个主要方面:社会创业的使命(社会价值)和结果(满足社会需要);社会创业者的活动领域;社会创业的过程及资源。这些概念具有以下共同特点:①社会创业必须具有显著的社会目的和使命;②社会创业应该是"解决问题"导向型的,社会创业的重点在于创造社会价值;③社会创业的创新性主要通过组织创新来体现。

社会创业的领域十分广泛,包括教育、环保、乡村开发、扶贫、社区服务、老年服务、医疗保健、助残、照顾高危儿童和解决其他各种社会问题。但

社会创业学：
社会创业思维·过程·实践

是社会创业不仅仅是对弱势群体从事捐款捐物的直接援助或项目资助为主的慈善活动。有人将这种粗放型、偶发性和运动式的慈善行为称之为公益 1.0 和 2.0 时代，由于这种输血式的公益活动成本高昂、收效甚微而饱受社会诟病。有人将针对社会问题产生的根源而采取的造血式公益行动称之为公益 3.0 时代，这种造血式公益行动是成系统、有商业模式、有足够的辐射效果和可持续性的公益。例如安德鲁·卡内基（Andrew Carnegie）不只是建了一个图书馆，而是构建了公共图书馆系统。单独一个图书馆只能使得该馆所服务的社区受益，但是卡内基建立了一个新的图书馆系统，一个能保证所有的公民都可以获得信息和知识的系统。

社会创业启示录

社会企业与 NGO（Non-Governmental Organizations，非政府组织）不同，NGO 是由一群做好事的人组成的组织而非企业，是以慈善为出发点，依照人们的需求提供资源。而"企业"的概念是指必须负担成本，再加上"社会"两字，则是指以解决社会问题为基础所成立的。——穆罕默德·尤努斯（格莱珉银行创始人）

创业像在老房子里修水管，这些水管狭窄弯曲，每个结点都有漏洞。在未来，这堆乱七八糟的水管逐渐被一整根新水管取代。水流依然是从 A 点流到 B 点，但是速度将变得更快，也不会在每个漏洞上喷出水花。——保罗·格雷厄姆（Y Combinator 联合创始人）

2. 社会创业的特征

（1）公益性。社会创业公益性的内涵意味着这是维护公共利益的背景、过程或结果。社会创业的本质是为了创造社会价值，而经济价值只是社会创业的副产品。

（2）创新性。社会创业从根本上说是要创造新的价值，而不是简单地复制已经存在的组织或者活动。因此，需要将以传统方法创造社会价值的活动与那些更关注问题解决过程的创意和创新活动进行严格区分。

（3）市场导向性。市场导向性表明社会创业的绩效驱动性、竞争性和前瞻性。社会创业既专门针对传统的竞争市场，又需要拓宽"市场"的概念，超越了新自由主义的私有市场交换价值，嵌入了公益性和社会性。

（4）情景性。社会创业具有较强的社会差异性。社会创业往往最终通过制度

第 1 章
社会企业与社会创业概述

变革来达到社会目的,但是各种社会政治的立法结构、方式和框架都不一样,因此从社会创业的过程、方式和影响因素来看,社会创业都因不同的社会、政治和文化背景而异。

> **社会创业小贴士**
>
> ### 美国企业研究院院长亚瑟·布鲁克斯
> ### 论社会创业的认识误区
>
> 误区 1:社会创业者都是反商业化的。许多社会创业者是从商界走出来的,他们在社会变革创新前曾在商界里摸爬滚打。一些优秀的社会企业还与商业和非营利组织开展合作。
>
> 误区 2:商业创业与社会创业的区别在于是否存在贪欲。没有证据表明商业创业者更贪婪,其只是更倾向于目标导向而非金钱导向。其次,许多社会创业者同时也是商业创业者。
>
> 误区 3:社会创业者是非营利运作的。社会创业过程可以在任何部门和任何合法状态下产生。当商业使命和社会使命一致的时候,商业组织能够在社会创业方面发挥很大作用。
>
> 误区 4:社会创业者是天生而非后天培养的。尽管有些人似乎天生就比其他人拥有更多的社会创业特征,但仍有证据表明这些特征也能够通过后天培养而获取。
>
> 误区 5:社会创业者是一些不合时宜的人。对社会创业者的一种模式化的印象是,他们由于不能为其他人工作而独辟蹊径自己创业。然而,这在现实中并没有依据。
>
> 误区 6:社会创业者通常都会失败。不论商业创业还是社会创业,风险通常会被夸大。
>
> 误区 7:社会创业者更加偏好风险。几乎没有证据证明有人会专门去寻找风险本身。

1.2.3 社会创业与创新的关系

1. 社会创新是社会创业的源泉

社会创业需要通过社会创新获取创业机遇、整合独特资源、推进社会企业成长。要进行社会创业必须具备创新能力、技术、资金、创业团队、知识和社会关系等条件，这些都是重要的社会创业资本，但其中社会创新能力是最重要的社会创业资本。社会创业者在创业过程中需要具有持续旺盛的创新精神，需要独特、活跃的思维方式，这样才可能产生富有创意的方案，不断寻求新思路和新模式，最终获得社会创业成功。纵览世界，绝大多数优秀的社会企业，它们能够获得成功的根本原因在于以创新开始创业，以不断创新追求卓越，从而推进了社会企业的持续发展。

2. 社会创新的价值在于社会创业

从某种程度上讲，社会创新的价值就在于将潜在的知识、技术和市场机会转化为现实生产力，解决社会问题，造福社会。否则，社会创新也就失去了意义。实现这种转化的根本途径就是社会创业。社会创业可以实现社会创新成果的商品化和产业化，将社会创新的价值转化为具体的产品和服务。社会创业者可能不是创新者或发明者，但必须具有能发现潜在社会创业机会并敢于冒险的特质；社会创新者也并不一定是创业者或企业家，但社会创新成果则必须推向市场，形成社会影响力，才能转化为现实社会影响力。社会创新成果往往都是通过社会创业推动了社会问题的解决。

3. 社会创业的本质是社会创新

社会创业的本质是社会创新。社会创业是具有社会创业精神的个体与有社会价值机会的结合，其本质在于把握机会、创造性地整合资源，创新和超前行动。对于社会创业者来说，仅有创新是不够的，没有创新的社会创业活动没有后劲。社会创业者不改变传统的思维模式，就难以识别创业机会，也无法做到创新。创业实际上是一种不断挑战自我的创新过程。正如德鲁克所说：创业精神是一个创新过程，在这个过程中，新产品或服务机会被确认、被创造，最后被开发出来产品并创造新的财富。可见，社会企业家精神的本质是社会创新。社会创新就是将新的理念和创意通过新产品、新流程、新市场、新服务方式有效地融入社会问题中，进而创造新的价值的过程。如果缺乏社会创新动力，就不会有新社会企业的诞生和成长壮大。

4. 社会创业推动并深化社会创新

社会创业可以推动新发明、新产品或新服务的不断涌现，创造出新的市场需求，从而进一步推动和深化社会创新，提高社会企业的创新能力，促进社会和谐。美国国家科学基金会和美国商业部等机构在20世纪80年代和90年代发表的报告表明，第二次世界大战以后，美国创业型企业的创新占美国全部创新的一半以上，占重大创新的95%。

第 1 章
社会企业与社会创业概述

社会创业小贴士

乐高创新法则

吸纳具有不同背景的创新人才：搭建不同背景的团队，相互碰撞，形成更好的创意。

驶向蓝海市场：避开正面战场的激烈竞争，寻找竞争相对缓和的新领域。

以客户为中心：深入研究目标客户的喜好，挖掘新需求。

实践破坏性创新：结合新技术带来的变革，自我突破。

培养开放式创新：从企业外部寻求灵感和帮助，倾听外面的声音。

探索全方位创新：全方位改造产业链的上中下游，寻找新的商业模式。

创建创新型的企业文化：从封闭走向开放，以创新为导向。

1.3 社会创业模型

1.3.1 社会创业意向形成过程模型

约翰娜·迈尔（Johanna Mair）和埃内斯托·诺波（Ernesto Noboa）从创业意向形成的视角深入探索了社会创业的一般过程（见图1-6）。该模型剥离了其他情境变量因素的影响，专门选取社会创业者的个人变量因素来探讨社会创业意向的形成机理。在该模型中，社会创业者的创业意向受到社会创业者创业愿望和可行

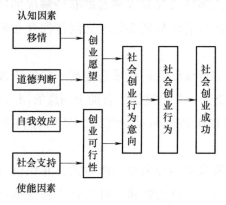

图 1-6 社会创业意向形成过程模型

性的影响。创业愿望是指社会创业者希望实施社会创业行动的意愿,而创业可行性则是指社会创业者认为自己成功创业的可能性。社会创业者的创业愿望认知受其移情和道德判断因素的影响,而其认知的创业可行性则受制于其自我效能和社会支持等使能因素。这个模型告诉我们社会创业的创业意向形成是一个多阶段过程,要受到个人认知等因素的影响。

1.3.2 社会创业机会发展模型

艾塞·古柯(Ayse Guclu)、格里高利·迪斯(J. Gregory Dees)和贝特·安德森(Battle Anderson)认为,机会的创造和开发不仅需要灵感、洞察力和想象力,而且还需要严谨的逻辑分析与客观研究。因此,他们构建了一个基于机会识别、创造和开发的社会创业二阶段过程模型(见图1-7)。在这个模型中,社会创业的机会创造过程分为两个步骤。

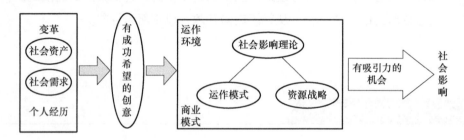

图1-7 社会创业二阶段过程模型

第一步,社会创业者形成有成功希望的创意。社会创业者产生有成功希望的创意要受到下列因素的影响:

(1)个人经历。个人经历常常是激发创意的基础条件,但由于个人经历通常各不相同,因此创意的产生也因人而异。

(2)社会需求。被大多数人反复表述过的有待解决的社会问题或有待实现的愿望就是社会需求。社会的期待与现实情况之间往往存在差距,这是社会产品和服务的基础。

(3)社会资产。社会创业创意的形成还需要一定的资源支撑。社会创业者需要具备整合社会资产的能力,只有这样才有助于创意的深入发展。

(4)变革。变革可以创造新的社会需求,从而有利于社会创业者产生新的创意。

只有当社会创业者采取机会导向型思维方式,并积极寻求能产生重要社会影响的创业机会时,个人经历、社会需求、社会资产和变革这四个因素才有可能激发有成功希望的创意。

第二步，社会创业者将有成功希望的创意发展成为有吸引力的机会，这是社会创业成功的关键环节。然而机会发展又会受到运作环境、商业模式、资源战略、运作模式等因素的影响。可以说，社会创业者就是在经济、政治和文化等环境因素的影响下，选择合适的资源战略和运作模式，实现社会创业的最终目的。

1.3.3　基于机会识别和评估的社会创业过程模型

杰弗里·罗宾逊（Jeffrey A. Robinson）运用商业计划分析和深度案例研究等多种研究方法，构建了基于机会识别和评估的社会创业过程模型（见图1-8）。在该模型中，社会创业被认为是一个逐步发现机会并排除障碍的过程。在这个过程中，社会创业者通过不断的探索来克服进入壁垒，最终运用社会创业战略来解决社会问题。

罗宾逊认为，社会创业的机会存在于现实之中，但并不是每个人都能感知的。究其原因，一方面因为社会创业的机会是嵌入在特定的社会结构中的，而社会结构要受到各种正式和非正式的社会制度因素的影响，因此，不同的社会成员会产生不同的进入壁垒感知和创业机会感知。另一方面，社会创业者能否发现机会，取决于个人经验和工作经历，以及拟进入市场和社区的特征。成功的社会创业者在评估社会创业机会时，必然会考虑社会制度因素，在探索与开发新的创业机会时必须考虑满足与特定社会制度因素相适应的市场需求。

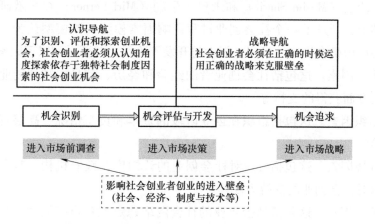

图1-8　基于机会识别和评估的社会创业过程模型

1.3.4　社会创业三阶段过程模型

格里高利·迪斯（J. Gregory Dees）、杰德·爱莫森（Jed Emeson）和彼得·伊考米（Peter Economy）认为，社会创业可以分为三个阶段。

（1）过渡阶段。这一阶段主要是成立创业团队，形成创业组织雏形，而创业团队主要由来自营利性组织和非营利性组织的个体组成。

（2）变革阶段。这一阶段主要是通过协商和沟通来建立制度，旨在平衡和支持组织的正常运转。

（3）稳定阶段。这一阶段主要是通过实际运作来提升社会事业的内在能力，进而解决社会问题和应对组织的外部挑战。

据此，他们设计了社会创业三阶段过程模型（见图1-9）。该模型比较系统地归纳了社会创业的一般过程，界定了不同阶段的特征，明确了社会创业者在社会创业不同阶段的角色和任务。

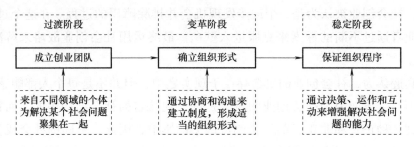

图 1-9 社会创业三阶段过程模型

1.3.5 社会创业过程影响因素模型

摩西·沙瑞（Moshe Sharir）和米里·乐勒（Miri Lerner）在文献研究和实地调研的基础上，开发了一个社会创业过程影响因素模型。该模型认为，新创社会企业一般要经历机会识别、发现、探索与开发等阶段，并要受到以下因素的影响：

（1）个人因素。这包括社会创业者的经验和经历、献身精神和创业初期能从家庭和朋友方面获得的支持等。

（2）组织因素。这包括组织在创立阶段的资本和员工情况、高层管理人员的绩效水平等。

（3）环境因素。这包括公众对社会创业的认知度，政府机构、基金会和其他非营利组织对社会创业的支持力度等。

（4）流程因素。这包括社会企业的社会网络稳定性和可拓展性、与其他组织的长期合作关系等。

社会创业启示录

在《洛克菲勒传》中，洛克菲勒说过一句话："如果不能让受益者独立，慈善是有害的。"对投身公益事业的人士来说，这个理念应该贯穿公益行动始终。也就是说，金钱的额度和爱心的真诚固然令人尊敬，但是我们救助受助者的最终目的是帮助他们独立起来，不再需要我们的帮助，这才是公益最大的成功。如果救助者离开我们的帮助还不能独立，这样的公益不仅有害，对救助者来说，也是一种失败。——朱睿（长江商学院教授）

1.4 社会创业的类型

1.4.1 从创立企业的动机分类

1. 使命中心型社会创业

使命中心型社会创业是指社会创业者的经营活动以组织的使命为中心，它以自筹经费的方式运营并实现其使命。这种类型的社会创业往往雇用弱势群体以推动社会就业。

2. 使命相关型社会创业

使命相关型社会创业是指社会创业者从事的经营活动与组织本身的宗旨使命有密切的联系。它一方面创造社会价值，另一方面也通过创造经济价值补贴社会项目投资或运营费用。社会服务商业化是这种类型社会创业的普遍运营方式。

3. 使命无关型社会创业

使命无关型社会创业是指社会创业者从事的经营活动与组织的使命无关，从事此类社会创业仅仅是为了通过创造经济价值来补贴社会项目投资和组织运营费用。

社会创业启示录

创业绝不是开张一家既没有创造出一种全新的满足，也没有创造出新的消费需求的熟食店，而要像麦当劳那样，通过运用管理观念和管理技术，将产品标准化，设计科学的制作过程及操作工具，合理设定所需要的员工，制定培训标准，从而大幅度提高资源的产出和效率，创立了一个全新的市场氛围和新的顾客群体。——彼得·德鲁克（现代管理学之父）

社会企业不是不赚钱，从任何角度来说社会企业都是一个公司，但是这个公司不是为了追求利益最大化，而是为了解决社会问题。因此，这个企业的

> 所有利润都会留在公司里……给金字塔底部人群提供的业务是能盈利的，因为必须通过将某些产品销售给贫穷人口获利而获得持续发展。我创建的这些公司并不是为了盈利，而是关注解决问题。例如可以把洗发香波瓶子做小一点卖给穷人，他们花一点钱就可以买到，这就是创造需求。——穆罕默德·尤努斯（格莱珉银行创始人）

1.4.2 从新创社会企业建立渠道分类

1. 独立创业

独立创业是指社会创业者个人或社会创业团队白手起家进行创业。独立创业可能由于发现了很好的商业机会、独立性强不愿受别人管制、失去工作或找不到工作、对大组织的官僚作风和个人前途感到无望、为改变家庭和个人的经济状况或受其他人创业成功的影响等。

2. 母体脱离

母体脱离是公司内部的管理者从母公司中脱离出来，新成立一个独立社会企业的创业活动。母体脱离的社会创业者拥有创业所需的专业知识、经验和关系网络，提供与原公司相近的产品或服务。母体脱离的原因可能是社会创业者与原组织管理层不和，或者是创业者发现了社会创业机会但原组织管理层不认同或不重视。

3. 企业内创业

企业内创业（Entrepreneurship）是指在大企业内部创业。现在的大企业已经不是创业热潮中的旁观者和被动的应对者，甚至一些知名的大公司也在积极地寻找和追逐新的、有发展前景的创意和商业机会，这些工作需要内部创业者去完成。

社会创业小贴士

施瓦布社会创业基金会给予想成为社会企业家的人七大建议

追随你的激情：它会在遇到挫折的时候鼓励自己走下去。

平衡你的理性和激情：搞懂自己想要的和需要的关系。

搜集一千个创意：对它们加以提炼，促使新创意出现。

仔细选择商业模式：明晰其愿景、使命和把它转化为影响力。

> 研究取得成就的方法：寻找独特和更有效的方法。
>
> 考虑社会专营权：探索引入新颖商业模式并复制到另一个领域。
>
> 给自己最少 36 个月的时间：在更短时间内建立一家社会企业并把它引入正轨。

1.4.3 社会企业家的类型

申科·扎赫拉（Shaker Aahra）等借鉴弗里德里希·哈耶克（Friedrich Hayek）、伊斯雷尔·柯兹纳（Israel Kirzner）和约瑟夫·熊彼特（Joseph Schumpeter）等人的研究，从企业家如何发现社会机会、利用社会机会以及从广义范围影响社会三个维度出发，提出了社会企业家的三种类型。这三种类型的企业家的区别主要体现在他们解决社会需求的方法、获得资源的方法以及识别机会的方法三个方面。

1. 社会修补匠

社会修补匠类型企业家能够在自己熟悉的社会和体制环境里发现创业机会，并利用现成的资源，解决地方上小规模的社会需求。他们在社会中发挥的重要作用不容忽视，许多地方性的社会需求只有地方性的社会企业才能了解并解决。然而，由于受到某种限制，这一类社会企业家也许并不打算扩大经营规模以及将事业拓展到其他地区。他们也可能看不到自己的知识领域以外的机会，并可能对提高其活动范围没有兴趣。

2. 社会建构者

与社会修补匠类型企业家不同的是，社会建构者关注的是没有得到足够重视的社会需求问题，试图为广泛的社会体系带来改革与创新。他们的发展更加有组织化，他们的社会解决方案也更容易得到扩展。企业家能够识别机会，并不一定是由于他的专业知识，在更大程度上是由于其发现机会的敏感性。由于社会建构者型企业家能够意识到商业创业没有充分意识到某一社会问题，故而他们能够在这一行业发现商机。

3. 社会工程师

社会工程师型企业家的目标是推动革命性的变革，以改善系统性的社会问题。社会工程师能够发现可能由于制度不健全而造成的十分复杂的社会问题，尝试建立不同的社会结构来解决这类系统问题。社会工程师类型的企业家作为社会变革的重要力量，可以对一个国家，甚至对整个世界带来深远的社会影响。例如，格莱珉银行创始人尤努斯所创立的小额贷款模式改变了穷人贷款难的局面，甚至影响了金融行业的体制格局。

社会创业小贴士

施瓦布社会创业基金会根据财务运营模式对社会企业的分类

1. 杠杆式非营利组织

该类组织与私营组织和公共组织合作,解决市场失灵导致的社会问题。但是,其对外部资金有一种持续的需求,持续的发展需要依靠合作伙伴的支持。

2. 混合式非营利组织

这类企业同样遵循非营利的原则。但是也通过出售产品和服务,在一定程度上收回部分成本。其他资金来源包括公共和慈善资金、补助、贷款和股权。

3. 社会式经营

这类社会企业创造营业额和利润,从而得以在财务上自我维持。利润最大化和财富积累不是企业的首要目标,财务盈余用于再投资与造福社会的项目。虽然有些社会企业的部分资金来源于捐赠、政府拨款或者慈善捐赠,多数企业更倾向于通过自己获得收入降低对外部资金的依赖。这也是社会企业与传统非营利组织的主要区别。

创新思维游戏

游戏名称: 开放空间

游戏目的: "开放空间"是主办无预定议程大型事件活动的一种方法,例如公司的封闭式培训和研讨会。参与者在指导性目标下聚集到一起,以告示板的方式创立他们自己的议程。这些告示板上的话题将变成潜在的议题讨论会,参与者可以很自由地在议题讨论会之间切换,就像"用脚投票"一样无拘无束。

游戏人数: 5~200人

游戏时间: 一天以上

游戏规则:

准备:开放邀请。组织者最重要的工作也许是设计一个吸引人的邀请。理想的邀请信会勾划出一个紧急、重要并且足够复杂的挑战,它要求与会者从不同的视角来解决这个挑战。挑战也可以简单如"如何使我们城市的学校更有生机?"或者"我们的战略方向是什么?"此类的问题。

创立市场。游戏开始时,参与者围坐一圈或坐成同心圆以便获得指导,并创建他们自己的议程。对于会议的挑战,参与者受邀到中心写出他们迫切关心的问题,然后加上他们愿意主持讨论的时间和地点,贴在"市场"墙上。所有人都受邀在"市场"中创建一个条目,但这不是必需的。采用这种方式创建议程需要花60~90分钟。

"双脚法则":接着分组讨论议题开始,每个议题通常持续90分钟。参与者可以用他们觉得合适的任何方式组织分组讨论议题,主持人记录讨论的结果,从而使其他人能在任何时候加入讨论。参与者需要注意开放空间的一个法则——"双脚法则",如果你发现自己既没学到东西也没贡献东西,不妨迈开双脚到别的小组去看看。有了这个意识,参与者会对他们自己的学习和贡献全权负责。

汇集结果:分组议题讨论也许要持续一天或者更长时间,这取决于会议的规模。结束会议也可以有很多形式,最不受欢迎的是团队的正式报告。与此相反,不妨回到会议开始时的圆圈,为愿意展示其发现以及未来计划的参与者再次开放空间。

游戏策略:

时刻牢记开放空间的四个原则,它们可以帮助我们建立会议的基调。

(1) 来者不拒。他们对挑战的激情比他们在组织结构图中的职位更重要。

(2) 任何时候开始讨论都是恰当的。精神和创造力并不按时钟运行。

(3) 沉湎于或抱怨过去发生的事件以及错失机会都等于浪费时间。

(4) 结束的时候就自然结束。讨论结束后,继续前进。

本章要点

社会企业(Social Enterprise)概念源于西方发达国家,由于兼具经济目标和社会目标的双重特性,被认为是当下解决社会问题的创新组织形式,受到广泛关注。世界各国对社会企业的认定标准各不相同,一般会从组织目标、收入来源、利润分配、资产处置、治理结构等五个维度对社会企业进行认定。

社会创业具有公益性、创新性、市场导向性和情景性等诸多特征。社会创业与创新之间的关系密不可分。创新是社会创业的源泉,社会创业推动和深化了创新。

关键术语

社会创业;社会企业;社会企业的特征;可持续发展光谱图

案例分析

致富的破布——从废品到财富,再到全国的荣耀

菲律宾有一家致力于生态环保的社会企业,它的英文名叫 Rags 2 Riches(简称 R2R)。这家企业在中国叫"致富的破布",它旨在解决不公平贸易和环境恶化的社会问题。这家社会企业由一个名叫丽丝·费尔南德(Liz Fernand)的菲律宾女孩发起。毕业于马尼拉雅典耀大学管理系的她,凭借着一万菲律宾比索的启动资金和朋友们的帮助,于 2007 年创办了 R2R 这家企业。创办 R2R 的原因是希望通过废物回收再利用来保护环境,为贫困地区的留守妇女增加收入,同时创造一种可持续可扩大的商业模式,一定程度上拉动当地经济发展。

在菲律宾首都马尼拉东北郊的一片贫民窟旁,有一个叫柏雅塔斯(Payatas)的巨型垃圾回收站,里面的垃圾存量不计其数,垃圾场不仅影响周围人们的生活,更污染了当地的环境。丽丝通过仔细观察却发现,住在附近的妇女们经常跑去捡破布,因为当地有人专门用极其低廉的价格来收购废布进行加工再高价售卖。

这些妇女平均每天可以编织 8~10 条小毯子,每条毯子仅挣 1 菲律宾比索(约 0.15 元人民币),可稍微加工后的布料却能卖到 25 菲律宾比索。尽管加工后的废布更值钱,因为这些妇女没有受过良好的教育,她们不懂设计和销售,只能极度依赖小贩或代销商。

丽丝敏锐地发现了这一点,认真走访和考虑之后,她决定要成立一家社会企业,来教会当地的妇女们加工废布的技艺,并帮助他们找到渠道售卖,以此来帮助生活在社会底层的人们,就这样,R2R 的雏形出来了。丽丝很快邀请之前一起做过义工的朋友,组建起一个平均年龄不超过 25 岁的 10 人 R2R 团队。

2007 年年底,R2R 团队决定融入更多设计元素,使现有产品增值。一方面他们邀请菲律宾顶级设计师雷奥·劳雷尔(Rajo Laurel)等参与设计世界级的时尚手包,另一方面他们磨炼柏雅塔斯妇女的编织技能与创造力,把原本从垃圾场里回收的碎布,转化为环保、时尚、精致和高档的纯手工编织手包和地毯,或者明星们争相追捧的时尚手包、眼镜盒、酒瓶架等。现在,R2R 的环保产品在菲律宾香格里拉等高端酒店和商场都设有展销点。

随着 R2R 产品的销路走宽,妇女们可以从自己的每件产品中获得零售价 40% 的利润。收入提高了,想加入 R2R 的人也越来越多。在丽丝和团队的共同努力下,R2R 的商业模式开始在当地大受欢迎。R2R 目前拥有 10 名全职员工,参与手工制作的妇女人数增长到 400 人,回收的碎布累积远远超过了 50 吨,创造的利润超过 200 万菲律宾比索。

第1章 社会企业与社会创业概述

R2R推崇"4P"的新商业理念：星球（Planet），人类（People），利润（Profit）与积极的影响（Positive Influence）。即通过废物的回收再利用保护星球，为边缘化的贫困妇女赋权，创造一种可持续可扩大的商业模式，建立一个好榜样，这四点是R2R运作的核心。R2R不仅改善了当地妇女的生活，还提高了她们的收入。更重要的是，它把废品垃圾和时尚事业完美结合，用资源整合和重复利用的环保方法，创造了一种新的商业模式，让生活在贫民窟的人们看到了生活改变的希望，也让柏雅塔斯垃圾场从一开始的声名狼藉变成了全国的荣耀。

资料来源：放弃高薪工作，这个菲律宾女孩毅然选择公益创业，让破布完美逆袭，还拿了劳力士大奖！[EB/OL]．（2016-09-03）．http://www.haogongsi.org/，本书作者有所改编。

延伸阅读

德鲁克．创新与企业家精神［M］．蔡文燕，译．北京：机械工业出版社，2018．

伯恩斯坦．如何改变世界：用商业手段更好地解决社会问题［M］．张宝林，译．北京：中信出版社，2013．

尤努斯．穷人的银行家［M］．吴士宏，译．北京：三联书店，2015．

迪斯，埃默森，伊柯诺米．社会企业家的战略工具［M］．周红云，译．北京：社会科学文献出版社，2011．

复习思考题

1. 请在分析诸多社会创业概念的基础上，提出你自己对社会创业概念的思考。
2. 请在互联网收集若干典型社会创业案例，并对案例进行分析。
3. 请运用社会企业光谱理论，举例比较纯慈善组织和混合型组织的差别。
4. 简述社会创业与社会创新之间的关系。

创业挑战

根据自己的职业生涯发展道路上每一次重大选择的因果关系，思考在将来的职业生涯发展道路上，是否会走上社会创业的道路。如果走社会创业的道路，会选择哪个社会创业领域，并设计社会创业发展的职业生涯路径。

第2章 社会企业家精神与创业能力开发

学习目标

> 掌握社会创业者、企业家和企业家精神的内涵。
> 掌握社会创业者的特质。
> 熟悉创业者的类型。
> 熟悉社会创业者管理风格的转变。
> 熟悉社会创业者能力的培养。

引导案例

比尔·德雷顿和他的"阿育王"

比尔·德雷顿（Bill Drayton），1943年出生于美国，从青少年时期就是一个社会创新家。高中时他加入了全美有色人种促进会，组织起抵制当地商店种族歧视的活动。在哈佛大学和耶鲁大学读书期间，他发起成立了几个组织机构，包括耶鲁大学法律服务中心和每周举办一次的跨学科社会科学论坛——哈佛大学阿育王会议。1970年，他开始在纽约的麦肯锡咨询公司工作。1977年到1981年，他担任美国环境保护署助理署长。在任期间，他发起了排放交易（《京都议定书》的基础）和其他改革。

1963年的夏天，20岁的比尔·德雷顿开着一辆德国大众车来到印度，实现了他向往已久的印度之旅。这位醉心甘地理想的哈佛青年在这里结识了甘地的门徒维诺巴·巴维（Vinoba Bhave），亲眼见证了一场庞大的社会变革。55岁的巴维走访印度村落，恳请手中有富余土地的村民转交一部分土地给一个合作拥有机构，帮助穷人和"贱民"获得土地。1978，比尔·德雷顿决定创办一个组织，以求在全球范围内寻找和资助那些既拥有改变社会的新鲜想法，又具有社会企业家能力与强大道德力量的个人。比尔决定以一个伟大人物的名字命名自己新创立的公益组织。当时，他有四个选择：美国第三任总统托马斯·杰弗逊、欧共体设计师让·莫内、印度"圣雄"甘地以及公元前3世纪统一印度大陆的皇帝阿育王。阿育王摒弃暴力并且一世都致力于提高社会福利和促进经济发展，而且在比尔眼中，阿育王还是历史上最宽容、最具全球性眼界和胸怀，也是最有创造力的领袖之一。阿育王的传奇一生让比尔深受触动，因此比尔以"阿育王"命名了自己所创办的组织。1981年，比尔以5万美元创立了"阿育王社会创新机构"。它的使命就是像创业投资基金那样去发现、资助具有创新和创业精神的人。今天，阿育王通过160名工作人员掌控着全球的社会企业家的培育体系，已经对60多个国家的1800多名社会企业家提供了4000万美元的资助。

阿育王的核心文化就是：人人都是变革家。阿育王不愿被称呼为"非营利机构"。在每个工作人员发出的邮件末端的落款处都有这样一则声明："阿育王是一个公民社会组织，不是非营利组织。"阿育王的运作方式类似于风险投资公司，它精心地进行投资，力图从中得到高回报，但它要求的收益不是利润，而是教育、环保、农业、扶贫、人权、医疗、残障照顾、面临危险的儿童照顾等公益事业的发展。2005年10月31日，比尔·德雷顿因为他的阿育王的影响和成果，被《美国新闻》评为"美国最佳领导"。

资料来源：为胜利．比尔·德雷顿：甘地的美国信徒［EB/OL］．(2008-04-13)．http://www.chinavalue.net/Group/topic/，本书作者有所改编。

2.1 社会创业者与社会企业家精神

2.1.1 社会创业者

关于社会创业者的定义数量众多，本书选取部分社会创业者的定义制成表格（见表2-1），方便学习者比较学习。

表2-1 社会创业者定义

学者/机构	定义
阿育王（Ashoka）	社会创业者是能够运用创造性方法解决社会最紧迫问题的个人。这些创业者在解决社会问题时具有雄心壮志和持久的毅力，能为更大范围内的变革提供新的想法

(续)

学者/机构	定 义
社会企业学校（School for Social Entrepreneurs，SSE）	社会创业者是以企业家方式追求社会或公共利益而非企业利润的人。这些社会创业者一般在有道德感的商业部门、政府部门、半官方组织，以及志愿和社区组织工作
斯科尔基金会（Skoll Foundation）	社会创业者是社会变革的行动者，是能够为人类带来福利的改革倡导者
维基百科（Wikipedia）	社会创业者是指那些认识到社会问题，并通过运用企业家精神以及各种方法来组织、创造、管理一个企业，以达到改变社会的最终目的的人
爱德基金会（Amity Foundation）	社会创业者是从社会需求出发，发现社会问题，并能够用创新的方法解决问题的人
阿拉善生态协会（Society of Entrepreneurs and Ecology，SEE）	社会创业者是对"创业者"内容的丰富，其更多扮演"育花园丁"的角色。其目标之一是在社会事业中发扬企业家精神，在资源获取、资金使用等方面有所创新
格里高利·迪斯（J. Gregory Dees）	社会创业者是那些在社会部门充当改革推动者角色的人。为了创造重大和持久的变革，社会企业家必须理解并经常性地改变产生问题并使问题延续的社会系统
安娜·帕雷多（Ana Paredo）、默迪斯·麦克考林（Murdith McCullin）	社会创业者也是创业者，他们采用商业化方式进行创业，并注意创业方式的创新性
杰尔·博斯基（Jerr Bosehee）	社会创业者是不以营利为目的的管理者。他们在关注市场的同时不忘自己的使命，在某种程度上平衡了道德义务和营利动机，而这种平衡是一切活动的中心和灵魂
约翰·汤普森（John Thompson）、杰夫·艾维（Geoff Alvy）和安·里斯（Ann Lees）等	社会创业者能够意识到某些活动是国家福利体系不能满足需要的人。这些社会创业者能够集中必需的资源，例如人力、志愿者、资金以及建筑等来改变现状
斯蒂芬·戈德史密斯（Stephen Goldsmith）	社会企业家是那些凭灵感、创造力、直接行动和勇气，发现并挑战不公正的"稳定状态平衡"的人。其具有热情、关注对其他资源起作用的结果和影响、有良好的企业模式、对自己和客户都抱有极高的期望等共同特征
陈劲、王皓白	社会创业者是那些具有正确价值观，能够将伟大而具有前瞻性的愿景与现实问题相结合的人。他们对目标群体负有高度的责任感，并在社会、经济和政治等环境下持续通过社会创业来创造社会价值
王仕鑫、廖云贵	社会企业家具有以下基本特征：①肩负使命，以创造和维护社会价值为驱动因素；②识别和不懈追求能够服务于社会使命的机会；③持续创新、不断适应和学习；④行为不受当前所掌握资源的限制；⑤秉持对所服务人群或社区以及资源提供者高度负责的态度

第 2 章
社会企业家精神与创业能力开发

综上所述，尽管目前社会创业者仍没有统一的定义，但其本质的内涵却基本是一样的，即社会创业者通过商业化的形式持续减轻和解决社会问题。与商业企业家相比，他们追求的并非利润，而是力求将企业家精神和创造力投入到社会问题的解决上。社会责任感促使他们长期关注社会金字塔的底端，进而看到新的市场机会，并且真正着手去实现。

> **社会创业小贴士**
>
> ### 金字塔底层的财富
>
> 金字塔的底层（Bottom of the Pyramid，BOP）是指超过 40 亿每日收入不足 2 美元的庞大人口群体。根据财富和收入能力划分，拥有大量获取高额收入机会的富人位于金字塔顶端；超过 40 亿每日收入不足 2 美元的庞大人口群体生活在金字塔底层。在过去的 50 多年里，世界银行、捐赠国、各类国际援助机构、各国政府，以及稍后加入的民间社团组织都想尽办法消灭贫困，但无一达到目标。C. K. 普拉哈拉德在其《金字塔底层的财富》里提出一项极具革命性的主张：不要再把贫困群体看作受害者或社会负担，而要把他们视为有活力、有创造力的企业家和有价值的消费者，这样一个崭新的机会之门就将打开。

2.1.2 社会企业家精神

1. 企业家

法国经济学家理查德·坎蒂隆（Richard Cantillon）第一次提出了"企业家"（Entrepreneur），并将企业家定义为"冒着风险将某种理念或创新应用于市场的人"。美国经济学家约瑟夫·熊彼特（Joseph Alois Schumpeter）认为，企业家是"富有创造力的破坏者"。美国经济学家彼得·德鲁克（Peter F. Drucker）认为，企业家是勇于承担风险、有目的地寻找革新源泉、善于捕捉变化、并把变化作为可供开发利用机会的人。

经济学家许小年认为，市场经济中的企业家是指这样一群人——他们具有敏锐眼光，能够及时发现社会需求，甚至创造社会需求；他们具有承担风险的勇气和能力，能够组织资源，在市场前景并不明朗的情况下，开发和制造社会所需要的产品和服务；他们以个人的声誉和资产承担失败的后果，也以个人的名誉和资产赢取成功的收益。

> **社会创业启示录**
>
> 人在丛林中不容易分辨方向，很容易误入歧途，甚至会因为饥饿而误食有毒的果子，也可能因为不小心而被毒蛇咬伤，甚至被野兽吃掉。看不见的新大陆就是这样一个危机重重的原始丛林。可是即使是这样一个处处隐藏危险的社会，如果你能深谙其中的玄机，就能从树皮剥落的形状中得知猛兽的去向，从空气的流动中得知风的方向。但是很多人因为危险而不敢擅入这片原始丛林，他们更愿意踏入绿色的平原，安于做工薪阶层的一员。他们甚至会把那些勇于闯入原始丛林的人当作傻瓜。但是谁也不能保证绿色的平原会永远充满绿色，也可能发生草原变成沙漠的情况。因此，比起停驻在平原之上，勇敢地去开垦充满未知的原始丛林，你更有可能得到一片富饶的土地。——大前研一（日本著名管理学家）

2. 企业家精神

经济学家理查德·坎蒂隆（Richard Cantillon）和富兰克·奈特（Frank Knight）将企业家精神和不确定性联系在一起。亚瑟·科尔（Arthur Cole，1946）指出，企业家精神是在不确定环境下，通过个人或参与团体活动所表现出来的系列行为，这种行为会受现在经济和社会力量的影响。

德鲁克认为，通过应用管理概念和管理技巧使"产品"标准化，设计制作程序和工具，对要进行的工作加以分析，并根据分析结果培养人员，然后制定其所需要的标准，不仅大幅提高了资源的产出，而且建立了新的市场和新的客户群。这就是企业家精神。

张维迎在《企业家——经济增长的国王》中提出，企业家精神包括冒险精神、创新精神、不满足精神和英雄主义精神。汪丁丁认为，企业家精神应包含创新精神、合作精神、敬业精神三个方面的因素。安·兰德总结的企业家精神包括诚实、理性、正直、独立、公正、创造力和自豪。

俞敏洪给企业家精神做的定义是：在洞察世界经济、政治、文化、科技发展趋势的前提下，洞察社会和人群的需求，用最适合的商业模式为社会人群持续提供最受欢迎的产品和服务，促使社会和人类进步和幸福。

美团网创始人王兴认为，企业家精神就是对机会不懈追求，而不局限于当前控制的资源。

第 2 章
社会企业家精神与创业能力开发

社会创业小贴士

哥伦比亚大学商学院教授丽塔·麦格拉思论创业者的心智

建立创业者精神的一个重要方面就是"创造一个人人参与的环境,能使企业更易找到改变商业模式的机会"。创业者可以分为以开办新企业为职业的常态性(Habitual)创业者或系列(Serial)创业者。这些职业创业者的共同特征是在不断的变化中创造机会。他们都有一系列共性:

(1) 他们充满热情地寻找新的机遇并常常在商业活动的改变或中止中寻找获利机会。他们创造全新的商业模式给企业带来活力。

(2) 他们自律地寻求机遇。常态性创业者不仅能识别机会,更会利用机会。他们会记下那些未被利用的开发方案,只有在这些竞争领域有吸引力和时机成熟的条件下才会投资。

(3) 他们只会追寻那些最好的机会,决不会将自己与组织的精力耗费在每一个机会上。虽然许多常态性创业者是富有的,但他们大多数保持自律,对所追踪的计划严格控制。

(4) 他们重视行动——特别是适应性的行动。有创业心智的人能果断行动,即在好的创意消逝前采取行动。

(5) 他们能激起共同领域相关人士对目标的激情。常态性创业者在追求机会的过程中会整合组织内外的力量,营造并维持一个关系网络。这个网络使每个成员都能达成自身的目标。他们与员工和相关人士良好沟通,用身体力行而不是说教来领导企业。

3. 社会企业家精神

尽管目前对社会企业家精神还没有统一的定义,但人们对社会企业家精神的定义已形成总体的共识。比尔·德雷顿在20世纪80年代初首次使用"社会企业家精神"的概念,之后一直认为,社会企业家精神潜藏于"大规模系统的社会变革中"。社会企业家的工作是,当发现社会的某一部分运转不灵时,通过变革这一套系统,普及解决问题的方法,并说服整个社会迈出新步伐解决这一问题。社会企业家不满足于只是给一条鱼或教人们如何钓鱼;他们有彻底变革整个钓鱼业的决心。识别和解决大规模的社会问题需要社会企业家,因为他们才能有虔诚的愿景和不懈的决心,直到他们成功变革整个系统。系统的变革源于以下因素:①具有强有力的、全局变革型新理念的个体；②设定目标和解决问题的创造力；③实现影响的强大抱负；④废寝忘食地投入工作；⑤变革整个体系的渴望；⑥道德意志。

格里高利·迪斯认为，社会企业家精神应该定义为"个人、团体或组织通过富有成效的努力重组或者彻底改变了利用私人关系来影响社会变革的模式"。这里的关键词是"重组"和"彻底改变"。

友成基金会认为，社会企业家精神可以用 3A 模型来衡量，并从 Aim（社会目标驱动力）、Approach（解决方法创新力）和 Action（行动效果转化力）三个维度来评估或考察一个组织。

综上所述，社会企业家精神包括四个要素：①企业家精神，没有那些追求普遍影响、强有力的系统变革的理念便没有社会企业家；②理念，社会企业家对那些能对整个社会产生大规模、变革型惠益的价值理念更感兴趣；③机遇，社会企业家能够在其他人发现问题的地方发现机遇；④组织，组织化运作会给运营带来明显制约的同时也提供重要的能力。

> **社会创业启示录**
>
> 社会企业家是那些凭借灵感、创造力、直接行动和勇气，发现并挑战不公正的"稳定状态平衡"的人。这些社会企业家的共同特点是：有热情关注对其他资源起作用的结果和影响、有良好的企业模式、对自己和客户都抱有极高的期望。——斯蒂芬·戈德史密斯等（《社会创新的力量：美国社会管理创新启示录》的作者）
>
> 社会企业家最主要的特点是要有社会创业精神（Social Entrepreneurship），无论是机构内的某一个人（Intrapreneur），还是独立个体（Entrepreneur）。社会企业家之所以成功，并能产生"一个人可以改变世界"的效应，必须有这个动力的存在，这个创业家必须亲自创造出不一样的服务模式，并且很有担当地克服制度上的种种问题和障碍，从而解决一个深层次社会问题。——谢家驹（香港社会企业的领军人物、香港仁人学社创始人）

2.2 社会创业者的品质特征

1. 戴维·伯恩斯坦等归纳的社会创业者应具备的品质特征

《如何改变世界》的作者戴维·伯恩斯坦（David Bomstein）将社会企业家定

第 2 章
社会企业家精神与创业能力开发

义为:"为理想驱动、有创造力、质疑现状、开拓新机遇、拒绝放弃,构建一个理想世界的人"。根据伯恩斯坦的理解和归纳,成功的社会创业者具有六种很明显的品质特征:①乐于自我纠正;②乐于分享荣誉;③乐于自我突破;④乐于超越边界;⑤乐于默默无闻地工作;⑥具有强大的道德推动力。

尤努斯社会创业基金联合创始人萨奇亚·布鲁斯丹(Saskia Bruysten)认为,优秀的社会企业家有三大主要特征:第一,必须具有激情;第二,必须对当地社区和市场有深入的了解;第三,必须具备吸引优秀人才的能力,从而创造一个表现良好的团队。

2. 安妮塔·罗迪克归纳的社会创业者应具备的品质特征

美体小铺创始人安妮塔·罗迪克(Anita Roddick)认为企业家都是不喜欢制度化、系统化的疯子。他们脑子里充满奇思怪想,常常可以观察到一些别人看不到的东西。他们胆大,敢冒险、敢创新,并具有许多优秀品质:①憧憬新事物,并且坚持自己的想法直至美梦成真;②具有几分狂热,企业家的梦想常常会有点儿疯狂,甚至几近孤绝;③能够挺身而出,企业家凭借自己的观察、思考与感受做出本能反应;④经常冒出些主意,像魔瓶里的精灵,被创造性压力挤出,直到最终现身;⑤具有几近病态的乐观主义;⑥潜在地认识到人不必非得知道该如何做;⑦具有了解社情民意的才能;⑧认为想象力比知识更重要;⑨能够将所有这些有效地融会贯通;⑩是一位伟大的故事家,故事能激发下属的想象力。

3. 国内学者归纳的社会创业者应具备的品质特征

南开大学国际商学院王仕鑫、廖云贵等认为,社会创业者具有以下基本内涵:①肩负社会使命,以创造和维护社会价值为驱动因素;②识别和不懈追求能够服务于社会使命的机会;③进行持续创新、不断适应和学习;④行为不受当前所掌握资源的限制;⑤体现对所服务人群或社区以及资源提供者高度负责的态度。

社会创业小贴士

施瓦布社会创业基金会领导人给予想成为社会企业家的人的建议

追随你的激情——这是最重要的因素,它会在你遇到挫折的时候鼓励你走下去。

平衡你的理性和激情——你想要的真的是你需要的吗?它能以事实和数据为支撑吗?

搜集1000个主意——对它们加以权衡、提炼,不要怕放弃它们,促使新的想法出现。

选择你的商业模式——清楚自己的使命并把它转化为影响力。试着第一天就开始赚钱。

研究你想取得成就的方法——你的方法那么独特吗？有没有更可行的方法？

考虑社会专营权——从世界上其他地方引入一个超级棒的模式，把它付诸实践。

给自己最少 36 个月的时间——这是建立一个社会企业并把它引入正轨所要花费的时间。

2.3 社会创业者具备的特质、知识、能力与社会创业人才培养

2.3.1 社会创业者的特质

特质是指人与生俱来的以及通过后天培养、塑造和锻炼而获得的身体上和人格上的性质特点。人的特质是以人的先天禀赋为基质，在后天环境和教育影响下形成并发展起来的、内在的、相对稳定的身心组织结构及其质量水平。

社会创业者特质是指社会创业者在创业过程中所表现出来的自身独特的品质和能力的总和，其随着社会创业活动的深入而不断提高和逐步完善。社会创业者的特质在一定程度上决定了创业企业的成败。社会创业者的特质一般包括心理特质和身体特质。

社会创业小贴士

许多创业者有不同程度社交障碍

伦敦卡斯商学院的创业学教授朱莉·洛根（Julie Logan）在对一群创业者的调查中发现其中有 35% 患有读写困难症，而英国为 20%。著名的读写困难症患者包括福特、通用电气、IBM 和宜家等企业的创始人，以及查尔斯·施瓦布（嘉信理财）、理查德·布兰森（维珍集团）、约翰·钱伯斯（思科）、史蒂夫·乔布斯等。读写困难症患者从很小起就学会了如何分配工作。招聘人士已经注意到，优秀电脑编程员的心理特质非常接近于阿斯伯格综合征患者特

第 2 章
社会企业家精神与创业能力开发

点,即对于一些狭窄的课题有强迫性的兴趣,热爱数字、规律和机器,对重复性的工作着迷,对于社交信号则置若罔闻。《连线》杂志将这种情况称为"极客综合征"。Facebook 的早期投资者彼得·蒂尔在谈到过去十年建立的互联网公司时曾说:"这些公司的老板都是一定程度上的自闭症患者。"多动症则是另外一种与创业者有着不解之缘的病症。研究表明多动症患者最后自己经商的机会是普通人的六倍。

1. 心理特质

所谓心理特质是指社会创业者的心理条件,包括自我意识、性格、气质、情感等心理构成要素。杰弗里·蒂蒙斯教授认为成功的创业者具有一些共同的态度和行为,他注意到进入百森商学院杰出创业者学会的第一批 21 位学员,在谈到各自成功的原因时都提到过三种品质:①对挑战做出积极反应以及从错误中学习的能力;②个人带头;③极大的恒心和决心。通过对这些成功创业者学员的跟踪研究,蒂蒙斯总结出成功创业者表现出的共同创业特质。他归纳为"六大特质"和"五种天赋",此外他还归纳了八种非创业特质。

六大特质是:①责任感与决策力;②领导力;③执着于商机;④对风险、模糊性与不确定性的容忍度;⑤创造性、自立与适应能力;⑥超越别人的动机。六大特质是"可取并可学到的态度和行为"。

五种天赋是:①才智、智慧和概念化;②创造力和创新精神;③经历、健康与情绪稳定;④价值观;⑤激发灵感的能力。这些天赋是"其他人向往但不一定学得到的态度和行为"。

八种非创业特质是:①外部控制,相信命运是由外部控制的;②不受伤害,觉得没有什么灾难性的事会发生到他们头上;③无所不知,常常不知道自己不知道什么;④表现欲强大,总想证明他们比别人强,并能击败对手;⑤反对权力,反对外部权力干预他们的行动;⑥冲动,在决策时觉得不管怎样他们必须做些什么,并且迅速去做;⑦完美主义者,过分追求完美;⑧绝对独立,抱着万事不求人的心态拒绝外界的帮助。

社会创业启示录

许多成功创立第一家企业的人总觉得自己根本不具有创立企业应具备的才能,要想经营企业必须经过优秀商学院培养才能具备企业家应具备的素质,

> 如果只有常人的智慧而没有得到训练或没有从商特质只能做雇员。但现实并非如此。实际上，创业成功者中接受过商学院培训的并不多，他们共有的特点就是都有努力前进的内在动力，这个动力促使他们能抓住他人错过的机会……大多数企业家最初都想改变自己以及家人的生活，有时甚至是整个世界。他们想自己当老板，掌握自己的生活。他们想为家人建立更好、更安定的未来。——大卫·霍尔（《做公司：创业者写给创业人的经验、教训和心里话》作者）

2. 身体特质

所谓身体特质是指身体健康、体力充沛、精力旺盛、思路敏捷。社会创业者应该具有健康的体魄和充沛的精力，能够适应创业企业外部协调和内部管理的繁重工作。几乎所有的社会企业家都认为良好的身体特质是成功创业的第一大前提。由于社会创业具有较大的风险性，在创业之初，受资金、环境等各方面条件的限制，经营活动存在着巨大的不确定性，许多事都需创业者亲力亲为，需要很高的容忍度和承受力。他们要不断地思考来改进经营。良好的身体特质能让创业者经受住巨大的压力，有效地组织创业活动。

社会创业小贴士

磨炼创业者意志的拓展训练

拓展训练起源于第二次世界大战。当时，盟军在大西洋的船队屡遭德国潜艇的袭击。船只被击沉后大部分水手葬身海底，只有极少数人得以生还。英国的救生专家对生还者进行了统计分析研究后发现，这些生还者并不是他们想象中的那些年轻力壮的水手，而是意志坚定懂得互相支持的中年人。这些人之所以能活下来，关键在于这些人有良好的心理特质。于是，救生专家提出"成功并非依靠充沛的体能，而是强大的意志力"的理念。由于拓展训练这种非常新颖的培训形式和良好的培训效果，第二次世界大战后，很快风靡欧洲的教育培训领域并发展到全世界。训练目标也由单纯的体能、生存训练扩展到心理训练、人格训练、管理训练等。当代著名管理专家、世界级攀岩高手吉姆·柯林斯说，攀岩是终极的教室，在里面可以找到人生每个层面的启示，包括企业、管理、领导和科学研究在内。

2.3.2 社会创业者应具备的知识

一些针对创业管理的研究发现，创业者及其创业团队的知识结构、创业目标和价值观对创业成功具有关键作用。创业者个人的知识和先前的工作经验会引导创业者形成一个"知识走廊"，使得个人拥有独特的信息储备，能够识别和发现其他人不易识别的创新性的机会，而且创业者的经验类型还影响新企业创建的新颖程度。也就是说，当创业者拥有较少的某个组织领域的核心经验，而拥有较多的组织边缘领域的经验和其他产业领域的经验时，更有可能成为一个创新型的创业者。尤其是当创业者质疑或挑战现有产业里的主导商业模式的合理性和有效性时，更有可能从事创新型的创业活动。

对一名社会创业者来讲，不论准备开展何种创业项目，除必须具备人文社会知识、科学技术知识之外，还应该有针对性地学习和掌握一些经营管理知识。对拟涉足的社会创业领域，创业者不仅要精通专业知识，还要熟悉这个领域的发展趋势及商业模式。否则，社会创业者在创业过程中就会遭遇创业挫折或失败。

社会创业启示录

西方社会把会读书的聪明称为"Book Smart"，把在社会中混出来的机敏称为"Street Smart"。若论创业，搏击商海，则需要二者兼备。创业者需要逆境商、同理心和人际交往能力。很多人说成功贵在坚持，实际情况并不这么简单。人在逆境中，犹如在漆黑的隧道里，不知道隧道有多长，甚至不知道是不是隧道，有没有尽头；人有一种失重的感觉，希望能抓到一个坚固的抓手，实际上可以支持你的东西少得可怜，突然觉得商学院里学到的理论和案例几乎没有帮助。能够熬过冬天，等到黎明，真正的支持作用来自多年锤炼而成的人生经验和内在特质。——李帆国（文行销企划有限公司总经理）

2.3.3 社会创业者应具备的能力

成功地创建一个企业，仅仅熟悉一些商业知识和法律知识是远远不够的。这个道理犹如一个人掌握了游泳知识，并不一定就会在水中游泳一样，理论只有经过了实践阶段才能转化为智慧和技能。一般而言，创业者特别重要的创业能力包括机遇识别能力、战略性思维与决策能力、整合资源能力、团队合作沟通协调能力、市场营销能力、财务管理能力，危机管理能力等。这些能力更多的是通过"干中学"获得的。

2.3.4 社会创业人才培养

世界一流大学都非常注重对学生公益精神的培养，看重非知识性学习、非学问性知识的培养。例如，注重培养结社能力，就是在成长过程中注入一种"我们要一起打造一个组织"的基因。学生在参与过程中就形成了领导素质，以后就有很强的组织能力。这种公益精神培养在大学成效显著，学生们能够把知识和团队很好地结合起来，开发社会公益产品并成立公益组织。

近些年，有许多世界知名大学的毕业生不是马上去找工作，而是去创办带有公益性质的社会企业。虽然比重不是太高，但是一直呈上升的趋势，形成了很好的社会氛围。值得注意的是，美国公益组织的创办速度已经连续十年超越一般企业的创业注册速度。

每个人都有一颗公益的心。越来越多研究表明，创业精神是可以培养、至少是可以教育的。公益精神同样如此。沙漠能不能变成绿洲是未知数，但是不断种树一定是有价值的。公益精神的教育就像种树，未必能快速成绿洲，但是要播种，坚持播种。

公益教育已经进入了美国高等教育的教学体系中。哈佛大学、哥伦比亚大学、斯坦福大学、印第安纳大学还有英国的牛津大学都设置了社会创新专业，并且注重让学生具有全球行动力。例如针对发展中国家的贫困问题、水资源问题、环境问题，让学生体验现场调研和实地研发，最终给出解决方案。这个过程可以让公益教育变得具有操作性。

在我国，湖南大学率先在全国开展公益创业教育。教育部举办的中国"互联网+"大学生创新创业大赛的"青年红色筑梦之旅活动"和"国际赛道"中，分别设置了评选"以社会价值为导向，在公益服务领域具有较好的创意、产品或服务模式的创业计划和实践"的公益组，和"以商业手段解决社会问题，形成正向、良性、可持续运行模式，服务于乡村振兴、社区发展、弱势群体，或以增益可持续发展为宗旨和目标，并有机制保证其社会目标稳定，其社会影响力与市场成果清晰、可测量"的社会企业组的比赛项目。这些比赛项目将激发更多的人参与到社会创业的行列中，产生一批运用商业手段解决社会问题的创业者。这将对社会创业生态系统的形成，起到巨大的推动作用。

第 2 章　社会企业家精神与创业能力开发

社会创业启示录

人们一直对乔布斯最初 10 年的经历津津乐道，因为一个男人慢慢成长为商业领袖的故事并不是很有意思。人们对于乔布斯如何学习管理现金流、选择合适的人才、磨掉自己的棱角并不感兴趣。更重要的是你的野心是什么？你能否不断成长，从失败和挫折中重新站起来？是否能为宏伟目标一往无前？是否能将自己的智慧、能量、天赋、才华与想法外化为推动事业发展的力量？这才是伟大企业领袖的特质。——吉姆·柯林斯（《从优秀到卓越》作者）

社会企业家并非自商学院诞生。企业家精神是教不出来的，但可以通过与企业家接触来学习……培养 MBA 学员具备社会创业潜能的目的是，使他们利用自己的商业技能支持社会企业——不一定非要成为创始人或是有远见的领导者，而是成为不断发展的创业企业里的顶梁柱。——帕梅拉·哈蒂根（斯科尔社会企业研究中心主任）

商业学校教不出好的企业家。要学到真正的窍门，必须走到纽约街头的后巷。血淋淋的现实生活才是最有效的教材。——安妮塔·罗迪克（美体小铺创始人）

2.4 社会企业成长中创业者的角色转变

2.4.1 创业者与 CEO

大多数社会企业组织中，都有一个最高级别的管理者角色。这个角色有不同的头衔，其中一个最为流行的是 CEO（Chief Executive Officer），即首席执行官。创业者可以成为 CEO；但 CEO 不一定就是创业者。二者都需要洞察力、制定战略的能力和领导能力。但在以下方面二者有所不同，表 2-2 列出了二者之间的区别。

表 2-2　创业者与 CEO 的区别

比较对象	协调	希望的变革	权力基础
创业者	外部	激进	所有者
CEO	内部	渐进	任命

1. 内部协调与外部活动

社会企业需要聚集资金、人员、信息等关键资源以取得成功。社会创业者在企业成长的起步阶段,几乎承担起所有获取这些资源的责任。他们是多面手,既负责筹集资金,又负责招聘人员、收集信息和出售产品等。他们主要忙于企业的外部事务。

而CEO的责任是建立组织的结构和秩序使这些工作协调一致并有效地进行,反映企业的发展需要。他们不是对获取资源负责,而是对在组织内有效地配置资源,使之处于合适位置和发挥作用负责。

因此,在社会企业成长过程中,创业者要从获得资源向创建并保持管理资源的结构和企业文化的角色转换,即从外部活动向内部协调转换。

2. 保持连续性与推动变革

在一个快速变化的市场环境下,社会企业要生存和发展必须不断地进行变革。变革管理是社会企业高层管理者的关键任务之一。无论是社会创业者还是CEO都认识到变革对企业能动地适应环境变化的重要性。但是,两者对应该变革的认识程度存在差异。

社会创业者更倾向于激进的变革,认为只有这样才能抓住机会取得巨大成功。而CEO则更倾向于渐进的变革,认为企业的成功证明企业管理的正确性并具有某种优势,相信渐进的变革可以继续保持企业的优势并使企业坚持正确的做法。与社会创业者的激进式变革相比,CEO的渐进式变革显得更具稳定性和风险较小。应采取什么样的变革方式,取决于面临的环境和变革的性质。

3. 依据权利和依据任命进行管理

社会创业者占据企业管理的位置是基于其企业所有者的地位和权利。因此,这个位置的取得还与社会创业者在创造企业中的历史渊源和贡献有关,后者甚至更为重要。因为社会企业是其创办并成长起来的,只要他有这个意愿和能力,应该由其进行掌管。

CEO是通过任命获得社会企业管理权力的。他们可能是从企业内部提升上来的,也可能从企业外部招聘而来。他们是根据社会企业理事会的意见按照一定的程序走到这一岗位,从而具有控制社会企业的资源和系统的领导权力。他们要对社会企业的投资者负责,要追求社会影响力最大化或股东投资回报合理化。

但是,无论是创业者还是CEO。如果其不能取得令理事会满意的业绩,都有可能被驱逐出社会企业。因此,即使是社会创业者,也要掌握管理社会企业的能力,完成从创业者向职业经理人的转变;要通过管理社会企业,实现社会影响力最大化和投资者回报合理化。

2.4.2 社会企业成长过程中创业者的角色转变

1. 初创期的角色变换

在社会企业创立时期,创业者需要由产品和服务开发者逐渐转变成领导者。与任何创业型企业一样,社会企业在创业初期一般都体现着社会创业者本身的特质。社会创业者在这一时期需从以下三方面完成角色转变:

(1) 社会创业者需要完成思维的转变。长期从事产品和服务开发的工作使得创业者不擅长运用经营管理思维。如果不及时调整思维模式,社会企业很难形成合适的商业模式。

(2) 社会创业者需要完成能力上的转变。在掌握了核心技术的同时,创业者需要提升经营能力,否则社会创业者只是掌握产品和服务特性,却无法将其推向市场。

(3) 社会创业者需要完成工作重点的改变。社会创业者在初创期会将大部分精力放在产品和服务的研发上。随着产品市场化的进程,创业者面临的挑战更多来自市场,所以需要将工作重心逐渐转移到市场化的道路上。

总之,创业者能否由一个产品开发者转变为一个具有经营理念的社会创业者是初创期成功与否的关键。

2. 发展期的角色变换

在发展期,社会创业者需要由"基层管理者"转换到"中层管理者",其工作重点也由组织和领导向计划和控制过渡。在这个阶段,社会企业在保持当前业绩快速增长的同时,更重要的是为长远发展做准备,其主营业务、优势资源、核心竞争力、组织结构、管理模式、人才培养、组织文化等都需要重新设计或完善。社会创业者在这一时期需从以下三方面完成角色转变:

(1) 创业者需要继续完成能力的转变。进入发展期后,需要进行管理模式和组织结构的设计、核心竞争力的形成等工作,社会创业者需要相应地提高计划能力和控制能力。

(2) 社会创业者需要完成工作对象的转变。初创期,社会创业者的工作对象是用户,但进入发展期后,社会创业者更多的工作是培养人才,并通过管理人才实现企业成长。

(3) 社会创业者需要完成工作内容及方式的转变。随着社会企业规模的扩大,社会创业者在该阶段的工作内容大量增加,工作方式需要从事必躬亲变成适度放权,需要灵活创新与执行规章制度并存,以实现社会企业的长远发展。

该时期的角色转变非常艰难。组织纪律与创新冒险并存、放权的风险性与必要性并存,使得创业者容易出现失误,导致创业失败。

3. 成熟期的角色变换

进入成熟期，社会创业者需要由"中层领导者"转换到"高层领导者"，其工作重点完全过渡到计划和控制。在该阶段，社会企业已经高度复杂化，社会创业者要将更多的精力放在对外活动上，对内主要参加公司最重要的活动，并提出战略和经营哲学。

社会创业者首先应完成能力的转变，提升决策能力；其次将工作重点由企业内部的经营管理转换到对外的公关活动。

当企业发展到成熟阶段时，社会创业者可能担当的角色主要有以下几个：

（1）CEO。社会创业者担当的最常见的角色是 CEO。管理一个高成长的企业与管理一个成熟的企业不同。一个成功的社会创业者不一定是成功的管理者，而要胜任 CEO 职位，社会创业者必须向职业经理人角色转变。否则，就应聘请一个 CEO。

（2）战略领导人。社会创业者不必直接进行每个决策，而可以通过沟通宗旨、确定战略和控制企业文化来对企业决策施加影响。社会企业的理事长等就是充当这一角色。他们是企业这艘大船的掌舵者，而驾驶者则是企业的管理者。

（3）业务开拓者。社会创业者有时会发现很难放弃其已经形成的创业型生活方式。为了解决这一难题，他们可能选择适合创业型生活方式的企业业务开拓角色，而将现有企业的管理授权给职业管理者。他们可以在企业内开创新的事业。

（4）技术专家。有时社会创业者可能更愿意或更擅长技术工作而不是管理工作。当社会企业度过初创期，产品创新的重要地位让位于财务和营销工作时，这些技术专家出身的社会创业者可能选择担任研发部门的负责人而不是 CEO。

（5）企业的促销者。一些社会创业者基于与企业利益相关者长期建立的相互信任和合作关系，可能在企业中担任名义上的首脑，但实际工作主要是保持和扩大与外部的这种良好关系。他们在外界代表企业，是外界与企业进行沟通的桥梁。

（6）连续创业者。一些社会创业者更钟情于创业而不留恋守业。他们选择将所回报的资金再次创业。他们以创业为职业，重复进行创业—卖掉—再创业的循环。这样的结果可能是，社会创业者一生创办了数个企业，到头来手中没有一个企业。

社会创业启示录

创始人最大的危险是对自己的"神话"过于肯定而迷失了方向。同样，对于公司最大的危险是不再相信创始人的神话，错把不信神话当作一种智慧。——彼得·蒂尔（PayPal 联合创始人）

第 2 章
社会企业家精神与创业能力开发

> 创始人会对创立的组织产生非常强烈的拥有感,但是公益组织本质上不属于创始人。创始人对组织投入的心力、拥有感在早期对组织发展是有积极意义的,但如果一直不放手可能限制组织的进取和突破。这是"创始人魔咒"。——梁晓燕(中国文化书院·绿色文化分院联合创始人)

创新思维游戏

游戏名称: 心情棋盘

游戏目的: 该游戏是一个传统的设计实践,在建筑学上通常称为"沙瑞特"——团队围绕着一个共同的目标进行紧密合作的设计活动。这个游戏的目标是通过创建一张海报或拼贴画来获得对某个想法的整体"感觉"。该游戏可以在整个开发过程中作为参考或者启发性框架。它可以由视觉和书写品组成,例如杂志上剪下来的图片、实际的物体、颜色样品或其他任何可以就某个想法的感觉进行整体交流的物品。

游戏人数: 1~10 人

游戏时间: 30~120 分钟

游戏规则: 虽然心情棋盘在设计领域很常见,任何团队在项目初始阶段都可能受益于创建心情棋盘。他们只需要准备原材料和有待解释的想法,从杂志、网络甚至公司演示中收集可视化的材料。其他东西如剪刀、胶带、白纸、挂图,都可以在多数办公用品柜中找到。最后只要把大家召集到要他们解释的主题和材料周围。参与者需要考虑如下因素:"我们的文化";"明年";"下一个产品"。

小的团队可以共同创建一个心情棋盘;大的团队可以分别解释主题然后再交流分享。重要的是要让每个参与者都有机会为心情棋盘做贡献,并解释他们的想象。

游戏策略: 参与者为心情棋盘选择并贡献元素时,建议他们最好"凭直觉"来选择,而不是为他们的选择寻找合适的理由。心情棋盘是一个获取想法"感觉"的部件,而不是详细说明或者需求文档。棋盘完成的时候,这个游戏也结束了,但是心情棋盘在过程结束后应该继续存在。在开发过程中经常看看棋盘,其价值不可估量。

本章要点

社会创业者是通过商业化的手段解决社会问题的人。他们追求的不是利益,而是社会影响力。比尔·德雷顿在 20 世纪 80 年代初首次使用"社会企业家精神"

的概念，之后一直认为，社会企业家精神潜藏于"大规模系统的社会变革中"。企业家精神包括创新、冒险、合作、敬业、学习、责任感、执着、诚信等特质。社会创业者应具备创业能力、创新能力和改变现状的能力。

关键术语

创业者；企业家；企业家精神；社会创业者特质；社会创业者类型；社会创业者角色转变；社会创业者能力培养

案例分析

D. light Design：照亮黑暗的世界

2007 年，在斯坦福大学商学院读书的年轻创业者内德·托尊（Ned Tozun）遇到了另外一位好友山姆·戈德曼（Sam Goldman）。他们怀着改变缺乏电力供应地区贫穷人们的生活的梦想与使命，坚信太阳能和 LED（Light-Emitting Doide，发光二极管）的革新技术可以为缺乏电力地区的贫穷人口提供更清洁、安全、明亮与在价格上可以接受的照明产品。因此他们在美国加州帕洛阿托成立了 D. light Design 公司。

D. light Design 向全世界缺乏电力供应的国家与地区提供价格便宜、安全的太阳能照明产品，为清洁能源取代煤油作为照明燃料的宏伟目标而努力，目前已经成长为全世界最成功的社会企业之一。全世界来自 40 多个国家超 500 万人受益于 D. light Design 的照明产品，他们的生活因此得到了彻底的改变。如今 D. light Design 已是社会企业界的领导者，并得到了来自世界上最著名的社会企业基金会 Omidyar Network 等的支持以及 Nexus India Capital 等风险投资公司的投资。两位创办人内德和山姆代表了改变传统商业规则和价值观的新一代企业家。他们深信营利性社会企业一样可以为环境和社会做出贡献，他们正努力实践和宣扬这种信念。

2010 年，D. light Design 节能产品 S200 在英国广播公司（BBC）电台四台与大英博物馆合作的《100 件文物讲历史》中展出。这一年，内德·托尊被评为福布斯 30 位全球最佳的社会企业家之一。内德还与创业之初一样，每年花大量的时间与精力，深入到全世界最贫穷的地区了解当地人的生活，希望能研发出更符合当地人生活的照明产品，为这些地区的人们送去光明和希望而付出永无止息的努力。内德希望与中国关注公益事业和社会企业的企业界人士分享经历，共同促进社会公益事业的发展。

资料来源：D. light Design：照亮黑暗的世界［EB/OL］．（2012-08-14）．http://blog.sina.com.cn/，本书作者有所改编。

第 2 章
社会企业家精神与创业能力开发

延伸阅读

魏-斯基勒恩,奥斯汀,莱昂纳德. 社会部门中的企业家精神[M]. 翟启江,等译. 北京:社会科学文献出版社,2011.

莱特. 探求社会企业家精神[M]. 苟天来,何君,滕飞,等译. 北京:社会科学文献出版社,2011.

布兰克,等. 创业者手册:教你如何构建伟大的企业[M]. 新华都商学院,译. 北京:机械工业出版社,2013.

加德纳. 奔向未来的人[M]. 胡雍丰,杨娟,译. 北京:商务印书馆,2010.

复习思考题

1. 什么是社会创业者、企业家和企业家精神?
2. 社会创业者的特质包括哪些内容?
3. 社会创业者的类型有哪些?
4. 社会创业者如何才能成功转变为社会企业管理者?
5. 社会创业能力是可以学习的吗?为什么?

创业挑战

研究成功与失败的社会创业者的性格特质,分析自己的性格特质,并制订自己的创业特质提升计划。

第3章 社会创业团队建设

学习目标

- 掌握社会创业团队的构成要素、特征与类型。
- 掌握社会创业团队的构成与构建原则。
- 掌握社会创业团队的组建流程。
- 树立正确的团队冲突观和掌握创业团队的冲突管理策略。
- 掌握正确的社会企业文化建设、公司政治观和改善公司政治策略。

引导案例

扎克伯格铸就管理新风尚:梦想者+建造者合作

如果说互联网公司 Facebook 庞大的会员是马克·扎克伯格对这家公司的成功所做出的贡献,那么商业繁荣在很大程度上则是 Facebook 首席运营官谢丽尔·桑德伯格做出的贡献。扎克伯格与桑德伯格的合作,已经变成科技公司建设的一种新模式。

Facebook 将两种模式——产品开发和卓越运营——整合到了一起。公司由两个人负责领导,他们彼此补足。Facebook 将这种合作模式称为"梦想者+建造者"。"梦想者"是身为"梦想建筑师"的合作伙伴——他对公司的目的有着明确的理解,会基于这个目的来构建公司的长期战略前景;通过灵感和梦想来领导公司。"建造者"则是身为"价值建筑师"的合作伙伴——她负责领导公司的各项职能,为"梦想者"的使命提供支持,确保这项使命会在运营上得到执行。为了这种模式能成功运作,这两名合作伙伴需要拥有杰出的、同时又是对方所没有的技能组合。扎克伯格将重点放在他所擅长的产品开发和平台的全球扩张计划上;桑德伯格则负责运营管理,确保这家公司在执行扎克伯格的梦想时保持内部的稳定性和纪律。

"梦想者+建造者"的模式是最常见的合作模式。这些范例来自两名企业家和构建庞大商业帝国的梦想:惠普的威廉·休利特和戴维·帕卡德、迪士尼的沃特·迪士尼和他的哥哥罗伊·迪士尼、微软的比尔·盖茨和保罗·艾伦、苹果的斯蒂夫·乔布斯和斯蒂芬·沃兹尼亚克、谷歌的拉里·佩奇和谢尔盖·布林、耐克的比尔·鲍尔曼和菲尔·奈特等。也有三名或更多的合作伙伴会共同贡献他们的智慧、专业知识和对企业的融资,例如爱彼迎(Airbnb)、腾讯、小米和阿里巴巴等。这些品牌在世界上都很有知名度,它们都是从简单的合伙关系开始,逐渐成长为庞大的帝国。

苹果公司联合创始人史蒂夫·乔布斯说过:"我的业务模式就像是披头士乐队,他们有四个人,让彼此的负面趋势得到了控制。我对商业的看法是商业领域中的伟大成就从来都不是由一个人完成的,而是由一个团队完成的。"

资料来源:童云. 扎克伯格铸就管理新风尚:梦想者+建造者合作[EB/OL].(2013-01-15). http://www.sootoo.com/content/,本书作者有所改编。

3.1 社会创业团队的组成要素

3.1.1 创业团队的概念

创业团队是一种特殊团队,也是一个十分重要而又容易引起混淆的概念。在团队概念的基础上,多位学者从不同角度对创业团队给出了自己的定义。阿诺德·库珀(Arnold Cooper)和凯瑟琳·戴利(Catherine Daily)认为创业团队要求每个成员必须有一定的、可以共同分享的投入或承诺。朱迪思·卡姆(Judith Kamm)等从所有权角度指出,创业团队是两个或两个以上参与公司创立过程并投入同比例资金的个人。迈克尔·恩斯利(Michael Ensley)等从人员构成的角度指出,创业团队应该包括对战略选择产生直接影响的个人,也就是应该把董事会尤其是占有一定股权的创业者包括在内。盖伦·钱德勒(Gaylen N. Chandler)和史蒂文·汉克斯(Steven H. Hanks)从参与时间的角度指出,创业团队是指在公司成立之初执掌公司的人或在公司运营的头两年加盟公司的成员,但不包括没有公司股权的一般雇员。平田光子则把创业团队定义为参与且全身心投入公司创立过程,并共同克服创业困难和分享创业乐趣的全体成员。

美国伊利诺伊州立大学莱昂·施约德(Leon Schjoedt)博士(2002)提出了一个相对全面的创业团队概念。他认为,创业团队是由两个或两个以上的人组成.

他们对企业的将来负责，拥有共同的财务或其他方面的义务，在完成共同目标的工作中相互依赖，对创业团队和企业负责，在创业的初期处于执行层的位置，并负责企业的主要执行工作。

创业团队可以从狭义和广义两个视角来区分。狭义的创业团队是指在创业初期，由一群有着愿为共同的创业目标而奋斗的人所组成的特殊群体。广义的创业团队不仅包含狭义创业团队，还包括与创业过程有关的各种利益相关者，如风险投资商、供应商、咨询专家群体等。

3.1.2 创业团队组成要素

1. 目标（Purpose）

创业团队应该有一个既定的共同目标，为团队成员导航，让团队成员知道要向何处去。没有目标团队就没有存在的价值。目标在创业企业的管理中以创业企业的远景或战略的形式体现。团队目标的制定可以参考 SMART（Specific、Measurable、Attainable、Relevant、Time-bound）原则：

（1）目标必须是明确的（Specific）。所谓明确就是要用具体的语言清楚地说明要达成的行为标准。很多团队不成功的重要原因之一就因为目标模棱两可，或没有将目标有效地传达给相关成员。

（2）目标必须是可以衡量的（Measurable）。衡量性就是指目标应该是明确的，而不是模糊的。应该有一组明确的数据，作为衡量是否达成目标的依据。

（3）目标必须是可以达到的（Attainable）。目标是要可以让执行人实现的，目标设置要坚持员工参与、上下左右沟通，使拟定的工作目标在组织及个人之间达成一致。

（4）目标必须和其他目标具有相关性（Relevant）。目标的相关性是指如果实现了这个目标，但与其他的目标完全不相关或相关度很低，那这个目标即使达到了，意义也不是很大。

（5）目标必须具有明确的截止期限（Time-bound）。目标设置要根据工作任务的权重、事情的轻重缓急，拟定出完成目标项目的时间要求、定期检查项目的完成进度、及时掌握项目进展的变化情况，以便对下属给予及时的工作指导，以及根据异常情况变化及时调整工作计划。

2. 人（People）

人是构成创业团队最核心的力量。三人及三人以上就形成一个群体，当群体有共同的奋斗目标就形成了团队。在一个创业团队中，人力资源是所有创业资源中最活跃、最重要的资源。应充分调动创业者的各种资源和能力，将人力资源进一步转化为人力资本。

第3章 社会创业团队建设

3. 创业团队的定位（Place）

创业团队的定位包含两层意思：一是创业团队的定位，即创业团队在企业中处于什么位置，由谁选择和决定团队的成员，创业团队最终应对谁负责，创业团队采取什么方式激励下属。二是创业者的定位，即作为成员在创业团队中扮演什么角色，是制订计划还是具体实施或评估，是委派某个人管理，还是共同参与管理或是聘请职业经理人管理。

应明确团队成员的角色定位及个人在团队中的主要职责及担任的职务。形成良好的角色定位几乎是所有卓越公司必备的条件，是人力资源管理的最高境界。角色是指在一定系统、一定时间条件下的角色，而不可替代性是角色定位的根本特征。在一定时间的组织环境下和特定的时间段，决定角色的不可替代性取决于以下三个环节：

（1）成员的能力。团队绩效有很大一部分取决于个体的知识、技能和能力。团队成员应该拥有三种技能：首先应该具有专业的技术；其次应具有识别与解决问题的能力，评估备选方案的能力以及做出最佳决策的能力；最后应具有良好的倾听、解决冲突以及人际沟通技能。

（2）成员的人格。责任心、经验开放程度对团队绩效影响尤其突出。责任心强的人对团队来说尤其重要。因为他们非常善于给团队成员提供支持，而且善于体察他人何时真正需要支持。如果团队成员随和性过低也会对团队绩效产生影响。

（3）角色的分派。成功的工作团队会根据技能和偏好选择合适的人担任组织角色。应当将最有能力、经验和责任心的员工放在团队最核心的角色上。为了使团队成员更有效地合作，管理者需要掌握每个成员能为团队带来怎样的优势，根据这些优势来选择成员，并为其选择适合的工作任务。

英格兰学者雷蒙·贝尔宾（Raymond Belbin）1981年在他的《团队管理：他们为什么成功或失败》一书中提出了团队的九种角色，即贝尔宾团队角色理论（见表3-1）。这九种角色又可以归纳为思考类、社交类、行动类三大类。其中实干家、推进者、完美主义者属于行动类；协调者、凝聚者、外交家属于社交类；创新者、技术专家、监督者属于思考类。团队中有思考者，有社交者、有行动者，三者相互促进、协同作战，才会把工作完成得更加完美。

表3-1 贝尔宾团队角色

角　色	角　色　描　述
外交家（Resource Investigator）	性格外向，有交际能力，热情健谈，发掘机会，增进联系
创新者（Plant）	有个性，才华横溢，富有想象力，不拘一格，适合提出建议
技术专家（Specialist）	目标专一，自我鞭策，甘于奉献，提供专门的知识和技术

(续)

角　色	角色描述
实干家（Implementer）	有组织能力，个性保守，缺乏灵活性，对没有把握的事不感兴趣
推进者（Shaper）	激发进取心，充满活力，在压力下成长，有克服困难的动力和勇气
协调者（Coordinator）	沉着自信，有控制局面的能力，是称职的决策人
监督者（Monitor Evaluator）	理智，清醒，有战略眼光，判断力强，有选择决断能力
完美主义者（Pinisher）	注重细节，力求完美，容易刺激他人产生紧迫感
凝聚者（Team Worker）	擅长人际交往，善解人意，处事灵活，合作性强

贝尔宾为以上九种团队角色设计了一个先后顺序，即首先是外交家提供最新信息，创新者提出自己的新思路，技术专家提供技术支持；接着是实干者开始运筹计划，推进者希望散会后赶紧实施，协调者在想谁干合适，监督者开始泼冷水；最后是完美主义者吹毛求疵，凝聚者润滑凑合。

贝尔宾认为，"一个团队所需要的并不是每个人自身都平衡完美，而是所有人都能做到与他人完美平衡"。所以，高效的团队工作依赖团队成员之间的默契及协作。团队管理者必须清楚自己以及其他成员在团队中所扮演的角色，了解如何相互弥补不足、发挥优势。

4. 权限（Power）

创业团队当中领导人的权力大小与其团队的发展阶段和创业实体所在行业相关。一般来说，创业团队越成熟，领导者所拥有的权力相应越小，在创业团队发展的初期阶段，领导权相对比较集中。高科技实体多数是实行民主的管理方式。团队权限受到团队在组织中拥有怎样的决定权和组织基本特征的影响。

5. 计划（Plan）

计划具有两层含义：第一，目标最终的实现需要一系列具体的行动方案，可以把计划理解成达到目标的具体工作程序；第二，按计划进行可以保证创业团队取得顺利进展。只有按照计划执行，创业团队才会一步一步地贴近目标，从而实现最终目标。

社会创业启示录

必须始终牢记，建立融洽的关系在任何企业都是头等重要的事。——弗雷德里克·泰勒（科学管理之父）

> 创业过程中团队有时比家庭更重要。创业者需花很长时间,与团队成员待在一起。无论遇到什么困难,联合创始人和员工也不会离开,大家团结在一起患难与共,一起去克服危机。——史蒂夫·布兰克(硅谷知名的连续创业者和学者,启动精益创业运动,被誉为"硅谷教父")
>
> 唐僧这样的领导,对自己的目标非常执着;孙悟空虽然很自以为是,但是很勤奋、能力强;猪八戒虽然懒一点,但是拥有积极乐观的态度;沙僧从来都不谈理想,脚踏实地地上班。因此,这四个人合在一起形成了中国最完美的团队。——马云(阿里巴巴创始人)

3.1.3 成功创业团队应该具备的特征

1. 形成凝聚力与一体感

团队是一体的,成败关乎整体而非个人。成员能够同甘共苦,经营成果能够公开且合理地分享,团队就会形成坚强的凝聚力与一体感。

2. 团队利益第一

每一位成员都应将团队利益置于个人利益之前,而且应充分认识到个人利益建立在团队利益的基础上,因此团队中每一位成员的价值,都表现在其对于团队整体价值的贡献上。

3. 全心致力于创造新企业的价值

团队成员一致认为,创造新企业价值才是创业活动的主要目标。因此团队成员一致承诺致力于实现目标,并认识到唯有新企业不断增值,所有参与者才有可能分享其中的利益。

4. 形成合理的股权分配

团队成员的股权分配需要合理、透明与公平。通常创始人与主要贡献者会拥有比较多的股权,但只要与他们所创造的价值、贡献能相配套,就是一种合理的股权分配。

5. 经营成果的合理分享

此处所指经营成果的范围更广,除了团队成员要有合理的分配机制外,对员工也要有合理的分配制度,要能使大家共同分享经营的成果,从而使企业能够长存。国外企业一般是拿出10%~20%的利润分配给关键岗位的员工。我国许多成功的创业企业,尤其是一些高新技术企业,会用员工持股的办法,使员工合理享受到企业的经营成果。

6. 实现专业能力的完美搭配

创业家寻找团队成员的考虑，主要在于弥补当前资源能力上的不足。也就是说要考虑创业目标与当前能力的差距，来寻找所需要的配套成员。好的创业团队，成员间的能力通常都能形成良好的互补，而这种能力互补也有助于强化团队成员间彼此的合作。

当然创业团队也并非一蹴而就，往往是在新企业发展过程中才逐渐孕育形成完美组合的创业团队。在这一过程中，创业成员也可能因为理念不合等原因，在创业过程中不断替换。据统计，在美国，创业团队成员的分手比例要高于离婚率，由此可见团队组成的不易。虽然存在诸多不易，但团队组成与团队运作水平对创业成败都具有关键影响力，因此创业者必须重视如何发展创业团队，并培养自己在这一方面的能力。

社会创业小贴士

老虎、孔雀、考拉、猫头鹰和变色龙，你是哪种特质？

领导特质分析系统（Professional Dynametric Programs，PDP）是美国南加州大学与科罗拉多大学多位行为科学家在1978年共同创建的。它把领导者分为五类：老虎、孔雀、考拉、猫头鹰和变色龙。

老虎型领导具备高支配型特质，表现为竞争力强、好胜心盛、喜欢冒险、积极自信，是以权威作风来进行决策，并且不喜欢维持现状，不易妥协，较容易与人发生争执摩擦。老虎型领导最适合开创性与改革性的工作。孔雀型领导具有鼓吹理想的特质，他们热情洋溢，好交朋友，擅于人际关系的建立。孔雀型领导适合人际导向的工作。考拉型领导属于行事稳健，不会夸张，强调平实的人，他们性情平和，温和善良，行事稳健。一般而言，宗教信仰者都是"考拉"，考拉型领导适宜安定内部的管理工作。猫头鹰型领导传统而保守，分析力强，喜欢把细节条例化，个性拘谨含蓄，重规则轻情感。猫头鹰型领导适合在组织完善和发展安定的企业管人当家。变色龙型领导综合老虎、孔雀、考拉、猫头鹰的特质，中庸而不极端，凡事不执着，韧性极强，善于在工作中调整自己的角色去适应环境，具有很好的沟通能力，是天生的谈判家。

第 3 章
社会创业团队建设

3.2 创业团队的一般类型

1. 星状创业团队

在星状创业团队中,一般团队中有一个核心人物,充当领队的角色。这种团队在形成之前,一般是核心人物有了创业的想法,然后根据自己的设想进行创业团队的组织。因此,在团队形成之前,核心人物已经就团队组成进行过仔细思考,根据自己的想法选择相应人员加入团队,这些加入创业团队的成员也许是核心人物以前熟悉的人,也有可能是不熟悉的人,但这些团队成员在企业中更多时候是支持者角色。这种创业团队有几个明显的特点:

(1) 组织结构紧密,向心力强,主导人物在组织中的行为对其他个体影响巨大。

(2) 决策程序相对简单,组织效率较高。

(3) 容易形成权力过分集中的局面,从而使决策失误的风险加大。

(4) 当其他团队成员和主导人物发生冲突时,由于核心主导人物的特殊权威,使其他团队成员处于被动地位,在冲突较严重时,一般都会选择离开团队,因而对组织的影响较大。

2. 网状创业团队

网状创业团队的成员一般在创业之前多是同学、亲友、同事、朋友等。一般都是在交往过程中,共同认可某一创业想法,并就创业达成了共识以后,开始共同创业。在创业团队组成时,没有明确的核心人物,大家根据各自的特点自发进行组织角色定位。因此,在企业初创时期,各成员基本上扮演协作者或者伙伴角色。这种创业团队的特点包括:

(1) 团队没有明显的核心,整体结构较为松散。

(2) 一般采取集体决策的方式,因此组织的决策效率相对较低。

(3) 由于团队成员在团队中的地位相似,因此容易形成多头领导的局面。

(4) 当团队成员之间发生冲突时,多采取平等协商的态度消除冲突,但是一旦团队成员间的冲突升级,使某些团队成员退出团队,就容易导致整个团队的涣散。

3. 虚拟星状创业团队

虚拟星状创业团队是由网状创业团队演化而来,基本上是前两种团队的中间形态。在团队中,有一个核心成员,但是该核心成员地位的确立是团队成员协商的结果。因此核心人物从某种意义上说是整个团队的代言人,而不是主导型人物,其在团队中的行为必须充分考虑其他团队成员的意见,不如星状创业团队中的核心主导人物那样有权威。

3.3 创业团队的构建

3.3.1 创业团队组建的基本原则

1. 共同目标原则

任何一个新创企业都是为一定的使命和目标而组织起来的。无论其团队成员各自的目标有何不同,但一定有一个为其成员所接受的共同目标。对创业者来说,目标就好比路标,它指明了社会创业团队努力的方向,确定了新创企业应在哪些领域取得成就。创业者在创业过程中要想得到满意的效益,就应将创业的目标内化为创业团队的共同目标。

2. 互补原则

建立优势互补的团队是创业成功的关键。当创业团队成员在各重要方面都具有高度的相似性时,这种成功容易出现。理想的状况是,在知识、技术和经验方面团队成员之间存在高度互补性。只有当团队成员相互间在知识、技能、经验等方面实现互补时,才有可能通过相互协作发挥协同效应。

3. 精简高效原则

精简、统一、高效是企业组织设计最重要的原则。机构精简、人员精干,才能实现高效率,同时实现管理成本的下降。不论是在企业发展的各个阶段,为了减少创业期的运作成本、最大比例地分享成果,创业团队人员构成都应在保证企业能高效运作的前提下尽量精简。

4. 动态开放原则

创业过程是一个充满不确定性的过程。团队中可能因为能力、观念等多种原因不断有人在离开,同时也有人要求加入。因此,在组建创业团队时,应注意保持团队的动态性和开放性,使真正完美匹配的人员能被吸纳到创业团队中来。

社会创业启示录

正式组织是有意识地协调两人以上活动的体系。这个定义适用于各种形式的组织。不管哪一级的系统,全都包含着三种普遍的要素:协作的意愿、共同的目标和信息沟通。——切斯特·巴纳德(系统组织理论创始人,现代管理理论之父)

不要以兄弟情谊追求共同利益,这样不长久;一定要用共同利益追求兄弟情谊。不能纯粹为了理想去追求事业，但你的事业一定要有伟大的理想，这样的合伙人制度才能长久。——徐小平（中国著名天使投资人，真格基金创始人）

3.3.2 创业团队组建的主要影响因素

创业团队在组建过程中受到多种因素的影响。这些因素相互作用、共同影响组建过程，并进一步影响团队建成后的运行效率。

1. 创业者

创业者的创业理念和能力决定了是否要组建创业团队以及由哪些人组成团队。创业者只有在意识到组建团队可以弥补自身能力与创业目标之间存在的差距，才有可能考虑是否需要组建创业团队，以及对什么时候引进什么样的人员才能和自己形成互补做出准确判断。

2. 创业机遇

不同类型的商机需要的创业团队的类型不同。创业者应根据创业者与机遇间的匹配程度，决定是否要组建团队以及何时、如何组建团队。

3. 团队目标与价值观

共同的价值观和统一的目标是组建创业团队的前提。团队成员若不认可团队目标，就不可能为创业目标的实现而与团队成员相互合作、共同奋斗。而不同的价值观将直接导致团队成员在创业过程中脱离团队，进而削弱创业团队作用的发挥。

4. 团队成员

团队成员能力的总和决定了创业团队的整体能力和发展潜力。创业团队成员的才能互补是组建创业团队的必要条件。而团队成员之间的互信是形成团队的基础。互信的缺乏，将直接导致团队成员之间协作障碍的出现。

5. 外部环境

创业团队的生存和发展直接受到制度性环境、基础设施服务、经济环境、社会环境、市场环境、资源环境等多种外部要素的影响。这些外部环境要素从宏观上间接地影响对创业团队组建类型的构建。

社会创业启示录

创始人的首要工作是打好基础，在有缺陷的基础上无法创建伟大的企业。138亿年前宇宙诞生的最初那几微秒里，宇宙增大到原来的1030倍。在开始

> 创业的时候，首先要做的至关重要的决定是和谁一起创业。现在我考虑投资一家初创公司时，会考察其创立团队。技术能力和才华互补固然重要，但创始人之间的了解程度和他们合作的默契程度也同样重要。——彼得·蒂尔（PayPal联合创始人）

3.3.3 创业团队的组建

创业团队的组建是一个动态过程，应遵循"按需组建，渐进磨合"的要求逐步实现相对稳定。成功创业团队的组建程序如图3-1所示。

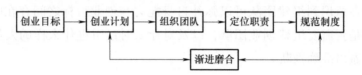

图3-1 成功创业团队的组建程序

1. 明确创业目标

创业团队目标的确立建立在审慎的市场分析之上。这个目标要有挑战性，可以激发未来团队成员的斗志和兴趣。总目标确定之后，为了推动团队最终实现创业目标，应再将总目标加以分解，设定若干可行的、阶段性的子目标。

2. 制订创业计划

在确定了阶段性子目标以及总目标之后，需要研究如何实现这些目标，这就需要制订周密的创业计划。创业计划是在对创业目标进行具体分解的基础上，以团队为整体来考虑的计划。创业计划确定了在不同的创业阶段需要完成的阶段性任务，以便通过逐步实现这些阶段性目标来最终实现创业目标。

3. 选择成员组织团队

选择团队成员是组建创业团队的关键一步。创业团队需要囊括一个具备创新意识的人、一个具备策划能力的人和一个具备执行能力的人。需要注意的是，在创业团队中，应着力避免有两位成员的主要能力完全一样。

4. 明确职责和角色定位

团队成员之间职责的划分必须明确，既要避免职责的重叠和交叉，也要避免职责无人承担造成工作上的疏漏。创业团队在创业行动和市场中的定位也必须明确，要立足市场，结合实际，遵循经营管理规律和市场规律。

5. 构建团队规范制度

团队规范主要是指科学的绩效考核机制，包括激励和约束机制。激励机制主

第 3 章
社会创业团队建设

要包括利益分配方案、考核标准、团队文化的建立等；约束机制主要包括纪律条例、组织条例、财务条例、保密条例等。通过建立完善的绩效考核机制，并制度化、规范化，以充分调动成员的积极性，维护团队的相对稳定。

6. 团队的渐进磨合

随着团队的运作，团队组建初期存在的问题会逐渐暴露出来，这时就需要对团队进行调整融合。由于问题的暴露需要一个过程，因此团队调整融合也应是一个动态持续渐进的过程。在进行团队调整融合的过程中，最重要的是保证团队成员之间经常进行有效的沟通与反馈，培养并强化团队精神。

社会创业小贴士

硅谷著名投资人马克·舒斯特论如何搭建一个合理的创业团队

（1）不要有太多联合创始人。不要给出太多的控制权，无论是联合创始人或者投资者。

（2）投资人对联合创始和经济情况的在意程度被高估了。他们只是在意团队是否有才华。

（3）我理想中的创业团队既要有技术牛人，还要有优秀的产品经理。

（4）公司创业初期不应该外包核心产品研发，不应该让咨询公司帮助加快产品市场化。

（5）不要雇佣一帮具有相同特质的人。创业者需要一个多元化的团队来确保成功。

（6）不要听从投资人的建议在过早的时候引入职业经理人。

（7）第一个销售人员应该是能为客户着想的销售，而不是靠关系来做销售的人。

（8）管理技巧主要是管理人、控制程序和技术，没有人样样精通，因此需要各方面人才。

（9）不要太早有过多 CXO，创业初期这些头衔没有必要，应该让每个人有更实际的角色。

（10）获得融资之后成立行政部，把 CEO 从繁杂的事务中解脱出来，从而使 CEO 更关注业务。

（11）一个财务方面的副总裁也能帮助公司处理很多财务、法务、人事上的问题。

（12）应限制投资人在董事会里的数量，可以让其他创业公司的 CEO 来担任董事会成员。

3.4 创业团队的冲突管理

3.4.1 创业团队冲突

1. 冲突的观点

冲突是指由不同的意见或差异所引起的障碍或对立。无论这种不同的意见或差异是否真实，只要人们觉察到这种不同或差异的存在，冲突就存在。从 0 到 1 建立一家创业公司，创始团队要做很多重要决策，分歧很难避免。在工作场景中，冲突会产生强烈的消极情绪，冲突发生之后憋闷的怨气和破裂的关系会导致人际关系的紧张甚至团队分崩离析。

冲突也有可能带来益处。冲突可以使原来被忽视的问题公开化，促使双方更充分地理解对方的处境，能培养开放的思想意识，让双方都能包容与自己的观点相对立的观点。冲突鼓励思考新观念、新方法，促进革新与改变。但是，如果冲突变得很严重，并被合理化，上述的那些潜在的益处就可能会消失在一种朦胧而强烈的消极情绪中。作为创业团队的领袖需要花大量的时间来处理冲突带来的影响。

2. 冲突的根源

（1）不兼容的目标。一种普遍的冲突源就是不兼容的目标。当一个人或部门的目标受到其他组织的干扰时，目标的不兼容性就产生了。目标不兼容的人群很容易产生冲突。

（2）差异化。冲突常常是由独特的背景、经验或培训形成的不同价值观与信仰引起的。文化背景大相径庭的员工集中在一起。他们在不同的公司有不同的经验，使得他们为寻找他们认为"正确的路"而发生冲突。文化的差异使得一些人很难接受另一些人对组织决策和事件所持有的价值观和信仰。

（3）任务的相互依赖性。冲突会随着相互依赖性的增加而增加。当团队成员的任务和工作过程需要分享共同投入，或者其成果决定于他人的工作绩效时，就产生了相互依赖性。相互依赖性越高，就越有可能产生冲突。

（4）稀缺资源的竞争。因稀缺性资源产生冲突的原因，在于稀缺性刺激人们与那些同样需要该资源达到目标的人竞争。如果团队成员都能得到想要的空间、金钱、设备和人员，就不会产生冲突了，但现实是必须分享稀有资源。

(5) 模糊的规则。规则模糊或者缺乏规则容易产生冲突，这是由于不确定性增加了一个团体可能受到其他团体干扰的风险。只有当明确的规则制定出来以后，员工才会知道应该对每个人期待什么，并愿意遵守这些规则。

(6) 沟通问题。冲突的产生常常是因为缺乏机会、能力或动机去进行有效的沟通。首先，当两个团体缺乏沟通机会的时候，他们会习惯地用错误的归因来理解他人行为，这往往扭曲对方行动的意图，导致冲突的升级。其次，一些人缺乏非对抗的沟通技巧，使他人感到愤怒并产生以报复为目的的回击。

3.4.2 创业团队冲突管理

1. 冲突管理的策略

(1) 强调崇高目标。崇高目标是处于冲突中的团体所坚持的共同目标，它比冲突的个人或是部门的目标更重要。通过增加对团队共同目标的承诺，使得成员在看待竞争性的个人或是部门水平的目标时，较少关注以及感觉不到与同事的冲突。

(2) 减少差异化。通过安排不同部门的员工轮岗可以减少差异化。这需要打破"地盘心态"。

(3) 提高沟通与理解水平。这包括将员工非正式地聚集起来，通过提高机会、能力以及动机来共享信息，这样员工将比他们仅仅依靠陈规和情感获得信息更少地对其他人产生极端的感觉。

(4) 减少任务相互依赖性。冲突随着彼此依赖程度的增加而增加，因此，降低冲突可能包括减少团体间的相互依赖性水平，如果成本允许，可以通过划分资源来减少相互依赖性。这样一来，每个团体都有自己的专用资源。

(5) 增加资源。一个最显著减少由于资源稀缺引起的冲突的办法就是增加可用资源的数量。公司的决策制定者可能会因为成本难题而拒绝考虑这个解决方案，但是，他们也需要比较增加资源所引起的成本与由于资源稀缺引起功能失调的冲突而产生的成本哪个更大。

(6) 使规则与程序更加清楚。有的冲突是由于模糊的稀缺资源配置规则引起的。因此，这类冲突可以通过建立清晰的规则与程序来最小化。规则使资源的分配更加清楚。

2. 有效解决冲突的技巧

(1) 了解自己处理冲突的基本风格。大多数人都有能力根据不同的情境改变其面对冲突的反应，但是每个人都有其处理冲突时偏好的风格。尽管在特定的冲突下，冲突者可能改变自己的风格，但是其基本风格会决定最可能的行为表现，以及最常用的处理冲突的方式。

(2) 慎选冲突。并非所有的冲突都需要花费时间和精力去排解。通过避免处理不重要的冲突提高管理效果，慎选冲突场合可以为创业者节省许多精力。若是敌对状态已深植于心，或是双方或其中一方有意延长冲突，或情绪激昂以致无法进行建设性的互动时，所有管理冲突付出的努力都可能付诸一炬。

（3）评估介入冲突者。如果创业者决定管理某项冲突，就需要花时间了解谁涉入此项冲突，每一方代表的利益是什么，冲突者的价值观、个性、感受和资源是什么。如果创业者能够从冲突双方的角度来看待冲突，那么管理冲突的成功机会就会大增。

（4）评价冲突的来源。任何冲突必然有其成因。由于解决冲突的方法很大程度上取决于引发冲突的原因，所以创业者需要确定冲突的来源。

（5）知道自己的选择方案。创业者基本上可以通过回避、迁就、强制、折中以及合作五种方式解决冲突。回避是在意识到冲突的时候希望退出或者平息冲突；迁就是牺牲自我来维持双方关系；强制是试图以强迫别人为代价来赢得冲突；折中是冲突双方认可冲突存在的合理性，并接受让双方都得到部分满意的解决方案；合作是冲突双方通过理清各方的分歧，达成令各方目标都完全实现的共赢结果。

每种方案各有其优缺点，没有任何一种能够适用于所有情况。每位创业者有自己偏好的风格，可能对冲突管理"工具箱"中某些工具的运用比较娴熟，但熟练的管理者知道每种工具能够做什么，以及什么情况下采用何种工具的效果更好。

作为一个创业领导人，需要创造出一种环境，在这种环境下，团队冲突是健康的。但是不能走向极端，如果团队成员无动于衷，对变化毫无反应，缺乏新的想法，或迟钝不变，你就需要制造冲突。如果冲突已经导致团队变得分裂、混乱并且不互相合作，领导人就必须减少冲突的数量，因为冲突已经变成了破坏性的。如果冲突的水平太高，领导人可能需要采取措施来处理冲突。

社会创业启示录

与志同道合的人一起创业、制定平局决胜政策、换位思考、发现和运用冲突的有利性，有助于减轻冲突所带来的负面情绪。——迈克·努普（Zapier联合创始人）

99%的创业团队分裂源于冲突。创业者一定要学会管理冲突，"和而不同"可能是最好的态度。首先，冲突是不可避免的，创业者要创造人人敢说真话的环境。其次，冲突发生了不要回避，各方务必充分表达观点，在尊重各方利益的基础上追求双赢或者妥协，但绝对不要逃避或者强制。——李善友（混沌大学创办人）

3.5 社会企业文化

3.5.1 社会企业文化建设

1. 企业文化的形成

企业是按照一定的目的和形式而建构起来的社会集合体,为了满足自身运作的要求,其必须要有共同的目标、共同的理想、共同的追求、共同的行为准则以及与此相适应的机构和制度。而企业文化的任务就是努力创造这些共同的价值观念体系和共同的行为准则。从这个意义上来说,企业文化是组织在运营过程中所形成的,并且为团队成员普遍认可和遵循的,具有本企业特色的价值观念、团体意识、工作作风、行为规范和思维方式的总和。

PayPal 联合创始人彼得·蒂尔认为"公司文化"不能脱离公司本身而存在——无公司无文化,公司即文化。初创公司是肩负同一使命的一个团体,企业文化的好坏取决于内涵。企业创始人对企业早期文化影响巨大,他们为企业应该做的事情勾画了一幅愿景规划。新创企业的特点是规模较小,有利于创始人把自己的愿景灌输给团队成员,从而定义了企业文化。文化的形成有三种途径:①创始人应聘用和留住那些与自己的理念一致的成员;②他们对团队成员的思维方式进行灌输和社会化;③创始人把自己的行为作为角色榜样,鼓励团队成员认同这些信念、价值观和假设,并进一步内化为自己的想法。当创业成功时,创始人的愿景被人们视为成功的主要决定因素。在这一点上,创始人的整个人格特点会植根于企业文化之中。

2. 企业文化的塑造

企业文化的塑造是个长期的过程,同时也是企业发展过程中的一项系统工程。例如,联想对进入公司的员工有一个"入模子"的基本要求。它的意思是说联想要形成一个坚硬的模子,进入联想的职工必须进到联想的"模子"里来,凝成联想的理想、目标、精神、情操行为所要求的形状。企业文化基因的塑造需要经过以下几个过程:

(1)选择合适的企业价值观标准。企业价值观是整个企业文化的核心。企业要立足于创业企业的具体特点,根据其目的、环境要求和组成方式等特点选择适合自身发展的文化模式。

(2)强化员工的认同感。在选择并确立了价值观和创业文化模式之后,就应通过媒体、宣传、培养和树立典型、加强相关培训教育等方法使其深入人心。

(3)提炼定格。企业价值观的形成不是一蹴而就的,必须经过分析、归纳和提炼方能定格。

(4) 巩固落实。要建立必要的规章制度，保障落实已提炼定格的企业文化。

(5) 在发展中不断丰富和完善。企业的发展既是一个不断淘汰旧文化和不断生成新文化的过程，也是一个认识与实践不断深化的过程，该过程经过不断的循环往复以达到更高的层次。

> **社会创业小贴士**
>
> **惠普车库法则**
>
> 相信你可以改变世界；迅速和随时工作，实施工作待命；了解何时该独思自主，何时该团队合作；与同仁分享你的主意与工具，信任他们；不玩政治，杜绝官僚作风；由客户来决定你的工作是否做得很好；激进的创见不一定是馊主意；创造不同的工作方法；每天要有贡献，如果你当天成果没有贡献，就不应该离开车库；相信团队合作可以万事皆成；发明创新。

3. 企业文化的保持

文化一旦建立，公司内部就会采取一些措施来维系文化。在维系组织文化的过程中，有三个因素起了举足轻重的作用：甄选、创业高层团队的活动和社会化。

(1) 甄选。组织的甄选过程有着明确的目标，即识别并雇用有知识、技能和能力的人，从而成功完成组织中的工作。与此同时还要了解受聘员工的价值观与组织价值观是否一致，至少与组织价值观中的相当一部分保持一致。

(2) 创业高层团队的活动。创业高层团队的活动对企业文化有着重要影响。创业高层团队成员通过自己的举止言行建立起规范，并将诸如鼓励冒险、给下属多大自由度、各种奖励政策等渗透到企业当中。

(3) 社会化。社会化是企业帮助新员工适应企业文化的过程。企业需要通过培训、宣传和介绍反映特定价值观的英雄人物的事迹、借助多种渠道传颂体现特定价值观的企业内部各种"神话"以及通过创业者的言传身教等形式，向员工灌输某种价值观念，从而使团队成员逐渐接受这些价值观和行为准则。

3.5.2 改善公司政治的策略

美国全球竞争力研究院的调查显示，每个公司都有自己的政治。3人以上的企业会形成某种文化，10人以上的企业会存在势力帮派，50人以上的企业必然有办

第 3 章
社会创业团队建设

公室政治。虽然许多职业经理人都深恶办公室政治,但是作为公司的一种附属物,你可以厌恶、蔑视它,但是你无法回避它。

斯蒂芬·P. 罗宾斯的《组织行为学》将组织政治定义为:不是由组织正式角色所要求的,但可以影响或试图影响组织中利害分配的活动。理查德·瑞提和史蒂夫·利维在《公司政治》中将其定义为:公司里规章制度等显规则背后的隐规则,这种规则尽管是不成文的,却是一些约定俗成的日常事务处理法则。

同样是公司政治,在不同企业中的影响却不一样,所产生的结果也大不相同。良好的公司政治有利于倡导良好的执行文化,有利于激励员工的斗志,振奋员工的士气,增强员工的凝聚力,而不健康的公司政治不仅会让公司的管理成本大幅增长,而且还会给公司带来诸多危害。

引发公司政治行为的因素,有些属于个人特质,是由公司员工表现出来的;另一些则是与公司文化或公司内部环境互为因果。而特定的情景和文化更有助于政治行为的产生。而这种特定的情景和文化往往是由公司的创业者制造的。或者说,公司 CEO 无意间对政治行为的鼓励或者放任,是导致公司政治发端的源头。斯蒂芬·P. 罗宾斯在《管理学》中提出了以下改善公司政治的策略:

(1) 围绕组织的目标构建论据。不论你的目的是否为了自己,你都应该围绕为组织增加利益而行动。

(2) 发展恰当的形象。应该知道公司希望得到什么,看重的是什么,应该表现出冒险还是规避风险的态度,什么样的领导风格最受欢迎,与他人和平共处的重要性等。

(3) 取得创业公司资源的控制权。公司内稀缺资源的控制权是权力的主要来源。知识和专业能力是公司控制的主要资源,它们使你对组织更有价值,也更容易赢得团队成员的支持者。

(4) 形成义务。可以利用互惠建立创业者的影响力。多给予别人帮助,无论他们是否要求。通过这么做,他们会感觉有义务回报你。

(5) 变成不可或缺的人物。变成不可或缺的人的有效方法是通过经验、接触、天赋等去发展出一套专长。因此领导团队的能力以及建立团队忠诚度的能力是不可或缺的品质。

(6) 提高自己的能见度。要让你的上司看到你对组织的贡献十分重要,可以通过交给领导个人发展报告,在工作中表现积极、与赞美你的工作的人发展联盟等来提高自己的能见度。

(7) 找一位导师。拥有一位导师可以向外界表示你拥有高层资源。通过参加公司体育比赛、下班后和同事一同活动、参加能见度高的项目以及参与跨职能团队等,增加自己被导师发掘的机会。

(8) 发展有力的联盟。可以多与各阶层有影响力的人接触。这些人可以为你提供一些正式渠道不能取得的信息。除此之外，最支持你的人可能会做一些对你有利的决策。

(9) 避免和"问题人物"结党。公司中一些问题人物的工作绩效和忠诚度会受到质疑，应该和这种人保持距离。工作效果的评估往往带有主观性，和一些问题人物太接近容易让别人质疑你的工作能力。

(10) 支持你的上司。由于上司是直接评估你工作绩效的人，因此，你应该尽力让你的上司和你站在同一阵线上，应尽力帮助你的上司成功，改善他的形象。不要挖上司的墙脚，不要对其他人说他的坏话。

社会创业小贴士

硅谷顶级投资人本·霍洛维茨提出如何预防公司政治的策略

选拔员工时要衡量对方的野心有多大。那种以公司的发展为依托，实现个人发展的野心是恰如其分的。个人的成就仅仅是以公司成绩为前提而形成的伴生物。相反，只关注个人成功，而将公司利益置之不顾的人，拥有的只是不当的野心。

建立严格的流程来防范潜在的办公室政治，并认真执行。严格管理易招致是非的领域，包括业绩评估与业绩奖励、机构设置和职权划分、员工提拔，以此来杜绝公司员工因争取独立而引发的不良现象，确保在员工收入和公司盈利之间，尽可能高度的一致。

创新思维游戏

游戏名称： 信任行走

游戏目的： 第一，挑战自我的安全区，建立对团队队员的信任，感受这种信任给你带来的个人突破；第二，训练倾听和辅导的技巧。

游戏人数： 2人一组

游戏时间： 20~30分钟，根据人数而定

游戏规则： 将团队分为每两人一组。每组一个人蒙上眼睛。没蒙眼的学员领着蒙眼者通过一段设有障碍的路。要求引路的同伴只用声音或身体接触作为引导。障碍物可以根据情况而定，如椅子、书等，如在室外可以选择花盆树木等。场地

第3章
社会创业团队建设

在会议室或空地均可。

游戏策略： 设定的障碍物，最好能使学员要采取走、爬、跑、摇摆等方式才能通过，以增加难度。经过几分钟舒适的引导后，看得见的同伴告诉蒙眼者跑五步。观察蒙眼者的反应。在前进中，要求引导者采用不同方式来引导对方。

游戏完成之后讨论：
1. 当蒙上眼睛后，是否有一种不安全感？
2. 对于带领自己的人，内心的想法如何？是否会完全信任对方？
3. 当被蒙眼者被要求跑五步时，他有什么想法？
4. 带领者在行动过程中的心情如何？
5. 采用不同的引导方式，如声音或行动，被蒙眼的学员是否有不同的感受？

本章要点

创业团队是指在社会创业初期，由一群有着愿为共同的创业目标而奋斗的人所组成的特殊群体。创业团队的组成包括目标、人、创业团队的定位、权限和计划等基本要素。创业团队的类型包括星状、网状、虚拟星状等。大学生创业团队主要有同学组合、师生组合、爱情搭档、兴趣组合等多种类型。创业团队成功必须拥有足够的资源、高效的领导、互信的环境、绩效评估和奖励制度。企业创始人对企业早期文化影响巨大，他们为企业应该做的事情勾划了一幅愿景规划，建立良好的公司政治氛围。冲突是一把双刃剑，既可以带来负面影响，也有可能带来益处，创业领导者应该分析冲突根源，有效运用冲突管理策略解决冲突。

关键术语

社会创业团队；目标；定位；计划；创业团队类型；大学生创业团队；社会企业文化；公司政治；冲突管理

案例分析

黑帮的他拿起锅铲，带着出狱者们创立了超人气餐厅

56岁的司徒保华有个梦想，他要通过自己创立的连锁餐厅"十八厨"给进过监狱的人们创造重新开始人生的机会，帮助他们寻找和实现自我价值。在他的培养下，一个个曾经的囚犯成为服务员、大厨、餐饮总监、店长，甚至餐饮集团区域总经理。

他的父亲从广州移民到新加坡，开起了鸦片馆。10岁的司徒保华就帮家人做鸦片生意。15岁开始吸毒，加入黑帮。那十几年间，他自己都不知道进入监狱和

戒毒所多少次。毒品无情侵蚀着他的身体，痛定思痛，司徒保华决心戒毒重新做人。1993年，33岁的司徒保华花了近一年时间戒掉毒瘾，刑满出狱。他想要过正常人的生活，但找了6家公司面试，全部碰壁。

司徒保华不气馁，从借钱买小电动车开始，当了七年快递小哥，开了一家快递物流公司。他想，如果有一天在生意上立得住脚，一定要聘请这些刑满释放的人们，给他们重新开始的机会。1999年，土耳其发生大地震。司徒保华去当志愿者，给新加坡救援队的医生护士做饭。那次的经历让他意识到自己的烹饪天赋。回到新加坡不久，他就兴奋地跟合作伙伴开起中餐馆。他不忘自己的初心，聘请刑满释放人员来餐厅当员工。刑满释放人员在员工中的比例一度高达80%，但餐厅管理也随之失控。这些各有故事的人们聚在一起，迅速乱成一锅粥。中餐馆苦苦支撑了一年，因为管理不善而倒闭。

2006年，他了解到英国明星厨师杰米·奥利弗（Jamie Oliver）创办了慈善餐厅"15"，专门给失足边缘青年提供职业培训，让他们有机会进入餐饮行业。他到"15"餐厅实习了一个月，一个月的亲身经历让他对餐厅管理有了深刻的思考。2007年，司徒保华的新餐厅"十八厨"诞生了，他把自己的信念"Good People, Great Food"贴在墙上，写在菜单上。吸取过去使用刑满释放人员比例过高产生诸多问题的教训，司徒保华在"十八厨"里将刑满释放人员的比例控制在38%以下以便更好地管理。在他从零开始培养出来的员工中，不少人已成长为餐厅主厨或经理，有的被别的餐厅抛来橄榄枝。

司徒保华说自己读书不多，不太知道"社会企业"是什么，却很坚信自己聘请刑满释放人员不等于"做慈善"，不能靠卖同情，要让顾客回头光顾，最重要的是食品美味性价比又高。他一边经营、一边学习，针对年轻人旺盛的消费力，将餐厅做成了年轻人更喜欢的无国界、有特色的料理馆。室内装修充满亮色调的涂鸦。"十八厨"短短两年内拓展了3家分店，他的传奇故事被写成了 *One more chance*（《再一次改变》）并成为书店热销书。2012年，司徒保华获得新加坡总统勋章，被各界誉为新加坡最成功的社会企业家之一。

资料来源：麒麟. 离开黑帮的他拿起锅铲，带着出狱者们创立了超人气餐厅[EB/OL].（2016-07-27）. http://www.flipboard.com/article/，本书作者有所改编。

延伸阅读

布朗. 预见：创业型小团队的制胜之道[M]. 李晟, 译. 北京：北京大学出版社, 2017.

费洛迪. 合伙人：如何发掘高潜力人才[M]. 高玉芳, 译. 北京：中信出版社, 2015.

陈向东. 做最好的创业团队 [M]. 北京：中信出版社，2016.

利文斯顿. 创业者：全世界最成功的技术公司初创的故事 [M]. 夏吉敏，等译. 北京：机械工业出版社，2010.

沃尔科特，利皮茨. 内驱力：团队创业与创新行动指南 [M]. 吴海荣，译. 北京：中华工商联合出版社，2011.

复习思考题

1. 简述社会创业团队的组成要素。
2. 成功的社会创业团队应该具备的特征有哪些？
3. 一般社会创业团队有哪些类型？
4. 简述社会创业团队成功的因素。
5. 简述社会创业团队组建的程序。

创业挑战

以兴趣或专业为基础，组建一支同学合伙型社会创业团队，制定创业团队文化和团队行为规范。

第4章 社会创业机会管理

学习目标

> 熟悉社会创业机会的概念与类型。
> 熟悉创意形成的过程与方法。
> 熟悉社会创业机会的来源。
> 掌握提升社会创业机会的识别策略。

引导案例

Shokay 创始人乔琬珊：让商业目标与社会贡献相交织

对于 Shokay 公司的 CEO 乔琬珊而言，她希望通过直接从藏区采购牦牛绒，经过加工后把成品销往国际市场的商业模式，来改善中国西部贫困牧民和上海崇明织娘的生活。2006 年，乔琬珊与合作伙伴苏芷君合创了 Shokay。现在，她正在把自己的构想变为现实。

乔琬珊出生在台湾一个知识分子家庭，2004 年从宾夕法尼亚大学毕业后进入哈佛大学主修国际发展。求学期间，乔琬珊第一次接触到尤努斯的格莱珉银行的扶贫模式。用商业模式解决社会问题帮助有困难的人，这令乔琬珊激动不已，创办一家社会企业的想法便悄悄在她心中发芽。在哈佛大学攻读硕士学位时，乔琬珊和同学苏芷君游历了青藏高原，看到当地牧民贫困的生活状况，她们开始考虑如何才能改善当地人的生活。

2006 年，乔琬珊和创业伙伴们用哈佛大学的 1.5 万美元商业计划奖金，创办了 Shokay。她希望 Shokay 能够成为"既具有异域风情又具有社会责任的奢侈风尚"。2007 年夏天，Shokay 在青海设立了收购牛绒的基地。为了提高牧民的收入水平，Shokay 与青海省畜牧局一起为当地牧民组织培训，教他们如何梳理牦牛绒等。如果牧民采用所培训的方式梳理牦牛绒，就会支付更多的报酬。与此同时，Shokay 在上海崇明建立了手工编制团队纺织，培训崇

第 4 章
社会创业机会管理

明的织娘如何按照规定的图案、质量和标准进行编织。Shokay 的产品包括枕头、保暖手套、帽子等成人配饰、儿童系列和家居装饰。在此基础上，Shokay 还提供定制服务。

很快，Shokay 的产品进入了美国、欧洲、日本等市场。2008 年 4 月，Shokay 在田子坊开设了一家零售店。从 2008 年到 2012 年这段时间，Shokay 进入了摸索期，摸索不同的市场、不同的产品类型以及整个供应链，努力提高产品的质感。2009 年，Shokay 参加了 Cartier 举办的女性创业比赛并获得了亚洲区决赛的冠军。虽然最终未能获得全球总决赛的名次，但这次比赛令乔琬珊受益匪浅。关于 Shokay 要做 "Luxury Fashion"，Cartier CEO 给出了尖锐的意见："欧洲 luxury 品牌不只是定价贵，它真的一针一线都不计成本，用百年的工夫研究最好的方式去制作，这个才是 luxury。"乔琬珊坦言当时对于 Cartier CEO 所提出的意见并不理解，但如今 Shokay 的改变很多都源于他当时的建议。

2013 年 Shokay 经历了几次值得纪念的"大事件"。除了赢得电视创业比赛的冠军，他们还搬进了新的办公室，对品牌定位和产品线做了调整。Shokay 已经由一家纺织品公司转变为时尚公司。目前，Shokay 的织品出口到中国台湾地区和中国香港地区，以及日本、美国、欧洲，在全球拥有 100 多家门店。2009 年乔琬珊因为 Shokay 所创造的这种"直接从西藏采购牦牛绒，经过加工后把成品销往国际市场的商业模式"，获得"卡地亚灵思涌动女性创业家奖"。

资料来源：Shokay 创始人乔琬珊：让商业目标与社会贡献相交织 [EB/OL]. (2013-08-05). http://www.knowledgeatwarton.com.cn/，本书作者有所改编。

4.1 社会创业机会的概念与分类

4.1.1 创业机会的概念

社会创业者在创业过程中，对创业机会的发现与识别是创业领域的关键能力之一，是社会创业的起点。社会创业就是围绕机会进行识别、开发、利用，以及创造社会价值的过程。虽然创业机会识别在很大程度上依赖创业者的个体特质，但是，创业机会本身也具有许多客观特征，不依赖社会创业者主观特质而存在。这些客观特征是创业者所需要格外注意的。

1. 社会创业机会的概念

机会的识别和开发过程通常被认为是创业过程中的核心要素，对社会创业也不例外。通过对创业机会的研究可以加深对社会创业机会的理解。对创业机会的研究存在不同的视角。很多研究从静态角度考察创业机会。例如，伊斯雷尔·柯兹纳（Isreal Kirzner）认为机会的最初状态是"未精确定义的市场需求或未得到利用或未得到充分利用的资源和能力"。后者可能包括基本的技术，未找准市场的发明创造，或新产品或新服务的创意。贝夫·赫尔伯特（Bev Hulbert）等人认为创业机会是一种亟待满足的市场需求，是技术、经济、政治、社会以及人口环境发生变化使得新产品、新服务、新原材料和新的组织方式可能出现的情境。从动态视角分析创业机会的概念内涵，则是在创业机会的识别中加入许多主观因素，强调创业者的努力在机会识别中的重要性。例如马克·卡森（Mark Casson）认为，创业机会是指在新的生产方式、新的产出或新的生产方式与产出之间的关系的形成过程中，引进新的产品、服务、原材料和组织方式，得到比生产成本更高价值的情形。阿迪奇维利等认为，机会并不能简单地被视为机会的"感知"，而是可以细化为三个过程：①特定个体的机会感知；②发现市场需求和资源之间的"匹配点"；③创造商业概念，包括重新调整或组合现有资源，甚至对现有企业进行重组形成"突破性创新"。

综上所述，所谓社会创业机会是能够通过一种创造性的资源融合契合未被满足的社会需求来实现附加值的恰当时机，是对未成型事业通过一段时间演变为成型事业的现象描述。

2. 社会创业机会与商业创业机会的区别

社会创业机会与商业创业机会之间的区别，表现在商业创业者不断寻找带来高商业价值的市场机会，而社会创业者则努力寻找能为客户带来更多社会价值的市场机会。由于社会创业和商业创业在使命和回应市场失灵的态度与行为上的根本差异，使机会成为两者显著的区别。所谓的市场失灵就是指市场失去效率。政府把注意力集中在较大、较严重的市场失灵情况上是比较合理的，而微观层面的政府干预也会出现政府失灵的问题。一方面，许多政府相关职能部门也开始采用政府购买的方式解决大量的社会问题；另一方面，大量的慈善基金和投资进入社会创业领域，这为社会创新与创业带来大量的机会。

市场失灵将为商业创业和社会创业提供不同的创业机会。商业创业注重当下社会的新需要，而社会创业常常通过创新方法聚焦有效服务基本、长期的需要。对于商业创业而言，总市场规模必须足够大或能不断扩展，并且其产业结构必须足够吸引人。对于社会创业而言，社会需要通常比足够的市场规模更为重要。社会创业者认为他们的变革理论和伴随的组织模式能较好地满足这些需要。

沙克尔·扎赫拉（Shaker Aahra）等认为，社会创业者获得的机会较之商业创业有其特殊性，它们多出现在社会领域市场。社会领域提供了造福社会的产品与服务，

第4章
社会创业机会管理

这个市场的特殊性体现在两个方面。首先,该领域的市场是"社会性的",这意味着它们具有社会影响力;其次,受到正式和非正式因素的强烈影响,同时也受到社会和制度因素的影响。因此,社会创业者的经营环境在管理和监督上十分严格。

3. 社会创业机会的特征

一个好的社会创业机会必须是能够实行和实现价值的机会。一般来说,其应具备以下特征:

(1) 在真实的社会需求或问题。即那些具有一定购买力和购买欲望的客户有未被满足或解决的社会问题。

(2) 能够带来社会价值和收益。即在承担风险和投入资源之后,可以带来社会价值、收益或社会影响力。

(3) 具有竞争力。即客户认为购买你的社会产品或服务比购买其他的社会产品或服务能够获得更多的价值。

(4) 实现社会目标。即满足那些具有创新创业精神的社会企业家和社会企业的目标。

(5) 有效的资源和技能。即不超出社会创业者所能整合的资源、能力等必备条件范围。

社会创业启示录

首先,最重要的是养成构想事业的习惯;其次,是站在用户的立场上考虑问题;再次,你也可以和志同道合的人一起进行这种练习。先设定一两个题目,然后想出几十个或几百个方案,最后选择一个最适合的。如果能通过不断地练习,牢牢掌握事业构想、开展的方法,在需要的时候就能手到擒来。即使在事业碰壁的时候,也能比较轻松地找到替代方案。就像围棋高手一样,通过平时不断研究,对各种套路已经深谙于心,无论对方采取怎样的进攻方法,都能轻松化解,而不会惊慌失措。事业构想的训练可以在任何时候、任何地点进行,通过每天的努力,让头脑中的思想渐渐清晰。这是走向成功的关键。——织山和久(Archi Net 董事长)

4.1.2 社会创业机会的类型

1. 阿迪奇维利分类法

亚历山大·阿迪奇维利(Alexander Ardichvili)等人认为机会不是被识别出来

的，而是被创造出来的。识别出来的市场需求和未被充分利用的资源如果不经过开发，是不可能发展成为新企业的。所以机会的开发比识别更为重要。他们对现有文献进行了补充，认为不同的机会类型也会影响到机会开发过程，他们首先构建一个创业机会矩阵。该矩阵有两个维度：纵坐标表示创业者创造价值的能力，用以说明创业者是否能够有效开发并利用这一创业机会；横坐标表示探寻到的价值，用以说明创业机会潜在价值的明确程度。然后，以矩阵的四个象限分别表示四种类型的创业机会（如图4-1所示）。这个矩阵描述了从第Ⅰ象限的"梦想"阶段，发展第Ⅱ象限"尚待解决的问题"或第Ⅲ象限"技术转移"阶段，最后发展到第Ⅳ象限"业务形成或企业形成"阶段，第Ⅳ象限创业成功的可能性最大。

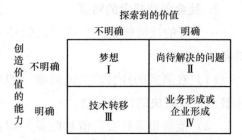

图4-1 阿迪奇维利的创业机会矩阵

（1）第Ⅰ象限。在该象限中，机会的潜在市场价值不明确，而且创业者的价值创造能力也不能确定。在这种情况下，机会只是一个"梦想（Dream）"。人们感兴趣的是寻找新的发展方向或者使技术突破现有的限制。

（2）第Ⅱ象限。在该象限中，机会的潜在市场价值已经明确，但是创业者的价值创造能力尚未确定。在这种情况下，创业机会就是要设计出具体的产品或服务以适应市场需求，称之为"尚待解决的问题（Problem Solving）"，其含义是问题明确但缺少解决办法。

（3）第Ⅲ象限。在该象限中，创业者的价值创造能力已经确定，但机会的潜在市场价值却不明确。在这种情况下，创业机会应侧重于寻求技术的应用而不是发展产品或服务，称之为"技术转移（Technology Transfer）"。

（4）第Ⅳ象限。在该象限中，机会的潜在市场价值和创业者的价值创造能力都已确定，这时可以将市场需求与现有的资源进行匹配，形成可以创造并传递价值的新企业，称之为"业务形成或企业形成（Business Formation）"。

阿迪奇维利认为，比起"业务形成或企业形成"的创业机会，"尚待解决的问题"市场机会成功的可能性不大。

2. 目的-手段关系分类法

根据目的-手段关系的明确程度，可以将创业机会划分为识别型机会、发现型机会和创造型机会三种类型。

（1）识别型机会。识别型机会是指市场中的目的-手段关系十分明显，创业者可通过目的-手段关系的连接来辨识机会。例如，当供求之间出现矛盾或冲突，供给不能有效地满足需求或者根本无法实现这一要求时辨别出新的机会。

（2）发现型机会。发现型机会是指目的或手段中的任意一方状况未知，等待创业者去发掘。例如一项技术被开发出来，但尚未有具体的商业化产品出现，因此需要通过不断尝试来挖掘出市场机会。

（3）创造型机会。创造型机会是指目的和手段皆不明确，这时，创业者只有比他人更具先见之明，才可能创造出有价值的市场机会。

上述三种类型的创业机会并不互斥，可能并存。一般来说，识别型机会多处于供需尚未均衡的市场，创新程度较低。这类机会不需要复杂的辨别过程，只要拥有较多的资源，就可以较快进入市场获利。把握创造型机会，相对来说比较困难。因为它依赖新的目的-手段关系，而社会创业者拥有的专业技术、信息、资源规模比较有限，所以，更需要社会创业者的创造性资源整合能力和敏锐的洞察力，同时还必须承担巨大的风险。发现型机会是最为常见的社会创业机会，也是目前大多数社会创业研究的对象。

社会创业小贴士

社会创业企业在创业版图中的另类风景

全球知名创投研究机构 CB Insights 对美国 38 家典型的社会创业企业进行对比分析，发现这些企业具有以下特征：第一，社会创业企业都集中于满足那些尚未被充分服务，而又是最基本需求的领域，例如信贷、教育、医疗、能源等领域；第二，"技术+公益"是当前社会创业企业的标准配置，"技术扶贫"日益成为社会创业的一种内在属性；第三，"众人拾柴火焰高"，越来越多的资金资源正在为社会创业企业的发展助力；第四，"心怀天下"，继而实现"国际化"发展是众多社会创业企业的共同选择。与其他创业领域层出不穷的风口相比，社会创业是一个相对沉寂，更需要耐心的领域。

4.2 创意的形成

创意是一种想法、概念或思想，是将看似相互不相关的事物联系在一起的能力，也就是说创意是能够看到不同事物间的关联性，并将其重新组合的能力。阿育王创始人比尔·德雷顿讲道："大家看阿育王伙伴的工作，一方面会看到，一个想法到了创新家的手上，可以在很大程度上改变世界；另一方面也能看到，这些想法并不是高深的科学。如果解放自己，你也能发现一个问题并找到解决方案，然后使它成为新的模式。"

创造力是产生好创意的基础，人们常常认为创意源于灵感，但事实上创意也可以被创造出来。创意活动是创业的开端，是创业机会的来源，也是创业成功的前提条件。任何社会创业者要做的第一件事就是为新的业务产生创意。创意形成后，需要经过一系列的评估筛选，只有具有创业价值的创意才能发展为真正的社会创业机会。发掘创意、识别社会创业机会是一种学习的过程，进行创意思考是成功社会创业者的必备技能之一。

4.2.1 创意的形成过程

创造是产生新奇或创意的过程。从某种程度上讲，机会识别是一个创造过程。对个人来说，创意的产生可以分为五个阶段（见图4-2）。在图4-2中，从一个方框指向另一个方框的水平箭头，表示创造过程持续发展经过的五个阶段。垂直箭头表示：如果在某个阶段，某个人停顿下来或没有足够信息使认识继续下去，他的最佳选择就是返回到准备阶段，以便在继续前进之前获得更多知识和经验。

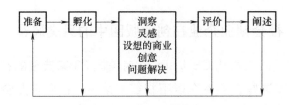

图 4-2 创意产生的五个阶段

1. 准备

准备是指社会创业者带入机会识别过程中的背景、经验和知识。运动员必须练习才能成为优秀运动员，社会创业者需要实践经验以识别机会。研究表明，50%～90%的初创企业创意，来自个人先前的工作经验。

2. 孵化

孵化是个人仔细考虑创意或思考问题的阶段，也是对事情深思熟虑的时期。有时孵化是有意识的行为；有时它是无意识的行为并出现在人们从事其他活动的时候。

3. 洞察

洞察是识别灵感闪现，此时问题的解决办法被发现或创意得以产生。有时，它被称为"灵感"体验，在创业环境中，这是社会创业者识别出机会的时刻。有时候，这种经验推动过程向前发展；有时候，它促使个人返回到准备阶段。例如，社会创业者可能意识到机会的潜力，但认为在追求机会之前需要更多的知识和考虑。

4. 评价

评价是创造过程中仔细审查创意并分析其可行性的阶段。许多创业者错误地跳过这个阶段,他们在确定创意可行之前就去设法实现它。评价是创造过程中特别具有挑战性的阶段,因为它要求创业者对创意的可行性保持一种公正的看法。

5. 阐述

阐述是创造性创意变为最终形式的过程。此时创意的详细情节已构思出来并变为有价值的东西,诸如新产品、服务或商业概念。

4.2.2 创意形成的方式

创业者需要创意来创建和发展他们的社会企业。形成创意是一个革新的、创造性的过程。它也是一个需要花费时间的过程,不仅仅是在创业的初始阶段,而且是在企业的整个生命周期内。维珍集团创始人理查德·布兰森认为:"一切行业都是创意业。掌握创意方法,就能颠覆任何产业。"在研究创意的形成过程时,我们需要讨论创意的形成方式。

1. 头脑风暴法

头脑风暴法是用来快速产生大量创意时广泛使用的方法。头脑风暴"会议"针对某个特殊主题,指导一组人就这个主题提供创意。小组负责人要求参与者共享他们的创意。一个人提出创意供分享,另一个人对该创意做出反应并提供新的创意,而别人又对新创意做出反应并提出其他创意等。其主要目的是创造一种创新和热情的氛围,以便产生大量创意。活动挂图常被用来记录所有这些创意。进行头脑风暴会议有四项严格规则,包括不允许批评、鼓励随心所欲地表达稀奇古怪的创意、会议要快速推进、鼓励蛙跳思维。

青蛙设计公司(FROG DESIGN)把脱颖而出的灵感归结为三个来源:一是现场研究。与终端用户一起观察、聊天、合作设计非常有用。二是尝试新技术。需要了解一些新兴技术,运用和完善它们。三是在系统化和集中概念生成的过程中寻找灵感。如果没有适当组织、调节,头脑风暴环节可能是一种浪费。

2. 焦点小组

焦点小组法又称小组座谈法,即采用小型座谈会的形式,挑选一组具有同质性的消费者或客户,由一个经过训练的主持人以一种无结构、自然的形式与一个小组的具有代表性的消费者或客户交谈,从而获得对有关问题的深入了解,这种方法也是用户体验研究中常用的方法。一个小组一般由2~8人组成,一般需要采访2~4个小组。通常,焦点小组由训练有素的主持人指导实施,以保持小组"聚焦"并产生活跃的讨论。焦点小组主要是用于观察某一群体对某个产品、服务、概念和主题的观点、态度和行为,而不能用于确定用户的

社会创业学：
社会创业思维·过程·实践

个人观点和行为。

3. 调查法

调查法是从个体样本收集信息的方法。调查可以通过电话、邮件、网络进行，或者由调查者亲自实施。最有效的调查是对人群总体进行随机抽样，这意味着样本不能随意选择或只是从自愿参与的人中选择。样本需按照某种方式被选取，这种方式要能确保人群总体中的每个人具有同等被选中的可能，以便使调查结果能一般化到更大的人群。

4. 问题库分析法

问题库分析法是通过问题的集中来获得新创意的方法。问题库分析法中，新创意不是由顾客产生的，而是按照产品分类为顾客提供一系列问题，要求他们从中选择并讨论有关这类产品的特殊问题。这种方法通常很有效，因为把已有产品和提出的问题联系起来产生一个新产品创意要比产生一个全新的产品要简单得多。

5. 图书馆和网络调查法

图书馆不仅为人们提供与人类生活息息相关的传统图书文献资料和数字文献资源，同时还提供世界各国公司、经济、市场、国际贸易以及整体商业环境和实践的相关信息。随着互联网的高速发展，互联网拥有巨量的信息资源，数字媒介已成为人们信息获取和沟通的重要渠道。通过图书馆和互联网可以使我们对创意有更深刻的了解，从而使初步的创意更完善，形成最佳创意。

社会创业小贴士

斯坦福大学 D. school 创始人大卫·凯利论创意的来源

我在 IDEO 遇到一个叫作 Markus Freitag 的年轻人，他的名片上写着 Creative Catalyst，中文大意是"创意催化剂"。我好奇地问他："怎样的人才能成为 Creative Catalyst？是不是要脑洞巨大点子多多的人？"他摇头说，"我们并不倾向于'灵感'很多的人。因为'灵感'是靠不住的。我们需要的不是'一拍脑袋'激发出的灵感和创意，而是稳定而持续的创新，也就是 We Frame Creativity。如何才能'Frame Creativity'或者说'推导创意'呢？把创意像公式一样'推导'出来的方法就叫作 Design Thinking。'设计思维'不能理解为'设计师的思维'。它是一套更接近于工程学的方法，用逻辑和套路，面对那些复杂的不确定的问题，让'创新'稳定的发生。"

第 4 章
社会创业机会管理

4.3 社会创业机会的来源

4.3.1 社会创业机会来源

管理大师彼得·德鲁克在《创新与企业家精神》一书中,提出了创新机会的七个来源。他认为,绝大多数成功的创新都是利用变化完成的。系统化的创新意味着关注创新机遇的七个来源。出乎意料的事件或结果、不一致性、流程需要和行业市场结构的变化等前四项来源存在于单位内部,能够看到他们的人主要是身处那个行业或服务部门的人。社会人口的变化、观念和认识的变化、创新知识等后三项来源是发生于企业或行业以外的变化。这七个创新机会来源的边界也十分模糊,而且彼此之间也有相当大的重叠部分,没有哪一个来源本质上比其他来源更重要或更具有生产力。这七个创新机会的来源仍然适用于社会创新创业领域。

1. 出乎意料的事件或结果

出乎意料的事件或结果是指意料之外的成功、意料之外的失败、意料之外的外部事件等。许多研究表明,意外事件所能提供的成功创新的机遇是无论什么都比不上的。同时,意外事件的创新机遇风险最小,求索过程的艰辛程度也最小。但是,很多企业管理者往往将其拒之门外,把意外的成功和意外的失败视为"偶然结果"而不予重视。

2. 不一致性

与意外情况一样,实际与设想之间的不一致性也是创新机会的先兆,预示着一个新的机遇将要出现。隐藏在不一致性下面的变化是发生在行业、市场或程序内部的变化,如果能够积极把握这些不一致性所带来的创新变化,就能够充分深入创业机会潜在价值之后的逻辑中,所阐释的创业举动也更加有价值。

3. 流程需要

流程需要可能存在于一个行业、一个企业、一个流程或一个领域中。这些流程结构可能在一夜之间发生巨大变化,并为创新提供了巨大的机遇。为了满足流程变化的需要,革新者总是在力图解决某个过程中的一个瓶颈或薄弱环节,利用新知识、技术或者更好的流程代替原来较为烦琐的流程,这些都带来了众多的创新机遇。

4. 行业市场结构的变化

一些传统的行业的市场结构看似较为稳定,实际上却相当脆弱,在受到冲击后会以相当快的速度瓦解。行业市场结构的变动,既对行业内的企业及其管理者提出了新的挑战,又为行业之外的成员创造了巨大机遇。为了预见行业市场结构的变化，可以分析这一行业是否出现快速增长，行业内现有的经营者的战略是否合理，技术领域是否有新的进展等。

5. 社会人口的变化

社会人口的变化也是社会创新机会的重要来源。一般来说，不同年龄、不同性别、不同区域的人群对于特定产品的消费偏好是不同的，如果社会人口结构发生了变动，也会随之带来不少机会。例如，伴随着中国社会即将进入老龄化和城镇化阶段，很多社会企业都纷纷推出针对老年人的消费品种，这些新的机遇将会带来巨大的市场。

6. 观念和认识的变化

人类的观念是相对稳定但又在持续变化的，因而利用观念进行创新是最困难的，但一旦看准时机、抓住机会，就将取得令人瞩目的成就。只要感受、情绪、理解等意识形态发生变化，无论是什么原因促使其发生变化，都将创造大量创新机遇。例如，随着人们生活水平的提高，消费观念也会持续发生变化。如果能够把握这一点，那么针对新的观念和认识之下的产品就大有市场。

7. 创新知识

由于创新知识通常不是基于一门知识，而是几类不同知识的融合，需要科学、技术和管理的综合运用，并且要求在技术和社会各领域都与其协调一致，因此，以创新知识为基础的革新需要更加系统化的知识储备以及多方位的资源支持。以创新知识带动的社会创业机会数不胜数，从美国硅谷的高科技创业浪潮中就可以清楚地看到创新知识对于社会创业活动的推动作用。

社会创业小贴士

罗伯特·库珀在《产品领导力》中总结的获得伟大新产品创意的10种方法

（1）举办非正式会议，顾客小组与公司工程师和设计人员一起讨论问题、需求以及用头脑风暴法提供潜在问题的解决方案。

（2）允许技术人员花费时间从事他们喜欢的项目。

（3）使顾客头脑风暴会议成为工厂活动的常见特征。

（4）对顾客进行调查：发现在你和你的竞争对手的产品中，他们喜欢哪些。

（5）像惠普公司那样，对客户进行"寻求缺陷"或"扎营"式调查。

（6）运用重复方式：一群顾客在一间房内集中小组座谈确认问题；一群技术人员在另一间房内听取问题，并运用头脑风暴法提出解决方案。然后，立即将解决方案拿到顾客那里测试。

（7）建立关键词搜索，时常浏览各国的贸易出版物以获得新产品发布等方面的消息。

（8）把贸易展览当作智力成果信息，可以在一个地方看到所有你所属行业的新产品。

（9）让技术和营销人员参观供应商的实验室，并与技术人员一起探索有什么新东西。

（10）建立一个创意构思库，向众人开放并易于进入。允许员工思考并提出建设性建议。

4.3.2 社会创业机会的影响因素

波特认为行业特征是影响行业竞争强度和盈利性的重要因素。可以想象，如果两位各方面条件相当的创业者，一位选择了适合创业的行业，一位选择了不适合创业的行业，结果肯定大不相同。有四个因素影响行业创业领域，它们分别是行业的知识因素、行业的需求因素、行业生命周期和行业结构。

1. 行业的知识因素

行业的知识因素是指一个行业提供产品或服务所需要的知识情况，主要指生产过程的复杂程度、行业创造新知识的水平、创新企业的规模和不确定性的程度。一般而言，在社会公益事业和存在着市场失灵的领域，比较适合社会企业生存；技术创新来源于公共部门而非私人部门的行业比较适合社会企业生存；较小规模的企业即可实施技术创新的行业比较适合社会企业生存。

2. 行业的需求因素

影响创业企业生存情况的行业需求因素主要有三个：社会产品需求的规模、市场成长性和市场的细分情况。社会产品需求规模大的行业新创社会企业更容易生存；在快速成长的行业里的新创社会企业表现比成熟或衰退行业里的新企业更容易生存；在市场细分明晰的行业中，新创社会企业容易生存。

3. 行业生命周期

任何一个行业都和人一样存在出生、成长、成熟和衰亡的生命周期过程，但不同的行业具有不同的生命周期。了解行业生命周期有利于创业者了解创业企业适应生存的阶段。行业成长期进入比行业衰退期进入更适宜创业企业的生存，越是在行业发展初期进入越容易生存和发展。行业进入成熟期的标志是出现了通行标准,通行标准出现前比通行标准出现后更适宜创业企业的生存。

4. 行业结构

不同行业,结构也不同。有的行业比另一些行业更适合新企业生存。资本密集程度越高的行业,新企业越不容易生存;规模经济效应越显著的行业,新企业越不容易生存;行业的垄断程度越高,新企业越不容易生存;以中小企业为主的行业适合新企业的生存,而社会企业领域小微企业居多。

社会创业小贴士

PayPal 联合创始人彼得·蒂尔论创业竞争

任何市场要么是完全竞争,要么是垄断,几乎没有中间状态的存在。成功的创业者都是市场的垄断者,需要去竞争的往往其实都是失败者。创业公司应该把自己限定在一个小的市场之中,争取做到垄断的位置然后再扩张。而且哪怕在小市场之中,也要用最快的速度来完成对于市场的占领和垄断,从而打消其他竞争者进入的念头。企业竞争的最高形态就是两个字:垄断。而创业公司实现垄断必须从垂直市场开始,要关注的并不是未来市场的规模有多大,而是在当前垂直领域里占据多少市场份额。

4.3.3 社会创业机会的时机特征

社会创业依赖市场失灵的机会,但一个机会能否为社会创业者带来所期望的成功,不仅取决于该机会潜在的市场价值,同时还取决于创业者能否及时抓住这个机会。特定的机会仅存在于一定的时间段内,蒂蒙斯称其为创业的"机会窗口"。他认为,机会存在或产生于现实的时间之中,"机会窗口"就是指特定的创业机会存在于市场之中的一定的时间跨度,社会创业者只有在适当的时间段内实施创业才有可能获得相应的回报。社会创业机会窗口如图4-3所示。

社会创业机会窗口中的曲线是一条典型的社会创业产品或行业生命周期曲线。在产品或行业的发展初期,曲线的坡度比较平缓,市场规模比较小,商机出现的概率不大,机会窗口尚未打开。随着时间的推移,产品或行业被越来越多的消费者所认可,市场就会得到高速度的增长,创业机会也随之越来越多和越来越明显,

第 4 章
社会创业机会管理

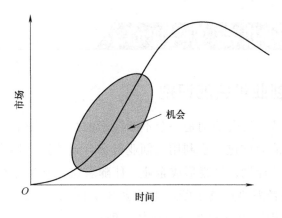

图 4-3　社会创业机会窗口

就如同为创业机会打开了一扇窗户。但是，经过一段时间的发展，市场开始成熟，成长的空间开始变得越来越小，机会窗口就会关闭。因此，整个机会窗口的发展过程实际上也是社会创业机会的生命周期。

因此如何及时掌握社会创业机会窗口打开的时机，以及如何判断这个机会窗口是否拥有足够收益的时间长度，就成为创业成败的关键因素。美国风险投资业者的一项研究调查发现，当机会窗口的时间短于 3 年，新企业投资失败率高达 80% 以上；如果机会窗口的时间超过 7 年，则几乎所有投资的新企业都能获得丰厚的回收。

社会创业小贴士

柯兹纳论创业警觉性

创业警觉性（Alertness）是一种没有刻意搜索就注意到被别人忽略的机会的能力。具有创业警觉性的人对市场的不均衡具有高度敏感性。创业警觉性不仅需要市场环境信息警觉性、识别关键驱动因素等方面的商业构想警觉性，更需要创业行动警觉性。人们在警觉上是一个连续体，而非二分为警觉个体和非警觉个体，中间还包括两类典型个体：一类是感知到异常信息，行动上表现为渐进性提升或模仿；另一类是感知到异常，但是选择忽略这类信息。培养创业警觉性的途径主要有：①积极寻找新的机会；②训练有素地追求商机；③只选择最佳商机作为努力的目标；④采取应变式的策略执行方式；⑤激发所有相关人士为共同目标奋斗。

4.4 社会创业机会识别与评价

4.4.1 社会创业机会的识别

阿迪奇维利等认为机会识别是一个不断探索的过程。随着对市场需求被进一步界定、闲置资源能力被进一步利用，创业机会日渐成熟，逐步发展成为商业概念、商业模式、商业计划，最终形成企业。伴随着机会从简单概念变为复杂详尽计划的过程，创业者需要连续不断地主动去开发和识别机会。机会识别可以细化为三个阶段，即特定个体的机会感知、发现市场需求和资源之间"匹配点"。创造商业概念，包括重新调整和组合现有资源，甚至对现有企业进行重组或"创造性破坏"。机会开发的每个阶段都需要对机会进行正式或非正式的评估。他们引入了一种广泛应用的"阶段门"评估模型，机会在开发过程中能否通过每一道"门"，在很大程度上取决于创业者通常面临的限制性约束，这样的"约束走廊"实际上起到了对不合适机会进行筛选的作用。他们认为一个机会从简单的市场需求到创建成功新企业需要跨过数道门。从市场需求到成功新企业的阶段门如图4-4所示。

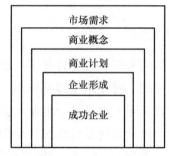

图 4-4 从市场需求到成功新企业的阶段门

> **社会创业启示录**
>
> 创造性挑战的构思技巧：提出假想；重新定义机会；许愿；触发"思路传递"；运用语义直觉产生不同想法；运用图片提示产生创意；列出最坏创意解放头脑风暴参与者。——布赖恩·玛缇摩尔（《创意风暴：如何引领并激励突破性创新》作者）

4.4.2 机会识别与开发过程的整体模型

阿迪奇维利认为成功的机会识别与开发过程包括机会识别、评估和开发三个部分。这个过程始于创业者拥有某个限度的创业警觉。当特定创业的个人特质、社会网络、相关的先前知识等多个因素共同作用时，创业警觉的水平就可能提高。

个人特质领域的创新创业精神和乐观主义精神是创业警觉的决定性因素,社会网络中的人际弱关系、活动域、合伙人的性质等圈子影响着创业警觉的高低,创业者有某个领域的特殊兴趣、多年工作积累的行业知识,以及市场领域的诸多知识和能力等都是创业警觉的关键性因素。最后,机会的类型也在核心过程中发挥重要作用。

机会识别、评估和开发过程的三个部分是相互渗透、循环反复的。创业者可能在开发的不同阶段多次进行机会评估,而这些反复的评估有可能带来额外的机会或对最初的设想的调整。基于各个概念如社会网络与创业警觉之间、先前知识与创业警觉之间、个人知识技术和机会开发之间假定的相互作用规律,阿迪奇维立等提供了机会识别与开发过程的整体模型,如图4-5所示。

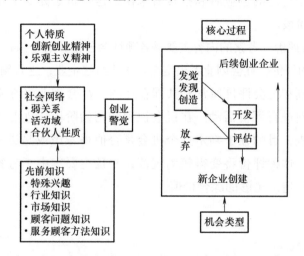

图4-5 机会识别与开发过程的整体模型

1. 社会创业机会识别的过程

社会创业者从成千上万繁杂的创意中选择了他认为满意的创业机会,随之不断开发这一机会,使之成为真正的社会企业,直至最终收获成功。在这一过程中,机会的潜在预期价值以及社会创业者的自身能力得到反复权衡,社会创业者对创业机会的战略定位也越来越明确,这一过程称为机会的识别过程。机会识别过程是一种广义的识别过程,它包括机会搜寻、机会识别、机会评价等三个阶段,如图4-6所示。

阶段1:机会搜寻。对选择的行业中可能的创意展开搜索和筛选,如果社会创业者认为某一创意可能是潜在的机会,具有潜在的发展价值,就将进入下一阶段。

阶段2:机会识别。这里的机会识别是狭义上的识别,即从创意中筛选合适的机会。这一过程包括两个步骤:第一步是通过对整体的创业环境,以及准备进入

社会创业学：
社会创业思维·过程·实践

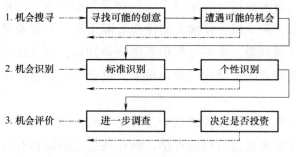

图 4-6　机会识别三阶段

的行业分析来判断该机会是否属于有利的创业机会，称为机会的标准化识别阶段；第二步是考察对于特定的创业者和投资者来说，这一机会是否有价值，也就是个性化的机会识别阶段。

　　阶段3：机会评价。考察的内容主要是各项社会公益和财务指标，创业团队的构成等。通过机会的评价，社会创业者决定是否正式组建企业，进入领域和吸引投资。

　　创业机会识别和机会评价通常是共同存在的。社会创业者在对创业机会识别时也在有意无意地进行评价活动。在机会识别的初始阶段，创业者可以非正式地进行社会需求调查，目的在于判定这个机会是否值得考虑或是进一步开发；而在机会开发的后期，这种评价将变得较为规范，并且主要集中于考察这些资源的特定组合是否能够创造出足够的综合价值。

社会创业小贴士

创意实验室（IdeaLab）创始人比尔·格罗斯创业成功关键要素分析

　　比尔·格罗斯（Bill Gross）成立过100多家公司、经历过多次成败。比尔·格罗斯总结出决定创业成败的"五要素"：时机、团队、创意、商业模式、融资。他在比对了200多家公司数据后得出的结论是，五个要素的重要程度分别为：时机占42%，团队占32%，创意占28%，商业模式占24%，融资占14%。决定创业成败与否的最重要因素是时机，其他四个因素都是可以改变的。你可以改变业务模式，加大资金投入，改变团队，甚至调整创意视角。但是如果产品推出的时候没有消费者需要它或竞争对手已经太多，那创业注定失败。

第4章
社会创业机会管理

2. 影响社会创业机会识别与开发的因素

（1）先前经验。在特定行业中的先前经验有助于创业者识别机会。例如，1989年，对美国500强企业创建者的调查报告显示，43%的被调查者是在为同一行业内企业工作期间，获得其新企业创意的。在某个行业工作，个体可能识别出未被满足的利基市场。同时，创业经验也非常重要，一旦有过创业经验，创业者就很容易发现新的创业机会。这被称为"走廊原理"，是指创业者一旦创建企业，他就开始了一段旅程，在这段旅程中，通向创业机会的"走廊"将变得清晰可见。这个原理告诉我们，某个人一旦投身于某行业创业，将比那些从行业外观察的人，更容易看到行业内的新机会。

但是，先前经验容易陷入经验主义的条条框框，所以，First Round Capital合伙人约什·科普曼（Josh Kopelman）认为，行业知识有时候反而会阻碍创始人。最好的创业想法通常都是逆主流的。那些在一个行业工作多年的人或许更难发现颠覆性变革的机遇。亚马逊并不是图书行业的人创办的。Airbnb创始人也没有酒店行业经验。Uber创始人也没有在出租车公司工作过。

（2）认知因素。机会识别可能是一项先天技能或一种认知过程。有些人认为，创业者具有对机会的超感知觉，即所谓的"第六感觉"。这种感觉能透过正常感官之外的通道接收信息，使他们能看到别人错过的机会。警觉很大程度上是一种习得性的技能，拥有某个领域更多知识的人，往往比其他人对该领域内的机会更警觉。有些研究人员认为，警觉不仅是敏锐地观察周边事物，还包括个体头脑中的意识行为。机会发现者与未发现者之间最重要的差别在于他们对市场的相对评价，换句话说，创业者可能比其他人更擅长估计市场规模并推断可能的含义。很多人认为，创新是极少数天才人物的偶得灵感，但惠普前副总裁菲尔·麦肯尼认为，只要有激情，有好奇心，就能运用创新力来发现、培养和实施崭新的商业创意。

（3）社会关系网络。个人社会关系网络的深度和广度影响机会识别。建立了大量社会与专家联系网络的人，比那些拥有少量网络的人容易得到更多的机会和创意。在一项对65家初创企业的调查中发现，半数创始人报告说，他们通过社会联系得到了商业创意。一项类似的研究，考察了独自识别出商业创意的创业者与通过社会联系识别创意的创业者之间的差别。研究人员发现，网络型创业者能比单独创业者识别出多得多的机会，但他们不太可能将自己描述为特别警觉或有创造性的人。

在社会关系网络中，按照关系的亲疏远近，我们可以大致将各种关系划分为强关系与弱关系。强关系以频繁相互作用为特色，形成于亲戚、密友和配偶之间；弱关系以不频繁相互作用为特色，形成于同事、同学和一般朋友之间。研究显示，创业者通过弱关系比通过强关系更可能获得新的商业创意。因为强关系主要形成于具有相似意识的个人之间，从而倾向于强化个人已有的见识与观念。而在弱关系中，个人之间的意识往往存在着较大差异，因此某个人可能会对其他人说一些能激发其全新创意的事情。

（4）创造性。创造性是指产生新奇独特的、有社会价值的产品的能力或特性。创造性不是灵机一动的耍酷和逗趣，而是凭持续的刻意练习方能获得的专门技能。机会识别也是一个不断反复的创造性思维过程。在听到更多趣闻轶事的基础上，你会很容易看到创造性包含在许多产品、服务和业务的形成过程中。

> **社会创业小贴士**
>
> **可口可乐前 CEO 唐纳德·奥基论创业机会**
>
> 有两位商学院的教授问我："基于你的国际经验，你觉得何时是合适创立一家公司的好时机，你创立一家公司会考虑什么前提条件？"如果你相信散布恐惧的人所说的话，那么什么时候都不是做事的好时机，你总会发现有被掣肘的时候，总会发现某个商业模式存在漏洞，总会发现在表象之下隐藏着雷区。但是如果你相信企业家的创新精神，那么任何时候都是好时机。至于所谓的前提条件，你不妨问几个简单的问题：那里有人吗？那些人吃饭喝饮料吗？那里有正在开展的经营活动吗？那里有交换货物和服务的手段吗？如果上述条件都具备的话，就找到了创业投资的好时机和好场所。

4.4.3 社会创业机会的评价

1. 社会创业机会的评价原则

（1）市场定位。一个好的社会创业机会，必然具有特定市场定位，专注于满足未能被有效服务的、被忽视的、以及那些缺乏金融手段或政治影响力的高度弱势人群的需求，同时实现为目标顾客带来价值的效果。因此评估创业机会的时候，可由市场定位是否明确、社会需求分析是否清晰、目标顾客接触通道是否流畅、产品线是否持续衍生等维度，来判断社会创业机会可能创造的价值。

（2）行业结构。针对社会创业机会的市场结构进行五项分析，包括供应商的议价能力、购买者的议价能力、潜在竞争者进入的能力、替代品的替代能力、行业内竞争者现在的竞争能力。由行业结构分析可以得知新创企业未来在行业中的地位，以及可能遭遇竞争对手反击的程度。

第4章
社会创业机会管理

（3）社会需求规模。市场规模大小与成长速度，也是影响新企业成败的重要因素。一般而言，市场规模大者，进入障碍相对较低，市场竞争激烈程度也会略微下降。但是，社会企业其实不仅是"满足"一种需求，经常也是在"消灭"一种需求。

（4）市场渗透力。对于一个具有巨大市场潜力的创业机会，市场渗透力（市场机会实现的过程）评估将会是一项非常重要的影响因素。智慧的社会创业者知道选择在最佳时机进入市场，也就是当市场需求正要大幅增长之际，你已经做好准备，等着接单。

（5）市场占有率。从创业机会预期可取得的市场占有率目标，可以显示这家社会企业未来的市场竞争力。一般而言，要成为行业的领导者，最少需要拥有20%以上的市场占有率。

（6）产品的成本结构。产品的成本结构，也可以反映新企业的前景是否亮丽。例如，从物料与人工成本所占比重的高低、变动成本与固定成本的比重，以及经济规模产量的大小，都可以判断新企业创造附加价值的幅度以及未来可能的获利空间。

2. 市场效益评估准则

传统意义上的慈善和援助组织侧重于提供捐赠。实践证明，慈善和援助并非帮助穷人的最有效办法，它不仅没有铲除贫困的根源，并且也是不可持续的。而社会企业不同于非营利组织和慈善组织，是运用经济手段解决各种各样的社会问题。社会创业要永续运营，一定要关注影响力评价。

（1）令人满意的财务表现和社会影响。其可以通过社会投资回报（Social Return of Investment，SROI）来进行判断，该指标是"通过将社会成果转化为经济价值来捕获其社会价值"。它来自投资回报率（Return on Investment，ROI），是一种投资者用来计算"投资在一个项目或活动中每一美元的收益"的衡量标准。SROI 以利益相关者的充分参与为基础，发现并梳理每一利益方的"投入→活动→产出→成果→影响力"的事件链，通过寻找合适的等价物，汇总各类定量、定性信息和财务数据，来衡量社会投入给社会带来的改变，并将干预活动的价值"货币化"，最终推演出一套相对客观的社会影响力评价体系。

$$SROI = 货币化的社会影响力/投入$$

社会影响力包括经济层面、社会层面和环境层面的改变，既可以是直接的物品产出，也可能是很难用货币衡量的在市场交易中个人生活或心理层面的变化等。例如"公益金融"注重在产生经济回报的同时也为社会带来福祉，例如提升环境质量、帮助残障人士就业等。

（2）达到盈亏平衡点所需的时间。盈亏平衡分析是一种通过分析产品成本、销售量和销售利润这三个变量之间的关系,掌握盈亏变化的临界点而进行选择的方法。

一般说来,企业收入=成本+利润,如果利润为零,则有

$$总收入=总成本$$

其中,

$$总成本=固定成本(F)+变动成本(V)$$
$$总收入=销售量(Q)×价格(P)$$
$$总成本=固定成本(F)+单位变动成本(V)×销售量(Q)$$
$$销售量(Q)×价格(P)=固定成本(F)+单位变动成本(V)×销售量(Q)$$

可以推导出盈亏平衡点的计算公式为

$$Q=F/(P-V)$$

合理的盈亏平衡时间应该是两年以内。不过有的社会创业机会确实需要经过比较长的耕耘时间,才能够盈利。这就要求社会创业企业具备较强的筹资能力和运营管理能力。

(3) 社会企业的持续经营能力。社会企业不是纯粹的企业,也不是一般的社会服务,其通过商业手法运作,赚取利润用以贡献社会。它们所得盈余用于扶助弱势社群、促进小区发展及社会企业本身的投资。它不是以盈利最大化为目标的,但它又要通过提供产品或服务实现盈利。一家成功的社会企业可以通过自身的运营实现财务上的可持续性,完全以成本价是无法支持社会企业发展的,也无法帮助更多的弱势群体。一般而言,具有吸引力的社会创业机会,至少需要能够创造10%以上的税后净利,以维持社会企业的持续经营。

(4) 资金需求。资金需求量较低的创业机会比较受欢迎。通常,知识越密集的社会创业机会,对资金的需求量越低,投资回报反而越高。因此在社会创业初始阶段,不要募集太多资金,最好通过盈余积累的方式来创造资金。

(5) 毛利率。公益不仅能够盈利,而且应该盈利。盈利不能用于分红,而是为了更好地做公益。毛利率高的创业机会,相对风险较低,也比较容易取得盈亏平衡。反之,毛利率低的创业机会,风险则较高。一般而言,理想的毛利率是40%。当毛利率低于20%的时候,这个创业机会就不值得考虑。

(6) 策略性价值。能否创造新创社会企业在创业行业的策略性价值,也是一项重要的评价指标。一般而言,策略性价值与行业网络规模、利益机制、竞争程度密切相关,而创业机会对于行业价值链所能创造的价值效果,也与它所采取的经营策略和经营模式密切相关。

第4章
社会创业机会管理

> **社会创业小案例**
>
> ### 途梦：让中学生的梦想不因眼界而受限
>
> 杨雪芹2012年从南开大学毕业后，只身来到云南临沧地区的一所乡镇中学支教。她在支教生涯中发现，很多孩子读了一两年初中就辍学外出打工。这些学生不是因为贫穷，而是没有学习动力。杨雪芹一直在思索，希望教一门与学生未来发展有关的科目，而不是教具体知识。2015年杨雪芹发起了"途梦"公益项目，该项目邀请各行业优秀的职场人士，通过在线直播方式，向中学生分享自己的成长经历和职场奋斗故事。"途梦"帮助中学生拓展视野，丰富职业选项，树立生涯志向，并用榜样的力量去驱动学生，自信、勇敢地为了心中的梦想努力。目前，"途梦"的分享已覆盖全国30个省市500多所学校，受益中学生超过20万人。

4.4.4 增强机会识别的实践技能

1. 构建广博的知识基础

识别机会的能力如同创造力一样，在很大程度上依赖你在管理中拥有多少信息。拥有的信息越多，就越有可能先于别人识别构成机会的连接点和模式。无论什么时候，学习你能学到的任何事，结果将是机会识别能力的提高。

2. 将知识组织起来

组织起来的知识比没有组织起来的知识更有用。这就是说，当获得了新知识，应该积极地去寻找与之相关的原有知识。这样新旧知识的联系就清晰地成为焦点。以这种方式联系和组织的信息比那些没有组织的信息更易记忆和利用。

3. 拓宽获取信息的渠道

一般情况下，接受的与潜在机会相关的信息越多，就越有可能在机会刚刚出现时就发现它们。你可以通过从事"前沿"的工作（例如研发和市场营销工作），或构建一个巨大的社交网络，或通过拥有丰富多样的工作和生活经历，来拓宽获取信息的渠道。

4. 在已有知识中创造联系

研究结果显示，知识结构的内在联系越多，其中的信息就越容易结合起来发展出新模式。这表明，将存储在记忆中的信息同其他认知系统建立联系是有用的策略。建立这种联系的方法称为"深度处理"——积极思考信息及相互间的联系。这点很容易做到，其结果可能会提高识别未来机会的能力。

5. 训练你的实践智能

创业者有时被人批评为"梦想家"，即想得太多而脱离现实的人。事实上，情况并非如此，他们通常都是实践智能很高的人，具有解决日常生活中各种问题的能力。实践智能绝不是固定不变的，它可以培养。提高实践智能最好的办法就是，不要接受按思维定式想出的问题解决方案。这样会使实践智能得到提高，进而提高识别机会的能力。

6. 及时发现和避免伪需求诱导的机会陷阱

很久以来，创业者就被认为是乐观主义者，他们比其他人遭受了更多因乐观偏见造成的痛苦。事实上，这种观点也有好的一面。这意味着创业者不仅要关注识别真正存在的机会带来的潜在收益，也要关注由于追求错误机会带来的毁灭性代价。换句话说，如果想成为成功的创业者，在识别真正的机会时，就必须同乐观偏见做斗争，而且要考虑到问题的反面。这样做可能与创业者的个性倾向相冲突，但结果可能使毫无疑心的创业者避免落入潜藏的虚假机会陷阱。

创新思维游戏

游戏名称： 图形关联
游戏目的： 针对没有头绪的主题产生新的想法
游戏人数： 每组5~7人
游戏时间： 15~60分钟
游戏规则：

1. 在会议开始前，收集一些不含文字的相片或者图像。相片或图像可以从杂志、商品目录或者垃圾邮件中裁剪出来。不要找漂亮的图片，要找类别广泛的图片，为每人收集3~5张图片。

2. 在桌上放一大张纸，挂图纸最理想。在纸的中央写出1~3个词语来描述你希望产生新想法的主题（例如"寻找新的客户"）。

3. 把图片正面朝下放在纸的边缘四周，给每个参与游戏的人一些便签条或索引卡。

4. 告诉参与者这个游戏的目标是鼓励大家打开思路，最好突破他们的固有思

第4章
社会创业机会管理

维。通过展示图片，要求参与者迅速说明图片和指定主题相关的几种方式。

5. 让每个参与者随机选取一张图片，把它翻过来，让他们在便签条或索引卡上写下想法（多多益善），描述图像与主题有何关联。让参与者在每张便签条或卡片上写一个想法，贴在挂图纸上主题的周围。

6. 给参与者5分钟时间安静地工作。让人们用同样的过程选择其他的图片，直到用尽图片或者时间到。

7. 收集小组成员写有想法的便签条和卡片，重新排列这些想法，把相关的放在一起形成一组。让参与者为每一组选出一张代表性的图片来说明想法，并想出一个简短的标题写在图片下面。

8. 如果你有多个小组，可以让各组分享他们的图片和标题。

9. 讨论标题图片是如何反映团队对主题的想法的，列出针对这些想法可能采取的行动。

游戏策略：

图像具有点燃思想火花和创造新关联的能力。鼓励人们大胆想象以找到潜在的新想法。

通过这种游戏，可以让人们交互使用视觉和口头表达能力。像游戏中这样短时间的快速切换，能得出更多新想法，浮现出更多办法。

组织这个游戏的时候，有些参与者需要再次明确：这个游戏的目的不是要他们提供设计方案或者特定的答案。保持短的时间间隔可以减少这种顾虑而要求人们在没有考虑成熟的领域内，想出更多的关联。如果大家已经考虑到解决问题的方案，团队就不会觉得没有头绪了。该游戏的想法是越过人们通常讲的故事而去经历一些不同的新东西。

也许你会听到有人说找不到一张图片能描述他们的想法。这实际上是个好的信号！那个"问题"本身就意味着参与者有一个创造的机会去找到另一种崭新的关联。

本章要点

在社会创业者创业过程中，机会识别是创业的起点。创业机会是对未成型事业通过一段时间演变为成型事业的现象描述。从不同的视角观察，会有不同类型的创业机会。阿迪奇维利等人将创业机会分为梦想型、尚待解决的问题型、技术转移型和业务形成或企业形成型创业机会。

创意活动是创业机会的来源，也是创业成功的前提条件。创意的过程可以分为准备、孵化、洞察、评价和阐述五个环节。创意的形成方法主要有头脑风暴法、焦点小组法、调查法、问题库分析法和图书馆和网络调查法等诸多方法。

社会创业学：
社会创业思维·过程·实践

德鲁克在《创新与企业家精神》一书中提出了创新机会的七个来源。波特认为行业特征是影响行业竞争强度和盈利性的重要因素。机会识别过程包括机会发现、机会识别、机会评价等三个阶段。不仅行业的知识因素、行业的需求因素、行业生命周期和行业结构等四个因素影响创业领域的机会选择，时间也是一个十分重要的选择因素。

通过学习和实践，可以提升创业机会发现能力。

关键术语

社会创业机会；创业机会的类型；创意的形成过程；创业机会来源；创业的行业特征；创业机会窗口

案例分析

一位社会创业家的困境：慈善和赚钱哪个更重要？

25岁的斯瓦普尼尔·特纳里（Swapnil Ternari）在印度联邦储备银行的电话银行部门工作，任务是收缴未偿还贷款。他滚动查看名单，选择了德里郊外某个家庭的电话。一个小女孩接起了电话。小女孩说，她和妹妹最近失去了父亲，她们的母亲被镇里一些强壮的男人拉去做妓女。斯瓦普尼尔知道，很快银行就会将这家人的房子收为己有。斯瓦普尼尔动了恻隐之心，他辞掉了工作，带着自己的全部积蓄去找到这家人，并将这家人安置到新德里。

他发现这一家三口是难得的马杜巴尼画家。马杜巴尼绘画作品在印度享有盛名，只有某些偏远部落才能绘制。在德里这样的大城市或国际市场，每张这种画作能卖出几千美元。但是，大城市里精明的艺术品商人来到丛林部落中，只付给村落艺人每幅画20卢比（40美分）的价钱。低廉的市场价格迫使大批年轻人离开部落。由于马杜巴尼绘画是家庭沿袭，年轻人的流失意味着没有人延续这个行当。

2011年4月，为了维持搬到德里的这家人的生活，并支持和他们一样苦苦挣扎的其他马杜巴尼画家，斯瓦普尼尔成立了裸色公司（Naked Colours）。其商业理念是企业馈赠：他的公司向大企业提供马杜巴尼画作，这些公司可以把画作送给客户，画作上还配有企业徽标，以及一首描述画作含义的诗。裸色公司分给艺术家每幅画三分之一的利润，由此实现自己的社会目标。艺术家能从每幅画中分得约700卢比，是其他艺术品商人出价的35倍。斯瓦普尼尔希望能够通过给予乡村工匠合理的报酬，来延续部落艺术，并鼓励年轻村民从事这一行当。

第4章
社会创业机会管理

由于他过于关注自己的社会目标,以至于一直无法建立可持续的企业。斯瓦普尼尔刚开始创业时获得了成功,通过自己在印度联邦储备银行的人脉赚到了钱。这些朋友帮忙促成了许多交易,将1500幅画作卖给了一些著名公司,但斯瓦普尼尔没法将这些交易转变为后续的推介,而这些人脉耗尽后,现金流便开始枯竭。

这位年轻的社会创业家每月还会抽出两周时间,在印度的丛林中寻找孤立的部落和村庄。不管自己的钱多么少都会捐赠出去,但他却没有找到挽救这种艺术的商业模式。斯瓦普尼尔更应该前往班加罗尔的科技园区,而不是丛林。后来,为了生存,他不得不从公司业务中抽出一些精力,走上街头叫卖画作。

一次,他遇到沃尔沃的一位女高管。她十分喜欢获赠的一副马杜巴尼画作。画上是一个太阳,有着女人脸庞。因为太阳是男性象征,这幅画作象征着女性赋权。不久之后,斯瓦普尼尔就接到了沃尔沃印度办事处的电话,要求送货。这位社会创业家把这份订单交给搬到德里的三口之家——两个女孩和她们的妈妈。

斯瓦普尼尔是个慷慨的人,但是否能将慈善慷慨转变为成功的企业,还有待时间来检验。和所有社会创业家一样,他也面临着身份危机——自己做的到底是非营利事业还是商业企业;他也同样遭受着社会创业家的永恒挑战——为今后达成更多善举,是应该捐赠现有的利润,还是将它们用于投资以获取更多利润。斯瓦普尼尔倾向于即刻捐赠,而他能否在公司存活和继续捐赠之间找到一种平衡,这还有待观察。斯瓦普尼尔能否利用同沃尔沃的合同建立更牢固的关系,还是说他会最终消失在丛林中?

资料来源:一位社会创业家的困境:慈善和赚钱哪个更重要?[EB/OL].(2012-11-16). http:// www.eastmoney.com//,本书作者有所改编。

延伸阅读

菲尔德,等. 创业机会:认清那些关乎创业成败的核心要素[M]. 凌鸿程,刘寅龙,译. 北京:机械工业出版社,2018.

威廉姆斯. 颠覆性思维:想别人所未想,做别人所未做:第2版[M]. 傅婧瑛,译. 北京:人民邮电出版社,2011.

多伊奇,惠特尼. 创意成就梦想[M]. 钱锋,译. 北京:电子工业出版社,2010.

复习思考题

1. 什么是社会创业机会?创业机会有哪些种类型?
2. 创业创意形成的过程有那几个步骤?

3. 简述创业机会的来源。
4. 大学生如何培养和提高识别机会的能力?

创业挑战

结合自己所学的专业领域或身边所发生的事情,发现、识别、评价这些社会创业的机会,并找到社会创业机会。

第 5 章　社会产品与服务开发管理

学习目标

- ➢ 了解产品开发一般模型。
- ➢ 熟悉新产品开发概念生成、选择和测试的方法。
- ➢ 熟悉新产品设计与试制流程。
- ➢ 熟悉新产品测试的类型。

引导案例

社会创新为何难以取得成功？

为了解决非洲当地居民长途取水困难问题，Roundabout Outdoor 公司发明了简单而有趣的 PlayPump 供水系统，即在社区中建立儿童旋转游乐设施，利用设施转动所产生的动力带动水泵抽水。该系统一般建在社区学校附近，利用孩子玩旋转木马所产生的动力从地下 40 米抽出清洁的水储存在储水水塔里，而水塔的四面粘贴广告、教育及健康方面的宣传画。广告费用于补贴水泵和水井的维护费用。

这套系统一出现马上受到关注和欢迎，媒体争相报道。最后，2006 年在南部非洲，总共安装了 1800 套 PlayPump 供水系统。后来美国政府和美国一些公益基金会一起出资 1640 万美元，准备在非洲修建 4000 套该供水系统，以期到 2010 年解决 1000 万非洲人的饮水问题。

但是，抽满一桶水，Playpump 需要花费 3 分零 7 秒的时间，而当地的传统水泵只需 28 秒。儿童们需要"玩耍"27 个小时才能满足 2500 人的每天用水需求，当儿童们不在 PlayPump 上玩耍时，打水的过程变得更加复杂和辛苦。同时，由于高额的维修成本，联合国儿童基金会在 2007 年的调研报告中宣布 PlayPump 供水系统这一创新项目失败。

类似不成功，或者运作了很久但尚不成功的项目还有不少。Life Straw 生命吸管（为解决水源不健康的落后国家饮水安全问题而用来获取饮用水的吸管装置），甚至 OLPC（One Lap Top Per Child，每个孩子都应该有一台自己的笔记本电脑），都有一个很酷的产品，但却难以真正实现它宏大的理想。

这些案例让我们思考，一个很酷的产品，并不必然能为社会带来改变。产品只是第一步，产品设计制作出来之后，还需要分销、应用以及维护等，当中任何一个环节的差错都可能使这个产品夭折。而社会创新和商业创新的最大不同在于环境上。在商业领域，分销、应用、维护等条件基本上是成熟的，即使是像 iPhone 这样划时代的产品，也是利用现有的分销渠道、针对已有的手机使用人群。而像 Playpump 这样的社会创新产品，使用者往往是地处偏远的弱势人群，没有成熟的分销渠道，用户没有使用经验，维护起来也非常麻烦。

社会创新不是仅仅创新一个产品这么简单，它往往需要同时在分销、应用和维护上进行相应的投资或创新。它更像创新整个产品生态系统。在定义社会创新上，The Innovator's Way 中给出的解答是，"创新不仅仅是新主意，而是被社区所采纳的新实践"。

真正的社会创新要能"落地"，能满足当地社区的需求，能够用一个相对低的成本在当地社区实践和复制，并且最终能够为社区所接受形成新的实践习惯。这意味着社会创新也是一个赋权的过程。这为我们的社会创新家们提出了更高的要求：要懂得探索和理解社会问题，要掌握创新设计的方法，也要有能力把方法变成行动，并且不断改善。

资料来源：安猪. 社会创新为何难以取得成功？[N]. 南方都市报，2012-11-05，本书作者有所改编。

5.1 产品与服务开发一般模型

卡尔·乌尔里希（Karl T. Ulrich）和史蒂文·埃平格（Steven D. Eppinger）在对产品概念开发过程进行研究时，认为一个流程就是一系列步骤，这一流程是把一系列投入变成一系列产出。产品开发流程是指企业用于想象、设计和商业化一种产品的步骤或活动的序列，并提出了产品开发过程的六个基本阶段。

（1）规划。规划阶段有时候也会被称作"零阶段"，这一阶段开始于制定企业策略，并包括对技术开发和市场目标的评估。规划阶段的目标是定义产品与服务的目标市场、关键假设和限制条件。

（2）概念开发。概念开发阶段的主要任务是识别目标市场的需要，产生并评估可替代的产品与服务概念，为进一步的开发选择一个概念。

（3）系统水平设计。系统水平设计阶段包括对产品与服务结构的定义，以及产品与服务子系统和部件的划分。该阶段目标产出通常是产品与服务的几何设计，同时还有对每一个产品与服务子系统的功能专门化，以及最终组装过程的基本流程图的制作。

（4）细节设计。该阶段包括建立产品的所有非标准部件与从供应商那里购买的标准部件的尺寸、材料和公差的完整细目，建立流程计划并为每一个即将在运营系统中制造的部件设计工具。

（5）测试与改进。该阶段包括产品的多个生产前的版本的构建和评估。对早期原型进行测试以决定产品是否如设计的那样工作以及产品是否能满足潜在目标顾客的需要。后期原型通常是由目标生产流程提供的部件构成，但不必用目标最终装配流程来进行装配。

（6）推出产品与服务。在该阶段，使用规划生产系统制造产品，培训工人和解决在生产流程中遗留的问题。有时把在此阶段生产出的物品提供给有偏好的顾客并仔细对其进行评估，以识别出一些遗留的缺陷。

社会创业小案例

iCukoo：慈善闹钟 App

设计 iCukoo 这款闹钟 App 的初衷就是让用户别睡懒觉。如果非要一次又一次地让闹钟往后延迟，你得为你推迟起床的行为掏钱捐给慈善组织。使用 iCukoo 的方法很简单，首先是设置常规的选项，例如设置好每一天闹钟所对应的时间，再设置你的推迟起床的时间间隔。你要在目前程序所支持的慈善组织中挑选一个，再为你的推迟时间设置金额标准。iCukoo 会记录你每一次的推迟，当你推迟起床所累积的数目达到一定金额，它就会给你发送一条短信或者推送消息，敦促你捐钱。使用 iCukoo 捐款不需绑定你的信用卡或其他账户，而是应用关联手机短信功能，通过发短信捐款。这种方式我们并不陌生，一般是慈善组织和特定的移动服务运营商达成了合作，每一次针对该慈善组织的捐款都将从你的手机话费中扣出。

5.2 产品与服务概念的开发与测试

5.2.1 产品与服务概念的开发

1. 产品与服务概念

产品与服务概念是对产品与服务的技术、工作原理和形式的近似描述。它是对产品与服务将如何满足客户需求的简洁描述。概念通常表达为一幅草图或一个粗略的三维模型,并常伴有简洁的文字描述。产品与服务使客户满意的程度以及成功商业化的程度,几乎完全取决于基本概念的质量。与其他开发环节相比,概念生成的成本相对较低,完成也比较快。产品与服务概念的生成包括三个方面的内容。

(1) 产品与服务功能概念化。产品与服务功能概念化是设计人员在概念设计中最艰巨的任务。产品与服务功能概念化的实质就是要提出问题,即在解决问题之前首先弄清目前存在哪些亟待解决的社会问题,有什么社会问题需要在设计中解决,找出构成这些社会问题的主要因素,提出解决社会问题的设想和方案,这样才能准确地把握我们将要做的产品服务概念设计的风格与形式。

(2) 设计概念可视化。设计概念可视化就是把设计概念形象化地表现出来,使原来"无形"的概念成为"有形"的概念产品与服务。这些概念设计图样或模型可以用于企业各部门在开发过程中的协调与沟通,经过对各方面意见的收集与研讨,最终得到的结论可以作为一个产品与服务设计定型的决策依据。

(3) 概念设计商品化。概念设计商品化就是把一个富有创意的概念设计转化为真正的商品。在概念设计的前期,人们对创新的期待与需求赋予了设计师很大的自由创作空间,而在概念设计商品化的过程中,设计师需要对原来的概念产品设计进行必要的修改,把一个概念产品变成具有市场竞争力的商品。

概念生成过程从一组客户需求和目标指标开始,最终产生一组开发团队要从中做出选择的多个产品概念。在大多数情况下,一个高效率的开发团队将生成几百个概念,其中仅有 5~20 个在概念选择过程中将受到认真考虑。

好的概念生成可以使团队确信对选择余地的整个空间都进行了探索。在开发过程的早期就对选项进行彻底的探索,将会降低团队在后期开发过程中碰到一个更优越的概念而踌躇不前的可能性,或者竞争对手抛出的产品的性能大大优于正在开发的产品的可能性。

第 5 章
社会产品与服务开发管理

> **社会创业小贴士**
>
> ### 乐朗乐读与法拉盛公园的产品设计与改进
>
> 乐朗乐读学习潜能开发中心是一家致力于改善读写困难儿童能力和环境的专业教育机构，旨在为那些聪明却在学习中遭受挫折的孩子与家长提供帮助。中心从改变父母和教师开始，消除认识的误区，理解和引导孩子恢复自信，全方位提升孩子的学习能力，改变他们的人生。
>
> 纽约的法拉盛公园曾是一个犯罪高发、环境恶劣的地方。纽约市政府曾尝试通过许多措施来改造却屡屡无果。后来调查发现，在公园里唯一有积极意义的活动就是偶尔市民的遛狗。公园管理方采用改善公园草坪质量、撤销在公园内遛狗必须用狗绳规定的一个实验性方案。这个措施产生了积极成效，公园的人气迅速提升，环境开始改善，犯罪率开始下降。仅仅对市民微小需求的满足就带来了显著的积极效果，这非常值得产品设计人员参考。

2. 概念生成的方法

概念的生成一般通过五个步骤。这种方法把一个复杂的问题分解成简单的子问题，如图 5-1 所示。随后通过外部和内部的搜寻程序为这些子问题确定解决概念。虽然按照线性序列给出这五个步骤，但概念生成总是迭代的。跟其他开发方法一样，这些步骤应该看成是基线，从此基线出发，开发团队可以建立并提炼出自己独特的解决问题的风格。这种方法不仅对总体产品与服务概念有用，对于系统和具体部件的概念也是有用的。

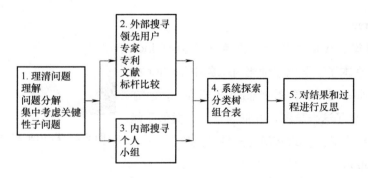

图 5-1　概念生成的五个步骤

步骤 1：理清问题。理清问题的步骤包括建立总体理解，然后如果必要，把复

社会创业学：
社会创业思维·过程·实践

杂问题分解成简单的子问题。许多设计挑战太复杂，以至于不能作为一个简单问题处理，但可以把它们分解成几个简单的子问题。将一个问题分割成简单的子问题，称之为"问题分解"。分解的目的是将一个复杂问题分割成简单问题，以便集中精力处理这些简单问题。一旦问题分解完成，开发团队就会选择对产品的成功最为关键、最有可能从奇特或有创造性的解决方案中获益的那些子问题。

步骤2：外部搜寻。外部搜寻的目标是寻找总体问题和子问题的解决方法。解决方案的外部搜寻本质上是一个信息收集过程，可以通过领先用户调查、专家咨询、专利检索、文献检索以及竞争性标杆比较等方法收集外部信息。

步骤3：内部搜寻。内部搜寻是利用个人和团队的知识和创造性来产生解决概念的过程。内部搜寻应该是新产品与服务开发中最不受限制和最有创造性的活动。这个过程可以由相互隔绝的个体单独执行，也可以由一起工作的小组执行。

步骤4：系统探索。通过外部搜寻和内部搜寻活动，研发团队应该能够收集到几十或几百个概念"碎片"——对于问题的解决方法。系统探索的目的在于，通过组织和综合这些解决碎片而在开发的可能性空间中"航行"，通过对概念"碎片"的所有可能的组合分析，排除许多根本就没有意义的组合，选择具有可能性的产品与服务概念。可以通过概念分类树和概念组合表法对概念"碎片"进行分析。

步骤5：对结果和过程进行反思。反思应该贯穿整个过程，要问的问题包括：团队是否有信心已经彻底探索了解决方案空间？是否还有别的分解问题的方式？外部资源被彻底探索过了，是否每个团队成员的观点都被接受并结合在此过程中？

社会创业小贴士

产品与服务概念草图在创业中的成功运用

Twitter

2006年，Twitter创始人杰克·多西（Jack Dorsey）在本子上画出了他当时想象中Twitter的界面（Twitter界面草图如图5-2所示）。他在Flickr上分享了这张草图，并描述它为"类似于能实时更新和分享状态的AIM（一种聊天软件）"

图5-2　Twitter界面草图

Groupon

Point是社交互动创业公司。创始人安德鲁·梅森（Andrew Mason）2006年11月23日在纸巾上画下了对团购业务的设想的草图（Groupon设想草图如图 5-3 所示)。Point 就是 Groupon 的前身。

西南航空

图 5-4 中的草图是西南航空共同创始人赫伯特·凯勒赫（Herb Kelleher）和罗林·金（Rollin King）在 1967 年画下的（西南航空运营方式）。当时在德州圣安东尼奥的 St. Anthony 酒吧，两人想到一种以较低的价格提供飞二线城市机场的航线运营方式。据说，直到今天这张书写潦草的餐巾纸依然挂在西南航空 CEO 的办公室里。

图 5-3　Groupon 设想草图　　　图 5-4　西南航空运营方式草图

5.2.2　产品与服务概念的选择

1. 概念选择

概念选择是依据客户需求和其他标准评估概念的过程，旨在比较各概念的相对优点和缺点，从而选出一个或多个概念进行进一步的调查、测试或开发。产品与服务开发的所有前端活动，对产品与服务的最终成功具有极大的影响。市场对一件产品与服务的反应取决于产品概念。同时，一个产品与服务的概念极大地约束着其最终制造成本。

社会创业启示录

没有市场应用创新，发明不过是消遣。——埃文斯（《他们创造了美国》作者）

没有商品这样的东西，客户真正购买的不是商品，而是解决问题的办法。——菲尔·麦肯尼（惠普前副总裁）

如果你想成功推出新产品，就要设身处地为用户考虑，精准定位用户需求。这就像讲故事，你来编辑元素，在统筹全局的同时，将细节做到极致，这就足够了。——杰克·多西（Twitter 联合创始人）

2. 概念选择的方法

在此，介绍一种分两步进行概念选择的方法。第一步是"概念粗选"，第二步是"概念评分"。这两步都是由团队用来评价、排序和选择最佳概念的决策矩阵所支持的。粗筛是一种快速、近似的评估，目的是产生较少的可行选项。评分是对这些相对较少的概念进行更仔细的分析，以便选出最有可能导致产品成功的那一个概念。

第一步为概念粗筛。在概念粗筛过程中，团队用"粗筛矩阵"相对普通的参照概念对粗略的初始概念进行评估。这是一种比较粗糙的比较评价系统。在除去一些选项之后，团队开始进入第二步，即使用"评分矩阵"给概念评分，并对剩下的概念进行更详细的分析和更细致的定量评估。在整个粗筛和评分的过程中，可能要进行几次反复，因为几个概念的特征经过组合将产生新的选项。

概念粗筛和概念评分为两个阶段，都遵循引导团队完成概念选择活动的下列六个步骤。这些步骤是：①准备选择矩阵；②对概念进行评价；③对概念进行排序；④对概念进行组合和改进；⑤选择一个或多个概念；⑥对结果和过程进行反思。

概念粗筛的基础是已故的斯图尔特·普格（Stuart Pugh）在20世纪80年代开发的一种方法，因此被称为"Pugh概念选择"。这一阶段的目的是迅速缩小概念的数目，并改进概念。表5-1说明了在这一阶段中使用的粗筛矩阵。

当只有提高分辨率才能在竞争概念之间更好地进行辨别时，就可以使用"概念评分"。在这一阶段，团队对选择标准的相对重要性赋予权重，并参照每个标准进行更精细的比较。概念的分值是各项评分的加权求和。

> **社会创业小案例**

运用特性列举法破解纳粹德国火箭研发机密

茨维基教授原来是瑞士的一位天文学家，第二次世界大战期间来到美国工作。当时，纳粹德国集中一批科学家全力研制先进武器，其中包括带脉冲发动机的F-1型巡航导弹和F-2型火箭，并采取了最严格的保密措施。美国也集中了一批科学家进行火箭研制。在研制过程中，茨维基在当时可能的技术水平上，运用特性列举法分析了火箭的各主要组成要素及其可能具有的各种形态（火箭的组成要素及其设计方案如表5-1所示）。茨维基利用排列组合的原理，在一周内就提交了576种火箭设计方案，然后对各种方案进行评价和

第 5 章
社会产品与服务开发管理

筛选，其中包括德国保密的 F-1 型巡航导弹和 F-2 型火箭。在经过发散后收敛的创造过程中，美国很快获得了多种先进方案，在军备竞赛上赶上了德国。

表 5-1 火箭的组成要素及其设计方案

序 号	组 成 要 素	1	2	3	4	状态个数
1	使发动机工作的媒介	真空	大气	水	地内部	4
2	推进燃料的工作方式	静止	移动	推动	旋转	4
3	推进燃料的物理状态	气体	液体	固体		3
4	推进的动力装置类型	没有	内藏	外置		3
5	点火的类型	自己点火	外部点火			2
6	做功的连续性	持续的	断续的			2

可能方案的数量：576＝4×4×3×3×2×2

5.2.3 概念测试

1. 概念测试的内容

概念测试又称为产品概念测试，是将企业初步设定好的一个产品与服务概念或几个可以替代的产品与服务概念，展示在一群目标消费者面前，并获取其反映。在进行产品与服务概念测试时，通常用文字来表达或用图片来描述产品与服务概念。通常一个完整的产品与服务概念由四部分组成：

（1）消费者观点：从消费者角度提出的有关问题。

（2）利益点：说明产品与服务能为消费者提供哪些好处。

（3）支持点：解释产品与服务是怎样解决消费者观点中所提出的问题的。

（4）总结：将上述三点的精髓用概括的语言表达出来。

2. 产品与服务概念测试的类型

（1）概念筛选测试。在新产品与服务开发的概念阶段，对该产品与服务可能会提出很多个概念。筛选测试就是测试消费者对各个产品与服务概念的态度，从众多的概念中筛选出几个有潜力的、值得进一步详细研究的产品与服务的概念。

（2）概念吸引力测试。吸引力测试就是测试消费者对产品与服务概念的理解和态度，以及对产品与服务的包装、颜色、规格、价格、体验等特色的反应，以达到如下目的：测量产品与服务概念的沟通效果和吸引力；估计消费者的购买意向和销售潜量；确定产品与服务概念的内容是否需要改进和进一步充实。

社会创业学：
社会创业思维·过程·实践

(3) 样板测试。所谓样板测试，就是对这些产品与服务样板及其概念放在一起测试，其目的就是：了解样板与概念是否吻合；测量概念和样板的沟通效果和吸引力；估计消费者的购买意向；确定概念和样板是否需要改进和进一步充实。

社会创业启示录

创业者确定愿景后，最关键的仍是设计产品和服务。业务必须具经济价值，对症下药，解决特定社会问题，创造收入利润，持续经营……社会企业家提供的产品或服务必须同时满足两方面要求：首先必须有社会价值；其次必须能创造收入及利润，让企业能持续经营和发展。二者缺一不可。但若产品和服务设计欠缺新思维，或运作模式缺乏创意，要想同时达到上述两个目标那是缘木求鱼。——谢家驹（香港社会企业的领军人物、香港仁人学社创始人）

5.3 产品与服务的设计与试制

5.3.1 产品与服务的开发

新产品与服务开发从开始构思到概念测试阶段结束，一直在用文字、图片、印刷模型或计算机制作的模型进行描述。如果通过了概念测试，那么就要通过设计和制造使产品与服务概念成为现实产品与服务，这个过程就叫作新产品与服务的实体开发。新产品与服务的实体开发包括设计、试制、测试和鉴定四个具体步骤。本阶段要解决的问题是新产品与服务构思能否转化为在技术上和商业上可行的产品与服务。技术设计和生产部分将主要负责新产品与服务的实体开发任务。

社会创业小案例

发电足球和 Ella's Kitchen

一个由哈佛大学的杰西卡·马修斯（Jessica Matthews）和她同学组成的科研小组，利用非洲人爱踢足球的习惯，发明出了一种发电足球。这个叫作

第 5 章
社会产品与服务开发管理

"sOccket"的发电足球是这些大学生的课堂作业,他们的灵感来自一种能让蹦迪者动能转化为电能的弹簧舞池。人们可以利用这部分电能为 LED 灯等低电压照明设备供电和为手机充电。sOccket 重约 595 克,比普通足球重 100 多克,在比赛中使用 sOccket15 分钟所产生的电能足以使一盏 LED 灯工作 3 小时。这项发明已在部分非洲贫困地区使用。

Ella's Kitchen 的创始人 Paul Lindley 是因为女儿不吃饭,开始他的这项事业。他想为女儿,也为其他孩子创造一个产品,使得就餐时光不再无趣。Paul 设计了一个具有创造性的产品——色彩斑斓的用来装蔬菜泥的消毒袋子。这个产品赢得了无数父母和儿童的喜爱。Ella's Kitchen 已经占据了 30%全英婴儿食品的市场份额。后来其又推出了有机幼儿洗浴用品品牌 Paddy's Bathroom。Paul 先后成立和加入了多个慈善机构和公益组织。他的成功秘诀就是,不仅解决自己的难题,还帮助其他家庭解决问题。

5.3.2 新产品与服务设计

1. 新产品与服务设计的要求

新产品设计是应用相关的专业技术理论,把将要开发的新产品概念通过技术文件和图样的形式表达出来,以便在生产中更易于被接受。有研究表明,新产品质量的好坏,60%~70%取决于设计工作。此外,产品的生产成本在很大程度上也取决于设计工作。好的产品设计可以让消费者方便地掌握产品的功能,并且在正常的使用条件下,使产品可以安全地执行它的功能,同时确保产品能以预计的成本被生产出来。新产品设计的具体要求如下:

(1) 具备可靠性。可靠性是指产品与服务能在规定的使用时间内和使用条件下,发挥其应有的功能。因此要求研发人员对影响其性能的因素进行分析,探索预防失败的技术和措施。

(2) 具备可行性。可行性要求设计人员进行设计时,既要考虑技术上的先进,又要考虑经济上的合理,更重要的是考虑满足消费者的需求。

(3) 贯彻标准化。在设计中贯彻标准化,就是按图样管理制度进行技术文件的编制和图样的设计、更改工作。实行标准化可以加快新产品与服务开发的步伐,缩短试制的周期,提高运营的效率。

(4) 具备继承性。继承性就是把老产品与服务中成熟的、合理的、先进的技术和结构等,充分运用到新产品设计中去,是加快新产品设计和制造速度的重要途径。

2. 新产品与服务设计的类型

（1）创新设计。创新设计是采用新原理、新结构、新材料、新技术进行新产品的设计。

（2）测绘设计。测绘设计是以国内外某种先进产品为样本，在进行全面分析研究的基础上，进行仿制设计。

（3）复制设计。复制设计是对已有的新产品图纸进行研究、分析、消化后，对该图纸进行复制。

（4）改进设计。改进设计是基于目前的产品存在的问题，进行局部修改设计或增加某种新技术，从而改进现有产品性能，满足消费者的需求。

3. 新产品与服务设计的程序

新产品与服务设计的程序一般分为方案设计、初步设计、技术设计、工作设计图和设计审核。

（1）方案设计。方案设计是指合理地编制技术任务书，在设计书中正确地选择产品的结构特征，并且确定设计方案的原则。技术任务书直接关系到产品设计的优劣和成败。

（2）初步设计。初步设计是指在技术任务书中，规定新产品性能指标并把各项要求具体化。

（3）技术设计。技术设计是指将技术任务书中已确定的基本结构和主要参数具体化，根据技术任务书所规定的原则，进一步确定产品结构和技术经济指标，以总图、系统图、明细表、说明书等形式表现出来。

（4）工作设计图。工作设计图是指根据技术设计绘制新产品试制生产所需的全套图样，编制有关制造工艺上所需要的全部技术文件，为产品的制造、装配、使用提供确切的依据。

（5）设计审核。设计审核是指对新产品与服务的全套图纸和必要的技术文件进行全面、系统的设计审核，以确保设计的合理性、科学性和适用性。

社会创业小案例

解决社会问题仅仅有同情心是不够的，还需要同理心

20世纪60年代末，美国设计理论家维克多·巴巴纳克在其专著《为真实的世界设计》中指出：设计的最大作用不是创造商业价值，也不是包装和风格方面的竞争，而是一种适当的社会变革过程中的元素。设计是协调人与自然、社会、文化的催化剂。

第 5 章
社会产品与服务开发管理

> 设计精良的蚊帐可以有效减少非洲疟疾的发生率。然而，蚊帐的分发方式却带来了意想不到的结果。在加纳北部，孕妇和五岁以下孩童的母亲可以很容易在当地公立医院领取免费蚊帐。结果导致当地商家卖蚊帐无利可图不再销售蚊帐，而其他人买不到蚊帐更容易染上疟疾，当地的医院也没有能力销售多余的蚊帐。设计项目人如果不能运用设计思维考虑整个系统，仅考虑产品的形态和功能，蚊帐就不能被广泛地分发，疟疾也就难以被根除。
>
> 全球大约有 7.5 亿人喝不到干净的水，其中有一些人必须到离家很远的地方才能获得水。在一些地方，妇女和儿童通常把装满水的容器放在头上。研究表明这个动作很容易使颈部和脊椎受伤。发明 Q 鼓的人想让这个过程变得更加简单安全。这个车轮状的水罐，可以由从中心穿过的绳子拖着走，它会滚起来。传统的容器只能装 15 升水，但它可以装 50 升。

5.3.3 新产品与服务试制

新产品与服务试制阶段的主要工作，就是根据产品设计图纸制造出新产品实体样品。在试制的过程中，可以验证新产品与服务设计的可操作性，又可以对设计中不适应生产的部分进行修改。新产品与服务试制的过程如下：

1. 新产品与服务设计图纸的工艺分析与审查

工艺分析和审核的内容有：①产品与服务结构是否合理；②加工是否方便；③设备及生产线布置是否满足要求；④是否便于采用高效率加工方法；⑤零件的几何尺寸、公差和粗糙度是否合适；⑥材料选择是否经济；⑦是否符合材料的标准等。

2. 拟订工艺方案

工艺方案要根据新产品与服务设计的要求，确定产品所采取的工艺原则，确定工艺规程制定的形式和详尽程度，并且规定从新产品与服务试制过渡到批量或大量生产时应达到的质量要求和制造成本等技术经济指标，还要列出新产品与服务的各类加工关键，必须具备的物质条件和应采取的措施，确定工艺路线和生产组织形式，规定工艺装备系数和工艺装备的设计原则，并进行经济效果分析。

3. 样品试制

样品试制是根据新产品与服务设计和工艺方案要求组织试制出一件或几件产品，用以检验产品结构、性能及主要工艺，验证和修正设计图纸，使产品设计基本定型。

4. 编制工艺文件和设计制造工艺装备

工艺文件是企业安排计划，进行生产调度、技术检查和组织材料、工具等供应工作的重要依据。有些新产品是由成百上千个零部件组成，要经过多道工艺加工，所以应推广工艺规程典型化，即在对零件进行分类的基础上，为同类型零件编制通用的工艺规程。

工艺装备是指按照既定工艺规程进行新产品制造所需的各种模具、夹具、刀具、量具、辅助工具和定位器具的总称。

5. 小批量试制

小批量试制是为了检验产品的工艺规程和工艺设备，检查图样的工艺性，验证全部工艺文件，并对设计图再次做出必要的修改，为大批量生产创造条件。

5.4 新产品与服务测试

新产品与服务个样试制出来后，必须对新产品与服务个样进行产品功能、实用性等方面的测试，审核其是否达到了设计所规定的技术标准、新产品与服务实体是否能满足消费者对产品与服务核心利益的要求。

5.4.1 使用测试

1. 阿尔法测试

阿尔法测试一般在设计与开发阶段进行，由产品开发团队在实验室环境下对产品与服务进行使用测试。阿尔法测试的目的是评价产品与服务的特性，并且分析产品与服务的质量、性能和可靠性。阿尔法测试可以加快新产品开发进度，缩短开发周期。例如，一台机器可以在实验室环境下测试其连续运转无故障时间，而不必在顾客环境下进行该测试。

2. 贝塔测试

贝塔测试是在顾客实际使用产品和服务的环境下进行的产品与服务使用测试。贝塔测试是在阿尔法测试的基础上进行的，目的是评价新产品与服务在顾客环境下能否正常使用。例如，可以邀请一些顾客对一款软件进行为期 1~2 个月的测试。顾客可能会发现软件的缺陷和问题。产品开发团队在收集顾客使用测试反馈信息的基础上，对产品与服务进行修改和完善，可以避免在产品与服务上市后再出现类似问题。

3. 伽马测试

伽马测试是在较长的周期内测试产品在满足需求方面的适合性。这类测试更为复杂，需要较长的时间，需要较大的投入。伽马测试一般用于全新产品和高风险产品的测试。例如，对于药品和医疗器械一般会要求半年以上的临床测试，以检验这类产品的安全性和功效。

5.4.2 顾客测试

顾客测试是通过在顾客的工作或生活环境让其实际使用原型产品与服务，发现新产品与服务存在的缺陷和问题，并加以改进。顾客测试的主要目的包括：确定产品与服务在实际使用环境下能否正常运转；判断顾客是否接受该产品与服务，对新产品与服务的喜欢程度、喜欢的主要方面及喜欢的原因；判断价格变化对顾客购买偏好或购买意图的影响；确定顾客对产品与服务的哪些功能或利益反应最强烈。产品开发团队可以根据顾客测试结果，将新产品与服务的主要性能或特征提炼为上市时的主要"卖点"。

5.4.3 市场测试

市场测试的主要目的是测试市场对产品和服务的接受程度和上市计划的可行性。市场测试方法有两种：一种是模拟测试方法；另一种是试销方法。模拟测试是一种投入不大但非常有用的预测销售收入和市场份额的方法。该方法在新的消费类产品使用测试中比较常用。试销是对新产品规模上市前的最后测试。试销不仅可以预测新产品的销售额，还可以比较多个不同上市计划的优劣。试销可以选择几个典型的城市进行。除了不推出全国性的广告及促销措施外，试销时要遵照拟制的上市计划进行，以检验上市计划的有效性。

社会创业小案例

短命的新可乐——新产品测试的陷阱

1985年4月23日，可口可乐公司董事长罗伯托·戈伊祖艾塔决定在经历了99年的风雨之后，放弃原来的配方，推出一种名为"新可口可乐"的产品。然而，在不到3个月的时间内，公司不得不承认它犯了一个错误，恢复了老可口可乐的生产。

1976—1979年，可口可乐软饮料年增长率由13%降到2%以下。同时，百事可乐却创造着令人注目的奇迹。它首先提出"百事可乐新一代"的口号极大地提高了百事的形象。接着又推出"挑战的百事"活动，对消费者的口味爱好进行比较测试，结果明显地表现出了对百事可乐的偏好。这一活动使百事可乐在美国市场占有率由6%直升到14%。

可口可乐公司也进行了自己的口味测试。结果显示消费者更喜欢百事可乐的味道,且市场份额的变化也反映了这一点。公司的研究表明,味道是导致可口可乐衰落的唯一重要原因。技术部门坚持开发一种新的、令人愉快的口味,即全部用比蔗糖更甜的玉米糖浆,因此它成为一种泡沫更少、更甜且带有柔和刺激的新饮料。

在采用新口味之前,可口可乐公司在13个城市邀请约19万人参加无标记的不同配方可口可乐的比较,55%的参加者更喜欢新可乐。1985年4月23日,公司在纽约林肯中心举行记者招待会,宣布改变可口可乐的味道,并把旧可乐撤出市场。出乎意料的是,人们纷纷指责可口可乐作为美国的一个象征,突然之间就背叛了他们。人们开始囤积老可乐,还有人以高价出售它。5月30日以前,53%的消费者说他们喜欢新可乐;到了6月,被调查者半数以上的人说他们不喜欢新可乐;到了7月,只有3%的人说他们喜欢新可乐。7月11日,公司决定在"传统可口可乐"的商标下,恢复老可乐的生产。

5.4.4 试生产

通过产品与服务使用测试矫正了产品与服务本身的缺陷和问题,通过顾客测试进一步明确了顾客对产品和服务的偏好,通过市场测试检验了上市计划的可行性。接下来,需要通过试生产方式检验产品的生产系统。

试生产的目的是检验产品与服务的生产系统是否能够满足规模生产的需要。试生产测试主要包括六项内容:

1. 生产流程的可行性

测试生产流程的可行性是指测试生产工艺、生产设备能否满足规模生产的需要。

2. 原材料和零部件的可获得性

测试原材料和零部件的可获得性,即要评估原材料和零部件能否按时、按质、按量交付,其价格是否在可接受的范围之内。

3. 外协厂商的可获得性

测试外协厂商的可获得性须要评估外协加工的零部件能否按时、按质、按量交付。

4. 生产技能及人员的可获得性

测试生产技能及人员的可获得性须要评估能否及时招聘到足够的生产工人,

第 5 章
社会产品与服务开发管理

这些人员的技能是否能满足规模生产的需要，如何培训生产人员。

5. 产能的满足性

测试产能的满足性需要评估最大的天、月或季度产能需求，要评估如何满足可能不规律的产能需求。

6. 产品成本的满足性

测试产品成本的满足性要评估产品成本能否满足要求，考虑如何优化产品成本结构。

5.4.5 财务测试

财务测试的主要目的是保证新产品在上市过程中能获得所需的资金支持，在上市后能获得预期的投资回报。财务测试主要包括三个方面的内容：

1. 产品与服务成本测算

在产品与服务已经定型并经过试生产测试后，产品成本的测算应该比较准确。成本测算的准确性非常重要，如果成本测算不准，很可能原本认为赚钱的产品其实是亏损的，并且卖得越多，亏损越大。

2. 销售额与利润测算

在顾客测试和市场测试的基础上，产品的销售价格、销售数量和市场份额等预测数据也应当具有相当的准确性。企业可以在此基础上测算销售额和利润是否符合预期。

3. 现金流测算

新产品进入上市阶段后，企业的资金投入可能是设计与测试阶段资金投入总和的 10 倍，甚至 100 倍。现金流短缺可能会使有前景的新产品在上市阶段"夭折"。产品开发团队应认真计算规模生产所需的资金投入、广告和促销等所需的资金投入，计算实现"正"现金流的时间点，计算实现盈亏平衡的时间点。

5.4.6 利益相关者测试

影响新产品与服务上市成功的外部利益相关者有供应商、互补者、竞争者、管理者和影响者。利益相关者测试的主要目的是评估这些因素对新产品与服务上市的影响，及时采取有效的措施解决问题，规避风险，提高新产品与服务上市成功率。

1. 供应商测试

企业的供应商包括原材料、零部件供应商和物流服务商等。供应商测试时主要需要考虑战略性原材料的可获得性、关键原材料与零部件的价格波动、采购的原材料对产品与服务质量是否有重大影响、供应商和物流服务商的重大变化等。

2. 互补者测试

互补品是指顾客在使用本公司的产品与服务时还需要用到的其他企业的产品。互补者就是提供这些互补产品与服务的企业。互补者测试的目的是确认互补产品与服务是否能与新产品同步上市，能否满足新产品与服务上市的必备条件。

3. 竞争者测试

在新产品与服务上市前要对竞争者对新产品与服务上市的可能反应进行测试。竞争者测试的目的是了解主要的竞争者对新产品与服务上市会有哪些反应，以做好应对准备。进行竞争者测试时要考虑竞争对手会对新产品与服务上市如何做出反应等问题。

4. 管理者和影响者测试

管理者和影响者包括政府、行业协会、媒体和社区等。管理者和影响者测试的主要目的是了解这些利益相关者对新产品与服务上市有何影响，以及影响程度，从而采取有效的应对措施。

社会创业小案例

艾米·赛德尔和她的全民手工（Nation Wares）

艾米·赛德尔（Amie Sider）出生于危地马拉的一个渔村，她母亲为了生存被迫贩毒、犯罪和卖淫。刚满16个月的艾米有幸被一个加拿大家庭收养，摆脱了极端贫困的生活。艾米希望他人能像自己一样幸运。她创建了全民手工组织，为那些因身体或精神残障、感染艾滋病毒或极端贫困的人士提供工作机会。该组织目前在10个国家运作，雇用了850位当地手艺人，其中许多原来都是社会弃儿，而今却成了所在社区备受尊重的领袖。

创新思维游戏

游戏名称：玩具公司
游戏目的：培养创造性解决问题的能力
游戏人数：5~7人一组
游戏时间：30分钟
道　　具：纸，笔

第 5 章
社会产品与服务开发管理

游戏规则和程序:

1. 每 5~7 人一组,组成一家玩具公司。他们的任务是设计出一个新的玩具,可以是任何类型、针对任何年龄段,唯一的要求就是要有新意。

2. 给他们 10 分钟时间,然后让每一个组选出一名组长,对他们设计的玩具进行详尽的介绍,内容应该包括:名称、针对人群、卖点、广告、预算等。

3. 在每个组都做完自己的介绍之后,让大家评判出最好的组,即哪个组以最少的成本做出了最好的创意;另外也可以颁发一些单项奖,例如最炫的名字,最动人的广告创意,花钱最多的玩具等。

相关讨论:

1. 什么样的创意会让你觉得眼前一亮?怎样才能想出这些好创意?
2. 时间的限制对你们想出好的创意是否有影响?
3. 一个好的提案是不是只要有好创意就行了?如果不是还需要什么东西?

本章要点

新产品与服务开发的通用流程一般包括:规划、概念开发、系统水平设计、细节设计、测试与改进、推出产品与服务。

产品概念的生成包括产品与服务功能概念化、设计概念可视化、概念设计商品化三个方面的内容。概念的生成需要经过理清问题、外部搜寻、内部搜寻、系统探索、对结果和过程进行反思五项步骤。

概念的选择需要经过概念粗筛和概念评分两个阶段。

新产品设计的程序一般分为方案设计、初步设计、技术设计、工作设计图和设计审核。

新产品试制的过程包括新产品与服务设计图纸的工艺分析与审查、拟订工艺方案、样品试制、编制工艺文件和设计制造工艺装备和小批量试制。

新产品测试包括使用测试、顾客测试、市场测试、试生产、财务测试、利益相关者测试。

关键术语

产品开发通用模型;产品概念的开发;产品测试;新产品设计

案例分析

善淘网:网络上的慈善商店

善淘网的创始人周贤在英国留学时,受到伦敦街头琳琅满目的慈善商店的启发，回国后在 2011 年创立了中国第一家线上慈善商店——善淘网。善淘鼓励人们将闲置的物品捐赠到善淘网，购买或者循环利用闲置物品，从而减少碳排放。捐赠的物品经过清理、整合、拍照、上传，再在网上进行义卖，这些运营流程都是由残障伙伴完成。善淘网希望通过这个方式能够帮助残障伙伴得到持续性和有尊严的工作岗位。义卖的销售收入一部分用来支持公益项目，一部分用来支持商店日常运营，一部分用来支持残障伙伴的就业和培训。

为了方便捐赠者，在善淘总部所在的江浙沪地区，可以在线预约上门收货。收取捐赠品以后，捐赠者可以在线查询捐赠物品的情况。无论捐赠者捐了多少件，卖了多少钱，资金去往哪里，这些数据都可以在善淘网上查到，而且善淘网每半年会发布一次透明报告。善淘网运用互联网技术，将所有利益相关者联系在同一个平台，并使其进行有效互动。其财务数据完全公开，即时更新，所有人都可以随时了解相关数据和资料。

除了透明度的考验之外，善淘网还必须应对其他一些风险，例如知识产权。对于贵重的物品，例如一个标识为 LV 的包包。关于它是真是假，目前善淘网还没有一个强大的鉴定体系。好在这些捐赠都是实名的，善淘网会反复向捐赠人确认，并把风险事先告诉消费者。

在 2011 年短短 10 个月间，通过善淘模式，实现公益筹资金额共计 30 余万元，为 10 个以上的公益机构提供了 5000 元到 6 万元不等的公益资金，共计创造销售收入 70 余万元。2012 年，实现公益资金超过 60 万元，销售收入超过 181 万元，公益股东有 11158 名。从 2011 年到 2012 年，善淘网为 40 多位残障伙伴提供过培训和就业的机会，帮助超过 20 个公益项目，优化了超过 10 类残障伙伴适合的工作岗位。

2013 年，周贤计划开发一个手机的 App。因为在慈善商店里面每一件商品都只有一件，价格很便宜，很多购买者都要抢，开发一个 App 可以让大家进行手机抢购。善淘网将"电子商务"和"慈善商店"进行结合，打造了一个创新的公益模式。善淘提倡"每一个人都有价值"。周贤说："大家可能很好奇我们的网站为什么叫 BUY42.com，42 即 for two，为了两个人的意思。在这个过程中，无论捐赠还是购买，首先解决自己的问题，快乐自己，然后帮助别人，让每一个都有价值，所以每一件物品在这里都有价值，每一个岗位每一个残障伙伴在这里都有价值，无论是捐赠者还是消费者，每一次行动也都有价值。"

资料来源：善淘网：网络上的慈善商店 [EB/OL]．（2013-06-06）. http://hope. huanqiu. com/article/，本书作者有所改编。

延伸阅读

凯利，等. 创新的艺术 [M]. 北京：中信出版社，2013.

布朗. IDEO，设计改变一切 [M]. 侯婷，何瑞青，译. 杭州：浙江人民出版社，2019.

乌里奇. 产品设计与开发 [M]. 杨青，杨娜，译. 北京：机械工业出版社，2018.

特洛特. 创新管理与新产品开发 [M]. 焦豪，陈劲，等译. 北京：机械工业出版社，2020.

复习思考题

1. 简述产品开发通用模型。
2. 简述产品概念生成的方法。
3. 简述新产品测试的主要类型。

创业挑战

组建研发团队，围绕自己所学的专业，运用设计思维的理念，在对存在的社会问题进行调研的基础上，研发出具有市场前景的概念产品，并进行测试。

第6章 社会企业知识产权管理

学习目标

- 掌握知识产权的概念和类型。
- 熟悉知识产权价值的评估方法。
- 熟悉知识产权的交易、出资与融资策略。
- 熟悉知识产权的运用策略。

引导案例

商业模式可以申请专利吗？

2000年3月，美国商界因为一件专利核准案而掀起一阵轩然大波。美国"B2C"电子商务"领头羊"亚马逊网络公司取得了一项名为"加盟项目"(Affiliates Program)的专利（美国第602194号专利）。它是指网站经营者对于通过其他网站而来的访问流量提供一定金额或比例的提成，因为此种交易方式在现实商业环境中十分普遍，在电子交易的所谓虚拟环境中也已经成为各网站争取到访人数的基本方式之一，所以当亚马逊申请该项专利并获得美国专利商标局核准的新闻稿一发布，舆论立即为之大哗。许多人士担心一旦亚马逊公司执行此专利，绝大多数商业性网站都得付给它一定的专利使用费用。亚马逊掀起的波澜还可追溯到1999年12月，当时亚马逊公司取得了"一点通"(One Click Ordering)专利（美国第5960411），就立即对其竞争对手巴恩斯和诺布尔公司(Barnes and noble.com)提出诉讼，要求其承担专利侵权责任。西雅图地方法院判决亚马逊胜诉。

所谓"一点通"的电子商务方法，是亚马逊开发的一种创新的网上购物方式，只要消费者在亚马逊的网站上购买过一次图书，其通信地址和信用卡号就会被自动储存，下次购买时消费者只需用鼠标点击所购的图书，就可以完成交易。包装、邮寄、付款和收款等工作均由亚马逊通过内部系统完成。

第 6 章
社会企业知识产权管理

这个专利一直饱受质疑,许多人认为这样广泛应用的技术不应该允许申请专利,但现在它无疑已经成为如何利用软件专利垄断行业的经典教科书。

1998 年,美国人杰伊·沃克(Jay Walker)创立了 Priceline,并将其核心业务模式"Name Your Price(用户出价)"进行了专利注册,限制其他企业 20 年内不得使用相同模式。Priceline 也因此成为美国最大的在线旅游公司。

美国法院的裁决令许多公司纷纷为商业方法寻求专利保护并把这一主题置于战略日程的首要地位。目前对商业方法专利还没有一个准确的定义,美国众议院议员里克·鲍彻(Rick Boucher)等在《2000 年商业方法专利促进法》提案中对商业方法的表述是:商业方法专利是指下列方法之一:一种经营、管理或其他操作某一企业或组织,包括适用于财经信息处理过程的技术方法;任何应用于竞技、训练或个人技巧的技术方法;上述二者所描述的由计算机辅助实施的技术或方法;商业方法专利是通过计算机辅助的技术手段实现的商业方法发明。

2017 年 4 月 1 日,国家知识产权局外迎来中国首批商业模式专利申请者——四川省星石网络科技有限公司。星石网络递交的商业模式申请是以旗下加法平台为载体呈现的"公益经济"模式。该运作模式在平台运营上以"分享公益,共享收益,做让所有人受益的事"为核心理念,在不增加会员消费成本和改变消费习惯的前提下将公益融入商业的每一个环节,将每个人善行的涓涓细流汇聚成社会公益的大众洪流,最终实现让所有人受益。

国家知识产权局工作人员认为,对商业模式的保护,涉及众多行业的任何商业模式创新,只要商业模式能够与技术特征结合,产生有益效果,提升资源配置和流动效率,节约社会成本,增进社会福利,都可以纳入专利保护范畴。但是,虽然新修改的专利审查指南认可了包含技术特征的商业模式创新属于可专利的客体,但在审查实践中,绝大多数商业模式专利还存在"新颖性"和"创造性"难以判断的问题,这也给很多以创新商业模式为主要竞争力的企业带来了很大的困扰。

资料来源:简论电子商务的商业方法专利 [EB/OL].(2014-01-07). http://china.findlawcn/,本书作者有所改编。

6.1 知识产权基本知识

6.1.1 知识产权的概念

知识产权是人们可以就其智力创造的成果所依法享有的专有权利，或者是基于创造性智力成果和工商业标记依法产生的权利的统称。知识产权的保护范围有广义和狭义之分。

广义的知识产权保护范围包括一切人类智力创作的成果，也就是 1967 年于斯德哥尔摩签署的《建立世界知识产权组织公约》中所划定的范围：①与文学、艺术和科学作品有关的权利；②与表演艺术家的表演、录音制品和广播有关的权利；③与人类创造性活动的一切领域的发明有关的权利；④与科学发现有关的权利；⑤与工业品外观设计有关的权利；⑥与商标、服务标志、商号及其他商业标记有关的权利；⑦与防止不正当竞争有关的权利；⑧其他一切来自工业、科学或文学艺术领域的智力创造活动所产生的权利。

狭义的或传统的知识产权保护范围则包括工业产权与版权两部分。按照《保护工业产权巴黎公约》的规定，工业产权保护的对象又包括：①发明专利权、实用新型专利权、工业品外观设计专利权；②商标专用权、厂商名称、产地标记、服务标记等。工业产权传统上主要分为专利权与商标权。随着时代的发展，又产生了禁止不正当竞争权、高新技术领域的专有权，如集成电路、植物新品种、商业秘密等。而在版权保护上，也延伸到了邻接权和不同内容的版权保护，如计算机软件著作权和信息网络中产生的版权内容等。

> **社会创业启示录**
>
> 专利制度是给智慧之火添加利益之油……专利制度……是对发明者的保护，在有限的时间内授予发明者对其发明使用的独占权，借此为那些优秀人才的创造激情提供动力，从而获得更多有用的新产品。——亚伯拉罕·林肯（美国前总统）
>
> 凡是太阳底下的新东西都可以申请专利。——美国专利界名言

6.1.2 知识产权的分类

在我国，传统的知识产权通常可分为专利权、商标权、著作权，但随着科学技术的发展和社会的进步，不断有新的非物质客体被纳入知识产权法保护的范畴，

包括网络知识产权、商业秘密权、地理标志权、植物新品种权等。

1. 专利权

（1）专利权的概念。专利权是指专利权人在法律规定的范围内独占使用、收益、处分其发明创造，并排除他人干涉的权利。我国专利法规定的专利权有三种：发明专利权、实用新型专利权和外观设计专利权。

（2）专利权的主体和客体。专利权的主体主要是指发明人或者设计人、专利权人和专利受让人等。专利权的客体是指专利权利和义务共同指向的对象。我国专利权的客体包括发明、实用新型和外观设计三类。

发明是指对产品、方法或其改进所提出的新的技术方案。发明包括产品发明和方法发明两类。产品发明是指人们通过研究开发出来的关于各种新产品、新材料、新物质等的技术方案。方法发明是指人们为制造产品或解决某个技术课题而研究开发出来的操作方法，制造方法以及工艺流程等技术方案。其保护期通常为20年。

实用新型专利是指产品形状、构造或者其结合所提出的适于实用的新的技术方案。它应当是能够经过产业方法制造的，具有确定形状构造，且能够解决技术问题的一种实体产品。无确定形状的产品，如气态、液态、粉末状、颗粒状的物质或材料，其形状不能作为实用新型产品的形状特征。实用新型专利保护期通常为10年。

外观设计专利是指对产品的形状、图案或者其结合以及色彩与形状、图案的结合所做出的富有美感并适于工业应用的新设计。外观设计专利应当符合以下要求：①是形状、图案、色彩或者其结合的设计；②对产品的外表所做的设计；③必须富有美感和必须是适于工业上的应用。外观设计所保护的对象是该设计本身，不是承载该设计的物品。其保护期通常为10年。

（3）专利权的特征。因为专利权是一种无形产权，所以它与有形财产相比有以下特点：①专有性。也叫独占性，是指专利权人对其发明创造所享有的独占性的制造、使用，销售和进口的权利。②地域性。是指一个国家依照其本国专利法授予的专利权，仅在该国法律管辖的范围内有效，对其他国家没有任何约束力。③时间性。是指专利权人对其发明创造所拥有的专有权只在法律规定的时间内有效，期限届满后，专利权人就不再享有专有权。

（4）专利权的授权条件。发明专利和实用新型专利的授予条件为：①新颖性。即申请专利的发明或实用新型不属于为人们所知的现有技术，此处的"现有技术"是指在专利申请日之前在国内外为公众所知并且已经实施的技术方案，那些处于保密状态的技术不为公众所知的，即使已经实施也不属于"现有技术"。②创造性。即与申请日之前已有的技术相比，该发明有突出的实质性特点和显著的进步，该实用新型有实质性特点和进步。③实用性。即该发明或实用新型能够制造或使用，并且能够产生积极的技术、经济或社会效果。

外观设计的可专利性的实质条件为：①新颖性。即申请专利的外观设计与其申请日以前已经在国内外出版物上公开发表的外观设计不相同或不相近似，与其申请日前已在国内公开使用过的外观设计不相同或不相近似。②美观性。即外观设计被使用在产品上时能使人产生一种美感，增加产品的吸引力。③合法性。即申请专利的外观设计"不得与他人在先取得的合法权利相冲突"，而且不得违反法律、社会公德，也不得损害公共利益。

2. 商标权

（1）商标权的概念。世界知识产权组织对商标的定义为：商标是用来区别某一工业或商业企业或这种企业集团的商品的标志。商标权是指商标所有人对其商标所享有的独占的、排他的权利。商标权的内容包括使用权、禁用权、续展权、转让权和许可使用权等。不同国家对商标最初有效期的规定不一致，但都可以不断续展。我国的商标保护期限为10年。

（2）商标权的内容。商标权的内容包括使用权和禁止权。使用权是商标权人对其注册商标充分支配和完全使用的权利。禁止权是商标权人禁止他人未经其许可擅自使用注册商标的权利。使用权受到两方面限制：①只限于商标主管机关核定使用的商品，而不能用于其他类似商品；②只限于商标主管机关核准注册的文字、图形，而不能超出核准范围使用近似的文字、图形。禁止权效力涉及：①在同一种商品上使用相同的商标；②在同一种商品上使用近似商标；③在类似商品上使用相同商标；④在类似商品上使用近似商标。

（3）商标注册的条件。商标注册指商标使用人为了取得商标的专用权，将其使用的商标，依照法定的注册条件、原则和程序，向商标局提出注册申请，商标局经过审核，准予注册的法律制度。我国的商标注册是按照自愿注册与强制注册相结合的原则进行的。

商标注册的申请人是自然人、法人或其他组织。获准注册的商标必须具备的条件：①商标的构成要素必须具有显著性，便于区别；②申请注册的商标不得使用法律所禁止使用的文字、图形；③使用地理标志作为商标注册的，不得违反商标法的有关规定；④不得复制、模仿或翻译他人的驰名商标；⑤在同种或类似商品上申请注册的商标，不得使用与他人注册商标或初步审定的商标相同或近似的文字、图形或其组合。

3. 著作权

（1）著作权的概念。著作权是指作者或其他著作权人对文学、艺术和科学作品依法享有的专有权利。它具有广义和狭义之分。狭义的著作权仅指作者对作品享有的一系列专有权利。广义的著作权还包括邻接权，即作者以外的人对作品之外的客体享有的一系列专有权利。邻接权在中国依《中华人民共和国著作权法》

第6章 社会企业知识产权管理

的规定特指表演者对其表演、录音录像制品制作者对其制作的作品、广播组织对其播出的节目信号和出版者对其设计的版式所享有的专有权利。

著作权主体或称著作权人，即依法对文学、艺术和科学作品享有著作权的人，包括自然人、法人和其他组织。著作权的客体是受著作权保护的作品。著作权法所称的作品是指文学、艺术和科学领域内，具有独创性并能以某种有形形式复制的智力创造成果。

（2）著作权的内容与保护期限。著作权包括著作人身权和著作财产权。著作人身权又称精神权利，具体包括发表权、署名权、修改权和保护作品完整权四项。作者终身享有著作人身权，无时间限制。作者死后，作者的著作人身权可依法由其继承人、受遗赠人或国家的著作权保护机关予以保护。著作财产权又称经济权利，具体包括复制权、发行权、出租权、展览权、表演权、放映权、广播权、信息网络传播权、摄制权、改编权、翻译权、汇编权，以及应当由著作权人享有的其他权利。

著作权的保护期限，是指著作权受法律保护的时间界限或者说是著作权的有效期限。我国对著作人身权和著作财产权保护期分别加以规定。著作人身权中的署名权、修改权和保护作品完整权永久受到法律保护。发表权的保护期与著作权中的财产权利的保护期相同。作为作者的公民死亡，法人或非法人单位变更、终止后，其署名权、修改权、保护作品完整权仍受著作权法保护。著作财产权保护期限一般为著作权人身故后50年。

> **社会创业启示录**
>
> 仅有若干专利是不够的，产品的创新只是创新的一部分，创新是包括产品、领导力和商业运行在内的一整套系统。即便是你有品类的创新及很好的商业模式，也不见得能成为市场的领导者，因为其他公司可能会在你的基础上开发出更好的商业模式，所以只有在高效领导力之下的不断创新，方能跟上时代的步伐。——简·史蒂文森（《大创新》作者）

6.2 知识产权价值评估

6.2.1 专利权价值评估

企业在开展专利技术转让、许可等相关贸易活动中，都需要对专利权进行评估，以保证专利价值的有效转移。知识产权投资作价的高低，直接关系到企业资本的虚实、营运能力的大小、对外信誉的高低，也事关各股东股权大小、收益分配、亏损分担等重要问题。专利权的价值评估方法主要有市场法、收益法和成本法。专利权主要采用的方法是收益法，在一些特殊的情况下可以采用成本法或市场法。在这里主要介绍收益法和成本法。

1. 收益法

（1）专利权收益额的确定。收益法应用于专利权评估的根本问题还是确定各项技术指标和参数，即确定专利权的收益额、折现率和获利期限。根据超额收益的来源将专利权分为收入增长型专利和费用节约型专利。另外，专利权的收益额还可以通过利润分成率法来计算。所谓利润分成率法是以专利权投资产生的总收益为基础，按一定比例（利润分成率）分成确定专利技术的收益。评估值计算公式如下：

$$专利权评估值 = \sum_{i=1}^{n} \frac{k * R_i}{(1+r)^i}$$

式中　k——无形资产分成率；

　　　R_i——第 i 年使用无形资产带来的收益（即销售收入或销售利润）；

　　　i——收益期限序号；

　　　r——折现率；

　　　n——收益期限。

利润分成率是反映专利权对整体利润额的贡献程度。据联合国工业发展组织对部分发展中国家引进技术价格的分析，利润分成率在16%~27%之间比较合理。1972年在挪威召开的许可贸易执行协会上，多数代表提出利润分成率在25%左右较为合理。美国一般认为利润分成率在10%~30%之间是合理的。我国在评估专利权时，利润分成率一般取值在15%~33%之间较多。常见的行业利润分成率如表6-1所示。

表6-1　常见的行业利润分成率

行业名称	分成率（%）	行业名称	分成率（%）
石油化学工业	0.5~2.0	日用消费品工业	1.0~2.5
机械制造工业	1.5~3.0	制药工业	2.5~4.0
电气工程	3.0~4.5	木材加工业	3.5~5.0
精密机器工业	4.0~5.5	汽车工业	4.5~3.0
光学及电子产品等高技术	7.0~10.0		

资料来源：Business International Corporation, Investing, Licensing and Trading Conditions, NewYork, Business International Corporation, 1985.

第 6 章
社会企业知识产权管理

（2）专利权折现率的确定。在确定折现率时，无风险报酬率一般应考虑社会平均报酬率。对我国的企业进行评估时，将当年中国人民银行发行的国债利率，换算为复利计算的年利率。

（3）专利权收益期限的确定。专利权的收益期，应该是投资者利用它可以创造超额收益的时间范围。

2. 成本法

当无法准确把握某项技术专利所带来的超额收益或者利润分成率时，可以采用成本法。成本包括研究开发成本、交易成本和专利费等。

6.2.2 商标权价值评估

商标权价值评估是指在某一时点上，在以交易为前提或假设前提下，对某一商标的现时公允价值进行估测。商标权价值包括商标的成本价值、信誉价值、权利价值、艺术价值等。

商标权价值评估多按照市场法、现值法和成本法的顺序进行。市场法即通过市场调查，选择一个或几个与被评估商标相同或相似的商标作为比较对象，分析比较对象的成交价格和交易条件，进行比较调查，估算出商标价值的方法。市场法以完善而又活跃的商标市场为前提。现值法即以特定商标在有效期内的预期收益作为商标权的评估值。成本法即以在现用的技术和市场条件下，重新开发一个同样价值的商标所需的投入作为商标权评估价格的一种方法。

商标权价值评估需要把商标权主体的有关广告宣传费用、售前售后服务附加值、有关的公益救济性捐赠等累加起来作为商标权的评估值。但在评估测算中商标的使用期、商标在使用过程中的贴现率、商标权在特定期间的收益额均是较难确定的因素。当然采用哪种方法评估商标权还要视评估时的具体条件，包括市场参照物情况、商标权的超额收益资料及商标权的成本数据等。

6.2.3 商业秘密价值评估

商业秘密作为一种无形财产，可以进行转让和交易。由于商业秘密具有不为公众所知悉、具有经济利益、实用性和采取保密措施等特点，因此商业秘密的价值评估强调以市场为依据。商业价值评估可以通过开展针对商业秘密的深度检索、分析、评估来实现。

6.2.4 著作权价值评估

著作权价值评估是指对由著作权人享有著作权的作品，如计算机软件，产品设计和工程设计图纸，进行商业性使用或控制的价值做出的评估。现实中，作品利用形式越多，可以利用的权能越多，使用范围越广，著作权的行使带来的经济收益会更多。

6.3 知识产权的交易策略

6.3.1 知识产权交易的内涵与形式

知识产权交易是指相关组织间通过市场化路径，将知识产权的所有权、使用权、经营权等，以及包含知识产权的产品、服务，经由一定的机制设计或习惯而成的方式，进行有偿转让、有偿许可等。知识产权交易的形式主要有以下几种：

1. 拍卖式知识产权交易

知识产权交易的主要拍卖方式有：英格兰式拍卖、荷兰式拍卖、密封递价拍卖、有底价拍卖、无底价拍卖、定向拍卖、集邮者拍卖（又称维克里拍卖）、网络拍卖等。拍卖流程看似标准化设计，但它是各交易主体间动态博弈的过程，结果具有随机性的成分。

2. 招投标式知识产权交易

招投标的基本流程是根据知识产权供给者、需求者的委托，按照相关法律法规的要求，由招投标交易机构组织招投标活动。交易机构和知识产权供给者共同制定招标书，发布招投标公告。在特定招标期间内，竞标人参与登记并递交投标书后，则根据法律法规的规定和程序，组织招投标会，公开开标，由交易机构聘请的评标专家组评出中标人。随后，按照约定的条件交割知识产权与对价。

3. 协商式知识产权交易

协商式知识产权交易是指通过交易中介机构转让知识产权的特定方式。即转让知识产权的信息在交易中介机构公开挂牌期满后，由供给者经过审慎调查，与符合受让条件的意向需求者，通过谈判、比较、选择等环节，确定需求者的交易形式。这种方法在知识产权价值难以一时明确，或需要供给者跟踪服务的条件下受到青睐。

4. 托管式知识产权交易

知识产权交易参与者通过独立的托管组织提供信用中介，一方需求者（就两方知识产权交易者情形而言，多方交易时类推）先将资金存入托管组织并暂时冻结，待一方供给者提供了双方约定的知识产权或满足了双方协定的其他事项后，托管组织按照协议约定的规则，协助完成资金交割并收取必要的佣金。

5. 承担债务式知识产权交易

资产所有者可将其拥有的知识产权，在适当估价的基础上用于归还其欠下的债务。此时，知识产权既作为交易对象，又起到了一般性偿债资产的作用。

第6章
社会企业知识产权管理

6. 合同式知识产权交易

该方式通常不以交易的中介机构作为传导，而是按照合同管理方面的法律法规所设定的合同要件，自主进行知识产权交易。合同内容主要有交易的供给者，需求者，知识产权标的，交易价格，支付方式和期限，知识产权交割有关事项，违约责任。

7. 电子式知识产权交易

电子式知识产权交易并非是一种独立的交易方式。只是因为此种交易方式在现代逐渐普及，不受时间、地点等传统交易方式限制因素的制约，广泛地渗透到现代知识产权交易行为及其流程环节中。例如，网上专利权、著作权、商标权的交易。

6.3.2 知识产权的交易策略

（1）组织之间开展知识产权交易时，要确立重点领域，充分发挥比较优势。企业之间在开展知识产权合作与交易时，则要更多地结合自身发展的战略方向，做到有所为有所不为，取得嫁接与集成的比较优势，避开低水平重复合作与交易。

（2）需要考虑知识产权交易的连带外部效应，包括正的外部效应和负的外部效应。例如，某些版权的交易，可能对社会风气产生正面或负面影响；某些医药专利权的交易在治疗疾病的同时，可能会造成对资源或环境的压力；某些商标权的交易会提高相关行业的标准升级等。

（3）加强知识产权交易中的自律和他律。知识产权的交易的自律主要指交易各方通过自觉遵守相关的协定协议、法律法规等一些自觉行为，以达到公平、公正交易的目的。组织间知识产权交易中的他律是指国际组织、国家、地方、仲裁、行业、公众等，利用协定协议、法律法规、舆论监督等手段，对交易中的"敲竹杠"、壁垒、市场垄断等问题进行治理。

6.3.3 知识产权的出资策略

知识产权作为出资标的一旦投入公司后，就成为公司法人独立的财产。因此知识产权出资必须把知识产权交由公司完全支配管理，出资者必须把知识产权交给公司。商标权转让出资的履行，即完成注册商标所有权从出资者到公司的法律手续。著作权转让出资，应当签订书面的著作权转让协议，出资履行以转让合同的生效为准。植物新品种权的出资者应在公司成立后，根据出资协议，办理植物新品种权的转移手续，提供技术资料，协助植物新品种权的应用实施。商业秘密使用权出资的履行，应当签订保密协议，明确出资后商业秘密泄露的后果与法律责任。同时以商业秘密使用权出资，应当履行移交图样、数据、模型、程序等技术和商业资料外，提供人员等事实交付行为，以使公司能有效掌握和利用该项商业秘密。

6.3.4 知识产权的融资策略

知识产权质押融资，是企业以知识产权为质押标的物，向银行申请贷款的一种融资方式。债务人或者第三人将其知识产权作为质权的担保向债权人取得贷款，当债务人不履行债务时，债权人有权依法以该知识产权折价或者拍卖取得的价款优先受偿。

现阶段企业知识产权融资仍存在两大障碍：一方面体现在资产层面上，即知识产权价值不易确定。现有的知识产权评估方法缺乏统一的标准及规则，无法对知识产权的价值得出公允结论，从而影响评估的结果。另一方面体现在技术与制度层面上。传统的银行贷款需要借款方提供第三方担保或有形资产担保，但知识产权质押并无担保物的可转换性。

社会创业小案例

谁才是图形用户界面的发明者？苹果？微软？还是施乐？

图形用户界面确实是一个伟大的创意，但它到底是谁发明的呢？针对图形用户界面的专利权，苹果、微软和施乐展开了连环诉讼战。苹果创始人乔布斯认为，发明图形用户界面的是苹果，而不是微软。市场调研机构 Insight 64 的分析师南森·布鲁克伍德表示，当年乔布斯参观施乐的帕洛阿尔托研究中心时看到了一款早期的操作系统版本，之后产生了图形用户界面的创意。

苹果于1988年将微软告上联邦法庭，称微软的图形用户界面设计侵犯了苹果Mac操作系统的专利权。然而不久之后，施乐又将苹果告上法庭，指责苹果偷窃施乐的创意。在经过长达六年的诉讼之后，美国最高法院做出了终审判决，驳回苹果和施乐的起诉。驳回苹果起诉的原因是苹果无法提出有力的证据；驳回施乐的原因是该案件拖延的时间太长。

6.4 知识产权战略的运用

6.4.1 专利战略的运用

1. 专利申请策略

（1）明确专利申请目的及种类。每一个专利都有其特定的保护对象，企业应

第6章
社会企业知识产权管理

根据需要申请专利技术成果的特征,有针对性地选择合适的专利类型进行申请,保证专利申请的有效性和成功率。如果不适合申请专利,则应考虑用其他类型的知识产权保护策略。在实践中,经常出现同样的技术方案同时申请发明专利和实用新型专利。实用新型审批快,可以尽快获得相应地保护;发明专利审批时间需要3年左右,但专利权较稳定,而且保护范围要宽得多。

(2)专利申请范围策略的选择。在申请专利时还需要考虑专利申请公开后可能披露技术秘密的多少。技术披露不足不能获得专利保护,但专利说明书公开技术秘密太多又容易被他人仿冒。所以,一般的专利权人在申请专利之外都保留了一定的技术秘密。同样企业也没有必要为技术围墙特别高的技术申请专利。最需要保护的是简单的技术方案,特别是那些创造投入高,技术门槛低的技术。

(3)专利申请时机策略的选择。专利申请时间策略有提前申请、适时申请和延迟申请三种。对于通过自己使用专利来获取竞争优势的企业比较适合提前申请或适时申请策略。对于以转让为目的或者为了迷惑竞争对手而进行的专利申请可以选用提前申请和适时申请策略。对于技术秘密措施完善,竞争对手在近期研发出该技术的可能性不大,技术市场前景不明朗或申请保护的技术不成熟或配套技术不完善的专利适合采取延迟申请策略。

(4)专利申请地区策略的选择。企业申请专利的策略应该遵循"三地申请":即公司所在地申请、销售所在地申请、竞争对手所在地申请。公司所在地申请是必需的,因为各国法律都要求在提出国际专利申请前先提出国内专利申请。在销售地申请专利具有禁止侵权者销售专利产品的功效。在竞争对手所在地的专利申请兼有以上两种考虑。竞争者的所在地和活动范围已不再局限于单一国家,因此企业应考虑申请国外专利。

2. 研究开发中的专利策略

(1)专利技术研究开发计划阶段的专利情报策略。用专利情报进行技术预测,创新主体可以比较清楚地了解现有技术所处的阶段、未来的发展方向以及新技术涉及的关联领域,还可以了解本行业的技术发展动态,以及新技术的竞争焦点所在等。

(2)专利技术研究开发过程阶段的专利情报策略。在专利技术的研究开发过程中,企业研发人员需要确定哪些竞争对手可能会开发此领域类似产品,以及是否能够获得专利保护。在研发过程中,企业还需要确定最能体现产品特色的关键技术,以及最能增强产品品牌效应的外围技术,围绕这些技术特色建立专利网来实现对核心技术的保护。

(3)专利技术研究开发完成阶段的专利策略。当新产品样品制造出来后,企业最为关键的专利工作是申请专利。创新主体对于竞争对手多、市场需求量大,并且易被模仿的技术开发成果应及时申请专利。基本技术则还存在着配合专利网的问题。一般地说，对于可以作为技术秘密保密的，可以不申请专利。

此外，研发部门也应该考虑专利技术与标准的有效结合。创新主体专利技术标准战略有两种产生的途径：一是将创新主体的技术标准转化为法定的正式标准，通过正式的途径推广使用；二是通过不断的市场开拓，扩大自己的产品和相关技术的市场容量，直至占领主要市场，从而使自己的技术标准成为事实标准。

3. 专利运营策略

创新主体不仅可以通过专利申请策略来提升自身产品价值、提高企业的市场竞争力，还可以通过专利运营策略来获取更大的利益或加速企业技术创新的步伐。专利运营策略主要包括专利实施许可策略、专利交叉许可策略、专利合作策略、专利收买策略、专利引进策略、专利出售策略、专利池策略等。以下具体介绍每种策略的运用方法。

（1）专利实施许可策略。按照被许可人取得实施权的范围，专利的实施具有三种形式，即独占许可、独家许可、普通实施许可。独占许可是指在合同约定的时间和地域范围内，只有被许可人可以使用许可人的专利权，其他人包括许可人本人均不得使用该专利权。独家许可是指在合同约定的时间和地域范围内，专利权人不得再许可任何第三人以此相同的方式实施该项专利，但专利权人自己却可以进行实施。普通实施许可是指被许可人可以使用许可人的专利，但不能排除许可人本人使用，也不能排除许可人再许可其他人使用。

（2）专利交叉许可和专利合作策略。专利交叉许可是指两个专利权人互相允许对方在约定的时间和地域范围内实施自己的专利。交叉许可通常是企业在专利比较接近，而专利权归属又错综复杂或相互依存时，为避免专利侵权而采用的策略。双方不必相互付费，只需找平差价。专利合作通常是指两个或两个以上的创新主体以生产合作的形式共同开发、经营管理各自持有的专利技术。专利合作的具体形式主要是国内企业与国外企业将各自拥有的专利技术作为投资资本，共同实施。

（3）专利收买、引进与出售策略。专利收买是指企业购买别人的专利从而独占市场。企业购买专利的目的一是进行专利的实施许可，收取高额使用费；二是作为诉讼武器，控告他人侵权，获得高额赔偿费。专利引进是指企业通过有偿使用他人的专利技术，然后在此基础上改进和创新以提高自己技术实力。技术引进可以节约研发费用，避免研发风险，且收效快。专利出售是指企业将自己闲置不用的专利转让以获利。

（4）专利池策略。专利池（Patent Pool）又称专利联盟或专利联营，是指两个或两个以上的专利权人达成协议，相互间交叉许可或共同向第三方许可其专利的

第6章
社会企业知识产权管理

联营性组织,或者是指这种安排之下的专利集合体。专利池通常由某一技术领域内多家掌握核心专利技术的厂商通过协议结成,各成员拥有的核心专利是其进入专利池的入场券。具体地说,专利池中的企业可以利用"池"中的全部专利从事研发和商业活动,而不需要就每个专利寻求单独的许可,甚至不需要支付许可费。"池"外的企业通过一个统一的许可证利用"池"中的全部专利,程序简化,费用较低。

> **社会创业小贴士**
>
> **专利丛林与专利运营**
>
> 专利丛林现象是指相互交织在一起的专利权组成了一个稠密的网络,任何一项专利技术的应用或相关新产品的推出,都必须获得大量的专利权人的许可,这种情况就像穿越丛林一般。海量的专利催生了一个全新的产业链——专利运营。
>
> 近年来,专利运营公司的巨大盈利能力吸引了大量的资本进入该领域。它们将拥有的有效专利或专利技术进行策划、分析、收购、集成,形成面向产业的专利组合,并通过转让、许可、投资、诉讼等模式实现专利的经济价值。近十几年里,专利运营与经济、金融、法律、科技的日趋融合,商业模式也在不断演变,日益成为一种成熟的商业实践。
>
> 专利运营的本质是专利资本与市场资本的交易,是将专利资产转化为金融资本的过程。一个完整的专利运营包括三个主要环节:投资——专利运营——收益。

6.4.2 商标战略的运用

1. 商标注册策略

世界上绝大多数国家在商标确权问题上都采取"注册在先"的原则,即在相同或类似商品或服务上,只有先提出商标注册申请的人才能享有商标权。我国现行的是商标自愿注册为主,强制注册为辅的商标注册制度。

由于商标适用"注册在先"原则,因此社会企业要善于利用商标战略。首先,要采取及时注册策略,避免出现他人抢注商标。目前社会企业的商标注册意识亟待提高。虽然很多国内企业拥有多年打造的知名品牌,但商标保护意识普遍薄弱。

因此，社会企业亟待提高商标注册保护意识，有实力的企业更应根据自身情况制定发展战略。

其次，社会企业应该进行商标的全类或多类注册。商标全类注册是同一商标在全部商品和服务类别上注册，是彻底避免他人抢注商标最有效的方法，也是确保品牌显著性、增大品牌价值最有效的手段，是当前国内外知名品牌的通常做法。

最后，社会企业还要积极应对商标抢注，维护合法权益。通过实施商标战略，要为商标建立"防火墙"，不但要防止商标被他人抢注，遇到商标抢注更要积极应对。要善于运用商标的在先权利。发现商标被抢注时，应冷静应对，抵制职业注标人的炒作。

社会企业在商标的设计、选择方面，首先应考虑到合法性，要符合《中华人民共和国商标法》（以下简称《商标法》）的规定。我国《商标法》还规定，商标标识在设计时应具有独创性，不得与他人的在先权利相冲突。

2. 商标运用的组合策略

社会企业在实施商标注册策略后，还需要综合运用商标的组合策略，通过商标许可、转让、保护等组合策略来最大限度发挥商标的市场价值，为公司创造更多的经济效益。以下重点介绍几种商标综合运用的策略。

（1）商标保护策略。社会企业的商标保护主要通过两种方式：行政保护和司法保护。行政保护即加强商标执法，优化企业竞争环境。企业商标权及企业商标战略的行政保护主管机关主要是各级工商行政管理部门、技术监督部门、信息产业部门及其他行政机关。创业企业商标战略的司法保护，主要是指企业可以通过诉讼程序，追究侵权当事人的行政责任、民事责任、刑事责任。

（2）商标许可使用或转让策略。注册商标是法定的具有专有使用权的企业的重要无形资产，其他企业或个人使用必须经过合法的许可使用手续。许可人应当严格按照《商标法》及相关法律法规的规定，加强对已注册商标和现有标识的使用、监督和管理，对被许可人实行许可使用制度。对被许可人使用商标的商品或服务情况进行监督抽查，以保证使用被许可商标的商标或服务质量和信誉。

商标也是企业的无形资产，可以进行转让。企业在转让注册商标时，也应当依法进行，我国《商标法》第四十二条规定："转让注册商标的，转让人和受让人应当签订转让协议，并共同向商标局提出申请。受让人应当保证使用该注册商标的商品质量……转让注册商标经核准后，予以公告。受让人自公告之日起享有商标专用权。"

（3）商标国际经营策略。已在国内获得注册的国内商标要变成具有国际声誉的驰名商标，除了及时进行商标国际注册外，也离不开商标的国际经营。创新主体实施商标国际经营策略首先要有精准的商标定位。其次，企业要有正确的市场营销策略。市场营销策略在很多方面与商标战略有关，商标国际经营策略应与企业市场营销策略相结合，综合考虑。

6.4.3 商业秘密战略的运用

1. 企业商业秘密的内容

企业商业秘密主要涉及两方面的内容：技术秘密和经营秘密。技术秘密是专利技术以外的、由企业掌握与控制的尚未公开的技术诀窍，包括未公开过，未采取工业产权法律保护的技术知识与信息。经营秘密是企业具有秘密性质的经营管理以及与经营管理有关的情报和信息。其包括具有秘密性质的、与经营者的经营活动有关的内部情报，也包括企业尚未公开的具有秘密性质的经营方案、中长期发展规划、财务报表、客户名单、销售合同、资源情况等。

2. 商业秘密的保护策略

（1）商业秘密的司法保护。商业秘密的司法保护主要体现在民法保护、反不正当竞争法保护、合同法保护、刑法保护，以及有关知识产权法的间接保护等。反不正当竞争法规制是各国保护商业秘密的另外一种比较可靠的方式。合同法对商业秘密的保护主要体现在雇佣劳动合同和技术合同之中。我国刑法在"侵犯知识产权犯罪"一节中增列了商业秘密刑事保护条款。

（2）商业秘密的具体保护措施。落实商业秘密的具体保护措施主要有：①建立保密设施；②对涉及商业秘密的机构采取隔离措施；③处理废弃物；④计算机软件加密；⑤研究开发人员填写研究开发记录；⑥处理对外交流合作时的散发材料；⑦商业秘密信息的销毁；⑧及时订立保护商业秘密的合同；⑨严格限制接触商业秘密人员的范围等。

企业应加强对接触商业秘密人员的管理，与本单位员工订立商业秘密协议。同时，企业的科技人员在进行科技转化活动中也有必要签订保守商业秘密的协议。企业还需要与非企业的人员签订商业秘密保护协议。此外，还要关注网络环境下企业商业秘密保护措施的完善。

3. 商业秘密的竞业禁止策略

竞业禁止又称"竞业避免"，是保护商业秘密的重要方法。竞业禁止具体是指本企业职工在任职期间和离职后一定时间内不得与本企业进行业务竞争，包括禁止员工在本企业任职期间到本企业业务竞争单位兼职以及在离职后从事与本企业业务范围相同的事业。通过合理的竞业禁止，可以限制特定劳动者从事特定职业或生产特定产品的机会，从而达到防止本企业商业秘密被泄露、擅自使用等现象。

社会创业小案例

特斯拉的商标纠纷始末

2006年9月6日,广州的占宝生向北京商标局申请汽车销售类"tesla"商标,并在2009年6月29日核准注册。之后,特斯拉曾派团队来中国,出价5万美元购买tesla,但占宝生要价3000万美元,特斯拉公司难以接受,双方不欢而散。在商标被抢注后,特斯拉公司成立了"拓速乐汽车销售(北京)有限公司",并获批在中国销售的资格。

2013年4月,特斯拉公司针对该商标向商标评审委员会提出争议申请,请求撤销该商标。同年9月,特斯拉公司向北京市第三中级人民法院提出占宝生侵害著作权和构成不正当竞争等两项诉讼,要求占宝生停止侵权行为,登报声明消除影响,并分别赔偿110万元和310万元。2014年6月,占宝生声称已经向法院提出诉讼,要求拓速乐公司(特斯拉)关闭汽车展示厅、服务中心和销售中心,停止一切销售及营销行为,并支付约390万美元的赔偿。

北京市第三中级人民法院受理此案,通过法院和双方的协调与努力,双方达成和解意愿。这些案件的解决彻底扫清了特斯拉公司进入中国市场的障碍。

创新思维游戏

游戏名称: 创造世界

游戏目的: 该游戏由于其互动水平而对视觉、听觉和动觉学习者充满吸引力。它很有用,因为它让参与者想象未来,并有机会参与创造出第一版的未来。所有企业的成功都源于愿景以及最初的努力成果。贝尔对电话的远见始于非常基本的草图。创造世界的目的是创造一个理想未来状态的三维模型。

游戏人数: 8~20人

游戏时间: 45~90分钟

游戏规则:

1. 在会议开始前,确定一个议题。这个议题可以是会让团队通过展望未来理想状态而受益的任何议题(例如,"我们未来的市场策略")。

2. 告诉参与者议题,给他们准备好挂图纸、标识笔、便签条、管道疏通器、模型橡皮泥、杂志、索引卡、胶带,任何做手工的办公用品都可以帮助他们"创

第6章
社会企业知识产权管理

造世界"。

3. 把团队分成3~4人的小组，给大家10~15分钟的时间对共同的愿景达成共识，然后制作成三维世界。向大家解释说，该世界可以包括人、场景、建筑、产品、功能以及他们认为有必要展示议题理想状态的任何东西。

4. 给参与者20~30分钟时间畅想世界的属性，并用手工工具创造这个世界。

5. 时间到，给参与者5分钟时间让他们为自己的世界写一个总结性的标语。

6. 让每个小组展示自己的"伊甸园"，给其他人解释它提供了什么。记下这些"仙境"中重复出现的主题或者共有的属性。

游戏策略： 任何理想状态都可以以视觉方式表达出来。这个游戏并不局限于创造小玩意、公园、产品或者真正工业区的3D模型。参与者创造的"世界"可以是视频游戏的一个新景观，一个更快乐、更团结的团队，一个全球分布的供应链，等等。每个小组的挑战在于构想并创造能够容纳种种可能性的过程。鼓励团队拓展思路。在这个游戏中，参与者只受限于他们的想象力和手工制品工具的供应。

本章要点

知识产权是人们可以就其智力创造的成果所依法享有的专有权利。知识产权的保护范围有广义和狭义之分。在我国，传统的知识产权通常可分为专利权、商标权、著作权，但随着科学技术的发展和社会的进步，新的非物质客体被纳入知识产权法保护的范畴。

知识产权价值评估中，专利权的价值评估方法主要有市场法、收益法和成本法。商标价值包括商标的成本价值、信誉价值、权利价值、艺术价值等。商标权价值评估多按照市场法、现值法和成本法的顺序进行。知识产权交易多通过有偿转让、有偿许可等方式进行。

专利池通常由某一技术领域内多家掌握核心专利技术的厂商通过协议结成，各成员拥有的核心专利是其进入专利池的入场券。

关键术语

知识产权；专利权；商标权；著作权；专利权价值评估；商标权价值评估

案例分析

全世界最伟大的老师

萨尔曼·可汗（Salman Khan）颠覆了美国教育，成为数学教父。他成功登上《福布斯》杂志封面，却拒绝了10亿美元！他出生于美国路易斯安纳州梅泰里，

社会创业学：
社会创业思维·过程·实践

是孟加拉国移民，家里很穷，但却是个天才。他通过努力考上麻省理工学院，四年读完了数学和计算机科学，拿了两个本科学位，后来还拿了哈佛大学的硕士学位。

萨尔曼·可汗有个小侄女纳迪亚上七年级时数学成绩一直不好，要求可汗给她辅导。可汗和纳迪亚不在同一个城市，只能通过互联网辅导数学。由于讲得生动有趣，概念清晰，纳迪亚的数学成绩提高神速。他的朋友知道后也让可汗给孩子辅导数学。经过可汗辅导的孩子，数学成绩都直线上升。

可汗想，这种辅导方式效率太低，不如做成视频放到互联网上让大家免费观看，于是就在家里的衣帽间里录制视频。他的视频能在十分钟内把一个数学概念讲完，在互联网上引起了很大的关注。结果一发不可收拾，他在衣帽间录制了一年的视频，从小学数学、高中的微积分、大学的高等数学共4800个视频。这些视频在互联网上获得了极大成功，点击率接近5亿。

可汗还设计了一款软件用于跟踪学习者的进度和评估学习效果。在美国，有2万多所学校，上数学课时老师已经不再讲课，学生观看可汗的视频，老师只负责答疑。他一个人凭借一根网线颠覆了美国的传统教育。可汗搭建了叫可汗学院的网站，把视频放到网站上，让孩子们像打游戏一样学习数学。可汗学院的月访问量达到了500万人次！

可汗的视频获得成功后，很多风投找到他，希望注资成立公司，将视频收费，可汗可以立马成为坐拥10亿美元的富豪！但是，他却拒绝了。他说："我要做免费教育，一旦收费，很多发展中国家的孩子就看不起了，我无法想象生命中有任何一种方式能比现在活得更有意义。"2012年，可汗入选《时代》杂志全球100位最具影响力人物。同年，《福布斯》杂志在封面上刊登了可汗的故事，标题是《1万亿美元的机会》。

可汗受到许多科技领袖的热捧。2011年3月，可汗在加州举行的TED大会上发表演讲。比尔·盖茨当场上台，与可汗讨论他的教学项目，并向可汗捐款150万美元。谷歌也是可汗学院的支持者。2010年9月，谷歌发起"十项目"竞赛，为5个"可能改变世界"的组织提供总额1000万美元的奖励。可汗学院在众多竞争者中胜出，赢得200万美元注资。

2010年春，在获得美国最成功风险投资人约翰·杜尔及其妻子的资金支持后，可汗开始拓展教学科目、将课程翻译成多国语言。在大批各领域专家的助力下，可汗学院的课程包括历史、护理、医学、物理、化学、生物、天文、艺术史、经济学、音乐、计算编程。可汗学院的使命是为世界各地的所有人提供免费的一流教育资源，对全球网友免费开放，全程无任何广告，界面美观简洁。在当今世界，教育的不平等体现在阶层、地域等因素，而可汗学院为所有阶层和世界各地的学

第6章
社会企业知识产权管理

生提供优质的教育，让人们足不出户就可以接受到好的教育资源。他是这个世界上最牛的老师！

资料来源：全世界最伟大的老师［EB/OL］.（2019-10-12）. http://xu.qq.com.cmsid/，本书作者有所改编。

延伸阅读

广州知识产权法院. 知识产权精品案例评析（2019）［M］. 北京：知识产权出版社，2020.

王悦，等. 知识产权运营融资与评估［M］. 北京：知识产权出版社，2017.

国家知识产权局. 影响世界的专利［M］. 北京：知识产权出版社，2015.

可汗. 翻转课堂的可汗学院：互联时代的教育革命［M］. 刘婧，译. 杭州：浙江人民出版社，2014.

复习思考题

1. 简述知识产权的概念和类型。
2. 简述知识产权交易的内涵与形式。
3. 简述商标战略的运用策略。

创业挑战

将自己社会或创业团队研发的技术成果申请专利，并制定社会企业的知识产权战略。

第7章 社会创业环境

学习目标

- 熟悉社会创业环境的特点。
- 熟悉社会企业与创业环境之间的关系。
- 熟悉社会创业环境的分类。
- 掌握产业环境钻石分析和五力分析模型。
- 熟悉企业孵化器的类型与服务内容。

引导案例

"绿色心之光"缘起

2009年底,获得管理科学与工程博士学位的曹明秀办理博士后出站手续,有的高校向她伸出橄榄枝,但是,曹明秀崇拜诺贝尔和平奖获得者尤努斯,在她心目中,理想的职业既能让自己体面生活,又能帮助弱势群体脱贫。一天,她遇到了自己现在的老公黄鹤,他曾经创立过国内知名的打工子弟学校——北京行知学校。曹明秀说出了自己的设想。黄鹤对她说,你想做的是社会企业。曹明秀第一次听说"社会企业"的概念。黄鹤简言介绍,社会企业就是运用商业企业的方法解决社会问题。社会企业的创办动机就是为了达成这类社会目的,而不是追求利润的最大化。同时,社会企业也必须要盈利,所获得利润主要不能用于分配,只能再投入到社会企业可持续发展和公益事业中。

办了多年的打工子弟学校,他发现一味地向社会募集善款,不能实现自我造血,是不能持续的。只有办实体的企业,用不断的盈利做慈善,才能实现可持续性。他的想法是,创办一家家政社会企业,培训农民女工成为家政师,社会企业所得利润再投入到打工子弟学校资助老师。这个计划多方受益:打工子弟学校有了好老师,农民女工有了就业机会,还满足了城市家庭对优秀家政师的需求。

两人一拍即合。2010年年初，绿色心之光社会企业——绿色心之光（北京）家政服务有限公司成立。命运还向他们伸出了大大的橄榄枝。热心慈善的北京道亨公司董事长汪唯找到他们，决定成立日新基金。在3年内注入600万元资金，其中300万元用来资助5所打工子弟学校126名教职员工的奖励工资，另外300万元则用来资助农民家政女工的培训就业。3年后，企业自身造血，良性运转，所得利润用来资助打工子弟学校老师。100万元很快入账。在中国妇女发展基金会的监管下，从全国选拔的126名打工子弟学校教师来到北京，5名校长上岗，几十名家政女工也到位，一切进入实操。

可是，就在他们等待下一个100万元到位后展开标准化培训的时候，汪唯突发心脏病去世，捐赠也被迫中止。曹明秀选择了坚持。她向其他企业家募款，可是"郭美美事件"的发生，让原本有意向的企业家打了退堂鼓。一年后，100万元启动资金按计划全部用于资助5所学校的126名老师和5名校长。为了让企业尽快产生利润，曹明秀花光了存款，甚至她的父母也拿出了毕生的养老金。2011年，在最艰难的时期，曹明秀和黄鹤的女儿诞生了。他们连奶粉都买不起，只能给女儿喂米糊。

无奈之下，两人借了33万元的高利贷，利滚利达到50万元。现在，"绿色心之光"的员工走了大半，126名打工子弟学校老师的工资补助也一直发不出来。家里经常出现一拨又一拨的债主。按当初设想，他们将通过企业自身"造血"，帮扶农民女工体面就业，资助打工子弟学校教师提高收入。这个美好的构想最终却几乎破产，办公室被封，被债主围堵，无法维持家庭的基本开支。

曹明秀遇到了一个坎。她说，只要能跨过去，三方受益。但是，她被牢牢地卡在这里，动弹不得，且饱受非议。尽管如此，她依然没有放弃她的社会企业梦。她总觉得，这个坎，一定能过得去。

资料来源：辛明."绿色心之光"缘起[N]. 中国青年报，2012-2-16（11）。

7.1 社会创业环境的概念及特征

7.1.1 社会创业环境的概念

社会创业环境是指与社会企业活动相关的、在社会创业组织系统内外的一切物质和条件的复杂综合体。创业环境是社会企业生存与发展的土壤，创业环境对社会企业的生存和持续发展起着决定性的作用。正确分析社会企业所面临环境中的各种组成要素及其状况，在不断变迁的创业环境中，分析相关的政治、法律、经济、技术、社会文化方面的宏观环境信息，研究竞争对手、客户、其他利益相关群体的微观环境信息，以及企业自身的优势和劣势，这是任何一个社会创业者进行创业活动所不可缺少的前提条件。

> **社会创业启示录**
>
> 对于企业的发展来说，周边的环境也极其重要。对于用鸡蛋孵小鸡来说，37.5~39摄氏度的温度最为合适。那么，40~41摄氏度的时候，鸡蛋是不是能孵出小鸡呢，我想生命力顽强的鸡蛋还是能孵出小鸡来，但到了100摄氏度的温度就一定不行了……今天的温度大概是40摄氏度左右，也不是最好的温度。因此，生命顽强的鸡蛋就在研究自己的周边环境，一方面促使环境更合适，一方面加强自己的生命力，这样才能孵出小鸡。——柳传志（联想集团创始人）

7.1.2 社会创业环境的特征

1. 客观性

社会创业环境是客观存在的，不以创业者的主观意志为转移，不论创业者是否愿意，社会创业环境都是客观存在的，而且制约着创业者的创业活动。

2. 系统性

社会创业环境是由与创业企业相关的各种外部事物和条件相互有机联系所组成的整体，它也是一个系统。创业企业所处的社会是一个大系统，创业企业的外部环境和内部环境构成了不同层次的子系统。社会创业活动就是在这种整体性的环境背景中进行的。

3. 动态性

影响创业环境的因素是不断变化的，各种环境因素又在不断地重新组合，不断形成新的创业环境。因此，社会企业必须及时修订自己的经营策略，以适应不断变化的环境，来促使社会创业环境更加有序地朝着有利于创业企业生存和发展的方向发展。

7.1.3 社会创业企业与社会创业环境的关系

对于社会企业来说，外部环境对它的影响是相当大的，有时甚至能使整个企业的结构发生变动。但是，社会企业与创业环境的关系又不是仅仅做出单方面的适应性反应，社会企业对环境也具有积极的反作用。这主要表现为：社会企业应该主动地了解社会创业环境状况，获得及时、准确的社会创业环境信息，通过调整自己的目标，避开对自己不利的环境，创造和开拓新的社会创业环境，选择适合自己发展的环境，建立企业与环境新的相互作用关系，提高社会创业成功率。

> **社会创业小贴士**
>
> **创业企业与地区之间的关系**
>
> 评价地区环境的关键因素是创办的企业相对这个地区内其他企业的规模，以及这个地区本身的规模。你的企业在地区内的重要性部分地取决于企业的营业额、员工数量和纳税额，还要考虑到你对该地区所做的其他贡献。评价地区环境对创业的支持程度可通过评价在这个地区创业的发展程度来进行。一个地区对创业者的支持程度取决于创业者对该地区的承诺、忠诚和贡献。这种承诺、忠诚和贡献的程度越高，创业者从该地区所获得的支持程度就越高。

7.2 社会创业环境分类

7.2.1 从创业企业边界视角分类

1. 社会创业外部环境

社会创业外部环境是指社会企业所处的社会环境，它影响创业企业的管理系统。全球创业观察（Global Entrepreneurship Monitor，GEM）把创业环境要素分为一般创业环境要素和特定创业环境要素。

（1）一般创业环境要素。其包括开放程度（对外贸易）、政府（国际地位）、金融市场（有效性）、技术和研发（程度、密度）、基础设施、管理（技能）、劳动力市场（灵活性）、制度（无歧视、法律的地位）。

（2）特定创业环境要素。该要素分为九个方面：金融支持、政府政策、政府项目支持、教育与培训、研发转移效率、商业和专业基础设施、进入壁垒、基础设施、文化和社会规范。

其中，一般创业环境要素是所有企业发展的基础和环境。特定创业环境要素是创业活动的基础和环境。在一定的社会、文化氛围下,特定创业环境因素影响创业机会和创业能力,创业机会和创业能力在创业努力中进行合成,产生创业活动或产生新企业。

2. 社会创业内部环境

社会创业内部环境是指社会企业管理的具体工作环境。影响社会创业活动的内部环境的要素包括物理环境、心理环境、文化环境等。

(1) 物理环境。其是指社会企业内部的物理环境,主要包括创业企业工作场所的空气、光线和照明、声音、色彩等。它对于创业团队成员的工作安全、工作心理和行为以及工作效率都有极大的影响。社会创业者应该创造一种适应团队成员生理和心理要求的工作环境。

(2) 心理环境。其是指社会企业内部的精神环境,主要包括社会企业内部和睦融洽的人际关系、人事关系,组织成员的责任心、归属感、合作精神和奉献精神等。心理环境制约着创业团队成员的士气和合作程度的高低,影响创业团队成员积极性和创造性的发挥,进而决定了社会企业管理的效率和管理目标的达成。

(3) 文化环境。其包括两个层面的内容:一是社会企业的制度文化,包括社会企业的工艺操作规程和工作流程、规章制度、考核奖励制度以及健全的组织结构等;二是社会企业的精神文化,包括企业的价值观念、经营管理哲学以及精神风貌等。良好的企业文化是一个企业生存和发展的基础和动力。

社会创业启示录

创业要想摆脱失败的厄运,必须满足两个条件:第一,要在创业氛围浓厚的地方创业;第二,要遇到愿意提供创业帮助的人。满足这两个条件的关键在于创业者周围的创业人数。——保罗·格雷厄姆(Y Combinator 创始人)

7.2.2 从对创业企业影响的范围和深度的视角进行分类

1. 宏观环境

宏观环境是指那些给社会企业造成市场机会或环境威胁的主要社会力量,包括政治、经济、社会、技术、自然和法律等因素。一个国家或地区的市场开放程度,政府的国际地位、信誉和工作效率,金融市场和劳动力市场资源配置的有效性,法律制度的完善性和公平性等都会对创业企业的生存和发展产生重要的影响。此外,宏观环境中产生的某种趋势也会创造许多创业机会,从而激

第7章 社会创业环境

发创业活动。

(1) 人口环境。创业者首先要衡量的因素是人口因素，因为市场需求是由人产生的。人口规模和增长率、年龄分布和民族组合、教育水平、家庭类型等都会影响市场需求的产生和变化。随着人口的地理迁移的便利和越来越多的人在追求个性化需求，大众市场日益转变为更加分散的具有年龄、性别、地理、生活方式、民族、教育等差异特征的小众市场。创业者对于这些差异的深刻认识和有效的把握很可能会创造出新的创业机会。人口环境的变化将导致未来新业态、新市场的产生，这一因素必须要引起创业者的关注。创业者要培养超前的意识，寻找创业机会。

(2) 经济环境。创业机会不仅需要人口带来的需求，还需要人口的购买力。实际购买力取决于可支配收入、储蓄、债务和信贷等。经济环境会直接影响家庭的收入分配，从而影响人们的消费支出能力。消费者的支出还受到消费者储蓄、债务和信贷适用性的影响。例如，在高储蓄国家和地区，创业企业相对容易获得资本和能以较低的资金成本来开展创业活动。而债务收入比高的消费者更可能尝试去购买新产品和服务，从而给创业者创造了更多的创业机会。

(3) 自然环境。自然环境是指在一定的时间、地点条件下，存在于自然界，能被创业者利用的自然条件。其通常包括矿物资源、土地资源、水资源、气候资源与生物资源等。它同创业者有着密切联系，既是创业者赖以生存的重要基础，又是创业企业生产的原材料、燃料来源和生产布局的必要条件与场所。企业所在地的自然环境的发展变化也会给企业带来市场机会或环境威胁。因此，对自然环境的变化也应该加以密切关注。

(4) 技术环境。技术环境是科学技术的进步以及新技术手段的应用对社会进步所产生的推动作用。技术是改变人类命运最富戏剧性的因素之一。同时技术变化对组织机构、管理思想、合作方式等都会产生直接的影响。创业者要保持自身的竞争力，就必须关注技术环境的变化，以及时采取应对措施。

(5) 政治与法律环境。政治与法律环境是由法律，政府机构和社会上对各种组织和个人施加影响和制约的压力集团组成的。政策和法律环境可以为创业者创造新的市场机会。例如，政府制定的税收优惠政策、贸易政策、金融政策、福利政策等都会直接影响企业的选择，也会直接影响创业者的决策。

(6) 社会与文化环境。人们赖以成长和生活的社会形成了人们的信仰、价值观和行为规范。人们几乎是不自觉地接受了规定着他们与自己、与其他人、与组织、与社会、与自然和宇宙之间关系的世界观。不同的社会与文化环境，影响消费者的生活方式和消费方式，产生了不同地区、不同群体的消费需求，因此而产生了不同的市场。社会、文化环境也是影响创业选择的重要因素。

2. 产业环境

（1）钻石分析模型。该模型是由美国哈佛大学著名战略管理学家迈克尔·波特提出的。该模型是用于分析国家和地区竞争力的宏观分析工具。波特认为，决定一个国家某种产业竞争能力的有四个要素：①生产要素；②需求条件；③相关与支持产业的表现；④企业战略、企业结构与同业竞争状态。这四个要素形成钻石体系的基本要素。此外，波特还在钻石体系内加入了机会和政府两个变量。机会是无法控制的，政府的政策是不可漠视的。钻石分析模型如图7-1所示。

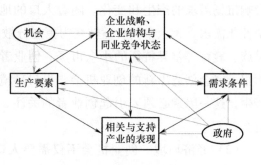

图 7-1　钻石分析模型

1) 生产要素。生产要素包括人力资源、自然资源、知识资源、资本资源和基础设施的完善程度。这些要素有初级和高级之分。初级资源包括天然资源、地理位置、非技术工人、资金等。高级资源包括现代通信、信息、交通设施、受过高等教育的人力资源、研究机构等。初级资源的重要性在不断下降，高级资源在获得竞争优势方面扮演着更加重要的角色。适度的初级要素不足反而起到激发创业企业创新的动力。

2) 需求条件。内需市场是产业发展的动力。内需市场包括需求的结构、需求的规模和需求的成长。需求结构比需求规模更重要。需求结构是指市场需求呈现多样细分化。某个创业企业专攻市场需求的某个环节，也能够创造和维持较强的竞争力。

3) 相关与支持产业的表现。相关和支持性产业与优势产业是一种休戚与共的关系。单独一个企业或单独一个产业很难保持竞争优势，它需要与地区相关强势产业一同崛起，特别是在产业生命周期的初级阶段，相关产业会形成显著的提升效应。

4) 企业战略、企业结构与同业竞争状态。这是波特提出的企业治理三角习题，是指如何创建、组织和管理企业，如何应对竞争对手等问题。一个创业企业要想获得成功，必须善用本国的历史文化资源，形成适应本国特殊环境的企业战略和组织结构，融入当地社会，并符合所处产业的特殊要求。

5) 机会。机会可以影响四个要素发生变化。对企业而言，形成机会的可能性大致有基础科技的发明、传统技术的断层、外因导致的生产成本突然提高、金融市场或汇率的重大变化、政府的重大决策、战争等。这些机会不是孤立的，是同钻石模型的其他要素联系在一起的。

第7章 社会创业环境

6）政府。政府能够提供企业所需要的资源、创造企业发展的环境，扩大钻石体系的力量。

企业在竞争中生存并发展的首要条件是选择能创造并保持企业竞争力的产业环境。由于地区会强烈地影响企业的竞争优势，企业应该根据产业环境钻石体系的四个要素和钻石体系本身的互动性来选择满足地点竞争力的国家和地区。

（2）五力分析模型。哈佛大学教授迈克尔·波特提出了著名的五力分析模型，是分析产业结构的有效框架。波特认为，决定企业获利能力的首要因素是"产业吸引力"。企业在拟定竞争战略时，必须要深入了解决定产业吸引力的竞争法则。如图7-2所示，竞争法则可以用五种竞争力来

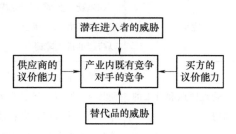

图7-2 五力分析模型

具体分析，分别是替代品的威胁、潜在进入者的威胁、产业内既有竞争对手的竞争、供应商的议价能力及买方的议价能力。这五种竞争力决定着产业竞争强度和市场吸引力，影响产品的价格、成本与创业投资，还决定了产业结构。创业企业如果要想拥有长期的获利能力，就必须塑造对其有利的产业结构。

1）替代品的威胁。两个处于不同产业中的企业，可能会由于所生产的产品可以互为替代，从而产生相互竞争行为。一般来说，替代威胁比较低的产业更具吸引力。这意味着，来自其他产业的产品或服务，不能轻易充当本企业产品或服务的替代品。如果某产品存在相近的替代品，产业盈利性就会受到强烈挤压，因为消费者不会为产品支付过高的价格。如果替代品免费或接近免费，这个问题就更加明显。替代品对产业盈利性的侵蚀程度，取决于买方在替代品与原产品之间选择的偏好。

2）潜在进入者的威胁。新进入者威胁比较低的行业，通常更具吸引力。这表明，竞争者不能轻易进入某产业以模仿产业内企业的行为。已进入者可能会通过规模经济、产品差异化、规模资本需求、成本领先优势、分销渠道的可接近性、政策和法规障碍等进入壁垒阻止新创企业进入某个产业。如果新创企业试图进入一个具有强大进入障碍的产业，它就必须制定跨越这些障碍的行动计划。

如果新创企业开辟了一个新产业或在已有产业中开发了新的利基市场，迫在眉睫的事情就是建立进入障碍来抵制新进入者的威胁。新创企业往往资金紧张，难以塑造一些代价昂贵的进入障碍，如规模经济。新创企业生存的最大威胁是资金雄厚的大企业涉足并模仿新创企业的业务。比较理想的进入障碍是专利、商标和版权，这能在一定程度上阻滞其他企业模仿新企业的活动。除这些选择外，新创企业还可以依赖组建战略联盟、组建优秀管理团队等措施减弱新进入者的威胁，这是其他企业难以企及的。表7-1列出了一些特别适合创业企业的特殊进入障碍。

表 7-1 适合创业企业的特殊进入障碍

进入障碍	描 述	实 例
管理团队优势	如果新企业网罗了一支世界级团队，可能阻止竞争对手进入新企业所在产业	捷蓝航空（Jetblue Airways）
先发优势	如果新企业成为产业先锋或率先在已有产业中倡导新概念，新企业塑造的企业印象将是难以跨越的进入障碍	脸书（Facebook）
管理团队和员工的激情	如果新企业独特的文化强烈激励着核心员工，使其对所做事业坚定不移，愿意夜以继日地工作，而且通过股票期权能获得巨额财务收益。这些都是大企业无法比拟的条件组合	安进公司（Amgen）
独特的商业模式	如果新企业能够打造某种独特的商业模式，并能构建一个关系网络服务于商业模式的有效运转，这种优势就形成了一种进入障碍	戴尔公司（DELL）
网络域名	有些互联网域名与特定产品或服务恰好契合，有助于初创企业利用电子商务机会	www.1800contacts.com
引入新方法并将其发挥到极致	如果新企业向产业引入新方法并将其发挥到极致，这些因素就成为潜在模仿者的进入障碍	星巴克（Starbucks）

资料来源：巴林格，爱尔兰. 创业管理：成功创建的企业［M］. 张玉利，等译. 北京：机械工业出版社，2010：89.

3）产业内既有竞争对手的竞争。在大多数产业中，产业盈利能力主要取决于产业内现有企业之间的竞争强度。有些产业内的竞争十分激烈，导致整个产业都将蒙受损失；在另一些产业中，由于克服了价格竞争，产业内竞争相对缓和。竞争对手数量和力量对比、产品间差异化程度、产业增长率、固定成本水平等因素决定了产业内现有企业之间竞争的特征和强度。产业内竞争对手数量越多竞争强度越大；产业内产品之间差异程度越小产业内竞争强度越大；产业增长越缓慢现有企业竞争强度越大；与固定成本较低的企业相比，高固定成本企业存在着释放所有产能的迫切需要，必然导致降价行为。

4）供应商的议价能力。供应商议价能力比较低的产业，通常具有吸引力。在某些情况下，通过提高供应品价格或降低供应品质量，供应商可以压低产业的利润率。如果供应商降低供应品质量，那么最终产品的质量也会因此受损，制造商就不得不降低最终产品价格；如果供应商与产业内的买方企业处于强势地位，产业盈利能力就会受损。一系列因素影响供应商向买方施压的能力，进而影响到供

第 7 章
社会创业环境

应商压低买方产业盈利性的程度。这些因素包括供应商集中度、转换成本、替代品吸引力、前向一体化威胁。当少数供应商面对大量买方而提供某种关键产品时，供应商拥有优势；如果转换成本较高，买方就不太可能更换供应商；如果缺乏有吸引力的替代品，供应商产品的议价能力就更强；如果供应商进入买方产业的可能性非常大，供应商的议价能力就增强。

5）买方的议价能力。买方议价能力比较低的产业，通常更有吸引力。通过要求产品价格让步或质量提升，买方能够压低产业的盈利性。这些因素包括买方集中度、买方成本、供方产品的标准化程度、后向一体化威胁。如果少数企业向大量供应商采购产品，买方就拥有向供应商施加降低采购价格的压力的权力；如果某项原料占买方总成本比例越高，买方对价格就越敏感；供应商产品较竞争对手的差异程度影响买方的议价能力；如果买方进入供应商产业的可能越大，买方的议价能力就越强。买方议价能力无处不在，因此在买方议价能力很明显时，有些新创企业退出了相应的产业。

（3）五力分析模型在创业活动中的价值。五力分析模型除帮助创业企业了解准备进入的产业动态特征外，还可以帮助企业决定是否应该进入特定产业，以及帮助企业确定能否取得产业内有吸引力的定位。第一，通过识别每种力量对产业盈利水平的侵蚀程度，五力分析模型能够用于评价产业吸引力或分析产业内的具体定位（如表7-2所示）。第二，企业借助五力分析模型回答一些关键性问题，有助于确定是否该进入某个产业。这样，新企业就可以判断在特定产业获得成功所需要面对的门槛高低。

表 7-2 利用五力分析模型评价产业吸引力

竞争力量	对产业盈利水平的威胁		
	低	中	高
替代品的威胁			
潜在进入者的威胁			
产业内既有竞争对手的竞争			
供应商的议价能力			
买方的议价能力			
程序：			
步骤1 选择一个产业			
步骤2 决定每种力量对产业盈利水平的威胁程度（低，中，高）			
步骤3 利用本表形成对产业吸引力的整体感觉			
步骤4 利用本表确定最影响产业盈利水平的威胁力量			

(4) 产业类型与创业机会。不论何种产业,也不论其处在何种生命周期阶段,都存在着创业机会。对处在不同生命周期阶段的产业特征和创业机会进行分析研究,对创业者和新创企业都有十分重要的意义。

1) 新兴产业。新兴产业是指随着新的科研成果和新兴技术的发明与应用而出现的新的部门和产业。存在着没有显性需求、没有成型的技术与产品、没有成熟的上游产业链、市场面临不确定性等特点。在新兴产业中,那些先驱企业或领导企业往往能获得先发优势。由于新兴产业存在着高度不确定性等诸多特征,商机可能转瞬即逝。尽管如此,由于新兴产业进入障碍较低,也没有成型的竞争规则,许多新创企业进入仍比较容易。快递企业和团购网站等在我国的兴起就是例证。

2) 成熟产业。成熟产业是指产业在经历了高速增长以后逐步过渡到有节制的增长或者平稳增长时期的产业。成熟产业具有市场竞争激烈、产业增长速度下降、买方市场形成、产业盈利能力下降、经营策略面临调整等特征。创业者作为市场新进入者,可以通过市场渗透战略,也可以通过技术创新或产品创新、市场创新战略进入该市场。

3) 衰退产业。衰退产业是指一个地区或一个国家的产业结构中不适应市场需求变化、不具备区位优势、缺乏竞争力、陷入停滞甚至萎缩的产业。衰退产业具有产品技术含量低、受到新兴产业替代的威胁、优秀人才流失严重、产业产能持续过剩等特征。一般来讲,创业者对衰退产业避而远之。然而,如果新创企业能够打破常规惯例的思维模式,也能够在衰退产业中建立竞争优势。

在衰退产业,创业企业可以采纳三种不同战略:第一种是领导战略,即努力成为产业主导者,但在衰退产业中,新创企业很少采纳它;第二种是利基战略(Niche Strategy),即专注于产业内狭窄的细分市场,并通过产品或流程创新而获得成长;第三种是成本缩减战略,即通过流程再造实现比产业内现有企业更低的成本。

4) 分散产业。分散产业是指由大量规模相近企业所组成的产业。对初创企业而言,分散产业内蕴含的主要机会是通过产业整合建立产业领导者地位。产业整合最常用的办法是地域覆盖战略,企业开始逐渐收购不同地域的同类企业。例如,如家等就是通过产业整合迅速实现了规模的扩张。

3. 微观环境分析

创业微观环境是指创业企业的顾客、竞争者、营销渠道和有关公众等对企业营销活动有直接影响的各种因素。

创业企业的顾客是指接受创业企业产品或服务的组织或个人。创业能力就是发现顾客潜在需求及其变化并满足其需求的能力。创业者可以对科学技术、顾客和消费行为的变化趋势进行前瞻性判断，借助市场调查与预测分析工具对消费市场的调查研究，来发现顾客潜在需求和变化趋势。

竞争者可以分为直接竞争者、间接竞争者、潜在竞争者等。直接竞争者是那些提供相同或相似产品的企业；间接竞争者是提供与本企业产品相近的替代品的企业；潜在竞争者虽然不是本企业的直接或间接竞争对手，但它们在某些时候可能变为企业的直接或间接竞争者。创业者应对企业竞争者进行分析，对企业竞争状况的细致考察，它有助于企业了解竞争对手的定位，以及在一个或更多领域中能带来竞争优势的可得机会。

营销渠道就是商品和服务从生产者向消费者转移过程的具体通道或路径。在创业过程中，营销渠道设计与创新直接关系创业的成败。我国许多创业企业的成功，在一定程度上得益于营销渠道。所以，应该根据企业的产品或服务的特征，制定营销渠道策略。

社会创业启示录

> 我相信关系特别不可靠，做生意不能凭关系，做生意不能凭小聪明，做生意最重要的是你明白你的客户需要什么，实实在在创造价值，坚持下去。这世界最不可靠的东西就是关系。——马云（阿里巴巴创始人）

7.3　社会创业环境分析技术

7.3.1　社会创业环境分析的主要方法

1. 访问法

访问法是指通过询问的方式向被调查者了解创业环境的一种方法。采用访问法进行调查，调查者可以将所要了解的问题直接向被调查者提出，以其口头回答作为调查的原始资料，也可以把所要搜集的资料事先设计成问卷，利用问卷向被调查者询问。前者在企业战略定位、竞争对手调查中使用较多，后者在客户分析、企业调查和广告效果调查中广泛使用。常用的访问法包括面谈调查、电话调查、邮寄调查、焦点小组访谈、深度访问、网络调查等。

面谈调查是指派调查人员当面访问被调查者，询问与创业环境有关问题的方法。电话调查是调查人员依据抽样规定或者样本范围，借助电话向被调查者了解有关问题的调查方法。邮寄调查是指将设计好的调查问卷邮寄给被调查者，请其按要求填写后寄回的方法。焦点小组访谈是从所要调查的目标人群中慎重选择8~12人组成一个焦点小组，由一名训练有素的主持人以一种无结构的自然的形式与小组中被调查者进行交谈，从而获取被调查者对产品、服务、广告、品牌的感知及看法的方法。深度访谈是由一名经过训练的采访者，针对某一论点以一对一的方式提出一系列探索性的问题，用以得知被访问者对某事物的看法，或为什么做出决定的原因。网络调查是调查者将设计好的调查问卷发布在互联网上，利用互联网收集市场信息的方法。

2. 观察法

观察法是指调查者在调查现场对被调查者的活动直接观察，以获取市场信息资料的方法。采用观察法进行调查，调查者与被调查者不直接发生接触，被调查者的活动不受外在因素的影响，因而取得的资料会更可靠和反映实际。但观察法由于只能观察被调查者表面的行为，不能了解其内在心理因素的变化，故在实践中也受到了一些限制。它更多的是与其他调查方法配合使用。观察法可分为自然观察与模拟观察、直接观察和间接观察、公开观察和非公开观察等多种类型。调查者可根据调查的目标和要求选择恰当的观察方法。

3. 实验法

实验法是指通过实验对比，收集市场信息资料的方法。实验调查属于因果关系研究，在市场调查中，调查者经常通过改变某些因素（自变量），来测试对其他因素（因变量）的影响。实验法应用范围非常广，凡是某一种商品需改变包装、设计、价格和广告策略时都可应用。实验法的实施程序包括明确实验目标、选择实验对象、确定实验方法、控制实验环境和对实验效果进行测评。

4. 德尔菲法

德尔菲法（Delphi Method）又称为专家调查法，是指专家们采用书面的形式，背靠背地回答调查者提出的问题，并经过信息反馈，多次修改各自的意见，最后由调查者进行综合分析，得出调查结论的方法。

德尔菲法是1946年美国兰德公司为避免集体讨论存在的屈从于权威或盲目服从多数的缺陷，首次被用来进行定性预测，后来该方法被广泛采用。德尔菲是希腊神话中太阳神阿波罗杀死恶龙的地方，由于阿波罗有智慧和预见能力，故德尔菲也被视为能预见未来的圣地。德尔菲法在市场调查和预测中经常使用。

第 7 章
社会创业环境

> **社会创业启示录**
>
> 　　创业公司在开发产品之前应该分析市场数据、倾听用户声音、观察用户行为，而抄袭不会取得成功。我们倾听用户的需求，不仅仅是倾听他们定性的意见，还观察他们定量的行为。——扎克伯格（Facebook 创始人）

7.3.2　社会创业环境的 SWOT 分析法

　　SWOT 分析是把企业内部资源与能力所形成的优势（Strengths）、劣势（Weaknesses）与外部环境所形成的机会（Opportunities）、威胁（Threats）四个方面的情况结合起来进行分析，以寻找制定适合本企业实际情况的经营战略和策略的方法。其主要目的在于对企业的综合情况进行客观公正的评价，以识别各种优势、劣势、机会和威胁因素，有利于开拓思路，正确地制定企业战略。其中，优劣势分析主要着眼于企业自身的实力与其竞争对手的比较；而机会与威胁分析则将注意力放在外部环境的变化及其对企业的可能影响上。由于外部环境的同一变化给具有不同资源和能力的企业带来的机会与威胁可能完全不同，因此，内外部两者之间存在密切联系，这也是将这两个层面上四方面的分析综合在一起的原因所在。

1. SWOT 分析的内容

　　（1）寻找优势与劣势。企业内部的优势是指为了实施企业的战略和计划，以求达到目标的可利用的企业能力、资源、技能等方面的条件。企业的劣势是指相对于竞争对手的条件来说，企业所缺乏的能力、资源和技能。概括地说，寻找企业的优势和劣势，实际上就是回答两方面的问题：企业依靠什么资源或能力来保持与加强目前的竞争地位？哪些资源和能力的不足削弱了企业竞争力。

　　（2）发现机会与威胁。外界的机会泛指所有能为企业带来新的增长点和发展机会的事项，包括技术的变化、新客户的产生、新产品的问世、新市场的出现、商业模式与交易方式的变化、市场游戏规则的变化、人才的流动、法律或法规的改变等。而外部的威胁则来自超出了可控制范围内的力量、问题、趋势、事件，包括市场疲软、趋势改变、政策变化、竞争对手、全球经济危机、强势替代品的出现、费用上涨等。机会和威胁代表了企业所必须面对的外部挑战。发现企业的机会与威胁实际上就是回答以下几方面的问题：供求状况将如何变化？产业及价值链上各环节的经济效益和地位将如何变化？造成产业巨变的潜在契机有哪些？现有的和潜在的竞争对手将有什么举动？表 7-3 给出了 SWOT 分析所关注的重点。

159

社会创业学：
社会创业思维·过程·实践

表 7-3 SWOT 分析的关注点

外部环境		内部条件	
潜在机会	潜在威胁	潜在优势	潜在劣势
• 独特的客户群体 • 市场增长迅速 • 新地理区域的扩张 • 产品组合的扩张 • 核心技术的商业化 • 垂直整合战略形式 • 战略联盟与并购带来的超额利润 • 新技术开发通路 • 品牌形象拓展	• 强势竞争者的进入 • 替代品引起的销售下降 • 市场增长的减缓 • 贸易政策的不利转变 • 由规则引起的成本增加 • 商业周期的影响 • 客户和供应商讨价还价能力的加强 • 消费者需求的改变 • 人口与环境的变化 • 通货膨胀及其他	• 明确的战略方向 • 有利的品牌形象和美誉度 • 被认可的市场领导地位 • 专利技术 • 成本优势 • 产品质量好 • 具有规模经济 • 高素质的管理人员 • 强势广告 • 产品创新技能 • 优质客户服务 • 战略联盟与并购	• 没有明确的战略导向 • 老化陈旧的设备 • 高额负债与不良资产结构 • 超额成本 • 缺少关键技术 • 运作不畅 • 落后的研发能力 • 过分狭窄的产品组合 • 缺乏市场规划与营销能力 • 管理水平低下

2. SWOT 矩阵

在找到企业内部资源条件的优势与劣势、外部环境的机会与威胁之后，下一步的工作就是将企业的外部环境和内部资源能力结合起来进行分析，形成 SWOT 矩阵，如图 7-3 所示。

图 7-3 SWOT 矩阵

（1）SO 战略就是依靠内部优势去抓住外部机会的战略，是一种理想的战略类型。如一个资源雄厚（内部优势）的企业发现了某一块市场或某一个顾客群体尚未被竞争对手覆盖（外部机会），那么该企业就应该专注利基市场，集中于建造壁垒。

（2）WO 战略是利用外部机会来改进和克服内部劣势的战略。如一个面对高速增长的市场（外部机会），却十分缺乏资金投入（内部劣势）的企业，就应该采用

WO 战略努力吸引各种风险投资或者争取获得其他资金来源。

（3）ST 战略就是依靠企业的优势，去规避或减轻外部威胁的打击。如一个多元化经营的企业（内部优势），当某一项或几项产品的市场需求下滑或萎缩时（外部威胁），那么就应该采取收缩战略，将注意力转向其他产品和业务。

（4）WT 战略是需要直接克服内部劣势和规避外部威胁的战略。如一个没有核心技术（内部劣势），且遭遇外部经济环境突变，如在金融危机（外部威胁）爆发之后勉力维持的制造加工型企业，应该采取 WT 战略，强化企业管理，提高产品质量，建立自有品牌，搭建供应渠道，或者走联合、合并之路以谋生存和发展。

7.4 企业孵化器

7.4.1 企业孵化器的产生与发展

1. 企业孵化器的概念

企业孵化器（Business Incubators）是一种为初创型小企业提供所需的基础设施和一系列支持性综合服务，使其成长为成熟企业的一种新型经济组织。孵化器以协助企业成长，降低创业企业的风险和成本，创造出成功的企业，实现财务自主和独立经营为最主要的目的。

社会组织孵化器是旨在为初创期民间社会组织提供关键性支持的公益项目。社会组织孵化器的使命是专门培育新的有创新性的社会组织，发现和支持有潜力的社会人才。特别是对初创社会组织提供关键性的支持，包括办公场地与设备、能力建设、小额补贴、注册协助等。

初创企业失败的主要原因是资金不足和管理不善，这说明小企业还没有一个良好的发展环境。企业孵化器正是适应这种社会需求而诞生的组织。企业孵化器的目的正是为小企业创造一个良好的成长环境，对处于初创状态的小企业提供全面的发展支持，为企业提供可租用的场地、商业服务设施等。企业孵化器是一个创造成功的创新型企业的综合系统，旨在创造一批充满活力的企业，并有组织地适时为企业提供其成长所需要的"营养"。

企业孵化器的创立，对社会经济发展带来了积极的影响。企业孵化器通过政策引导和资金导入，帮助一些新成立的、相对较弱的企业成长，增强了小企业生存和发展的能力；通过渠道沟通和平台架设，为风险资金提供优质的投资项目和初创企业；同时也创造了就业机会。企业孵化器在为创业者和创新者可持续成长能力的生成和培育方面做出了重要贡献。据美国国家企业孵化协会（National Business Incubators Association，NBIA）研究数据，所有孵化器"毕业"的公司中有87%仍在营业。

2. 孵化器的发展历史

企业孵化器的概念起源于美国。1959年，约瑟夫·曼库索在纽约州的贝特维亚建立了世界上第一个企业孵化器——贝特维亚工业中心。1956年，贝特维亚地区最大的企业，大型设备制造商Massey Ferguson倒闭，破产后仅留下一栋闲置的综合大楼以及大量的失业工人。曼库索家族创办的曼库索商业发展集团接手了闲置的大楼。曼库索将大楼分隔成许多个小单元，分别承租给不同的小企业，并共享办公场地。曼库索还向承租的企业提供融资、咨询等服务来促进承租企业的成长。一次他偶然间从楼内一家养鸡企业活蹦乱跳的小鸡中得到灵感，将这种经营模式命名为"企业孵化器"。20世纪80年代，孵化器开始在美国本土快速发展并传向世界。孵化器也出现了创新中心、企业苗圃、科技园、创业中心等多种形式与名称。

随着孵化模式日渐成熟，我国涌现出越来越多的社会组织孵化器。在我国社会组织孵化器快速发展的过程中，首创公益孵化器模式的上海恩派公益基金会（NPI）发挥着重要的示范作用。各地社会组织孵化器功能相似，称谓有些不同，叫作"孵化园""孵化基地""培育中心"和"培育基地"等。

3. 社会企业孵化器的作用

（1）节省时间。一个初创社会企业要想获得必要的硬环境条件，除了要有相当的投资，还要筹备很长时间。而孵化器把这一切都准备好了。一般一个初创社会企业从入驻企业孵化器到开始正常运转，只需十天左右的时间。

（2）少走弯路。初创社会企业在创建以及运营之初，会有许多的问题需要解决。如起草企业章程、确定产权关系和企业性质、决定人员组合、合理利用资金、进行市场开拓等。富有经验的企业孵化器管理人员及有关专家的咨询服务，可以及时帮助创业者做出正确的选择，获得良好信誉。不是任何初创社会企业或创业者都可以入驻孵化器的。每家企业孵化器都有严格的接纳标准。能够被孵化器接纳的，就是有良好市场竞争力和发展潜力的初创企业。

（3）社会创业者集聚效应。企业孵化器努力创造条件，使同时被孵化的创业者很方便地进行交流，分享经验和信息，互相鼓励，甚至结成业务合作伙伴。

（4）加速发展，提高了社会创业的成功率。一个成功的社会企业孵化器离不开五大要素：共享空间、共享服务、孵化企业、孵化器管理人员、扶植企业的优惠政策。社会企业孵化器能够为社会创业者提供良好的社会创业环境和条件，帮助社会创业者把发明和成果尽快形成商品和服务进入市场，提供综合服务，帮助新兴的社会企业迅速长大形成规模，为社会培养成功的社会企业和企业家。

7.4.2 社会企业孵化器的功能

社会企业孵化器的主要功能在于为包括初创社会企业在内的社会组织创造和提供支持性环境。这种支持性环境,不仅包括物理性支持、资金支持、行政办公辅助等一般意义上的基本服务,更重要的是提供价值增值服务,如能力提升、协调推广、财务托管、法律咨询等方面的服务。归纳起来,社会企业孵化器具有四项主要功能:

(1) 综合保障功能。其主要包括两方面的保障:一是硬件支持,提供免费或低廉的办公场地、会议场所、办公设备、展示空间等。客观上相对集中的办公空间为创业者提供了专业的环境和同行社区。二是资金支持,为初创社会企业提供行政经费资助、项目资助和贷款,能保障社会创业者创业初期的基本生活,吸引其他人加入和测试项目。

(2) 能力培养功能。能力包括社会企业的战略管理能力、内部治理能力、项目管理能力和创新能力等方面。通过三种途径培养和提升社会企业工作人员的能力:一是孵化器举办培训活动,邀请内部和外部的资深专家对入驻机构进行有针对性的培训辅导;二是孵化器对社会企业的日常咨询和项目指导服务;三是机构间的日常经验分享和沟通交流。

(3) 宣传推广功能。这基于社会企业孵化器的两个优势:一是与政府的良好关系。政府通过孵化器实现政策宣传和导向功能,孵化器向政府反映社会企业的需求信息和各种建议,社会企业可以借助孵化器争取注册和获取项目资金。二是在第三部门中的影响力。作为枢纽型组织和信息交流平台,孵化器有着其他组织不能相比的影响力和号召力。因此,通过孵化器的平台,帮助社会企业与政府、基金会和其他机构建立联系,迅速发展和完善其外部支持网络,使其与外界建立互信关系。

(4) 专业服务功能。专业服务包括管理服务、财务托管、法律咨询、网络技术支持等方面的服务。孵化器可以帮助社会企业解决其初创期所面临的这些共同挑战和困难。由孵化器中的专业人士和聘请的顾问为社会企业提供专业服务。

社会创业启示录

美国最成功的"孵化器"是由有经验的创业者办的。对创业者来说,最大的价值其实是在趋势、产品方面,其次是人才、人脉,最后才是场地、法务、财务。——李开复(创新工场创始人)

7.4.3 社会企业孵化器的运营模式

1. 企业孵化器的基础条件

孵化器为创业者提供创业孵化的共享环境，必须具备一定的软硬件，主要包括：

（1）孵化场地。孵化场地是孵化器的壳体，是创业者租用的生产、科研和办公场地。孵化场地的大小决定了企业孵化器的规模。

（2）基本公共服务设施。为减少创业者在后勤、办公等方面的人力、物力、财力投入，企业孵化器为创业者提供一些包括餐饮、员工住宿、公共会议室、打字、复印、通信、邮政、保安、秘书等共享服务设施和服务。

（3）孵化管理队伍。孵化器必须有一支有管理经验丰富、有专业技能的管理队伍为创业者提供物业、信息、咨询、中介、代理、融资等方面的服务。管理队伍应具备物业管理经验、企业管理经验、投资决策能力、中介咨询能力、善于将各种社会资源组织起来的能力。

（4）孵化资金。在创业初期，创业资金来源主要靠自有资金和权益性融资。如果孵化器能够向创业者提供一定的孵化基金进行权益性投资或者债务性投资，则可以选择一些有潜力、有发展前景的项目进行孵化，也可发挥其引导作用，吸引风险投资和其他投资。

2. 社会企业孵化器的运营模式

（1）政府主办、政府运营模式。为了打造服务社会企业的公共平台、培育社会需要的社会企业，政府投资建立社会企业孵化器，并开始推广复制。广州、太原、东莞等地政府相继建立社会企业孵化器。这一模式优势在于：一是政府能便利地为社会企业提供政策信息和项目资源，在注册上给予辅导协助；二是对于政府，有利于向社会宣传政府政策导向，引导民间公益发展。

（2）民间主办、民间运营模式。该模式孵化器一般是由基金会、企业和科研机构等主办，如依托高校成立的长沙"滴水恩"公益组织机构、中国青基会等基金会创办的孵化器。与政府主办模式相比，这一模式优势在于：一是基于社会企业的独立性和非政府性，政府主办会造成行政干预过多，而民间主办可以更突出服务性的特点。二是基金会主办的孵化器有稳定的资金保障，还可以通过向社会募捐提高各界对公益事业的关注。企业主办的孵化器可以将企业精神、技术与公益更好地结合起来。

（3）政府主办、民间运营模式。一般是政府提供场地和资金，民间提供孵化培育的专业人员和服务，即政府委托民间运营模式。这一模式比较常见，上海、北京、深圳等地建立的社会企业孵化器多为此种模式。这一模式优势在于，可以

第7章 社会创业环境

充分发挥双方的长处,既能体现政府的资源优势又能借助专业机构的人才经验,既能实现政府的支持又不过分干预孵化器的运转,实现多方共赢。

创新思维游戏

游戏名称:SWOT分析

游戏目的:在商业活动中,确定我们想要什么比较容易,但明白什么东西妨碍我们实现目标却比较困难。SWOT分析是一种经久不衰的技术,它根据我们期望的结果,对比目前所处的状态,以此来验证哪些地方可以改进。它为我们提供机会来衡量面临的机遇与危机,并且评估这些因素对未来的影响程度。通过了解这些因素,我们可以采取下步行动。所以,需要评估团队获得成功的可能性时,可以采用该分析方法。

游戏人数:5~20人

游戏时间:1~2小时

游戏规则:

1. 开始前,在一张挂图纸上写下词语"理想的最终状态",并用一幅图来描绘它。

2. 用四张挂图表示四个不同的方块,按照上下左右的顺序将他们拼起来。

3. 在左上方的方块中,写下"优势"一词,并画一幅图来描述这个概念。可以简单地画某个人用一只手举着轿车来代表"优势"。留给参与者5~10分钟的时间,让他们思考自己拥有什么强项去实现理想的结果,并把他们的想法写在便签条上,每个想法一张便签条。

4. 在左下方的方块中,写下"劣势"一词,并画一幅图来描述这个概念。让参与者花5~10分钟的时间思考,要获得理想的结果他们的短板在哪里,并将他们的想法写在便签条上。

5. 在右上方的方块中,写下"机会"一词,并画一幅图来描述它。留给参与者5~10分钟的时间,在便签条上写下他们能够想到的机遇。

6. 在右下方的方块中,写下"威胁"一词,并画一幅图来描述这个概念。让参与者利用最后的5~10分钟时间思考面临的危机,并将它们写在便签条上。

7. 把写好的便签条收集起来,并把它们贴在相关方块的墙边,以便大家都能够看到。这些便签条应当依旧属于初始划定的范围:优势、劣势、机会和威胁。

8. 从描绘"优势"的便签条开始,大家共同协作,根据它们与同类便签条中其他想法的相似程度进行排序。将类似的想法汇聚在一起,直到把大多数便签条上的想法都整理好。画线将各组想法分隔开,但是仍然将它们放在同一个方块中。按照如下顺序对其他类别重复分类和排序的过程:劣势、机会以及威胁。

9. 分类和排序结束后，让大家互相交流，为每组想法创建一个类别。当大家就分类提出自己的意见并达成共识后，在相应的方块中写下这些类别。

10. 类别总结基本完毕后，就让他们来到画着方块的墙边进行"数点投票"，每人在每个方块中的两个或三个类别旁边画上点，标出他认为与该方块最相关的类别。让大家圈出得票最多的类别，并将它们记录下来。

11. 总结与参与者交谈过程中所收获的发现，让他们讨论这些发现对理想状态的影响。

在该游戏中，要让大家以积极的态度评估弱势和威胁，并将这些不良因素作为促成实现目标的一种手段。向参与者提出令人深思的问题，例如"如果竞争对手并不存在，该怎么办？"以及"在应对这个威胁的过程中，蕴含着哪些机遇能够促使企业变得更加强大？"

游戏策略： 如果团队成员毫无保留地提供内容并加以分析，SWOT分析的效果是最理想的。参与者可能会毫不犹豫地展示出优势，但提起弱项时就显得吞吞吐吐，因为这些弱点可能与在场的其他人员有关或者根本就是他们自己的思维盲区。构建"劣势"概念意味着我们找到了能够改进的地方。同样，"威胁"表明某些事物将成为增强性能的催化剂。如果大家在认真仔细地考虑现有的内容，并听到他们提出以前没有意识到的深刻见解，就表明这个游戏是成功的。

本章要点

社会创业环境是创业企业赖以生存与发展的土壤，对创业企业的生存与发展起着决定性的作用。外部环境不容易控制，但并不意味着无所作为。内部环境是创业者可以控制的环境，必须营造一个良好的内部环境。

宏观环境会影响在一个国家和地区的每一个创业者，但影响的程度会受产业、创业企业自身的条件等因素的影响。产业分析是一种聚焦于产业潜力的商业研究。产业分析有助于创业企业决定是否进入某个产业，以及创业企业能否在产业中占据能提供竞争优势的定位。替代品的威胁、潜在进入者的威胁、产业内既有竞争对手竞争、供应商的议价能力和买方的议价能力是决定产业盈利水平的五种竞争力量。微观环境是相对于宏观环境与产业环境而言的，是直接制约和影响创业企业营销活动的力量和因素，包括企业本身及其市场、竞争者和各种公众。创业企业必须对微观环境营销进行分析。

社会企业孵化器是为初创型社会企业提供支持性综合服务，保护其成长为成熟企业的一种经济组织。目前我国各省市和地区都有各种类型的社会企业孵化器，提供各种孵化服务。创业者应根据创业的产业和需要选择适合自己的孵化器。

第7章
社会创业环境

关键术语

社会创业环境；创业宏观环境；创业产业环境；创业微观环境；产业环境钻石分析模型；五力分析模型；社会企业孵化器

案例分析

美好世界书店（Better World Books）：用阅读改变人生

"企业是美化世界的最强有力的工具"。这句话是美好世界书店创始人之一泽维尔·赫尔格森说的。而来自乌干达的阿涅斯（Agnes）的亲身经历验证了这句话。在动乱的战争时期，为了躲避童子军对孩子的抢掳，阿涅斯的父母只能让她每晚藏到树林中过夜。在那个时候，阿涅斯根本不敢想自己的未来在何方。当她从一个好友那儿听说了"看不见的儿童（Invisible Children）"这家慈善机构后，一切都发生了变化。而"看不见的儿童"正是"美好世界书店"所资助的慈善机构之一。在"美好世界书店"发布的一段视频中，阿涅斯这样说道："接受教育是唯一能让你的生活变得美好的途径。"

成立"美好世界书店"多年后，一次赫尔格森去非洲途中惊讶并欣喜地发现，在与"非洲图书（Books for Africa）"机构的合作下，他的公司已经成为撒哈拉沙漠以南地区最大的课本供应商。2011年8月，成立仅7年后，"美好世界书店"的文化类捐赠就创下了1000万美元的纪录。

大学时期一次成功的二手课本销售，让赫尔格森和另一名创始人克瑞斯·福克斯决心开拓二手书籍的销售市场。那次的大学销售收获了5000美元，如今"美好世界书店"每年就要卖出500万本图书，几乎所有国家都有他们的顾客。公司的员工集中在美国的印第安纳州、乔治亚州等，并拥有两个仓库用来储存数以万计的图书。如今，赫尔格森周游世界，把书本送至各地，也把鼓励大学生创业的精神带到了全世界。赫尔格森说："在创业过程中，只有顾客能告诉你还需要些什么，正是这一点让创业充满了刺激性。"

如今，"美好世界书店"在他们的网站上实行"买一赠一"的政策。这是"以书换书"计划中的一部分。他们的网站顶端向用户实时显示捐赠和回收书本的数量和为扫盲所筹集的款项金额。而公益性并不是他们吸引全世界顾客目光的唯一元素。"美好世界书店"所售的图书的价格通常比其他销售商便宜许多，并且免除运费，还把运输途中产生的"碳足迹"尽可能地减至最少。

"美好世界书店"与超过1800所学校合作，回收二手书籍。公司通过销售、捐赠和回收图书，把利润用以资助多家公益性基金会。"美好世界书店"的未来计划是建立起"美好世界"这一品牌，并继续在全球范围支持普及文化的行动。而对于现代阅读人群，赫尔格森正筹划电子图书，以便将他们也纳入"以书换书"的计划中来。美国评选社会企业的组织 B Corp，在 2012 年根据社会企业的三重基线，从六百多家社会企业中评选出的第一名就是美好世界书店。

资料来源：莎拉·博科维茨."美好世界书店"带来美好人生 [EB/OL]. 公益时报，2012-06-12，本书作者有所改编。

延伸阅读

波特. 国家竞争优势 [M]. 邱如美，译. 北京：中信出版社，2012.

张秀军. 迈克尔·波特竞争战略精髓：竞争战略大师思想全新解读 [M]. 北京：中国经济出版社，2020.

孙陶然. 创业 36 条军规 [M]. 北京：中信出版社，2015.

布兰克. 创业者手册：教你如何构建伟大的企业 [M]. 新华都商学院，译. 北京：机械工业出版社，2013.

马凤岭，等. 创业孵化管理 [M]. 北京：机械工业出版社，2013.

复习思考题

1. 创业企业与社会创业环境的关系是什么？
2. 如何运用产业环境钻石分析模型对社会创业环境进行分析？
3. 如何运用波特的五力分析模型对社会创业环境进行分析？
4. 如何选择适合自己的创业孵化器进行创业？

创业挑战

选择适合自己创业的社会创业环境，了解准备入驻的孵化器，并了解孵化器的管理模式。

第 8 章　社会商业模式构建

学习目标

- 熟悉商业模式的内涵以及构成元素。
- 掌握商业模式的类型。
- 掌握商业模式的设计与合理性检验方法。
- 商业模式的演进和持续创新。
- 商业模式的发展趋势。

引导案例

学习也能帮助饥饿的人们——"免费的大米"的商业模式

现在，不论你英文水平如何，让我们一起来做一道英语测试题。

"gift" means：_____

A. hotel　　　　B. present　　　　C. task　　　　D. alarm

这是 Freerice.com 在线随机抽取的一道测验题。过去，答对这样一道题只意味着你记住了一个单词。现在，你答对上面这道题就能向联合国世界粮食计划署（World Food Programme, WFP）捐出 10 粒大米，为缓解全球饥饿状况尽了自己一份微薄的力量。

Freerice.com（免费的大米）是一个堪称伟大的网站。让它变得伟大的并不是能够帮助网民提高应对考试的能力或者知识水准。而是将简单的词汇测验与解决全球饥饿问题，还有跨国集团的品牌推广融合在一起，进而为人们创造了一个崭新的解决方案。

2007 年，美国印第安纳州的计算机程序师约翰·布林的儿子要参加 SAT 考试。约翰·布林为了让儿子在考试中能获得好成绩，利用自己在 IT 方面的专长于 2007 年 10 月 7 日创建了具有在线游戏性质的英文测试网站——Freerice.com。它的第一个使用者是他的儿子，第一天只有 830 粒米被捐出——

他儿子答对了 83 道题。

"免费的大米"网站将向每个人免费提供英语词汇表和向饥饿的人们免费提供大米帮助解决世界饥饿问题，这两个看似风马牛不相及的目标有机结合起来。网站版面布局简单，以稻子作为版面配色基础。网页的左上有一个英文单词，单词下面列出了 4 种释义。词汇难度总共有 60 级。答对一题后难度增加一级，答错的题目会二次出现以加深记忆。开始答题后，页面右面会出现一个装大米的盘子，每答对一题，盘子上就会放 10 粒大米，并在下方出现单词的准确释义。这 10 粒大米意味答题者向联合国世界粮食计划署捐出 10 粒大米。如果错了，系统会自动把下一个单词的难度降低。游戏者还可以根据自己的水平选择测验的难度级别。访问者无须注册即可参与测试，"免费的大米"的名称由此而来。

由于其学习、公益融于一体的模式不仅激发 YouTube 及 Facebook 等知名网站都来帮助其扩展单词量，其独创性的单词游戏也吸引了数量可观且不断增加的玩家群体。3 个月后，核聚变效应发生，网站一天之中的参与者就已经达到 50 万人。这就意味着，即使一人只答 1 道题，联合国世界粮食计划署也会有 1000 万粒米进账。

为了让更多的人参与这一"追梦"工程，约翰·布林将游戏的范围扩大到艺术、数学以及化学领域，以吸引更多的玩家。捐赠的大米由一些赞助商买单，在"免费的大米"网站页面下端会随机显示赞助商的广告链接——这是给予他们的回报。"免费的大米"的广告赞助商大多是联合利华、美国运通、苹果公司、日本东芝等全球知名企业，世界粮食计划署将它们赞助的资金用于购买大米，并送到了孟加拉国、乌干达、尼泊尔等饥饿现象严重的地方。

2011 年 10 月 26 日，联合国世界粮食计划署和其中国合作伙伴盛大游戏公司，推出了 Freerice.com 中文版。在中国募集到的大米主要用于世界粮食计划署在亚洲开展的项目，其中包括中国扶贫基金会开展的营养校餐计划。

资料来源：张学兵. 公益之痒：商业社会中如何做公益 [M]. 北京：北京大学出版社，2011。

8.1 商业模式的概念

德鲁克指出，当今企业之间的竞争，不是产品之间的竞争，而是商业模式

第8章
社会商业模式构建

之间的竞争。商业模式是所有企业的立足之本，社会企业作为企业，也应有合适的商业模式来维持其生存和发展。社会创业者和普通创业者在许多方面是类似的，社会创业者和普通企业最大的不同，就在于盈利动力的产生和社会效益的衡量上。

社会创业者需要将社会价值与经济价值创造性地融合，在保证组织不偏离公益性的同时，设计新颖的商业模式来实现社会企业的"造血"功能。让社会企业拥有更多资源和能力从事公益服务的过程就是商业模式的设计与创新过程。从本质上讲，社会创业商业模式和以营利为目的的商业模式在本质上没有根本区别，只是一个是为了解决社会问题，获取人类生态的"更高价值"；另一个可能仅是为了获取商业利润。好的社会创业商业模式是既能加强社会企业自我造血功能，又能实现经济价值和社会价值"双赢"的模式。

8.1.1 商业模式的概念

保罗·泰莫斯（Paul Timmers）认为商业模式是指一个完整的产品、服务和信息流体系，包括每一个参与者和其在其中起到的作用，以及每一个参与者的潜在利益和相应的收益来源和方式。在分析商业模式过程中，主要关注一类企业在市场中与用户、供应商、其他合作者的关系，尤其是彼此间的物流、信息流和资金流。

咨询师唐纳德·米切尔（Donald Mitchell）和卡罗尔·科尔斯（Carol Coles）对商业模式的定义是：一个组织在何时（When）、何地（Where）、为何（Why）、如何（How）和多大程度（How much）地为谁（Who）提供什么样（What）的产品和服务（即7W），并开发资源以持续这种努力的组合。

维基百科将商业模式定义为：是一个企业（A Business）创造营收（Revenue）与利润（Profit）的手段与方法。或者说商业模式是企业的员工如何面对客户，也包括如何拟定策略与执行该策略而获取收益。

商业模式通俗的定义是：描述企业如何通过运作来实现其生存与发展的"故事"。商业模式是关于企业做什么、怎么做、怎么赢利的问题，是商业规律在经营中的具体应用。

商业模式有别于战略体现在三个方面。第一，商业模式从为客户创造价值开始，围绕如何提供这种价值展开，当然也涉及从所创造的价值中获取收益。而战略更重视当前和潜在的威胁，关注竞争优势。第二，商业模式概念更强调为企业而不是为股东创造价值。第三，商业模式假定企业、客户及第三方的知识都是有限的，容易被早期成功惯性所影响。战略假定存在大量可获得的可靠信息，一般要求仔细分析、计算及选择。

> **社会创业启示录**
>
> 善行不是捐钱,而是把它设计在你的商业模式里。——理查德·布兰森(维珍集团创始人)
>
> 社会创新家关注的是模式的改变,而非单个交易,不限于某个狭小的金融财务特色领域。Ashoka 对投资一所学校或一家诊所不感兴趣,Ashoka 关注的是教育或育儿的新方式,发现和取缔伪劣药物的新体制,把老年人和年轻人连接起来让他们共同受益的新体系等。授人以"鱼"很重要,但授人以"渔"更重要。但是,能起到最大效果的是重新设计整个"捕鱼行业",社会创新家应该是重新设计"捕鱼行业"。——比尔·德雷顿(阿育王创始人)
>
> 商业模式是一些说明企业如何运作的故事。一个好的商业模式包含准确刻画的角色、可信的动机以及洞悉价值的故事情节。商业模式还回答了一些基本问题:在这项业务中如何赚钱,如何以合理的价格给顾客提供价值。——玛格丽塔(《哈佛商业评论》编辑)

8.1.2 商业模式的构成元素

亚历山大·奥斯特瓦德和伊夫·皮尼厄在《商业模式新生代》中以画布的形式,从客户、产品、基础设施、财务生存能力这四个商业的主要方面阐述了商业模式九个基本要素,来描述了企业如何创造价值、传递价值、获取价值的逻辑关系。九个基本要素的逻辑关系如图 8-1 所示。

商业模式画布				
重要合作	关键业务	价值主张	客户关系	客户细分
	核心资源		渠道通路	
成本结构			收入来源	

图 8-1 商业模式画布

(1)价值主张,即为特定客户细分创造价值的系列产品和服务。

(2)客户细分,即企业想要提供价值的不同人群和组织。

(3)渠道通路,即如何沟通,接触其细分客户并传递其价值主张。

(4)客户关系,即与特定细分客户群体所建立的关系类型。

(5)收入来源,即从每个客户群体获取收入的主要途径。

(6)核心资源,即让商业模式运转所必需的最重要因素。

(7)关键业务,即为了确保商业模式必须做的最重要的事情。

(8) 重要合作，即让商业模式运转所需的供应商和合作伙伴的网络。

(9) 成本结构，即运营一个商业模式所引发的所有成本。

我们也可以找到许多与组成商业模式的基本元素中的任何一个相对应的商业模式创新案例，其中最明显的是价值主张的创新。例如尤努斯针对孟加拉国农村低收入人群设计的小额贷款的全新商业模式；摇滚巨星波诺针对高端客户创造了购物即行善的商业模式；约翰·布林设计的"免费大米"将简单的词汇测验与解决全球饥饿问题，还有跨国集团的品牌推广问题融合在一起，进而为人们创造了一个崭新的解决方案。

8.1.3 商业模式的特征

长期从事商业模式研究和咨询的埃森哲公司（Accenture）认为，成功的商业模式具有三个特征：

(1) 能够提供独特价值。由于企业自身情况千差万别，这种独特性表现在它怎样赢得顾客、吸引社会投资者和创造价值。它往往是产品和服务独特性的组合。这种组合要么可以向客户提供额外的价值；要么使得客户能用更低的价格获得同样的利益，或者用同样的价格获得更多的利益。

(2) 竞争对手难以模仿。企业通过确立自己对客户的悉心照顾、强大的执行能力等，来提高行业壁垒，从而保证利润来源不受侵犯。例如，人们都知道戴尔公司是直销的标杆，但很难复制戴尔的模式，原因在于"直销"的背后，是一整套完整的、极难复制的资源和生产流程。

(3) 成功的商业模式应建立在客户体验基础上。成功的商业模式是在深入理解客户的基础上形成的，是建立在对客户行为的准确理解和把握上的。

8.1.4 商业模式的作用

在确立商业模式时，社会创业者会思考一系列的问题，如企业的收入来源，顾客看重的核心价值；企业是否拥有吸引和保留每一个收入来源的能力，通过什么方式向顾客提供价值和筹集资金；在经营活动中可以扩展和利用哪些优势、能力、关系和知识等。一个好的商业模式具有以下四个作用：

(1) 作为规划工具，商业模式的选择可以促使创业者缜密地思考市场需求、生产、分销、企业能力、成本结构等各方面的问题，将商业的所有元素协调成一个有效、契合的整体。

(2) 让顾客清晰了解企业可能提供的产品和服务，实现企业在顾客心目中的目标定位。

(3) 可以让企业员工全面理解企业的目标和价值所在，清楚地知道自己能做的贡献，从而调整自己的行动与企业目标的和谐。这一点在社会企业中尤为重要。

（4）可以让利益相关群体更清晰、方便地判断企业的价值及其在市场中的地位变化。

我国社会企业面临的一个较为普遍的问题是"商业运作能力不足，商业模式不佳"。一些社会企业拥有一个很好的创意，但是还没有找到合适的商业运作模式，具体表现在：偏重社会目标，而商业目标不清晰，商业运作能力不足；对市场和目标客户的研究不够细致、精确；营销、品牌传播能力差等。

8.2 社会商业模式的类型

8.2.1 商业模式的类型

亚历山大·奥斯特瓦德和伊夫·皮尼厄在《商业模式新生代》中列出了五种商业模式，包括非绑定式商业模式、长尾式商业模式、多边平台式商业模式、免费式商业模式和开放式商业模式。各种商业模式的原理与解决方案如表 8-1 所示。

表 8-1 商业模式原理与解决方案

类型	非绑定式商业模式	长尾式商业模式	多边平台式商业模式	免费式商业模式	开放式商业模式
传统方式	一种包含了基础设施管理、产品创新和客户关系的整合式商业模式	价值主张仅针对大多数有利可图的客户	一种价值主张只针对一个客户细分群体的商业模式	高价值、高成本的价值主张，仅提供给付费客户	研发资源和关键业务都被集中在企业内部
挑战	成本高。多种冲突企业文化被整合到一个实体中，带来不利的权衡取舍	针对低价值的客户细分群体提供特定价值主张成本太高	企业无法获得潜在客户，客户感兴趣的是接触企业现有客户	高价格阻挡了用户	研发成本过高抑或生产率很低
解决方案	存在着客户关系型、产品创新型和基础设施型三种业务类型，分别应专注于亲近客户、产品领先和卓越运营的价值信条	针对以前的大量低价值利基客户细分群体提供新的或附加的价值主张，所产生的累计收入同样可以有利可图	增加"接触"企业现有客户细分群体的价值主张	针对不同的客户细分提供几个含有不同收入来源的价值主张，其中一个是免费	利用外部合作伙伴提高内部研发资源和业务效率。内部研发成果被转化为价值主张，提供给感兴趣客户细分群体

(续)

| 原理 | IT 和管理工具的发展允许以更低成本分拆并在不同的商业模式中协作，进而消除了不利的权衡取舍 | IT 和管理工具的发展允许以低成本针对数量庞大的新客户发布量身定制的价值主张 | 在两个或多个客户群之间搭建的中介运营平台，客户细分可以给最初的模型增加收入来源 | 付费客户群体为免费客户群体提供补贴，以便最大限度地吸引客户 | 从外部资源获取的研发成果成本更小，并可以缩短上市时间。没被利用的创新在出售后可能带来更多潜在收入 |

8.2.2 社会企业的商业模式

1. 外挂型社会企业模式

外挂型社会企业模式是对以传统商业企业运作为基础、以利润流向的变革来进行组织的社会公益性变革的社会企业形态的总称。其运行模式表现为仍保留原企业的经营内容和方式，将企业的利润全部或部分投入公益项目和企业自身的维持与发展中，而组织所有人不进行利润分红。

2. 投资型社会企业模式

投资型社会企业模式是以资本运作为中心的社会企业模式，资本要素在其中扮演着核心角色。投资型社会企业作为社会企业或个体商业项目资本的筹集者和管理者，发挥着连接投资者和资金需求者的桥梁性作用。投资原则以社会效益与经济效益并重的原则进行投资。

3. 就业中心型社会企业模式

就业中心型社会企业模式对市场体制下边缘人群的就业问题给予了特别的关注。社会企业划分为就业型社会企业与创业型社会企业，认为就业型社会企业旨在让贫困、残障人士等市场体制下的边缘人群获得工作机会，实现自立。

4. 资源中心型社会企业模式

资源中心型社会企业模式是以资源的循环使用及对以资源为基础的社区开发为中心的社会企业形态的总称。资源是该社会企业模式的核心。但资源中心型模式的社会企业始终将社会效益放在第一位，在利润处置上同样实行利润的再投入而非分红制。

社会创业学：
社会创业思维·过程·实践

> **社会创业小贴士**
>
> ### 英国著名社会投资机构 CAF Venturesome
> ### 提出社会企业的三种商业模式类型
>
> 第一种类型：补贴模式（Profit Generator Model）。该类型的社会企业的业务本身并不直接产生社会效应，但会把利润部分或全部地用于直接产生社会效应的事业。很多非营利组织开设的营利性分支机构和投资业务都属于这一类型。
>
> 第二种类型：权衡模式（Trade-off Model）。该类型社会企业的业务本身能够产生直接的社会效应，但在经济利益和社会效应之间存在权衡关系。那些直接雇佣弱势群体的社会企业、小额贷款机构以及从事公平贸易的机构等，都属于该模式。
>
> 第三种类型：同步模式（Lock-step Model）。此类型的社会企业其业务本身不仅能够直接产生社会效应，而且通过所产生的社会效应得以产生其利润。如果一家社会企业通过减少自身经济利益的方式并不会增加所创造的社会效应，则属于同步模式。

8.3 社会商业模式的构建与检验

8.3.1 社会创业商业模式的设计原则

1. 解决社会问题根本原因原则

社会企业家注重从根本上入手解决社会问题，带来系统和持续的变化，从而获得影响力。社会企业家必须理解复杂的社会问题，把握社会问题的核心，从而解决这些问题。

2. 受益者赋能授权原则

对受益者赋能授权是社会企业实现目标的关键手段，也就是将摆脱困境的权力交到受益者手中。尤努斯创办格莱珉银行的目的是消除贫困。但是，他没有依靠募捐，并将捐款发放给穷人的方式消除贫困。反而，他将权力交到了受益者手中。通过为贫困的人群提供无须抵押的小额贷款，为穷人提供了摆脱贫困的机会，

第8章 社会商业模式构建

穷人们能依靠自己的想法、动机和技能来改变贫穷面貌。

3. 协同创新原则

协同创新是指创新资源和要素有效汇聚，通过突破创新主体间的壁垒，充分释放彼此间"人才、资本、信息、技术"等创新要素活力而实现深度合作。协同创新意味着社会企业在产品和服务的价值链的各个环节都可以和目标群体共同合作。社会企业家在商业模式设计过程中，通过协同创新既可以获得稀缺资源，又可以使目标群体参与到价值主张的设计当中去。

4. 价格差别和交叉补贴原则

社会企业家要增加社会价值，可以通过价格差别和交叉补贴的方式，来满足那些不能支付产品或服务正常价格的人的需求。例如，爱尔眼科通过高毛利业务补贴低收入群体的"交叉补贴"机制，形成了独具特色的可持续的公益慈善模式，获得世界银行集团的全球推广。

社会创业小案例

Netafim 在非洲市场时的商业模式

在气候干旱炎热的非洲地区，农民会选择滴灌方式来给作物浇水。以色列滴灌技术公司 Netafim 开发出一种可以根据土地含水量、盐分、地力和气象数据来调节出水量的技术。公司向农民证明，这套技术可以让他们增收 300%~500%，是一笔划算的投资。但是，这项技术起初根本没有市场，农民不愿意购买如此复杂的设备。他们不信任公司，认为使用这项技术需要自己承担大部分的风险。Netafim 通过给农民们提供免费产品组合打消了这种顾虑。该组合包括：系统设计和安装，所需硬件和定期维修服务。等每位客户获益后，公司再以从增收的粮食中抽成的方式获取利润。由于 Netafim 承担了全部风险，农民只需要决定接受或者拒绝增收的机会，而不必承担任何风险，因此 Netafim 在非洲市场获得了巨大成功。

8.3.2 社会创业商业模式的构建

1. 客户洞察

良好的商业模式方法中重要的工具就是客户洞察。许多社会创业者在市场研究上投入了大量的精力，却在设计产品和商业模式上忽略客户的观点。良好的商业模式设计应该建立在对客户的环境、日常事务、关心的焦点与愿望深入洞察的基础上。进行客户洞察有效的可视化思考工具是移情图。移情图模版如图 8-2 所示。移情图又称为同理心地图,是对用户行为和态度进行剖析、呈现的直观视觉形式。它是帮助社会创业团队更好地了解用户的一种可视化思考工具。绘制地图的过程,是从用户视角审视目标用户的问题,梳理出用户真正的需求的过程,就是穿上用户的鞋子走一走,体会用户的痛点与渴望,深入挖掘的需求。

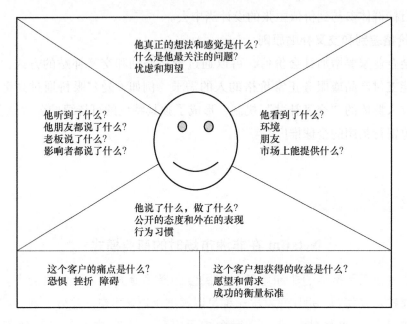

图 8-2　移情图

创建移情图,需要收集好所有定性研究数据、人物角色,并拉齐团队成员。所需的材料是大张纸或白板、彩色便利贴和记号笔。将一张大纸或白板分成多个部分,用户用无填充头像表示,放在中心。在用户周围划分为用户在思考什么、看什么、说和做什么、听什么等四个象限,用于记录用户的外部世界。在四个象限的底部是探索用户的内在思维,包括客户的痛点和期望得到的收益,这些感受可以通过推断、猜测验证或从用户调研中直接获取,目的是揣摩出用户头脑中在想什么。之所以把痛点和收益单独放在底部,是因为这两个维度将直接决定用户是否选择使用社会企业的产品和服务,社会企业所提供的产品是否能帮助他们解决痛点或从中获取收益。

社会创业团队在基于对用户的了解和研究数据共同填充信息之后,需要让参与者进一步分享各自的经历和想法,询问他们为什么改变了观点或产生了新见解。把团队得出的结论和想法用照片、文档记录下来分享给大家,这是走进用户角色、与用户产生共情的好方法。

第8章 社会商业模式构建

2. 创意构思

设计新的商业模式需要产生大量商业模式创意,并筛选出最好的创意,这个收集和筛选的过程被称为创意构思。为了找到更好的选择,必须想象一个装满创意的摸彩袋,然后再把他们缩减到一个少量且可能实现选择方案的短名单。因此,创意构思有两个主要阶段:①创意生成,这个阶段重视数量;②创意合成,讨论所有的创意,加以组合,并缩减到少量可行的可选方案。可以通过商业模式画布和"假如"的提问方式,分析商业模式构建与创新的核心问题。

商业模式创新的创意可以来自任何地方,商业模式的九个构成要素都可以是创新的起点。可以把这九个构成要素区别分为资源驱动、产品与服务驱动、客户驱动和财务驱动四大部分,其中任何一部分中的构成要素的变化,都会对其他构成要素产生强大的影响。在构思新的商业模式的时候经常都会被现状限制自己的思维和想象力。克服这个问题的方法之一就是利用"假如"问题挑战传统假设。"假如"问题只是个开始,这些问题将帮助我们发现能够使假设问题成立的商业模式。

3. 视觉化思考

所谓的视觉化思考,就是使用诸如图片、草图、图表和便利贴等视觉化工具来构建和讨论商业模式。通过可视化地描述商业模式故事,社会创业者可以把其中的隐形假设转变为明确的信息。这使得商业模式明确而有形,并且讨论和改变起来更加清晰。

4. 原型制作

原型制作与视觉化思考一样,通过原型这种思维工具,可以让概念变得更形象具体,帮助社会创业者探索商业模式应该尝试选择的方向。商业模式的原型既可以是画在餐桌上的草图,也可以是具体到细节的商业模式画布,还可以是一种可以实地测试的成型商业模式。原型制作不仅与勾绘商业模式想法有关,也与真正实现这个构想有关。原型制作过程中,可以通过添加和移除每个模型的相关要素来探索新的构想,还可以用不同层次的原型做试验。

5. 故事讲述

本质上,新颖而富有创意的商业模式经常是晦涩难懂的,所以,将社会创业商业模式所包含的逻辑融入有趣的故事叙述中,能更容易地将听众引入新的未知领域。就像商业模式画布帮助创业者绘制和分析新模式一样,讲故事能帮助社会创业者有效地表达新的商业模式和理念。美国女作家穆里尔·拉克瑟(Muriel Rukeyser)说得好:"构成宇宙的是故事,而不是原子。"讲故事是一种理想的工具,可以把一种新的商业模式的内在逻辑以形象具体的方式呈现出来,为深入讨论打消人们对未知世界的疑惑,得到很好的支持和认同。

社会创业学：
社会创业思维·过程·实践

6. 情景推测

新商业模型的设计和原有模型的创新上，情景推测把抽象的概念变成具体的模型。它可以帮助我们更好地迎接未来的商业环境。它的主要作用就是通过细化设计环境，帮助我们熟悉商业模式设计流程。第一种描述的是不同的客户背景。例如，客户是如何使用产品和服务的，什么类型的客户在使用它们，客户的顾虑、愿望和目的分别是什么。第二种情景推测描述的是新商业模式在可能会参与竞争的未来场景。

社会创业小贴士

硅谷创业教父级人物史蒂夫·布兰克提出商业模式构建路径

初创企业是一个临时组织，旨在探索可重复、可扩展的商业模式。商业模式设计、用户交流和敏捷开发三者相结合是寻找商业模式最有效的方法之一。寻找商业模式分三个步骤：

第一步，提出假设。了解产品如何创造价值和为客户服务，目标用户群是哪些人。这个过程大多是在办公室里进行。

第二步，验证假设。没有商业计划会在第一次和用户接触后还存活，创业者需要走出办公室与大量用户进行面对面的沟通，用各种方法验证产品和商业模式的可行性。

第三步，提炼数据。要从和用户的交流中提取出有效地数据，分辨噪音和信号，从而用这些数据去不断验证最初的猜想和假设，对产品进行调整。

8.3.3 商业模式合理性的基本检验方法

1. 商业模式的合理性检验

商业模式是否具有合理性，是创业能否成功的首要条件。可以通过对收入来源、成本构成、所需投资额、关键成功要素等内容进行分析，以判断其商业模式的合理性。

收入来源形式有单一的收入、多种相互独立的收入、多种相互依存的收入。具体收入模式包括会员费、基于使用量的收费、基于广告的收入、授权费、交易佣金等。成本构成分析旨在通过对社会创业项目中固定成本、可变成本占总成本的比例分析，寻找降低创业成本的途径。投资额分析主要包括社会创业可能需要

第8章 社会商业模式构建

的最大投资额、何时能够实现盈亏平衡和能够收回所有投资。借助敏感性分析可以找出影响创业成败的关键要素,并分析、测算其对创业成功的影响程度和敏感性程度。

2. 假设前提分析法

假设是指未经证实的经营环境、市场、产品及其关系或逻辑的观点或判断。假设前提分析法是通过分析、评估商业模式赖以成立的前提,从而达到分析、评估商业模式本身的方法。建立或创新商业模式的过程,就是检验所设想的经营理论是否正确的过程。

任何企业的商业模式都隐含有一个假设成立的前提条件,如经营环境的延续性,市场和需求属性在某个时期的相对稳定性以及竞争态势等。这些条件构成了商业模式存在的合理性。假设分析法的出发点是,每个商业模式的实施都是以前提假设作为先决条件。商业模式是否可行、是否有效益,关键在于前提假设条件是否成立。能够推倒旧假设的,只有那些察觉到旧假设的存在,并在此基础上构筑起新假设的人。在讨论和选择商业模式时,可以不直接讨论商业模式本身而讨论它的前提假设。通过直接讨论其前提假设,达到判断其合理性的目的。只要商业模式的假设前提成立了,那么商业模式就有把握了。

假设前提分析法的优点有以下几方面:首先,由于只讨论商业模式的前提,不讨论商业模式,可以排除设计者的偏见和干扰,使谈论者都能比较客观地分析问题,摆脱掉具体问题的束缚,增加方案的可信性和可靠性。其次,只讨论假设条件,比较容易集中正确的意见,保证商业模式的合理性和可行性。最后,通过前提分析可以对商业模式的论据了解得更深刻,使商业模式选择更有把握,从而减少失误。

许多创业者对行业的假设过于乐观,自以为潜在市场很大,企业在某个时刻可以拥有多少市场份额,然后可以实现多少的收入和利润。其中两个重要的假设:第一是市场可以有较快的增长速度;第二是企业能够抓住机会,在足够的资本支持和合适的成本情况下,获得相应的份额,获得相应的利润。然而这些假设常常经不起推敲。所以,分析假设前提应该具备五个条件:①假设必须在概念上清晰明了,表述必须准确;②假设应该具有实证参考物;③假设必须具体化;④假设应该与可利用的技术相关;⑤假设应该与现有的理论体系有关。

3. 数值检验

数值检验即检验商业模式能否赚钱、赚谁的钱、达到怎样的规模才能赚钱、赚多少钱。这可以通过定性和定量两类方法进行检验。定性是建立在经验判断、逻辑思维和逻辑推理基础之上的,主要特点是利用直观的材料,依靠个人的经验的综合分析,对事物未来状况进行判断。经常采用的定性方法有专家会议法、德尔菲法、座谈法等方法。定量检验是根据历史数据找出其内在规律、运用连贯性原则和类推性原则，通过数学运算对事物未来状况进行数量预测。应用比较广泛的有时间序列预测法、相关因素预测法、成本决策、保本点预测、流动资金预测、企业经济增长预测等。

对市场的规模和盈利率、消费者的消费行为和心理、竞争者的战略和行动进行分析和假设，从而估计出关于成本、收入、利润等量化的数据，评价经济可行性。当测算得出的损益达不到要求时，则该商业模式不能通过数值检验。

> **社会创业小贴士**
>
> **创业就是一个假设—验证过程**
>
> 每个人在思考时都会有"假设"，而把"假设"推翻就是创新的开始。所谓创新的方法，即先寻找、挖掘决策时的"假设与前提"，然后探讨"假设与前提"是否正确，如果能够推翻决策时的"假设与前提"或者是行业竞争对手都认为的"假设与前提"，那么，创新的可能就出现了。如果假设"任何媒体都一定需要内容"，那就不会有分众传媒。如果假设"咖啡厅是让人来休闲的"，那么就不会产生能够挑战星巴克咖啡的85℃咖啡。如果假设"面包是为了吃饱肚子的食品"，就不会产生具有时尚意义的"面包新语"。

8.4 商业模式的演进和创新

8.4.1 商业模式的演进

商业模式创新多从一个好的想法开始，逐渐形成有情节的"故事"，在与相关人员不断碰撞中逐步完善——"故事越讲越圆"，达到激励自己与他人的效果，并形成商业计划书。随着对于新模式认识程度的加深，社会创业者也开始创建企业，将商业计划付诸实施。然而，从商业计划到一个成熟的商业模式，必须经过一系列的探索和演进过程，包括经营策略的试验、实践，新技术的研发、技术门槛构建、各类技术的整合和商务资源的配置等。

1. 商业模式的演进从模糊到清晰

社会企业在创建之初，其市场定位和商业模式常常并不明晰，甚至模糊，有

第 8 章
社会商业模式构建

的可能仅是个设想。随着项目的具体运作开展,创业者会逐渐形成清晰的市场定位和商业模式。达到这个状态,一些创业者可能要付出辛苦的探索,甚至痛苦的挫折。

即使一个企业拥有良好的商业模式,但随着时间推移,当环境出现重大变化时,如出现相关技术的重大突破、相关政策法规重大变化、消费者偏好的改变、众多模仿者的出现等,企业原有的商业模式不再具有竞争优势,这就需要企业及时调整。

在技术和信息方面,由于互联网的迅猛发展,关于产品、价格方面的更多信息的搜寻成本大大降低,企业信息更加公开,市场力量也从卖方转向买方。网络作为一种无时空限制的新媒介,催生了许多新业务,也颠覆了许多业务,从而改变了行业结构和收入在企业间的分配。

另外,当市场上出现一个新的商业模式后,很快被仿效。而且,一个市场迟早会出现饱和,用户消费观念也会发生变化,企业增长会因此而减速,收益会达到递减点。因此,企业的商业模式并不是、也不可能一成不变,它需要在实际运作中不断演变和调整。

社会创业小案例

路歌公益商业共赢的演进

路歌是一家物流互联网公司,其商业模式是从公益出发,建立服务于卡车司机的生态系统。路歌首先创建了卡友地带,通过社区社交方式建立了卡车司机互相帮助的机制。随着卡友地带互助机制的不断壮大,卡车司机群体组织归属感逐渐增强,产生了线下自组织公益团体——分舵。卡友们在分舵自发组织各种规模聚会的过程中,逐渐发展出各种互助活动,从针对因卡友车祸身故开启的自发捐款,到规则明确、标准统一的互助保障计划。但是,巨大的投入让路歌压力巨大,虽然尝试了诸多方法,但都不足以支撑社区正常运营,卡友地带陷入商业化困局。2018 年,卡友地带孵化的商业子品牌卡加优选取得成功。紧接着,卡友地带孵化出了卡加优车、卡加养车等项目,为卡车全生命周期提供一站式服务,并最终成立卡加车服品牌。至此,路歌探索出了一条用公益孵化商业,用商业反哺公益的,可持续的商业模式。

2. 商业模式的演进从"复制"到"本土化"

国外市场经济发达的国家和地区,其产品和服务通常处于相对成熟的领先地位，也产生了很多比较成功的商业模式。特别是在社会创业领域中，英国、美国和孟加拉国都有很多商业模式创新，值得我们借鉴参考。

把国外成功的商业模式简单地拿到中国来"复制"，一定会出现"水土不服"的问题。原因是国内的商业基础设施、消费者的需求与国外可能差别较大。例如，格莱珉银行作为完全市场商业化运作模式，通过良好的企业管理实现滚动发展。目前该行拥有2226个分支机构，650万客户，资产质量良好，还款率高达98.89%，超过世界上任何一家成功运作的银行。23年里，尤努斯的格莱珉银行曾贷款给639万人，当中96%是女性，从而使得58%借款人及其家庭成功脱离了贫穷线。"格莱珉"模式不仅在很多欠发达的国家和地区得到推广，美国、加拿大、法国、挪威等发达国家也在借用。

提出一个概念并不难，但建立一个商业模式的庞大系统却有相当大的难度。复制国外的项目往往只是在复制外在的表象和概念，很难复制到整个企业的关键性运营系统，而真正的庞大商业模式系统还需要企业通过"本土化"去完成，从这个角度来讲，依然是一种创新，甚至是一种高难度的创新。

社会创业小贴士

商业模式创新的要素与案例

商业模式创新十分奇妙，因为它既不需要新技术，也不需要创造新市场，只需用现有的技术继续生产产品，然后改变产品传送到现有市场的方式即可。由于这种改变极难察觉，因此商业模式创新带来的优势难以效仿。价值创造可以从三个元素的角度来考虑。第一个元素是价值主张，即为用户带来怎样独特的价值，也是最为核心的元素。第二个元素是针对用户的痛点提供怎样的解决方案。第三个元素是怎样把解决方案有效地传递给用户。

例如，孟加拉国农村很多家庭因无力负担电能，只能砍伐树木烧火做饭，既带来了植被的破坏，也增加了室内污染所造成的死亡率。"格莱珉能源"公司与格莱珉银行合作，由后者向农村家庭提供小额专项贷款购买太阳能板，申请贷款的条件是必须种三棵树。由于申请人多达数万，所以种下的树的数量也非常多。这些树所中和的碳排放由世界银行购买，这些钱再返还给农民用于偿还他们的贷款。另外，太阳能板都交由当地的农民在接受了免费培训后自行组装，他们因此又多了一份收入来源。

8.4.2 商业模式创新路径

每一次商业模式的创新都能给企业带来一定时间内的竞争优势。但是随着时间的改变，消费者的价值取向从一个产业转移到另一个产业，企业必须重新思考和调整自己的商业模式。管理者可以把商业模式想象成一套积木，在搭积木的游戏中尝试用新的积木来扩大策略范围，用不同的搭配方式创造出新的赢利组合。由于行业各异，宏观和微观经济环境处于不断变化的状态中，没有一个特定的商业模式能够保证在各种条件下都产生优异的财务结果。

在社会创业领域，如果存在现有解决方案价格太高或过于复杂、大量潜在客户被挡在市场外、需求有待满足，通过应用新的商业模式让新技术被充分利用，或者利用成熟技术进入一个新的社会需求市场，当某个社会需求领域尚无"以完成客户的工作为核心"的理念，需要抵御低端的颠覆性竞争者，需要对竞争基础的改变做出响应等五种情况的时候，就是对原有商业模式进行变革和创新的时候。

优秀的商业模式是丰富和细致的，并且其各个部分是相互关联、相互支持和相互促进的。改变商业模式九个要素之中任何一部分，就会形成另外一种模式。埃森哲总结出以下商业模式创新的途径：

1. 通过量的增长扩展现有商业模式

社会企业可以通过量的增长扩展现有商业模式。在原有商业模式的基础上，通过授权经营、社会特许经营等，将业务引向新的地域，增加客户数量、增加产品线和服务种类等，实现市场规模的扩张。特许经营是指特许者授权给被特许者，使其有权利使用特许者的知识产权进行经营。社会特许经营是特许人负责加盟的整体服务，其中提供包括品牌、关键处理过程、对被特许人的教育及其特许概念的进一步延伸。成功的例子如"黑暗中对话"展览。该展览始于1988年，目前已经扩展到欧洲、亚洲和美洲30多个国家和地区。

2. 更新已有商业模式的独特性

更新已有商业模式的独特性注重更新的是企业向客户提供的价值，借以抵抗价格战带来的竞争压力。"免费的大米"（Freerice.com）具有新颖的商业模式，它将英文词汇测验、解决全球饥饿问题和跨国集团的品牌推广集合在一起。作为用户，只要点击几次鼠标，每答对一道题就为联合国世界粮食计划署捐出10粒大米。这个网站已经为世界上饥饿的人们捐赠了数百亿粒大米。该网站通过增加化学、地理、数学等新科目，使其商业模式更加独特，网站的用户群进一步扩大。

3. 在新领域复制成功

为了解决大规模的社会问题，社会企业需要复制或扩张他们的解决方案。复制是指普及或者在别的领域采取它们原来的经营模式。迪斯等认为，拓展主要是指社会企业的组织规模扩大或协调能力的显著增强。复制和拓展是社会企业家将他们的事业延伸到其他领域范围或者将他们的产品和服务延伸到新的目标群体，利用品牌营销能力和降低成本运营能力，给这些品牌注入新的生命力。

随着 TOMS "买一捐一"模式的成功，世界上很多品牌开始模仿和复制这种商业模式。例如：This Bar Saves Lives 每售出一份巧克力就捐一包救生食品给需要帮助的羸弱儿童。The Little Bee Co. 每售出一片尿布就会为一名孤儿捐出一片布制尿布。141Eyewear 眼镜店每卖出一副眼镜都会捐一副眼镜给需要它的人们。BoGo 照明每卖出一只手电筒就会捐出一只给亟需之人。Everything Happy 每售出一件商品就捐一条快乐毛毯给医院或孤儿院的孩子。People Water 每卖出一瓶水都会为缺水的人们捐出等量的纯净水。Better World Books 每卖出一本书都会捐一本书给其合作伙伴。FIGS 每售出一件商品就捐出一份医护服装给需要它们的医护人员。消费者每买一份 DOG for DOG 品牌的商品就为饥饿的狗捐出一份相同的狗粮。

4. 通过兼并增加新模式

社会企业往往由于环境和资源的约束，经常面临扩大规模的瓶颈，所以社会企业的规模都比较小，扩大规模的过程十分缓慢。通过兼并可以提高社会企业的在社会服务领域的市场份额，提升行业战略地位，同时能够在经营领域和财务领域产生协同效应。例如，致力于为公益项目众筹的初创公司 Go Fund Me 并购了规模较小的对手 You Caring。通过这一并购，Go Found Me 成为世界上最大的目的性互联网捐助平台。

5. 发掘现有能力，增加新的商业模式

有些成功的社会企业围绕自身独特的技能、优势和能力建立新的商业模式，以实现增长。尤努斯创办的格莱珉银行，建立起超过 2500 个支行，为近 900 万妇女提供信贷及社会支持。尤努斯利用他在小额贷款商业模式中发展起来的能力、知识和关系，创造出一系列成功的商业模式。例如，尤努斯与达能联合创立格莱珉达能公司为孟加拉国营养不良的儿童生产价格低廉的酸奶，与巴斯夫联合成立的公司生产消除蚊虫传染病菌的蚊帐，与优衣库合作成立的公司生产孟加拉民族风格衣裙和 T 恤。此外，他还发起创办了各类学校和医院。自成功创办格莱珉银行以来，尤努斯在孟加拉国创办了一系列的社会企业，建立起一个庞大的"社会企业帝国"。同时，格莱珉模式也被复制到包括美国在内的数十个国家和地区。

6. 根本改变商业模式

根本改变商业模式意味着整个社会企业从组织、文化、价值和能力方面发生根本转变，用新的方式创造价值。每个行业、每家社会企业都有商业模式创新的可能和空间。只要坚持不懈地探索和尝试，终将有所突破。例如，盲人创业的传统商业模式就是按摩店，先天失明的曹军也不例外。他经营着 8 家生意不错的盲人

第 8 章
社会商业模式构建

按摩店。曹军不认为盲人只能靠开按摩店生存。2008 年，本着"科技改变盲人生活的梦想"的理念，他关掉了按摩店的业务，卖了自己的房子，创立北京保益互动科技发展有限公司，进入盲人互联网用品市场，开发盲人智能手机语音产品、导航、订餐、人民币识别、读书、社交等盲人生活需要的领域用品。采用以"听"代替"看"的商业模式，使得盲人也可以开网店、用微信支付发红包、用电脑办公软件做文案、编辑音乐甚至炒股票，改变了盲人的生活方式。

社会创业小案例

国际小母牛组织的商业模式

国际小母牛组织（Heifer International）是一家位于美国阿肯色州的非营利机构，致力于通过向贫困家庭提供家畜和相关培训，让他们能够免遭因依赖他人养活自己孩子，而带来的尊严伤害并获得永久的自由。20 世纪 30 年代末，西班牙内战爆发，美国印第安纳州农民丹·威斯特加入了美国志愿救援队。在向难童分发牛奶时他意识到，这些贫困儿童的家庭所需要的"不仅是一杯牛奶，而是一头奶牛"。于是，他回到美国本土募集小母牛，向西班牙和世界上所有需要帮助的国家和地区运送小母牛。

每一个参与到国际小母牛组织的家庭必须接受畜牧学培训，并保证把家畜所产幼仔赠送给其他参与国际小母牛组织的家庭。1944 年，国际小母牛组织正式成立。该组织致力于以价值为基础的社区综合发展模式，实现减缓贫困和保护环境的目的。这些得到帮助的家庭通过自己养牛结束饥饿、自食其力的同时，必须将受援奶牛所产的小母牛作为礼品，传递给其他同样需要帮助的贫困家庭，以使更多人受益。自 1985 年以来，该组织中国项目已经在全国成功地帮助 9 万多个乡村家庭摆脱贫困。

8.4.3 英国社会商业模式创新案例

1. 发现并直接连接相互关联社会需求模式

例如 TRACK2000 是由两个无业人员创办的集物资回收、维修、二手销售为一体的机构。它的商业链是将废旧物资回收的需求与贫困家庭对二手货市场的需求连接起来，中间再加入培训无业人员维修技能的中转站，从而节省了运作成本。在社会链上，它兼顾了环保、扶贫、无业人员救助三方面的社会效益。

2. 创造和分享利润空间模式

例如"大问题"杂志社,首先是一个普通的杂志社,杂志内容与流浪者、慈善也无关系,唯一不同的是杂志经营利润不是被投资者拿走,而是让利给销售者了。这些销售者都是失业或流浪人员。通过低价提供杂志,为5.1万个无家可归者提供了自立的机会,实践着"让流浪者有尊严地生活"的办刊宗旨。

3. 内部捐赠模式

如果说传统的慈善模式是甲捐给慈善组织,组织为乙服务,那么这种社会企业模式中的甲就是该慈善组织自身。例如"相信触觉"戏剧治疗团,让残疾人参与到表演中,改善其身心状况,给他们快乐健康的生活。该组织的经济平衡主要依靠它的创始者——一位已退休的著名舞台表演家,将自己的演出收入反捐回组织。

4. 救助并开发人力资源模式

救助并开发人力资源模式类似于中国的福利企业,但完全是由私人运营、自我维系的。例如:学徒餐厅,它与培训部结合,由学徒做服务生,有能力了再自己出去工作。"第四部门"则是帮助精神病人,它设有旅社、肥料厂、木材厂、洗衣店、刺绣公司、外卖店等部门,员工中雇用了25%的精神病患者,他们与其他员工一起工作,获得有尊严的生活。

5. 合作经济模式

这类社会企业也很多,例如在泰晤士河边最好地段建成廉租房的合作建房组织、"公平贸易"组织等。合作经济旨在减少中间商业环节,减少资本剥削,从而使劳动力获得最大的收益。

6. 社区利益循环模式

该模式通过利用社区场馆和其他资源,为社区人们提供就业机会、开发社区的合作经济,形成社区利益的自我循环,以整体改变社区的面貌。例如 Bromley by Bow 社区中心就是从教堂向居民开放活动开始,逐渐发展起来的集艺术、生活、居民所有医疗中心于一体的社区组织,它使伦敦最不景气地区的社区发展成一个兴旺的社区。

不论采用何种角度看待商业模式,其作为一种利润生成模式,离不开它的组成要素:利润来源、利润生成过程、利润产出形式三个要素。如果社会企业的经营没有利润来源,盈利、经营和发展就无从谈起,从而利润生成过程和利润产出形式也就无从谈起,作为社会企业盈利模式的商业模式也就没有意义可言。由此也可以看出商业模式的这三个要素也是互相协同匹配的。因此商业模式的设计选择始终离不开对社会企业利润来源、利润生成过程、利润产出形式的研究和探寻。

第8章
社会商业模式构建

社会创业小案例

大卫·德尔丝的商业模式创新之路

大卫·德尔丝的想法很简单：把智能手机和平板电脑变为会计工具，彻底改变发展中国家的商店店主买卖的方式。大卫·德尔丝20多岁在南美洲背包旅游时，看到像玻利维亚那样贫困的拉美国家的小商店经常售卖上千种商品，但这些商人却依靠直觉或笔记本记账，90%以上的店主甚至不知道盈亏平衡点。取得MBA学位的他决定创立一家社会企业Frogtek，并开发了一套用于跟踪销售、收入和存货的软件来解决这个社会问题。

尽管自2009年以来Frogtek荣获多个奖项，但它在墨西哥和哥伦比亚的业务面临巨大挑战。很多店主因为不相信这项技术能够帮助他们获利而拒绝使用。对于初创社会企业来说，首先需要教潜在客户基本财务知识，并展示用电脑记账和管理库存的价值。

由于90%以上的店主没有银行账户，Frogtek与一家墨西哥银行建立联盟，并在其软件中建立企业银行账户。德尔丝发现，商店主的教育不足是巨大的潜在市场，他进一步优化商业模式，在软件里嵌入商业知识的课程，提供低成本商业策略咨询服务，帮助店主根据自己的特殊情况调整商业策略。另外与众筹贷款的非营利组织kiva.org建立合作关系，帮助店主解决购买智能手机和平板电脑的资金问题。Frogtek希望能筹集一个独立的慈善资金，用于贷款给店主购买硬件，然后逐步还款给捐赠人。未来希望能通过与为商店供货的大公司合作给Frogtek带来收入。

创新思维游戏

游戏名称：商业模式画布

游戏目的：亚历克斯·奥斯瓦尔德（Alex Osterawalder）开发的"商业模式画布"是一种可以描述商业模式、可视化商业模式、评估商业模式以及改变商业模式的通用语言。

游戏人数：1~6人。较好的做法是迅速独立构思并描绘出各自的想法。为了将个人的想法与某个组织现有的或是即将出现的商业模式联系起来，应该和其他人一起共同工作。参与者的背景差异越大，描述出来的商业模式越精确。

游戏时间： 建议的大体时间为，个人单独的工作时间需要 15 分钟，构建某个企业组织的现有商业模式需要 2~4 小时，开发未来的商业模式或是开发刚刚起步的商业模式需要多达两天的时间。

游戏规则： 表达商业模式最好的方式就是让大家在墙上的挂图纸上把它画出来。打印一幅放大后的画板或是在墙上画一个画板，将讨论的条目列在上面。可以按照图 8-1 的式样把它画下来，确保大家都有马克笔以及不同颜色和大小的便签条。还需要用相机拍下结果。

进行这个游戏时，可以有多种不同的种类和变化。最基本的游戏是对企业现有的商业模式和自身进行评估，改进现有商业模式，参与者可以根据各自方案和目标加以调整。

1. 开始构建商业模式时，一个好的方法就是让大家描述企业所服务的客户细分市场。参与者根据客户细分的不同，将不同颜色的便签条粘在画板上。每组客户代表着一个特定的群体，例如他们有特定的需求，而你得向他们提供特定的价值观，或他们是否需要不同的渠道、客户关系或收入来源。

2. 接下来，参与者描述企业对每个客户细分的理解，反映出每个客户细分的价值主张。参与者应使用相同颜色的便签条代表价值主张和对应的客户细分。如果一个价值观涉及两个差异很大的客户细分，那么应当分别使用这两个客户细分对应的便签条颜色。

3. 参与者使用便签条将该企业商业模式中所有的剩余模块标示出来。相关客户细分始终坚持使用同一颜色的便签条。

4. 映射出整个商业模式后，可以开始评估该模式的优缺点。即，将绿色（优点）和红色（弱点）的便签条粘在商业模式中运行良好的模块和有问题的模块旁边。除了用颜色，也可以在便签条上标出"+"和"－"号。

5. 基于某企业业务模型的图形化表达方法，即参与者通过步骤 1~步骤 4 所产生的画板，或选择对现有商业模式进行改进，或创建出另外一个全新的模式。在理想情况下，参与者应使用一个或几个商业模式画板来体现改进的业务模型或新的替代模式。

游戏策略： 企业现有的商业模式映射，包括它的优缺点，是一个重要的起点，可以用来增强现有的商业模式或开发出新兴的商业模式。最起码，该游戏有助于进一步理解和共享该企业的商业模式。该游戏最大的优点是，通过列出新的或者是改进后的模式，帮助参与者制造今后的发展策略和方向。

本章要点

社会企业作为企业必须有合适的商业模式来维持其生存和发展。社会创业商

第 8 章 社会商业模式构建

业模式和以营利为目的的商业模式在本质上没有根本区别，只是一个是为了解决社会问题，获取人类生态的"更高价值"，另一个可能仅是为了获取商业利润。

商业模式的本质就是你能给客户带来什么价值？给客户带来价值之后你怎么盈利？你有什么资源和能力实现前两点和你如何来实现前两点？社会创业一定要平衡解决社会问题和维持企业生存与发展之间的关系，正确处理社会创业与公益慈善之间的关系。

商业模式在设计的过程中，需要通过诸多手段对其进行检验，以证明其合理性和可实现性。很多企业家在企业处于较小规模的时候追求盲目的增长，失去了对那些一直伴随着他们的商业模式基本要素的把握，等发现商业模式不健康时，为时已晚。

企业经营的本质是通过大胆创新和渐进式的演进，建立比较完善的商业模式，从而实现在正确的商业模式基础上的增长。如果没有建立相对稳定和健康的商业模式就盲目扩张，是注定要失败的。同样，有了相对稳定和健康的商业模式，不寻求积极的扩张，也是保守的。因为随着时间的改变，消费者的价值取向从一个产业转移到另一个产业，企业必须重新思考和调整自己的商业模式。

关键术语

商业模式；商业模式的构成元素；商业模式的特征；商业模式的类型；商业模式设计；商业模式创新

案例分析

Serengetee——全球布料口袋的新时装

商业模式就是讲故事，如何将故事讲到人的心坎里？Serengetee 树立了一个新的标杆。Serengetee 是从一次旅行开始萌芽的。2011 年，还是学生的杰夫·施泰茨、瑞恩·韦斯特伯格和内特·霍尔曼参加了由美国弗吉尼亚大学主办的环球学习课程"海上学期"计划。在这一课程中，他们在一艘船上度过了 4 个月，从印度一直游览到摩洛哥。到达每一个港口后，他们都会去逛一逛，在逛的时候，他们被一些极具民族特色和异域风情的布匹所吸引。作为纪念，他们会购买一些具有当地特色的布料。旅行结束后，他们一共收集了近 42 平方米的布料。

回到学校后，有一天他们坐在台阶上，看着所有的布料，突然有了一个创业的想法：布料、T 恤设计、创业，这些零散的概念连成了一条线。于是，三个好朋友于 2012 年春天在宿舍里创建了 Serengetee 时装品牌。他们别具心裁地将这些布料做成口袋，缝制在各式 T 恤上。让热爱旅游、关注异域风情的消费者挑选，喜欢哪个国家或哪个风格的面料就选哪个。尽管提供的T恤样式普通，但是缝上一个极富"故事"的口袋后，T恤就有了个性。

他们的使命很简单："Wear the World"通过布料联结全球的人们，并回馈那些曾启发了Serengetee产品的社区。如今，他们已经收集了七大洲28个国家的布料。他们还在继续环游世界，收集更多"大胆、可机洗、色彩鲜明、具有独特的民族风格"的布料。他们的最终目标是收集到来自100个国家的面料。

Serengetee建立了"慈善+可持续"的新型商业模式。口袋的风格和布料由消费者来选择；服装的展示模特均为顾客的真人秀；口袋的主题依据布料来源地来设计，针对慈善或灾难救济、扶贫、孤儿关怀等社会问题；所得利润的一定比例回馈布料来源地的慈善机构；所有衣服包装原料均为废弃信封，顾客付10美元年费就可以"以旧换新"。第一年，他们就向布料原产地的慈善机构捐出了2.5万美元。如今，他们又启动了一个名为"当周面料"的公益项目，将当周的收益百分百捐出。这一项目迄今已筹得超过10万美元善款。

Serengetee已经成为全球成长最快的时尚品牌。Serengetee拥有强大的粉丝群。Serengetee提供的产品包括T恤、帽子、包、外衣、童鞋等八大类。Serengetee还提供了包括动物保护、艺术与文化、减灾、教育、环境、健康、贫困等10种公益目的的产品，并将收入的10%按不同的种类捐献给相应布料来源地。

公司联合创始人瑞恩·韦斯特伯格说："我们传递的信息，不是要去挽救世界，但是我们通过可持续性的商业模式，可以改变这个世界。"拥有慈善和可持续使命的公司将是未来商业的道德模式，而这种道德模式基础上的商业模式也必然会获得追捧。

资料来源：方志远. 创客宝典：美国创客模式［M］. 北京：清华大学出版社，2017，本书作者有所改编。

延伸阅读

奥斯特瓦德. 商业模式新生代［M］. 毕崇毅，译. 北京：机械工业出版社，2016.

奥斯特瓦德. 价值主张设计［M］. 余锋，曾建新，李芳芳，译. 北京：机械工业出版社，2016.

加斯曼弗兰肯伯格，奇克. 商业模式创新设计大全［M］. 聂茸，贾红霞，译. 北京：中国人民大学出版社，2017.

林伟贤. 慈善的商业模式［M］. 北京：机械工业出版社，2011.

复习思考题

1. 商业模式的构成要素是什么？

第8章
社会商业模式构建

2. 商业模式的主要类型有哪些?
3. 商业模式的构建原则有哪些?
4. 如何对商业模式合理性进行检验?
5. 商业模式的创新应该遵循的路径有哪些?

创业挑战

借鉴社会创业成功案例,设计社会创业项目的商业模式,并验证其可行性。

第 9 章　社会创业中的法律与伦理

学习目标

- 掌握社会企业创立的法律形式。
- 掌握社会企业治理结构设计。
- 熟悉创业过程中的法律知识。
- 树立正确的企业伦理道德与社会责任理念。

引导案例

"残友"——中国的世界级社会企业

深圳残友集团的创始人郑卫宁从 5 名残疾人和 1 台电脑起步,发展到在深圳、北京、上海、广州和港澳台等地区开办了 25 家分公司,拥有残疾人员工一千余名。因员工都是残疾人,这一天然属性决定了其社会企业性质。又因为创始人身染多种疾病,在"活了今天,不一定有明天"的忧患之下,集团的架构、管理、文化都无法用社会企业、商业公司等概念简单概括,更像一个"用商业手段解决社会问题"的组织。

郑卫宁患有先天遗传重症血友病。年轻时,他在武汉一家福利厂工作,1980 年辞职。因在体力活上,残疾人没有优势。之后,他在电大先后学习中文、法律、企业管理等,1991 年毕业,但就业困难。因为其父是军人,所以每次发病时都有战士为他输血。在父亲去世后,为了能让他安全输血,母亲于 1995 年带着全家搬到当时唯一实行义务献血的深圳。失去了原有的互动的邻里关系,他的残疾也日益严重。白天,妻女各自忙着自己的工作和学业,他只能在家里看电视、报纸。后来,他患了抑郁症曾多次试图自杀。

妻子鼓励他活下去,给他买了一台电脑和电脑入门书,他开始自学电脑。之后,他联系其他残疾人在自家成立"深圳残疾人电脑兴趣班",聘请一位退休教授进行免费培训。当时联系到的残疾人只有 4 人,再加上他自己,几人竟成为现在"残友集团"的元老。1999年创办的中华残疾人服务网，到2000年就成为世界点击率最高的非营利性网站。

2008年之前的"残友"以深圳为中心，在产业链上进行不同行业的就业尝试。为了解决残疾大学生就业，创建了动漫公司；为了解决低学历残疾人就业，创建电子组装公司；为了解决重症残疾人就业，开设电子商务让他们在家就业。2008年后，"残友"开始社会企业孵化之路，在20多个城市创办"残友科技"分公司，结合当地实情，开展各种业务。

在"残友"的构架里，资本、公益和商业形成三位一体的循环模式：非公募基金会控制着资本，并对旗下的社会企业绝对控股；社会企业的利润可以支撑基金会的运营，而基金会旗下的非营利组织则承担了对残疾人员工及社区的社会服务。其投资方式是，与当地的科技、民生部门合作，一般由当地提供若干年的免费场地，由"残友"出资装修、进行无障碍工作生活环境的建设，购置设备，派驻10~20人的管理、技术团队，开展培训等工作等。"残友"要保持对每家分公司的51%的控股权。分公司总经理由基金会和集团委派，集团决定分公司资金使用方向等，所有分公司残疾人就业比例必须达到70%以上。

"残友"要求每个分公司要从一开始就实现盈利。所采取的模式是，第一步是前店后厂，由总部到当地签订合同，也由总部生产，总部只收回成本，利润全留在当地分公司。第二步协同作战，3~6个月后，派驻团队和当地残疾人负责当地运营。再过半年后，总部人员撤走，本地残疾人自治。

2008年，郑卫宁将个人持有的残友集团90%的股份，和各地分公司51%的股份全部捐赠给郑卫宁慈善基金会。捐赠解决了"残友"后郑卫宁时代的产权问题，使得"残友"变成社会的，而不是个人的，并将"残友"交给一个比较完善的体制，而不是个别精英，同时保持"残友""以商业手段解决社会问题"的原有模式。

2012年，英国社会企业权威组织——英国社会企业联盟把首次设立的"年度国际社会企业"颁给了残友集团。残友集团是全球五个入围社会企业中唯一夺得此项桂冠的机构。

资料来源：鲍小东. 血友病患者雇用1162名残疾员工[N]. 南方都市报, 2011-01-12.

9.1 社会企业创立的法律

社会创业者创业时面临的第一个法律问题就是组织法律形式问题,即创业者设立何种形式的组织,通过何种载体实现解决社会问题的梦想。

社会企业既可以采用营利组织形式,也可以采用非营利组织形式。在法律意义上,只有在民政部门登记注册的社会团体、民办非企业单位才是被官方承认的非营利组织(社会组织),目前我国约有44万个。但是据估算,我国至少有300万个非营利组织甚至更多。其原因在于,受双重管理体制的限制,相当多的公益创业不能顺利登记,而是以工商登记、挂靠机构和草根团队等形式存在。

社会创业面对各种法律组织形式应该如何做出选择?根据我国现有法律的规定,成立个人独资企业、合伙企业和公司企业,需要在工商管理部门进行注册。在工商管理部门注册具有独立性和自主性强、便于开展运营性活动和投资,有利于资产保值增值,扩大组织规模等优势;但是存在不是法定的公益组织,不能享用税收、公共产品价格优惠和不利于志愿者招募等劣势。

在民政部门民政注册具有有利于获得政府购买服务支持、建立社会合法性、接受社会捐赠和吸引志愿者加入等优势。但同时存在民非组织登记程序烦琐、受主管机关监管和民政注册对公益创业者的经济条件要求较高等劣势。

根据《中华人民共和国个人独资企业法》(以下简称《个人独资企业法》)、《中华人民共和国合伙企业法》(以下简称《合伙企业法》)、《中华人民共和国公司法》(以下简称《公司法》)、《民办非企业单位登记管理暂行条例》(以下简称《民办非企业单位登记条例》)等法律规定,创业的表现形式主要有个人独资企业、民办非企业、合伙企业、一人公司、有限责任公司等。我国现有的法律体系中,还没有"社会企业"这一法律术语,也没有社会企业法律形式的特别规定,只有"民办非企业单位"这种企业组织形式。这些都是公益创业创始人在组织创建过程中需要首先考虑的问题。社会创业者可以根据自己的情况,选择适合自己创业的组织形式。

社会创业小案例

Ben & Jerry 冰淇淋的"社会公益向导"

班·科恩和杰利·格林菲尔德是 Ben & Jerry 冰淇淋创始人。该冰淇淋店快速驰名的原因除了传统冰淇淋产品的品质以外,还有"社会公益向导"的

第 9 章
社会创业中的法律与伦理

企业使命。

两位创始人把 Ben & Jerry's 视作一项社会试验，以测试利用商业工具修补社会问题的可能性。他们以提升佛蒙特社区整体的生活质量为己任，坚持善待冰淇淋原料的提供方——奶牛，更坚持善待员工，制定了不裁员的雇佣政策。同时于 1985 年成立了 Ben & Jerry's 基金会，每年捐出税前利润的 7.5% 用以支持当地的各种社区服务计划。

Ben & Jerry's 的案例揭示了不少社会企业家在企业注册时不得不面临的一个选择：应该将企业注册为何种形式的法律机构，以避免社会企业在早期成长或发展阶段，被传统"股东利益最大化"的法律要求所绑架，而无法继续一路坚持的社会使命。

9.1.1 个人独资企业

1. 个人独资企业的概念

个人独资企业是指由一个自然人依法在中国境内投资设立，财产为投资人个人所有，投资人以其个人财产对企业债务承担无限责任的经营实体。其是介于一人独资有限责任公司和个体工商户之间最古老的企业形态。根据《全球创业观察中国报告》2005 年的数据，我国无论是早期企业还是已有企业中，个人独资企业的比例都在 71% 左右。

2. 个人独资企业的法律特征

（1）企业的投资人只能是自然人，且只能是一个自然人。

（2）企业的全部财产归投资人个人所有。

（3）投资人完全可以按照自己的意志经营。

（4）投资人对企业承担无限责任。

9.1.2 合伙企业

1. 合伙企业的概念

合伙企业历史悠久，最早可溯源至中世纪时期的欧洲和中东地区。首个合伙企业由首普拉托和佛罗伦萨商人佛朗切斯科·达迪尼（Francesco Datini）创办，成立于 1383 年。《合伙企业法》规定，合伙企业，是指自然人、法人和其他组织依照本法在中国境内设立的，由两个或两个以上的合伙人订立合伙协议，为经营共同事业，共同出资、合伙经营、共享收益、共担风险的营利性组织。其包括普通合伙企业和有限合伙企业。

实践证明，合伙是创业的最好形式。波音公司就是由合伙发展而来，B&W 是波音公司制造的第一架飞机。B 和 W 分别是威廉·波音（William Boeing）与合伙人康拉德·韦斯特维尔特（Conrad Westervelt）姓氏的第一个字母。根据《全球创业观察中国报告》2019 年的数据，我国超过 92% 的家庭创业都是家庭成员之间的合伙创业。

2. 合伙企业的法律特征

（1）生命有限。合伙企业比较容易设立和解散。

（2）责任无限。合伙组织作为一个整体对债权人承担无限责任。

（3）相互代理。合伙企业的经营活动由合伙人共同决定，合伙人有执行和监督的权利。

（4）财产共有。合伙人投入的财产，由合伙人统一管理和使用，不经其他合伙人同意，任何一位合伙人不得将合伙财产移为他用。

（5）利益共享。合伙企业在生产经营活动中所取得、积累的财产，归合伙人共有。如有亏损则也由合伙人共同承担。

9.1.3　有限责任公司

1. 有限责任公司的概念

有限责任公司最早产生于 19 世纪末的德国。它基本吸收了无限公司、股份有限公司的优点，避免了两者的不足，尤其适用于中小企业。我国《公司法》规定，有限责任公司需要登记注册，由两个以上、五十个以下的股东共同出资，每个股东以其所认缴的出资额对公司承担有限责任，公司以其全部资产对其债务承担责任。哥伦比亚大学校长认为，现代社会最伟大的发明就是有限责任公司，即使蒸汽机和电气的发明也略逊一筹。

2. 有限责任公司的法律特征

（1）有限责任公司的股东，仅以其出资额为限对公司承担责任。

（2）有限责任公司的股东人数，有最高人数的限制。

（3）有限责任公司不能公开募集股份，不能发行股票。

9.1.4　一人有限责任公司

1. 一人有限责任公司的概念

一人有限责任公司是指由一名股东（自然人或法人）持有公司的全部出资的有限责任公司。一人有限责任公司出现于 19 世纪末，"一人公司" 在西方国家特别是美国较为普遍。我国《公司法》规定：一个自然人只能投资设立一个一人有限责任公司。

2. 一人有限责任公司的法律特征

（1）股东为一人。股东可以是自然人，也可以是法人。

（2）股东对公司债务承担有限责任。股东仅以其出资额为限对公司债务承担责任，公司以其全部财产独立承担责任，当公司财产不足以清偿其债务时，股东不承担连带责任。

（3）组织机构的简化。一人公司由于只有一个出资人，所以不设股东会，至于一人公司是否设立董事会、监事会，则由公司章程规定，法律未规定其必须设立。

3. 一人有限责任公司设立的条件

我国《公司法》在2005年修订的时候承认了一人有限责任公司的合法地位，规定注册资本最低限额为人民币十万元，并且股东要一次足额缴纳公司章程规定的出资额。为了激发中小企业的创新创业热情，降低了设立门槛，在2014年最新修订的《公司法》时又取消了10万元的最低注册资本限制，也不需要在章程中规定一次性缴足实收资本。仅仅规定"一人有限责任公司应当在公司登记中注明自然人独资或者法人独资，并在公司营业执照中载明。"

9.1.5 社会服务机构

我国以前将该类社会组织称为"民营非企业"。在2016年5月26日的《民办非企业单位登记管理暂行条例（修订草案征求意见稿）》中，将"民办非企业单位"改为"社会服务机构"。社会服务机构，是指自然人、法人或者其他组织为了提供社会服务，主要利用非国有资产设立的非营利性法人，如各类民办学校、医院、文艺团体、科研院所、体育场馆、职业培训中心、福利院、人才交流中心等。社会服务机构的法人资格，不再区分法人型、合伙型和个体型。社会服务机构与一般企业的区别如下：

一是其宗旨和目的。包括服务类型在内的企业，其宗旨就是通过其经营活动而获取最大的利润。而社会服务机构的宗旨是向社会提供公益服务，通过自身的服务活动，促进社会的进步与发展，其目的不是为了营利。

二是财务管理和财产分配机制。企业的盈利可以在成员中分红，清算后的财产可以在成员中分配，而社会服务机构的盈余和清算后的剩余财产则只能用于社会公益事业，不得在成员中分配。

登记成立社会服务机构的条件如下：①不以营利为目的。②有明确的社会服务范围。③有规范的名称、章程。④有与开展服务相适应的合法财产。⑤有与其业务活动相适应的组织机构、场所、工作人员。⑥有独立承担民事责任的能力。⑦法律、行政法规规定的其他条件。⑧《民办非企业单位登记暂行办法》规定开办资金必须达到本行（事）业所规定的最低限额。在《民办非企业单位登记管理暂行条例（修订草案征求意见稿）》中规定：在国务院的登记管理机关登记的社会服务机构，注册资金不得低于 1000 万元人民币，且为到账货币资金。省级以下地方各级政府登记的社会服务机构注册资金标准，由省级登记管理机关结合本地区实际确定。

我国社会服务机构比较集中和活跃的领域主要集中在教育事业、卫生事业、文化事业、科技事业、体育事业、劳动事业、民政事业、社会中介服务业、法律服务业等。

9.1.6 选择社会创业法律形式应考虑的因素

1. 经营业务所属的行业

制造业类社会企业因技术性较强，设备厂房投资较大，采用有限责任公司较好。教育、卫生、科技等服务类企业多采用社会服务机构的组织形式。

2. 创业者或团队自有资金状况

个人或团队资金比较充足，则选择有限责任公司形式较易成功；社会服务机构的注册资金较低，采用合伙企业或社会服务机构更有利于事业的发展。

3. 创业者的价值观

有主见、善于合作和整合周边资源的创业者适宜采用有限责任公司形式；社会服务机构的注册资金属于捐赠性质，更有使命感或情怀的社会创业者可以选择社会服务机构的组织形式。

4. 创办企业所在地的环境和政策

由于我国经济发展的不平衡性导致各地的企业发展的环境和政策有很大差异。社会创业者可根据当地政府对不同企业的优惠政策，选择最小创业成本的企业形式。社会企业法律形式的选择应考虑的因素还有很多。创业者必须通盘考虑、全面把握，同时还要根据个人的事业发展需要而及时调整，才能使所创事业健康、持续发展。

社会创业小贴士

英美社会创业制度创新

英国的社区利益公司（Community Interest Company，CIC）属于有限责任公司，有权持有社区会所和设施等本地资产，可以直接面向公众和团体提供商品、服务，开展贸易。它可以分配部分或全部利润给慈善机构，资助他们的慈善活动。CIC 对于希望参与社会企业的个人和团体很有吸引力。

第 9 章
社会创业中的法律与伦理

> 美国的低利润有限公司（Low-Profit Limited Liability Company，L3C）是美国为发展"社会企业"适用范围最广的一种法律形式。其目的是鼓励私立基金会更多地进行项目相关投资（Program Related Investing，PRI）。低利润有限公司定位于PRIs的专业执行机构，从而提升了公益投资的意愿，并有助于带动私人投资者对于公益领域的关注及投入。
>
> 美国互益公司（Benefit Corporation，BC）及灵活目的公司（Flexible-Purpose Corporation）都是较为典型的社会企业。BC更接近于普通营利企业，其特色在于兼顾股东权益与公共利益。FPC可以被看成是互益公司（BC）的一个变种。

9.2 社会企业治理结构

9.2.1 社会企业治理结构的设计

1. 社会企业治理结构的概念

社会企业治理是指为了领导、指引一个社会企业有效完成其使命，为向组织的利益相关者保证公信力和透明度，而行使的权利。社会企业的治理主要包括治理结构和治理机制两个方面。前者从静态的角度规范其内部的权力配置机制；后者则是通过一系列方式与策略动员资源以实现组织的使命。

社会企业的治理结构仍然可以借鉴公司治理结构。广义上的社会企业单位治理结构是指社会企业的使命、愿景、战略以及一切与组织管理控制有关的系列制度安排；狭义上的社会企业治理结构是指在理事会、监事会、执行机构的结构和功能，监事长与高层管理人员的权利和义务以及相应的聘选、激励与监督等方面的制度安排。

2. 社会企业治理结构的基本原则

（1）社会责任原则。社会责任原则是社会企业治理的首要原则。它由社会企业追求社会效益，满足社会需求的特殊使命所决定。由于社会企业不是依赖"利润"动机，而是依靠使命的凝聚和引导，通过其所具有的反映社会和公众需求的"使命"来获得社会各界的支持，因此社会企业能否实现其社会责任直接关系到其生存与发展。

（2）民主原则。民主原则是指决策民主和监督民主，它是调动组织职员主动性、积极性、创造性的动力。民主原则应当包括以下内容：①董事会、监事会成员在其决策权和监督权的行使不应有等级之分；②董事会、监事会成员在其议事方式和表决程序方面不应因个人资历等原因在行使权利上有差别；③内部组织机构工作作风的民主性，内部组织机构严格遵守职权法定原则，不得越权干涉其他合法权利的行使。

（3）公开、透明原则。社会企业获得政府资助和社会捐赠的关键是其具有良好的公信力，而赢得良好公信力的最佳方法是公开组织的运行状况。通过公开上述相关信息，接受政府、资助者、服务对象、新闻媒体、社会公众以及独立的社会监督机构等的监督，使社会企业成为"阳光组织"，有利于其加强自律机制，进而提高社会企业的公信力，以促进其健康发展。

社会创业小贴士

罗伯特议事规则

亨利·马丁·罗伯特是一位美国陆军准将，《罗伯特议事规则》一书的作者。《罗伯特议事规则》初版发行于1876年，参考美国众议院议事程序，整理成民间团体也可用的议事规则。《罗伯特议事规则》的内容非常详细，包罗万象。其基本原则如下：

（1）在有不同意见时，多数方的意见成为集体意愿的表达。
（2）必须同时兼顾少数方，包括个人权利，尤其要保护表达权和知情权。
（3）主持人分配发言权，提请表决，维持规则和程序，但禁止主持人参与内容的讨论。
（4）同时只能有一个议题。议题必须是明确的语言，不可以是模糊的想法。
（5）必须在经过充分且自由地辩论和修改之后才可以表决。
（6）辩论发言必须围绕当前议题，禁止跑题。
（7）禁止人身攻击，禁止怀疑别人的动机。
（8）每人每次发言的时间不能超过约定的长度。
（9）每人对每个议题最多发言约定次数。
（10）意见相反的两方应该轮流得到发言权。

---

3. 社会企业的治理结构

科学、明晰的社会企业治理结构是有效治理的前提。虽然在不同的地区和不同的发展阶段，其治理结构会有所不同，然而国际通行的非营利组织治理结构如图 9-1 所示。通过这个组织结构可以看出它们自身的主要职能和相互之间的关系。

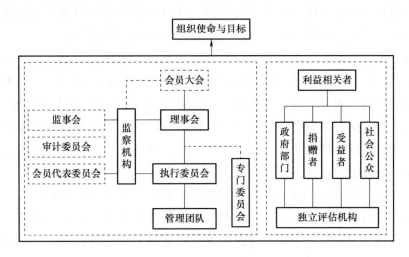

图 9-1　国际通行的非营利组织治理结构

（1）理事会。理事会是对社会企业负有监管责任的最高权力机构，承担为组织制定使命、愿景和战略的职责。理事会设会长、理事长、执行理事长、总干事、秘书长等职位。

（2）监事会。监事会是对社会企业的业务活动进行监督和检查的机构，负责保障社会企业财务安全与透明，保障理事会职能的发挥。

（3）执行委员会。监事会是由组织理事和非理事的高级管理人员组成的执行理事会决议、负责组织日常经营决策与运营管理的机构。执行委员会选出总干事或秘书长，是组织运行的实际负责人。

（4）管理团队。管理团队是由社会组织的骨干成员组成，在总干事或秘书长的领导下执行和落实理事会的战略规划和决议。

（5）专门委员会。专门委员会主要负责对某些专门事项进行调查研究，提供决策方案，为理事会战略决策提供决策依据。

（6）顾问委员会。顾问委员会又被称为"指导委员会"。相当于理事会的一个委员会或一个咨询小组，其职责是为理事会提供技术支持和评估服务等工作。

9.2.2　我国社会企业的治理模式

在我国，由于存在不同组织形式的社会企业，其所有制性质也各不相同。首先，许多以非营利组织注册的社会企业均有明确的社会使命，但是其所有制结构更加清晰地呈现一种政府干预的后果而非社区利益取向。其次，在合作社部门中，所有制模式在单一利益相关方合作社与多元利益相关方合作社之间也存在差异。

农民专业合作社通常会采取会员利益导向的集体所有制。我国农村也出现了一些新形式的多元利益相关方合作社。再次,我国目前以商业企业形式注册的社会企业,其所有权结构主要体现为资本所有权。这与西方国家中同类社会企业显著不同,而后者往往对投资者的所有权和控制权进行明确的法律限制。

目前我国社会企业中主要存在三种治理模式:①政府监督型,这种社会企业通常注册为非营利组织,其运营过程受到政府的密切监督;②股东控制型,这种社会企业多注册为商业企业,并由股东以及作为股东利益代理人的经理层掌控;③会员自治型,这种社会企业注册为以农民专业合作社为代表的会员制组织,组织运营以会员自我管理为主要机制。上述三种治理结构的特色能够通过分析以下四种利益相关方的治理参与获得更为清晰的呈现。

(1) 股东及创始人的参与。非营利社会企业的创始人类似于商业企业的投资者,在治理结构中具有控制地位。作为决定性利益相关方,股东或创始人在股东大会上,以理事会、董事会成员身份等方式拥有决策权,能够更为广泛地参与组织治理。

(2) 政府机构的参与。在以非营利组织注册的社会企业中,政府机构作为主导性利益相关方通常能够以正式、直接的方式参与社会企业的治理。在中国社会企业部门的从业者看来,政府机构直接或间接地参与社会企业的治理可以帮助组织获得合法性以及更好地调动更多资源。与非营利注册的社会企业相比,商业企业形式的社会企业则享受更大程度的自主性和独立性,政府机构并没有正式、直接、深入地参与这类社会企业的治理结构。

(3) 会员的参与。对于会员自治的社会企业,相关法律规定,会员有权通过正式的方式,定期、直接参与组织治理。例如,农民专业合作社的会员可以通过会员大会选举理事会并对重要问题进行表决。此外,农民专业合作社允许会员深入参与组织治理,即会员有权基于"一人一票"原则进行集体性、民主化决策。

(4) 受益者的参与。通常情况下,受益者是组织的直接客户群,因此社会企业会将有关服务或产品的相关信息向受益者传导并向其咨询改进意见,但受益者通常无法深入参与组织运营的决策过程。

社会创业小贴士

格莱珉银行创始人尤努斯论如何创建一家社会企业

社会企业是一种新构想,但创建社会企业背后的动力是创意、创业精神、让世界变得更美好的渴望。社会企业创办者和其他企业家一样,雄心勃勃、富有创造力,是伟大梦想的追梦人。创办一家社会企业时不是追求利润最大化,而是选择一个需要解决的社会问题,并找到这个问题的商业解决方案。

(1) 创业灵感。创办社会企业,首先需要确定人们的需求与你的才能,需要问自己:什么困扰着我?我想要改变什么?哪些是最紧迫的问题,将需要探讨的问题标题列成清单,在每个标题下面看哪些具体事项可以转化为社会企业,围绕这个问题制订商业计划。

(2) 商业模式。社会创业者的目标是要去创建一种既符合成本效益,又能向社会弱势群体提供有价值服务的商业模式。有了商业模式的构想,需要验证其构想。验证环节能够完善商业模式,同时更好地认识在未来运营中的资金需求。

(3) 创造性地修正现有模式。在创办社会企业的过程中,先要研究前人解决该问题的案例,某个构想能激发灵感,从而可以将其复制到另一个不同的环境中。也可以复制一些大型营利公司做慈善的商业模式,剔除利润要素,从而创建一家社会企业。

(4) 社会企业更需要人才。社会企业要与营利企业一起从劳动力市场上吸引人才,就需要提供有竞争力的薪酬和福利。吸引人才的关键必须是呼吁那些愿意为社会利益牺牲自身利益的"社会改良家"的观点是对社会企业的错误认识。

(5) 规划你的社会企业。规划一家社会企业与规划一家利润最大化企业类似。社会企业有雇员、管理者、顾客和供应商;需要在市场上提供有竞争力产品或服务;需要填补支出、发放工资和支付租金。在创办社会企业之前需要制订计划,勾勒出需要实现的目标以及路径。

9.3 创业过程中的法律

在社会创业的过程中,会遇到各种各样的法律问题。我国是成文法国家,执法和司法均以法律、法规、规章以及规范性文件为依据。社会创业者需要强化自身的法律素养和意识,熟悉和适应我国的基本法律环境。

我国还没有针对社会企业的特定法律形式。社会企业只能在现有的法律形式中选择,目前可供选择的形式有两类:在工商行政部门登记注册的公司、在民政部门登记注册的社会组织。注册公司会涉及《公司法》《合伙企业法》《个人独资企业法》等法律,注册的社会组织涉及《民办非企业单位登记条例》等。创业者还需要了解有关地方政府和孵化基地方面的法规,这样有助于选择创业地点,以享受税收等优惠政策。

组建创业团队和招聘员工需要了解《中华人民共和国劳动法》和《中华人民共和国劳动合同法》,健全人力资源机制,注意和员工签订保密协议、竞业禁止协议等,以便保护社会企业自身其权益和竞争优势。

社会企业设立后,需要税务登记和会计人员处理财务。这其中涉及税法和财务制度,不仅要了解《中华人民共和国企业所得税暂行条例》《中华人民共和国增值税暂行条例》《中华人民共和国营业税暂行条例》《中华人民共和国税收征收管理法》等,还需要了解开办费、固定资产怎么摊销等。同时,社会创业者还需要了解一些能享受国家优惠的政策。

社会企业也会涉及知识产权的事务,如企业名字中的著作权、商标、域名、专利、技术秘密等无形资产问题。这涉及《中华人民共和国著作权法》《中华人民共和国商标法》《中华人民共和国专利法》等,都需要了解,避免被侵权和自己侵权。

创业者要充分认识学法用法的重要意义,认真学习法律知识,掌握本企业生产经营、管理决策所必需的法律知识,并能正确运用于经营管理工作之中。

9.4 创业过程中的伦理与社会责任

9.4.1 创业过程中的伦理困境

1. 创业伦理困境

创业者的伦理困境是创业者和创业企业在充满压力的商业环境中,在资源获取、关系维护、政策制度执行、技术开发、市场拓展,以及衍生创业等活动中遭遇到的与伦理选择相关的困难处境。伦理困境是创业者在创业过程中所遇到的最大的伦理挑战,其由多种原因引起,并且无法避免。创业者伦理困境影响创业者及创业企业的道德发展水平,从而影响创业决策的制定,并最终影响企业能否创业成功。伦理困境的良好解决有利于发展企业的创业能力,反之则可能导致创业原罪行为的高发。

2. 创业伦理困境的表现类型

(1) 关系困境。创业者与家庭、亲朋好友、股东、员工、顾客等诸多利益相关者组成网络化的关系体系。关系网络是社会资源配置的重要方式,也是创业公司发展的至关重要的资源。创业者在创业初期难以拥有创业所需的全部资源。创业者借助家庭、亲朋好友的社会关系等个人关系网络能够降低初创企业生存成本

第9章
社会创业中的法律与伦理

和获得关键资源。但是，这些不同利益相关者的利益诉求之间既相互依赖又充满矛盾，而社会创业者在缺乏经验与指导的情况下，容易陷入伦理困境。

（2）资源获取的伦理困境。创业者在创业初期条件不完善的情况下，为了急于达到创业成功的目而选择牺牲道德价值，从而给社会的发展带来一系列问题。这种条件的不完善首先是资源的紧缺。由于新创劣势，创业期企业资源获取能力低，加上时刻存在的外部竞争压力，都加剧了企业的生存压力。面对这些挑战，由于企业内部规则也尚不完善，创业者很可能会采取"短期寻租"和"搭便车"等违背伦理道德、甚至违法的手段去获取相关的资源。

（3）政策制度的法律困境。社会创新与创业本身就是不断突破资源约束困境实现成长的过程。面临政策上的束缚和缺乏灵活性，创业公司为了有利于自身成长，会力争打破政策上的束缚和一些缺乏灵活性的规制。而这种突破政策上的束缚本身就存在伦理困境。在创业过程中，是严格遵守现有政策制度，还是打破陈规束缚？创业者容易在此间遭遇伦理选择的困境。

（4）技术创新的伦理困境。技术伦理是一个跨越学科、跨越国界的，全人类共同面临的问题。随着各种前沿科技迅猛发展在给人类带来巨大福祉的同时，也产生了诸如环境恶化、生态破坏等一系列的社会问题。当创业者引入基于新技术的新产品或者创新性的生产方法时，由于缺乏相应的监管机制、法律规范，技术伦理常常落后于技术的发展，会遭遇诸多技术创新伦理困境。

3. 创业伦理困境产生的成因

（1）创业环境的不确定性。创业环境的不确定性及资源的稀缺性，是创业伦理困境形成的第一要因。在整合创业过程中所必要的资源，会遇到与创业创新相关的法律制度以及伦理规范尚未同步更新的情况。加之创业过程中信息不对称，如果创业者在决策时缺乏可以依赖的社会道德准则，就可能导致创业伦理困境的产生。

（2）创业组织面临的资源及经验的稀缺性。伴随着创业行为，创业者新的创业想法与创业过程中的局限性、障碍和资源之间的冲突导致一系列伦理困境的产生。通常与成熟企业相对健全的内部管理制度相比，新创企业面临的是创业企业的生存问题，缺乏应对道德挑战的基础设施，对长远发展所需要的伦理、责任、文化等要素的主动性关注不足。

（3）创业伦理本身的复杂性。创业是把双刃剑，在带来经济增长的同时，也会带来一些更为复杂的社会问题。经济学家约瑟夫·熊彼特认为，企业家被视为创新的主体，其作用在于创造性破坏了市场的均衡。也就是说，创业拥有"创造"和"破坏"两种属性，成功的创业者改变先前存在的产业结构造成"破坏"，这种破坏导致的创业伦理问题在本质上是模糊的、复杂的。

（4）创业者个人的因素。创业者的个人因素包括两点：其一是创业者个人特质。创业者更高的开放性、行动偏好和成就取向，通常是充分考虑伦理问题的阻碍。创业者倾向于打破常规甚至游走在制度边缘，他们更容易追求个人的经济回报，即使可能牺牲其他利益或者违反公平准则也在所不惜。这可能会影响他们经营活动中的道德态度和行为。其二是创业者的伦理认知。创业者的价值观对创业型组织的伦理活动具有最深刻的影响。在创业企业中，企业内部文化开发还不健全，在遇到困难时，更需要强调创业者自己对伦理问题的判断能力。

4. 创业伦理培育

（1）创业伦理意识。创业伦理意识是指辨别创业活动中潜在伦理问题的度，是创业伦理行为产生的内在需求和内驱动力，也是伦理行为产生的首要条件。创业伦理意识具体包括三个组成部分：一是创业伦理价值意识，即创业主体认为创业伦理对于个人创业成功、组织健康发展、社会创新增长都具有价值的意识；二是创业伦理责任意识，即创业者作为创业主体应承担责任的自觉认定；三是创业伦理风险意识，即创业者对创业伦理困境所可能带来风险的意识。

（2）构建创业伦理认知。创业伦理认知是对创业活动中客观存在的关系，以及处理这种关系的原则规范的认知与掌握。这种认知可以在创业者的创业实践中逐步发展，并持续指导和支配创业伦理行为。认知的过程应包括：概念的掌握、判断能力的训练和确立。因此，遵循认知的形成规律，创业伦理认知的构建也应该包括以下三个阶段：首先，向受教育者传授创业伦理基本概念、原则及规范，帮助受教育者对创业伦理基本概念和基础原则形成相对成熟且全面的认识。其次，通过锻炼受教育者的想象力、个人抗压能力，提高受教育者创业伦理决策能力。最后，通过对受教育者的理想教育，帮助受教育者确立创业伦理。这也标志着受教育者创业伦理认知的全面形成。

（3）强化创业伦理情感。创业伦理情感是个体基于一定的创业伦理认知，对创业活动中的伦理行为的一种爱或憎的情感态度体验，是评价自身或他人创业伦理行为时体验到的心理活动。创业伦理情感的培育应着重强化以下四种情感：荣誉感、羞耻感、责任感、公正感。创业伦理荣誉感是指当创业者所做出的伦理行为得到他人赞扬时，个理上产生的满足感。创业伦理羞耻感是指当创业者做出的不符合伦理的行为受到他人谴责时，个体心理上产生的羞耻感。创业伦理责任感是指，创业者将自己定位成"主体"并承担责任的意识感。创业伦理公正感是指创业者希望在创业活动中受到公平对待的渴望感。

（4）磨炼创业伦理意志。创业伦理意志是指创业主体为实现创业成功的总目的，自觉支配行为去跨越创业伦理困境中的多重阻碍、抵制创业伦理困境中的多种诱惑，最终做出正确创业伦理决策的心理过程。创业伦理意志具体是指，创业者自觉跨越阻碍、自觉抵制最终坚定做出决策的能力。创业伦理困境多以选择两

第 9 章
社会创业中的法律与伦理

难的具体形式出现。国外学者格里高利和詹妮弗经过研究将创业伦理困境具体划分为四种类型，即扩张困境、人际关系困境、创新者困境，以及其他类型困境。当创业过程中出现这四种类型的困境时，将对创业者的创业伦理意志提出两方面的要求。一方面，创业者要在面对创业伦理困难阻碍时，能够勇于克服；另一方面，创业者要在面对创业伦理困境中的非合理利益时，能够自觉抵制。

> **社会创业启示录**
>
> 伟大的企业不仅提供好的产品和服务，还应该让身边的社会更加美好。商业必须"流着道德的血液"。——亨利·福特（福特汽车创始人）
>
> 仁慈、怜悯心、人文精神、爱，这些词汇也许不常在商学院的教科书里出现。但是这恰恰是我们打造一个长期、持久、繁荣的企业的基石。无论商业帝国多么庞大，终将不敌爱与仁慈。——霍华德·舒尔茨（星巴克创始人）

9.4.2　企业社会责任与共享价值创造

1. 企业社会责任

（1）企业社会责任的概念。企业社会责任（Corporate Social Responsibility，CSR）这一概念最早于 1924 年由英国学者欧利文·谢尔顿提出，其基本含义是指企业在创造利润、对股东承担法律责任的同时，还要承担对员工、消费者、社区和环境的责任。为了明确社会责任的定义和内涵，统一社会各界对社会责任的理解，使组织更好地履行社会责任，国际标准化组织（International Standard Organization，ISO）于 2010 年 11 月正式发布了适用于所有类型组织的 ISO 26000《社会责任指南》。

在 ISO 26000 中，社会责任（Social Responsibility）被定义为"通过透明和道德的行为，组织为其决策和活动给社会和环境带来的影响承担的责任。这些透明和道德的行为有助于可持续发展，包括健康和社会福祉；应考虑到利益相关方的期望；应符合适用法律并与国际行为规范一致；应融入整个组织并践行于其各种关系之中"。ISO26000 强调该标准是社会责任"指南"，不是管理体系，不能用于第三方认证，也不能作为规定和合同而使用。

国际社会责任组织（Social Accountability International，SAI）于 1997 年 10 月发布了全球首个适用于世界任何行业、不同规模公司的社会责任标准 SA8000（Social Accountability 8000，SA8000）。该标准旨在提供一个基于国际劳工权益规范和标准采用者所在国家劳工法律的标准，以保护和协助所有在企业控制和影响范围内的生产或提供服务的人员,包括企业自身及其供应商、分包商雇用的人员。由于 SA8000 是一个关注劳工的可认证标准,自 1997 年问世以来,受到了公众极大的关注,越来越多的企业家意识到,及早履行公认的社会责任,不仅可以获得社会效益,还可以提高企业的声誉,增强竞争力,改善风险管理。

(2) 企业社会责任的不同理念。对于社会责任理念主要有企业社会责任的古典观念和企业社会责任的社会经济观念两种。

企业社会责任的古典观念的最重要倡导者是 1976 年诺贝尔经济学奖获得者、美国经济学家米尔顿·弗里德曼。他认为,在自由企业制度中,企业管理者必须要对股东负责,而股东想尽可能多地获取利润,因此,企业的唯一使命就是要力求达到这一目的。企业唯一的社会责任是在比赛规则范围内,为增加利润而运用资源、开展活动。

持企业社会责任社会经济观念的学者认为,利润最大化是企业的第二目标,企业的第一目标是保证自己的生存。为了实现这一点,他们必须承担社会义务以及由此产生的社会成本。他们必须以不污染、不歧视、不从事欺骗性的广告宣传等方式来保护社会福利,他们必须融入自己所在的社区及资助慈善组织,从而在改善社会中扮演积极的角色。

(3) 企业社会责任的要求。企业社会责任的要求主要包括经济责任、法律责任、道德责任和慈善责任。

企业必须承担经济责任,最直接地说就是盈利,尽可能扩大销售,降低成本,正确决策,保证利益相关者的合法权益。这也是企业社会责任最基础的层面,没有经济责任作为基石,企业社会责任这个金字塔便只能是空中楼阁。

企业承担的法律责任具体表现在企业应遵守所有的法律、法规,包括环境保护法、消费者权益法和劳动保护法。企业应完成所有的合同义务,带头诚信经营,合法经营,承兑保修允诺。企业应带动企业的雇员、企业所在的社区等共同遵纪守法,共建法治社会。

道德责任包括那些为社会成员所期望或禁止的、尚未形成法律条文的活动和做法。消费者、员工、股东和社区认为公平、正义的,同时也能尊重或保护利益相关者道德权利的,凡能反映信义的所有规范、标准、期望都是道德责任所包括的。

企业的慈善活动或行为被视为责任是因为它们反映了公众对企业的新期望。这些活动是非强制性的,取决于企业从事这些社会活动的意愿。这样的一些活动包括企业捐赠、赠送产品和服务、义务工作、与当地政府和其他组织的合作,以及企业及其员工自愿参与社区或其他利益相关者的活动。

2. 创造共享价值

随着社会责任运动的深入发展,哈佛商学院教授迈克尔·波特(Michael

第 9 章
社会创业中的法律与伦理

Porter）和 FSG 咨询公司联合创始人马克·克瑞默（Mark Kramer）提出了创造共享价值（Creating Shared Value，CSV）的概念。波特认为，创造共享价值是指企业想出新方法来设计、开发、销售产品的同时，为社会、环境带来正面影响，创造"共享价值"，缔造共赢局面，推动社会进步。按照波特的解释，共享价值追求的是扩大经济与社会总价值，而不是"分享"企业已经创造出来的价值。企业通过创造社会价值来创造经济价值有三种途径：

（1）重新构想产品与市场。持续探索社会需求，可帮助企业发现，在传统的市场推行差异化或重新定位的新机会，并发现过往忽略的新市场潜力。一方面，在发达国家和地区，企业的营销能力更强，更能有效地鼓励消费者接受那些可创造社会效益的产品与服务。另一方面，为低收入及弱势消费者提供适当的产品可产生巨大的社会效益，而企业也能赚到丰厚的利润。例如，为了解决发展中国家和地区的融资需求缺口的小额信贷产品填补了以前未曾注意的重要市场空白。

（2）重新定义价值链中的生产力。企业价值链是指从企业产品设计、生产、销售、运输等为顾客创造价值的一系列活动环节。企业应该从通过价值链分解公司的生产和销售的各个活动环节来分析企业的竞争优势点，从而集中企业资源发展具有优势的方面，为企业差异化创造基础。企业的价值链与许多社会问题密切相关，如环境影响、能源使用、水资源使用等。社会问题会给企业价值链带来经济成本，同时企业也可以利用价值链的一些环节来解决社会问题，从而提高企业的生产力，创造共享价值。

（3）促进企业所在地集群的发展。企业集群（Business Cluster）是指集中在特定地理位置的某一特定领域的相关企业、组织机构，包括当地的基础设施条件。企业建立集群以改善生产力，同时处理集群基本条件的缺陷或不足时，就能创造共享价值。企业的发展也会带动当地的其他利益相关方和经济的发展，例如，就业岗位增加，企业的多样性增加以及对辅助服务的需求增加。

社会创业小贴士

Aha 社会创新中心创始人顾远："社会创业，重要的是进化而不是计划"

当今时代是一个 VUCA 的时代，VUCA 是四个不同的看世界的维度：动荡（Volatility）；不确定（Uncertainty）；复杂（Complexity）；模糊（Ambiguity）。在这个时代里，要解决的问题本身和问题的解决方案都是不确定的，需要在不断试错中去探索和发现。

社会创业学：
社会创业思维·过程·实践

（1）需求开始。常规调研是无效的，需要通过观察、访谈、亲身参与等方法去发现需求。

（2）社会创业不仅需要同情心，更需要同理心。可以通过观察、倾听、感受培养同理心。

（3）成功的创业者应该具备 Be relentlessly resourceful（总搞得掂）的特质。

（4）不要迷信专家。在涉及创新时，专家的意见要重视，但切不可迷信。

（5）不要过早爱上自己的主意。过早地爱上自己的主意就会封闭新的想法。

（6）不要怕分享创意。创业重要的不仅是主意，更是把主意"做出来"！

（7）展示原型而非 PPT。原型既是一种沟通工具，又是一种学习工具。

（8）寻找最经济有效的测试方式。一个创意需要不断接受测试，改进、再测试、再改进。

（9）Fail fast, Fail cheap, Succeed faster（错误早知道，成功早来到）。

（10）No money? No problem！社会创业一开始不需要太多钱。

在创业的过程中需要反复追问"在为谁解决什么问题"，在真实的用户研究和测试中，反复地确认自己对这个问题的答案。社会创业就是在这样反复地问答过程中不断进化的。

创新思维游戏

游戏名称： NUF（New Useful Feasible）测试游戏

游戏目的： 该游戏改编自专利测试过程。当大家在头脑风暴中集思广益的时候，对收集到的想法做一个快速的"现状核实"会很有用。在 NUF 测试中，参与者使用三条原则来评估一个想法：新颖性、有用性和可行性。

游戏人数： 小规模团队

游戏时间： 15~30 分钟，取决于人数规模和讨论的深度。

游戏规则： 在游戏开始前首先需要根据以下准则迅速构造一个想法矩阵。

新颖：这个想法以前试过没有？如果一个想法明显不同于以前的想法，它的得分就比较高。新的想法会吸引大家的注意力，并增加成功的机会。

有用：这个想法真能解决问题吗？一个能解决问题而不会引发新麻烦的想法会得分较高。

可行：这个想法能够完成吗？既新颖又有用的想法还需要评估实施成本。资

第 9 章
社会创业中的法律与伦理

源和精力要求不高的想法得分较高。

在玩该游戏的时候,大家围绕着每一个想法,根据列出的准则从 1 到 10 评分,并在专用记分表上登记分数。人们可以先单独写下各项分数,接着就每一个条目和准则说出自己的结果,然后记录在计分表里,如表 9-1 所示。打分应该迅速完成,下意识地凭直觉进行。

表 9-1　NUF 游戏打分

游戏名称	新　颖	有　用	可　行	总　分
推广蝙蝠侠战车	7	2	6	15
Facebook 小组	0	3	10	13
奥斯汀蝙蝠侠之旋	0	6	8	14
鸟粪肥料	8	9	5	22
蝙蝠栖息地赞助方	10	4	1	15

分数确定后,接下来的讨论可能会发现新的想法或低估了某个想法的不确定性。参与者随后可以选择优化某个想法。

游戏策略:该游戏的目标是衡量那些不错的想法在会议结束后将要面对的现实。它无意"扼杀"好的想法,反而是找出它们可能存在的弱点,以便在实际运用之前进行改进和增强。

本章要点

一家新创企业可以选择的法律组织形式有多种,最常见的有个人独资企业、合伙企业和有限责任公司。创业者应根据自身的实际情况选择适合自己的企业法律组织形式。公司治理结构是导致公司内部发生纠纷的重要因素之一,创业者应认真设计公司治理结构。

我国对企业伦理的认识尚处于起步阶段,对企业伦理的内涵尚缺乏了解。在当今时代,如果企业只追求利润而不考虑企业伦理,则企业的经营活动已越来越为社会所不容,必定会被时代所淘汰。也就是说,如果在企业经营活动中没有必要的伦理观指导,经营本身也就不能成功。一个企业不仅应该承担法律上和经济上的义务,还承担了"追求对社会有利的长期目标"的义务和责任。

关键术语

个人独资企业;合伙企业;有限责任公司;一人有限责任公司;社会服务机构;公司治理结构;企业伦理道德;企业社会责任

案例分析

慈善组织的成本与筹款伦理

施乐会是一个网络慈善平台，2012年4月，它探索开展"有偿社工"模式，即由社工走访受助人员，先行垫付所需善款；然后在施乐会平台上发布受助对象的信息，进行网上募捐。最终募得的善款在扣除垫付款和走访费用后，捐款者可以选择是否将余额变为社工的个人报酬，但是报酬最高不超过善款总额的15%。这种模式是为了解决施乐会资金短缺、义工不断流失的问题，效果初见成效，仅今年上半年，累计募捐总额从去年年底的900万元激增至2300万元，施乐会员工也由原来4个人增加至12人。

但是，这种筹款模式引发巨大争议。一方面，网民质疑"每位社工可以从捐款中最高提成15%作为报酬"的做法有骗捐之嫌；另一方面，也有业内人士认为，慈善公益事业是有成本的，例如美国是20%~40%，相比之下我国《基金会管理条例》笼统规定"行政成本不得超过当年总支出的10%"可能太低了。这两种代表性的声音触碰了两个敏感话题。

第一，公益慈善机构的工作人员从事的是有偿劳动吗？实际上，公益慈善机构的正式员工都是领薪水的，志愿者工作产生的食宿交通费也应该予以报销。遗憾的是，在我国，不少公众和企业认为公益慈善活动不应该讲钱，这就造成了许多像施乐会这样的社会组织难以提供有竞争力的薪酬，既请不起正式雇员，连志愿者也很难长期留住。

第二，施乐会的有偿模式，不仅涉及机构雇员劳动是否有偿，还涉及另一个争议性话题：公益慈善机构筹款时，其筹款人员是否能够从中获得个人提成。个人从筹款中抽取提成的做法，在国际上历来备受争议，因为这不单是合法与否的问题，还有是否符合伦理的问题。

在2006年举办的第四届国际公益慈善筹款业高峰会上，来自全球24个国家的业内人士共同发表了《国际筹款伦理守则》声明。声明明确指出"筹款人员无论是以志愿者、正式雇员，还是以事先商定合约的方式提供（筹款）服务，均不应该接受任何由募款所得的提成或者补偿"。美国专业筹款人协会也认为，筹款提成是不符合伦理的筹款行为。因为，一旦筹款人员的个人收入与筹款额直接挂钩，组织或者项目本身的社会目的就有可能让位于个人经济利益和工作压力。因此在这个意义上，网民对施乐会提出质疑是合理的。

但是，这几年公益机构面临雇员低薪、人才流失、缺乏发展资金的状况，许多组织还在缺钱缺人的夹缝中想办法支撑。这时候说筹款要讲伦理，有点像劝一

第 9 章
社会创业中的法律与伦理

个三餐不继的人健康饮食、节食减肥一样。不过每一次争议事件的出现,都是普及公益慈善知识、厘清各种搅拌在一起的概念、培养公益慈善机构社会责任感的好机会。

资料来源:钟晓慧. 慈善组织的成本与筹款伦理 [N]. 东方早报,2012-11-07,本书作者有所改编。

延伸阅读

韦伯. 新教伦理与资本主义精神 [M]. 马奇炎,陈婧,译. 北京:北京大学出版社,2017.

霍博. 清教徒的礼物 [M]. 丁丹,译. 北京:东方出版社,2013.

科特勒,李. 企业的社会责任 [M]. 姜文波,译. 北京:机械工业出版社,2011.

复习思考题

1. 新创社会企业的法律组织性有哪几种?
2. 创业者如何选择新企业组织形式?
3. 如何设计新创企业的产权结构?
4. 创业过程中应该如何遵守企业伦理和践行社会责任?

创业挑战

设计社会企业的法律组织形式和公司治理结构,制定公司道德守则。

第10章 社会企业商业计划

学习目标

- 了解商业计划书及其作用。
- 熟悉商业计划书的编写原则。
- 掌握商业计划书的内容。
- 掌握商业计划书的制定步骤。
- 熟悉编写和更新创业计划应注意的事项。

引导案例

黑暗中对话：一个教科书式的社会企业投资案例

"黑暗中对话"由德国社会企业家海宁克博士在德国汉堡创办，通过提供一个完全黑暗的体验机会帮助人们换位思考，理解视障人士的生活和感受，从而获得对生命的全新感悟。目前，"黑暗中对话"在世界38个国家的170多个城市建有体验馆和工作坊，体验学习者超过750万人，为7000多位视障人士提供了工作机会。

2008年8月的一天，香港企业家张瑞霖在汉堡体验了一回"黑暗中对话"，整个过程给他带来巨大震撼，他决定将"黑暗中对话"引进香港。与德国"黑暗中对话"创始人海宁克博士的一顿晚餐交谈，让他明白了社会使命是社会企业的核心内容，也理解了运用商业模式、进行市场经营是为了赚取更丰厚的财力去实践社会使命。在当今社会企业领域，这两条已经成为定律。但用怎样的投资模式、商业模式、管理理念、分配制度来发展社会企业不仅没有定论，甚至存在着巨大分歧。

张瑞霖卖掉了年营业额达10亿港币的企业，怀揣重燃的热情，迈进社会创业者的行列。从创业时1名员工发展到20多名员工；从单一的工作坊，到面向不同市场需要的服务和产品；从聘请兼职视障人士，到雇佣几十位全职

第10章
社会企业商业计划

及兼职视障员工;从香港工作坊到上海、深圳工作坊,"黑暗中对话"的发展速度和规模超出了所有人的预料。

张瑞霖最先思考的问题是,如何能让社会企业有效率、可持续,甚至能复制。他认为这是进行社会创业规划时面临的最大挑战,而这首先需要理念创新。在慈善文化发达、慈善资源丰富的香港,一个可以让视障人士获得有尊严就业岗位的公益项目,募集300万元捐款并非难事。经过思考,他决定采用募股而非募捐的方式创办香港"黑暗中对话"。张瑞霖之所以坚持以募股的方式来创办社会企业,就是要探索私人资本投资社会企业的模式,打开私人资本流向社会投资的通道。

但是,要找到股东出资却并非易事。张瑞霖花很大工夫写《招股书》,内容包含需求、目标市场、产品、定价、成本费用、竞争策略、发展规划、风险分析和未来五年的财务预算。"黑暗中对话"工作坊的目标客户确定为高级管理层,服务价格定为一千元,从而保证了财务收支平衡。

同时,张瑞霖还要挑战做公益就要牺牲个人利益的观念。在现今竞争激烈的商业社会,要建立成功的企业已经非常困难,要办好一个解决社会问题的企业更是难上加难。社会企业对人才的要求高于一般企业,对社会企业的从业者,特别是年轻的从业者,应该给予他们高于商业机构的待遇。如果是用捐款进行投资的社会企业,给从业人员高待遇必定会引来"变相分配利润"的指责。而用私人资本投资的社会企业,就不存在这种担忧。

2011年,"黑暗中对话"营业收入达到800万港币,在弥补企业初创时投入的亏损后实现盈利,这意味着可以给股东分红。按照18名股东的约定,企业纯利的1/3为分红上限,其余留作企业扩大再生产。坚持选择以私人资本投资社会企业,善用资本,实行有竞争力的人力资源政策,收益可以有限分红,股权可以转让流通,以此打开私人金融资本向社会企业投资的通道。这是张瑞霖和他的投资团队创造的可资世界社会企业同行借鉴的经验。

资料来源:徐永光. 社会企业创业者和研究者必读——《黑暗中对话》序[EB/OL]. (2011-11-16). http://www.nandufoundation.org/,本书作者有所改编。

10.1 商业计划书

10.1.1 什么是商业计划书

商业计划书又叫创业计划书,是一份全面说明创业构思以及如何实现构思的书面文件,主要描述创业者所要创立的企业是什么,将来成为什么的故事。它主要用来解决想干什么、怎么干、目标客户是谁、市场竞争状况如何、经营团队与治理结构如何安排、营销安排、财务分析以及退出机制等一系列问题。这些问题不仅是投资者或合作伙伴所关心的,也是创业者本人应该非常清楚的。商业计划书的编写就是对这些问题的回答。

如果有了一份详尽的商业计划书,就好像有了一份业务发展的指示图一样,它会时刻提醒社会创业者应该注意什么问题,规避什么风险,并最大限度地帮助创业者获得各界的帮助。但是,在现实生活中,却经常有人在几乎没有任何管理经验的情况下,不制订详细的创业计划就开始创业。创业时的盲目行动对创业者而言,就如同没有经验的飞行员在冒险飞行一样危险,其结果有可能是彻底的毁灭。

10.1.2 商业计划书的作用

1. 帮助创业者理清思路,准确定位

商业计划书能够帮助投资者在一个充满不确定性的社会创业环境中建立起长远眼光,能够应对环境变化的各种挑战,并做出前瞻性的决策。制订商业计划可以使社会创业者将总体思考与随机的思路不断连贯起来。许多社会创业者在刚开始投入一项事业中去的时候具有一个好的创意和热情,然而当真正着手去做一些事情的时候,才会发现需要考虑的地方何止是一处两处。如果未雨绸缪,就需要制订一份商业计划书,会更不容易偏离自己原先预定的方向。

2. 吸引社会影响力投资或公益创投战略合作伙伴的重要媒介和工具

对于社会影响力投资或公益创投来说,商业计划是评价社会企业是否真正有投资或者经营价值的重要依据。商业计划书的好坏往往决定了融资的成败。所以,商业计划书的另外一个重要作用就是帮助社会创业者把计划中的企业推销给社会影响力投资或公益创投。它还可以使社会企业的出资者以及战略合作伙伴等了解企业的经营状况和经营目标,为企业的进一步发展提供资金。

3. 凝聚团队的沟通工具

商业计划书可以用来介绍社会企业的使命,从而吸引到投资、信贷、员工、战略合作伙伴,或包括政府在内的其他利益相关者。一份成熟的商业计划书不但能够描述出你公司的成长历史，展现出未来的成长方向和愿景，还能量化出潜在盈利能力。这都需要社会创业者对自己企业有一个全面了解，对所有存在的问题都有所思考，对可能存在的风险做好预案，并能够提出行之有效的工作计划。

4. 承诺工具

和其他的法律文档一样，在企业和投资人签署融资合同的同时，商业计划书往往将作为一份合同附件存在。在辅助执行企业内部管理时，商业计划书仍是一个有效的承诺工具。在上级和下级就某一特定目标达成一致以后，他们合作完成的商业计划书就记录下了对目标的约定。这样的约定，将成为各类激励工具得以实施的重要基础。

5. 取得政府和相关机构支持

在我国，大量的社会创业活动离不开政府和相关机构的支持。政府每年都会在公益领域选择一些有社会影响力的项目并提供支持。要取得政府的支持，必须借助公共关系和完整的商业计划，展现社会创业活动所具有的积极的社会意义，让政府机构充分了解创业思路和所需要的具体支持。国内以前常常用可行性报告和项目论证书代替和行使这一作用。

社会创业启示录

撰写商业计划书就像飞机驾驶员在飞机起飞前按照检查列表逐个检查，做起飞准备一样。为了能将事业顺利启动，需要通过撰写商业计划书来把问题一个一个清除。例如你要盖自己的房子，绝不可能在没有设计图纸的情况下就开始盖房子。创业和这个道理一样，如果你没有一个好的创业设计图纸，就无法筹集资金，也无法吸引交易方。——炭谷俊树（神户情报大学院大学校长、Business Breakthough 研究院大学客座教授）

商业计划必须受到重视。创业之路如同航行在大海之上，漫无边际，深不可测，所以必须认真调查，花费时间，制订合理的商业计划。——罗伯特·F. 谢勒（美国俄亥俄大学创业研究中心主任）

10.1.3 商业计划书的基本要素

1. 商业模式

通过商业计划书展现商业模式，让社会影响力投资或公益创投了解企业是如何运行的。商业模式一般贯穿在整个商业计划书中，它决定了社会企业的运作，关系到社会企业的发展战略。社会影响力投资或公益创投特别关注商业模式是否蕴含着社会与商业价值，是否对现有的和潜在的价值进行重新组合。因此，除了要向社会影响力投资或公益创投阐明选择的商业模式，还要让社会影响力投资或公益创投确信商业模式能够获得成功，能够随着市场和自身条件的变化进行创新等。

2. 市场

商业计划书还要向社会影响力投资或公益创投提供对目标顾客的深入分析和理解。因为对于投资者来说，最关心的还是产品或服务有没有市场，市场容量有多大，顾客为什么要买产品或服务。要打消投资者的顾虑，要在商业计划书中对消费者购买本企业产品或服务的行为进行细致的分析，说明经济、地理、职业和心理等因素如何影响顾客行为，并通过营销计划说明企业将如何通过广告、促销和公关等营销手段来达到预期的销售目标。

3. 产品（服务）

在商业计划书中，还要提供产品（服务）的所有相关细节，包括企业所实施的所有调查。商业计划书还需向社会影响力投资或公益创投说明产品（服务）所处的发展阶段，它的独特性，企业的目标顾客，运营成本、销售价格、销售策略、新产品开发计划等。应该努力让社会影响力投资或公益创投相信，企业的产品会在目标顾客群产生重要的甚至革命性的影响，同时也要使他们相信，商业计划书提供的证据是真实可信的，最终让投资者认识到，投资这个产品（服务）是值得的。

4. 竞争

在商业计划书中还必须就竞争对手的情况展开细致分析，向投资者清楚地阐述如下问题：现有的和潜在的竞争对手有哪些？产品是如何实现其价值的？和竞争对手相比有哪些优势？顾客为什么偏爱本企业的产品和服务？企业如何应对潜在竞争对手的挑战？总之，商业计划书要使社会影响力投资或公益创投相信，企业不仅是行业中的有力竞争者，而且将来还会是确定行业标准的领先者，企业的竞争战略完全能够应对即将面临的竞争。

5. 管理团队

投资者对创业团队的关注甚至超过产品本身，因为要把一个好的商机转化为一个成功的风险企业，关键要有一支强有力的管理队伍。因此，在商业计划书中，要向投资者完全地展现创业团队，描述一下整个管理队伍及其职责，分别介绍每位管理人员的特殊才能、特点和造诣，细致描述每个管理者能够对公司做出的贡献，并明确企业的管理目标和组织机构。要让投资者对企业的管理团队充满信心，相信企业的管理队伍是刚好适合创业企业的"梦之队"。

6. 行动

再好的理念，也只有通过行动才能实现。行动的无懈可击才可能赢得投资者的青睐，商业计划书应该有清晰的企业设计、生产和运营计划，切实可行的企业营销计划和准确的财务计划。企业将如何把产品推向市场？如何设计生产线，如何组装产品？需要哪些原料？企业拥有哪些生产资源，还需要哪些生产资源？生产和设备的成本是多少，如何定价？所有这些问题，都要在商业计划书中说清楚。

10.2 商业计划书的内容

10.2.1 商业计划书的内容

1. 封面和目录

封面应该包括公司名称、地址、联系电话、网址、日期以及核心创业者的联系方式等内容。封面底部可以放置警示阅读者保密等事项信息。如果公司已经有商标，应该把它放在靠近封面中心的位置。目录页紧接着封面，它列出了商业计划和附录的组成部分及对应页码。

2. 摘要

摘要是商业计划书中最重要的部分，是打开公益投资之门的钥匙。在某些情况下，投资者只有在摘要有足够吸引力时才会要求阅读详尽商业计划书。阅读完摘要后，投资者应该能比较明确地感觉到整个计划的大致内容。摘要不应该超过两页篇幅。摘要最简明的格式是在逐项基础上提供对商业计划书的总览。内容主题应该以商业计划书中相同顺序来描述。

3. 企业描述

企业描述是商业计划书的主体部分。它向商业计划书审阅者展示了你知道如何将创意变成一家社会企业，说明企业是否拥有某些合作伙伴关系。企业历史部分应该简明，但要解释企业创意从何而来以及企业创建的驱动力量。如果企业创意起源的故事真实感人，那就把它写出来。使命陈述界定了该企业为何存在，以及渴望成为什么。对于商业计划书来说，使命陈述阐明了企业专注于什么，并清楚地说明企业目的。产品与服务部分应包括对产品或服务的解释，要比摘要所写内容更详细。这部分应包括对产品或服务独特性的描述，以及在市场中的定位。当前状况部分应该显示企业进展到何种程度。根据里程碑来考察企业状况，是一个很好的方法。里程碑是指企业显著的或重大事件。

4. 行业分析

行业分析部分应该首先考察企业试图进入的行业，例如行业规模、增长率和销售预测等。在企业选择目标市场之前，应该充分理解所在行业。行业结构是指产业集中或分散化的程度。行业趋势包括环境趋势和业务趋势。这可能是行业分析中最重要的部分，因为它经常是新创意的基础。最重要的环境趋势是政治与法规变革、经济趋势、社会趋势和技术进步。业务趋势包括社会投资回报率（Social Return on Investment，SROI）的增减、投入成本的升降等方面。

5. 市场分析

市场分析将行业划分为若干细分市场，它们是企业试图进入的目标市场。市场分析的首要任务是细分企业即将进入的行业，然后识别特定的目标市场。一般企业会按照地区、人口、心理和行为等多个维度划分市场，并逐步选出适合自身能力的特定市场。市场分析还应该包括竞争者分析，它是对企业竞争对手的详细分析。这有助于企业了解主要竞争对手的行业地位，也向商业计划书的审阅者表明，你对企业竞争环境有全面的理解。

6. 营销计划

营销计划关注企业如何宣传和销售产品或服务，涉及产品、价格、分销渠道和促销等具体细节。企业营销计划首先要清楚阐明营销战略、定位和差异化，然后讨论它们如何被价格、销售渠道和促销组合策略所支撑。

7. 管理团队和公司结构

许多公益创投机构首先会浏览摘要，然后直接翻到管理团队部分评价企业创建者的实力。因此，赢得融资支持往往不是因为创意或市场，而是创业团队为开发创意做了更充分准备。创业团队通常包括企业创建者和关键管理人员。商业计划书应该提供每个管理团队成员的个人简介。个人简介包括职位头衔、职位的职责与任务、先前产业和相关经验、先前的成功经历、教育背景等信息。即使是一家初创社会企业，也要概述该企业当前的组织结构，以及成长过程中企业结构将会如何变化。

8. 运营计划

运营计划部分应描述企业如何运作，以及产品或服务如何生产。首先要描述企业在最重要业务方面的一般运营方法。运营计划部分应该描述企业的地理位置。这个部分还应描述企业的生产与服务设施，简要描述它们的获得途径。如果其生产与服务设施是无法描述的（如电脑程序员的工作空间）就不要做过多解释。

9. 产品（服务）研发计划

商业计划首先要描述产品或服务研发的当前阶段。大部分产品遵循产品概念、原型化、试生产和全面投产的研发路径。应该着重描述产品或服务所处的发展阶段，并提供后续步骤的进度安排。本部分还应描述企业拥有或打算保有的专利、商标、版权或商业秘密。如果初创企业仍处于早期阶段，可能没有采取任何知识产权上的措施，但应该获得一些法律建议，以便在商业计划中讨论相关事宜。

第 10 章
社会企业商业计划

10. 财务规划

商业计划书的最后部分是企业的预计财务规划。预计财务报表是商业计划书财务部分的核心内容，但是在早期的创业企业中，这是最容易被忽视的方面。它们涵盖了整个商业计划书，并用财务数据将其表示出来。财务规划包括资金的来源与使用陈述，它特别指明企业需要多少资金，资金可能从何而来，以及资金使用在什么地方。预计财务报表包括预计收益表、预计资产负债表和预计现金流量表。一般应准备 3~5 年的预计财务报表。如果是已开业企业，应该提供 3 年来的历史财务报表。

11. 风险分析

成功地消除和减轻社会影响力投资或公益创投的顾虑，将有助于获得投资者的青睐。不同企业有各自不同的情形和各自不同的风险。这些风险基本包括机会风险、技术风险、市场风险、资金风险、运营管理风险和环境风险等多个方面。要想融资成功，就要说明企业将怎样对这些风险因素实施控制，证明创业企业具有较强的抗风险能力。

12. 退出策略

投资者通常对创业投资的退出策略极为关注。在商业计划书中，需要设计适当的退出路径。常见的退出机制包括兼并收购和回购等。兼并收购是把企业出售给大公司，回购是企业根据预定的条件回购投资者手中的权益。社会企业应该对各种退出方式的可能性进行可信的预测，当然，任何一种可能性都要让投资者清楚投资的回报率。

13. 附录

不适宜放入商业计划书正文而又十分重要的材料都应放在附录中，如高层管理团队简历、产品或产品原型的图示或照片、具体财务数据和市场调查计划等。

社会创业小案例

耐克、戴尔和联邦快递创业灵感的来源

耐克创始人菲尔·奈特在斯坦福大学一门关于创业精神的讨论课上，写了一篇关于跑鞋的论文。这是一个平淡无奇的任务，他后来却逐渐沉迷其中。他花数周时间在图书馆寻找关于进口商和开办公司的信息，并根据要求向同学们演示论文，但大家的反应冷淡，无人提问。他的满腔热情最后换来的却是疲惫的叹气和空洞的眼神。教授认为他的疯狂确有价值，给了一个 A，仅此而已。但他从未停止思考这篇论文。

> 戴尔电脑创始人迈克尔·戴尔在哈佛商学院的毕业论文中提出了直销模式，据说他的成绩只得了C。指导教师评价为"脱离了应有的分析框架，这种商业模式是无法得到应用的"。但是戴尔没有气馁，把论文中的内容付诸实施，取得了非凡的成功。只有那些打破传统框架、超越固定模式的创意才能开创新的时代。
>
> 1965年弗雷德·史密斯在耶鲁读书的时期，观察到随着社会变得越来越自动化，像IBM和施乐这类企业必须确保它们产品100%的可靠性，这就需要各类后勤和配送需求。于是，写了一篇讨论构建更快速、更可靠、配送范围更辽阔的新型配送系统的论文，但教授认为这个创意很荒诞，只给了C。史密斯毕业后加入美国海军陆战队并参加了越战，越战经历培育了他的顽强精神和领导能力。1969年退役后，他仍没有忘记那篇论文，在继承了一笔遗产之后，购买了一家小型飞机服务公司并在两年后成立了FedEx。施乐成为FedEx第一位客户。

10.2.2　商业计划书的基本要求

要想让商业计划书引起投资者的关注，首先就要了解商业计划书写作的基本要求，不犯基本的错误，在此基础上再把商业计划书做得更加出色。

1. 力求准确

向社会影响力投资或公益创投全面披露与企业有关的信息，无论是优势还是困难都要讲到位，体现出与投资合作的诚意。隐瞒实情、过分乐观甚至夸大其词往往会适得其反。

2. 简明扼要

商业计划书首先要简洁，能够一句话表述清楚的就一个字也不要多加，最好开门见山，直奔主题，让社会影响力投资或公益创投觉得阅读每一句都是有意义的。许多创业者常犯的毛病是把商业计划书写得像一部企业管理大全，面面俱到，忽视了应有的侧重点。商业计划书在30~40页为佳，太短或太长都不好。

3. 条理清晰

商业计划书看起来似乎是很高深、很复杂的东西。实际上，无论创业企业是用高科技还是传统手段提供社会服务，投资者真正关心的问题都是一样的：做的是什么社会产品？怎么生存与发展？有多大发展空间？为什么是你们？在制订商业计划书之前，要能够清晰地就这几个问题解释清楚：商业机会；所需要的资源；把握这一机会的进程；风险和预期回报。

第 10 章
社会企业商业计划

4. 注意语言

良好的语言水平并不能挽救创业企业不成熟的创业理念，但是一个好的创业理念却可能因为语言水平不高而导致融资的最终失败。因此，需要对商业计划书的语言进行锤炼，一方面商业计划书不是学术论文，应该力求语言生动；同时，要让读者容易理解商业计划书的内容，所以应尽量避免使用过多的专业词汇。

5. 强调可信性

商业计划书描述的前景可能很动人，但要真正打动社会影响力投资或公益创投，还要让他确信这幅图景是可实现的。要做到这一点，需要在商业计划书撰写之前进行充分的市场调研，了解顾客、竞争对手、市场前景等问题，在调研数据的基础上进行财务分析，来说明企业将获得的社会影响和收益。在商业计划书中，数据越充分越翔实，就越容易让社会影响力投资或公益创投相信预测是可信的。

社会创业小贴士

美国国际数据集团（International Data Group，IDG）认可的商业计划书要素

企业简介：包括公司名称、发展历史、产品或服务以及各股东方。

业务模式：企业的核心产品或服务，市场中的竞争优势。

市场分析：包括市场规模，目前公司的市场份额、市场地位，主要竞争对手的情况。

管理队伍：公司的管理架构，以及创始人、主要管理人员和技术骨干的介绍。

财务数据：过去两到三年的资金及管理运作的简单财务报告及今后两年的销售预测。

融资需求：一到两年之内的融资计划，包括资金需求量，融资方案及其他相关需求。

10.3 商业计划书的制订

10.3.1 商业计划书的制订步骤

制订商业计划书的社会创业者在事后总会跟看过牙医的病人一样，着重于谈论痛苦而不是结果。商业计划书的制订并不是件浪漫的事，但是，既然打算写一份优秀的商业计划书，那就必须做好思想准备，准备好将要花费的时间、耐心和思考，准备好不断的辩论，并做好进行长时间的研究、写作和编辑的准备。

1. 将商业计划构想细化

创业团队需要对创业活动进行总体的规划，明确企业的竞争对手、客户、技术和商业模式等内容。

2. 市场调研

创业团队需要对企业所处的行业、环境和政策背景进行调研，需要就企业的竞争对手展开研究，需要就客户展开调研。调研的细致准确将为下一步的工作奠定扎实的基础。

3. 商业计划书写作

根据企业的构想和市场情况，制定出明确的目标、市场和竞争战略，拟定实施战略的具体措施，并说明企业团队的执行能力，再对企业的未来做一份完整的财务分析。在此基础上构成商业计划书的基本框架。

4. 商业计划书的检查和调整

在商业计划书写完之后，最好采用模拟辩论的方式，从商业计划书中发现存在的问题。另外，当局者迷，最好再求助于融资顾问，就商业计划书能否对社会影响力投资或公益创投关心的问题做出清楚的说明，准确回答投资者的疑问。如果不能，就要做出相应的改进。

5. 商业计划"答辩"

这是推销商业计划的时机。记住，简洁的市场分析和可靠的分析数据是有益的，对一些可能的提问也要事先做好应付的准备。

社会创业小贴士

著名管理学家吉姆·柯林斯讲惠普的故事

1937年8月23日，两名刚刚毕业的工程师开会讨论创业事宜。他们把想法写在纸上，先是大致描述了拟设计和生产的电气工程产品，随后的话则相当惊人："容后再讨论生产什么产品这个问题……"他们想到了唱机放大器、空调操纵件、电视机、焊接设备和扩声系统，甚至承揽电子减肥震动机等工程来做。在偶然的机会下他们制造出了音频振荡器，并且卖了八台给迪士尼公司，赚到了第一桶金。

第10章 社会企业商业计划

> 20世纪90年代初,我在斯坦福大学商学院MBA学生讲创业课的时候,选读了1937年那次会议的成立声明,但刻意隐去了两位创始人的名字。然后,要求学生们给这家新公司评分(1~10分),并写出两位创始人这种方式的优缺点。平均分数是3分,学生批评这两位创始人缺乏目标和清晰的市场等。然后,我说:"我忘记一个小细节。这两位创始人就是比尔·休利特和戴维·帕卡德。"学生们很惊讶,怎么可能?我们学的是要清楚地了解如何创造竞争优势,要有一个创业的好构想。十多分钟之后终于有人一语中的:休利特和帕卡德的伟大产品既不是音频振荡器、袖珍计算器,也不是微型计算机。他们伟大的产品就是惠普公司,而他们伟大的构想就是惠普之道。

10.3.2 商业计划书的制订原则

1. 逻辑原则

商业计划书的编写在逻辑上要遵循四个原则:

(1)可支持性原则。即给社会影响力投资或公益创投一个充足的理由,说明投资的可行性。

(2)可操作性原则。即解释以什么来保证创业及投资成功。

(3)可盈利性原则。即告诉社会影响力投资或公益创投带来预期回报的概率有多大,时间有多长。

(4)可持续性原则。即告诉社会影响力投资或公益创投,我们这一企业能生存多久。

2. 内容原则

(1)结构完整。经常见到缺乏财务预估、市场状况及竞争对手数据的商业计划书,这样的商业计划书自然是导致投资方对方案评估速度的减慢,投资可能性的减小。

(2)结构清楚。清晰的逻辑结构会给人一种思路清晰的感觉。看到这样的商业计划书,投资人可以最简洁地了解你的构思与想法。

(3)深入浅出。把艰深难懂的想法、服务与程序以浅显的文字表现出来是一种自我营销方式,尤其是当你的资金是来自银行或一群不具专业知识的投资者时更需如此。

(4)顾客导向。简单地说,针对口味调酱加料就是了。最好连行文的语调、章节的编排、数据的呈现、重点的强调等,都能根据需要募资的对象进行适当调整。

> **社会创业小贴士**
>
> **探索驱动型商业计划书制订方法**
>
> 一项针对美国《公司》(Inc.) 500强创业者的分析发现，只有40%撰写了商业计划书，其中又有65%承认后来的行动偏离最初计划，在发展的过程中不断修正计划。2009年，美国《战略管理》杂志一项针对1063个风投案例的研究显示，商业计划书在融资中仅扮演微弱的象征性角色。
>
> 创业者不该做计划吗？答案是否定的。著名学者丽塔·麦格拉思和伊恩·麦克米伦提出了适合创业型企业的探索驱动型计划方法（Discovery-driven planning）。该方法认为在创业开始阶段所做的判断几乎都是假设，并且将假设的"证伪"视为计划的关键所在。探索驱动型计划主要包括必备四个文件：
>
> （1）逆向损益表。该表用于首先确定目标利润，然后推算出必须的收入额和现实的成本额。
>
> （2）运营预测说明书。其用来展示创业过程中基于假设的全部关键活动及相应的成本结构。
>
> （3）重要假设检验表。列出创业取得成功的假设清单，清单上的条目按重要性顺序排列。
>
> （4）重大事件计划。详细说明每个重大事件发生时有待检验的相关假设。
>
> 创业者必须清楚自己创业设想中的那些亟待验证的假设，采取一切可能的手段检验潜在假设，并根据由此得出的新信息，对商业计划书不断进行完善，避免陷入自我欺骗的困境。

10.4 商业计划书的评价

10.4.1 风险投资商关注的要点

1. 关注产品

在商业计划书中，创业者应尽量用简单的语言，来描述所有与企业的产品或服务有关的细节。产品及其属性的定义对创业者来说是十分明确的，但其他人却

第 10 章
社会企业商业计划

不一定清楚它们的含义。制订商业计划书的目的不仅是要让社会影响力投资相信企业的产品会在市场上产生革命性的影响，同时也要使他们相信企业有证明它的论据和能力。

2. 要敢于竞争

在商业计划书中，创业者应细致分析竞争对手的情况，然后再讨论本企业相对于每个竞争者所具有的竞争优势；要向投资者展示，顾客偏爱本企业的原因。商业计划书要使它的读者相信，本企业不仅是行业中的有力竞争者，而且将来还会是确定行业标准的领先者。在商业计划书中，创业者还应阐明竞争者给本企业带来的风险以及本企业所采取的对策。

3. 了解市场

商业计划书要给投资者提供企业对目标市场的深入分析和理解。要细致分析经济、地理、职业以及心理等因素对消费者选择购买本企业产品这一行为的影响，以及各个因素所起的作用。商业计划书中还应包括营销计划，计划中应列出本企业打算开展广告、促销以及公共关系活动的地区，明确每一项活动的预算和收益。商业计划书中还应简述一下企业的销售策略，即计划采用怎样的营销渠道。商业计划书应特别关注销售中的细节问题。

4. 表明行动的方针

企业的行动计划应该是无懈可击的。商业计划书中应该明确下列问题：企业如何把产品或服务推向市场？如何设计生产线和服务场所？如何生产产品或服务？企业生产需要哪些资源？企业拥有哪些资源，还需要什么资源？生产和设备的成本是多少？企业是买设备还是租赁设备？解释与产品生产、储存以及运输有关的固定成本和变动成本的情况。

5. 展示你的管理队伍

把一个理念转化为一个成功的社会企业，其关键的因素就是要有一支强有力的管理队伍。这支队伍的成员必须有较高的专业技术知识、管理才能和多年工作经验。管理者的职能就是计划、组织、控制和指导企业实现目标。在商业计划书中，应首先描述一下整个管理队伍及其职责，然而再分别介绍每位管理人员的特殊才能、特点和造诣，细致描述每个管理者将对公司所做的贡献。商业计划书中还应明确管理目标以及组织机构图。

6. 出色的计划摘要

据统计，投资人平均每天收到 50~100 份商业计划书，只有 5~8 份会受到重视。投资人阅读每份商业计划书平均时间为 3 分 44 秒。所以，商业计划书中的计划摘要十分重要。它必须能让风险投资商有兴趣并渴望得到更多的信息。计划摘要将是创业者所写的最后一部分内容，但却是投资方首先要看的内容，它将从计划中摘录出与筹集资金最相干的细节：包括对企业内部的基本情况、企业的核心竞争能力、企业营销和财务战略、公司的管理队伍、竞争对手等情况的简明而生动的概括。如果公司是一本书，它就像是这本书的封面，做得好就可以把投资者吸引住。

10.4.2 商业计划书的自我测验

耶鲁大学商教授布鲁斯·贾德森（Bruce Judson）博士对商业计划书的测验提出了 11 条标准：

1. "电梯"测验

创业者需要一个"电梯商业演讲"，因为创业者必须清楚公司如何赚钱。检验新公司的一个测验就是看公司被解释的难易程度。如果创业者能在其名片后面概括他的公司计划，这就意味着他能向员工、顾客和利益相关者描述公司的目标。思科公司创始人只用了三个单词解释他们的使命："思科连接网络"。

2. "最多三件事情"测验

成功有赖于创业者将其能力集中在有限的几个关键领域的能力。当创业者审视一个商业创意时，需要问自己如下问题：这里决定我成功的三件事是什么？一个显然的问题就是我具备在这个范围内成功的必备能力吗？如果没有，如何获得？

3. "假如你是顾客"测验

把自己放在潜在顾客的位置上，问自己一系列的问题：在已有选择的基础之上，我会买这个公司的新产品吗？为什么会购买？我是独一无二的买家吗？我会以全价购买产品吗？很容易购买吗？我会立刻购买吗？然后再回到创业者的角色。

4. "差异化和市场领导权"测验

无论何时有人说，"这是一个巨大的市场，我们只需占领一小部分就能成功"，请赶紧避开。成功需要你的业务与众不同并能统治一些东西。定义你的市场，宁做小池塘里的大鱼不做大海里的小鱼。与众不同者必胜，无差异者必败无疑。

5. "我会被包围吗？"测验

在创业之前，你必须估计很常见的现象带来的风险，以及妨碍你长期成功的可能性。公司有一些结构特征能够使得供应商和合伙人难以竞争。从一开始你就要考虑你是否能有效构建你的公司，阻止合伙人和供应商复制你向顾客提供价值的企图。

6. "成本翻番"测验

"成本翻番"测验本质上是测验创业者犯错误的回旋余地。创业者需要问自己如下的问题：如果成本翻番，这还是一份好的商业计划吗？如果第一年的收益只有预期收益的一半,成本又翻番,这还是一个好创意吗?

7. 留下"犯错误试验的空间"测验

好的商业创意通常留给自己很大的犯错误空间。最后挣的钱不一定来自打算挣钱的地方,所以留下试验的空间。在投入时间和精力检测你的公司前,使用这个测验最有价值。一旦已经完善了自己的业务模式就没必要选择如此大胆的假设。

8. "依赖性"测验

任何公司的重要风险来源之一就是对某个供应商或者顾客的巨大依赖。首要法则就是单一顾客不能占据一个公司销售额的35%。所以,需要问自己:我的公司如果严重依赖某个公司,我是否有能力减少这种依赖。如果必须严重依赖某个公司,这种依赖性是否会榨取公司的利润?如果依赖的公司不再同我做生意的后果是什么?

9. "多股收入流"测验

尽可能控制你的风险。控制风险的传统方法之一就是公司收入多样化,这就是说公司应培养从多个来源获得收益的能力。

10. "脆弱性"测验

"脆弱性"测验是一种用来分析商机"最坏的情况是什么"的方法,在开始时问这样一些问题:如果公司开始运营,什么事情会使公司瞬间倒塌?如何预测现有和潜在竞争者对公司做出的反应?如果有竞争者,竞争者是否有能力将创业公司扫地出门?为什么现有竞争者不对创业者的进入做出反应?

11. "不只是一条路"测验

创始人找到了迅速降低成本扩大产品线的方法。这种低廉简单的测试并启动新产品的能力通常反映了在职经验。但仍然有可能在启动公司之前了解能否并如何扩大产品线。如果创业者能够将技能灵活地运用在多个方向发展,将更有可能成功。但是如果创业者知道正在启动一个只有一条路可走的公司,需要停下来反复思考,你没有多少犯错误的机会。

社会创业小贴士

创投机构选择创业者的路径

首先,需要一份尽可能详尽的筹资申请和商业计划书。每个风投公司都会提供商业计划书模板,其基本结构和内容差别不大。另外,在递交计划书前双方都会签署保密协议。

> 第二步是尽职调查，即对初步筛选过的申请者进行进一步审查。审查内容基本涵盖业务背景、人事背景、财务声明、法律事务、业务回顾与价值评估，业务现状及预期等。尽职调查的方法主要是询问、走访、查询和取证。
>
> 第三步是综合的预测和评价，主要是对风险的测定和收益的预算。除了采用很多定性分析方法之外，还要采用定量分析方法。测定的风险包括市场、技术、管理、财务和政策等方面。
>
> 最终，通过上述评估的项目还要面临最后关键的选择，即选择怎样的投资切入点和怎样的投资方案。当此事确定后，风险投资的决策过程就告一段落了。

10.5 商业计划书的陈述

如果商业计划书成功吸引了潜在社会影响力投资者的兴趣，下一步就是与投资者会面并向他们当面陈述商业计划书。投资者往往要面见社会创业者，因为投资者最终投资的新企业非常少，所以社会创业者应尽可能地给投资者留下良好印象。

与投资者的初次会谈通常时间很短，大约1小时左右。投资者一般要求企业使用幻灯片进行20~30分钟的口头陈述，然后利用剩余时间进行提问。如果投资者印象深刻而打算了解更多企业信息，他与合伙人会邀请陈述人进行第二次会谈。这次会谈通常会持续更长时间，进行更充分的陈述。

10.5.1 商业计划的口头陈述

与社会影响力投资会面之前，创业者要准备好幻灯片，并以会议预定的陈述时间为限。同样形式也应用于大部分的商业计划大赛。口头陈述的首要原则是遵守安排。如果投资者给创业者1小时的面谈时间，包括30分钟陈述与30分钟问答。那么，口头陈述就不应该超过30分钟。陈述应该流畅通顺，幻灯片应简洁鲜明，切忌堆砌资料。

一些专家建议在制作PPT时，可以遵循6-6-6法则，即每行不超过6个单词，每一页不超过6行，连续6张纯文字PPT之后需要一个视觉停顿（采用带有图、表、插图的PPT），太花哨的点缀会使PPT显得过于烦琐和密集。德尔波特最早提出"致命的幻灯片"和"幻灯片毒药"概念。一场二三十分钟的演讲最多不超过12张幻灯片。

会面时，创业者应守时并做好充分准备。如果需要视听设备，创业者应事先自行准备。陈述应通俗易懂。新企业创建者常犯的错误是，花费太多时间纠缠于产品或服务的技术，却没有时间陈述企业自身情况。口头陈述最重要的事项，以及陈述技巧如表 10-1 所示。这种陈述形式只需要用 12 张幻灯片。

表 10-1　口头陈述包括的 12 张幻灯片

主　题	解　释
1. 概述	公司名称、创建者名字、公司图标介绍，产品或服务简要介绍，演讲要点介绍，阐述创业成功后可能带来潜在的积极效果（如商业、社会和财务方面）
2. 问题	简述企业要解决的问题或满足的需求
3. 解决方案	解释企业如何解决问题，或如何满足未实现的需求
4. 机会与目标市场	阐明特殊的目标市场。讨论推动目标市场发展的业务或环境趋势
5. 技术	这张幻灯片可随情况选用。讨论技术、产品或服务的独特方面。不要过分以技术方式来讨论，让描述简单易懂
6. 竞争	着重解释企业的市场竞争优势，说明企业如何与竞争对手展开竞争
7. 营销与销售	描述总体的营销战略，讨论销售流程。如果你已进行了购买意愿调查或其他的产品初步调研，在此要汇报调查结果
8. 管理团队	描述现在的管理团队。解释团队如何构建，他们的背景与技能如何对企业成功至关重要。如果你有顾问委员会或董事会，简要介绍关键的个人。如果你的团队有差距，解释如何弥补、何时弥补差距
9. 财务规划	简要讨论财务情况。强调企业何时获得利润、企业到达盈利需要多少资本、现金流何时达到盈亏平衡。如果需要展示数据信息，可多使用几张幻灯片，但不要太多
10. 当前状况	描述企业当前的情况，企业已经达成的里程碑事件。不要忽视已有成绩的价值
11. 融资需求	说明你要寻求多少融资，你如何使用这笔资金
12. 总结	结束陈述。概述企业与团队的最重要方面。征求听众反馈

资料来源：B. Barringer, Preparing Effective Business Plans. An Entrepreneurial Approach, 2ed, @ 2009, pp242—253. Adapted by permission of Pearson Education, Inc. Upper Saddle river, NJ.

社会创业小贴士

成为伟大的创业者应该会讲故事

有人说宇宙不是由原子构成的，而是由故事构成的。乔布斯就曾说："世界上最有权势的人，是会讲故事的人。优秀的故事讲述者，设计了下一代人的愿景、价值观和他们想做的事情。"在传播学背景下,企业是由故事构成的。故事是真实的或虚构的用作讲述对象的事情。人人都爱听故事,投资人也喜欢会讲故事的创业者。所以,创业公司最好的商业计划书是讲故事。在把你的特别创意当成故事绘声绘色讲出来之前,你将不会成功筹到资金并构建你的企业。所有伟大的商业故事都具备三个基本特点:有引人入胜的故事情节;主人公真实、鲜活,故事情节可以实证化;令人难忘。美国作家杰里·克里弗认为,形式最纯粹的故事包括三个要素:冲突、行动、结局。其中,冲突 =渴望+障碍。

10.5.2 投资者的预期问题与反馈

无论是初次会面还是后续讨论,潜在投资者都会问社会创业者很多问题。智慧的创业者会敏锐地预见到这些问题并为之准备。因为投资者往往带着挑剔的眼光来看商业计划书,尤其在投资者对商业计划书每个部分都挑刺时。同样情况也会出现在商业计划大赛的问答阶段。那些指出商业计划或陈述中有缺陷的投资者是在帮助创业者,因为根据投资者的反馈,创业者可以改进商业计划或陈述。

在第一次会面时,投资者主要关注机会是否真正存在,以及管理团队是否有足够经验和技能来创业。投资者还试图感受管理者是否对新企业高度自信。问答阶段非常重要,此时投资者会考察创业者如何思考及其对新企业的了解程度。

社会创业小贴士

顶级风险投资人的"五秒钟陈述规则"

维诺德·科斯拉创立了太阳微系统公司,之后主要以风险投资家的身份致力于数百家企业的成长。科斯拉会用专家级眼光挑剔评估商业计划书、资产负债表、战略关系、营销材料,尤其是陈述演示。他对每一次陈述都采取五秒钟规则:投放一张幻灯片,五秒钟之后移去,再请观看者复述这张幻灯片的内容。内容繁杂的幻灯片无法通过这项测试,自然也就不能提供最基本的演示功能——辅助陈述。

通过这个简单的规则,科斯拉先生不断地解决陈述演示过程中两大最重要的元素,其一是少即是多(Less is More)——这是面对眼花缭乱的演示内

第 10 章
社会企业商业计划

容的观众最想对陈述者说的话;其二是更重要的是人的感知能力。一旦有画面出现在屏幕上,在座的每一位观众就会条件反射地把目光投向那里去解析这个画面。画面内容越是繁杂,解析的时间就越多,观众便无心听陈述者的讲解。而陈述者大多不顾观众的感受继续口若悬河,又进一步加重了处理信息的负担。最后,观众不想再听下去了,游戏结束。

一个简单的解决办法就是模仿电视新闻节目。每家电视广播公司播出的这些画面仅仅由一幅图像和一两个单词作为主持人播报新闻的标题。做陈述的时候,把自己当成主持人,设计符合科斯拉先生五秒钟规则的幻灯片作为你故事的标题。

10.6 商业计划书的包装与更新

10.6.1 商业计划书的包装

写好商业计划书以后,你还需要考虑几个问题,它们能帮你给潜在的投资人留下良好的印象。良好的包装也能让你的商业计划书更便于你自己使用。

1. 装订和封面

一份随时使用的商业计划书,最好用大活页夹把它夹在一起。这样便于增加、更新和替换其内容。随时使用的计划书应该有一整套证明文件副本。你提供给潜在投资人的商业计划书需要有个精美而环保的封面。

2. 长度

创业者提供给贷款者的商业计划书通常不应超过 40 页(包括证明文件部分)。写每一个部分的时候,你应当想到要把它写成概述。你应当在一份简明的报告里提供尽可能多的信息。未来的贷款者或投资人没有时间或耐心翻阅大量的材料去获得所需的信息。你自己的文件夹里可以保存一份更为详尽的商业计划书,包括全部证明文件。

3. 外观

创业者应当尽量使商业计划书的外观精美。一般不用去找专业的文字处理服务公司。贷款者或投资人对看到一份外观昂贵而不环保的商业计划书并不感兴趣,甚至会怀疑创业者可能会在使用贷款或投资时缺乏理性。他们要看的是创业者用文字和数字表达的商业计划。

4. 目录

商业计划书一定要有目录页。它可以按照摘要（或执行总结）的顺序写。目录要足够详细，能使创业者、投资人找到计划书中提到的任何一部分内容。目录中还必须包括证明文件及其页码。

5. 文本序号

为你准备求助的每位潜在投资者提供一份商业计划书。每份商业计划书应该具有编号，应当记录每份商业计划书的去处。不要同时与过多的潜在投资者接触。如果投资申请被拒绝，你一定要取回自己的商业计划书。

10.6.2 商业计划书的更新

1. 商业计划书的更新的原因

修正计划应该是一个连续不断的过程。创业者无法预见未来，却可以掌控过程。创业者应该经常重温一下商业计划书，冷静思考。特别是要根据所面临的经营环境修改商业计划书的假设和背景。要让其商业计划对企业、未来的投资人都切实有效，创业者就必须定期更新它。这些变化可以来自三个方面：

（1）企业内部的变化：企业机构内部会出现数量上的变化。企业可能增加或减少员工人数、更新技术或者增添新的服务项目、增加或减少合伙人，需要在商业计划书里反映这些变化。

（2）顾客的变化：由于顾客需求的变化，企业的产品或服务可能出现需求变化。一些企业业务失败，显然是因为他们坚持提供自己喜欢的产品或服务，而不去考虑顾客的需要和欲望。

（3）技术的变化：技术的进步，尤其是互联网技术的发展使传统的商业模式发生了翻天覆地的变化。企业所处行业的技术进步不断把新产品带进市场。因此，你必须跟上形势，否则就会落后。

2. 商业计划书变更落实

许多创业者往往在必须去筹借资金或是企业开业时，才花大量时间去撰写商业计划书。当企业发展起来时，商业计划书就被放进了抽屉里，再也不去看了。一定要记住经常修正你的商业计划书。意识到行业中发生的变化，修正你的商业计划书，使之能反映出那些变化，这样做将使你受益匪浅。你的商业计划书能成为你的好朋友。如果能善用你的商业计划书，你就会在奔向成功的道路上迅速起步。

完成了这项工作、写好了商业计划书以后，还要按照你的计划执行。预计出未来的变化，修正你的计划，及时更新。只有做到了这些，在未来的发展进程中，才有成功机会。

第10章
社会企业商业计划

创新思维游戏

游戏名称：电梯演讲游戏

游戏目的：电梯演讲游戏适用于探讨公司愿景、新服务讨论,以及商业计划演讲和推销等活动。

电梯演讲不但需要相当精简、足以在电梯上升的短短几十秒内表达清楚,还要生动地描述正在解决的问题,为谁解决这个问题,你的想法有哪些与众不同的亮点。

游戏人数：单人或小规模团队

游戏时间：整个游戏需要90分钟的时间。有了最初的想法后,在为演讲确定优先级和提炼演讲词之前,给大家留出休息时间。在小规模团队中构思演讲词相对简单。在某些情况下,当我们在游戏中制定出重要的决策后,需要指定一个人完成最终版的商业计划演讲稿。

游戏规则：整个游戏分为两个阶段:构思和定稿。为了方便构思,将以下标题按顺序写在挂图板上:

◇ 目标客户是谁?
◇ 客户需求是什么?
◇ 产品名称是什么?
◇ 市场类别是什么?
◇ 关键收益是什么?
◇ 竞争对手(产品)是谁(什么)?
◇ 产品有哪些与众不同之处?

这些将成为电梯演讲词的要素。它们按照电梯演讲句型结构顺序排列。在准备游戏之前,先向大家解释这些要素以及它们之间的相互关系。

电梯演讲采用如下句型结构:

对于(目标客户),谁拥有(客户需求),(产品名称)是一种(市场类别),它拥有(关键收益)。不像(竞争对手),该产品拥有(独特优势)。

"目标客户"和"客户需求"之间的关系简单明了,任何好一点的想法或产品都会吸引许多潜在客户。在构思演讲词的阶段,所有这方面的想法都是颇受欢迎的。

事先确定"产品名称"有助于限定谈话范围,把参与者的注意力集中到演讲主题上。允许大家在游戏过程中对产品的名称自由诠释。

"市场类别"是对想法或产品类别的描述,是为目标客户提供一个重要的参考框架,是比较和实现价值的基础。

"关键收益"是形成演讲词定稿时团队最难搞的地方。在电梯演讲时,没有时间用 N 种收益来混淆主题,只能有一个令人印象深刻的解释,那就是"为什么要接受你的建议?"

"竞争对手"和"独特优势"为电梯演讲画上了最后的句号。"竞争对手"从理论上讲是另一家公司或产品。"独特优势"应该是同竞争对手相比,这个想法或方式是独一无二的。

构思阶段: 一旦理解这些要素,参与者就可以集思广益,并将自己的想法写在便签条上。开始的时候,他们不应该互相讨论和分析,而应针对各个类别,独自产生各种各样的想法和说辞。接下来,运用"贴出"游戏,将他们的便签条贴到挂图板上共享。

按下来,团队可以讨论现有的演讲词中最难对付的地方,我们是否充分了解竞争对手,进而宣布我们具有独特的优势?我们是否就目标客户达成共识?我们的市场类别是已确定,还是在试图定义新的东西?我们需要将重点放在哪里?

在进入正式的定稿阶段之前,大家可以使用"数点投票""亲和图"或其他方法来确定优先顺序,并在每个类别中挑选合适的想法。

定稿阶段: 遵循讨论结果,回想演讲中可能出现的要素,接下来"尝试"在真实情况下出现的各种可能性。根据参与者人数,可以将大家分为几个小组,每组两人或一人。给每个小组指定一个任务,即根据挂图中的想法写一个电梯演讲稿。

经过一段时间(大约 15 分钟),大家再次集合并开始陈述他们起草的电梯演讲稿。参与者可以扮作目标客户,倾听演讲并加以评论,或向演讲者提出不同的问题。

团队成员一致认同演讲词中应该包含哪些内容,应该舍弃哪些内容之后,就可以结束该游戏。一种可能的结果是针对不同的客户对象精心雕琢演讲词;在定稿阶段,可以将大家的注意力集中在上面。

游戏策略: 不要期望能够在一大群人里敲定最终的演讲词,但这并不是关键,因为在游戏之后还可以继续修改演讲词。在游戏中最重要的是,让大家决定在演讲词中应该包含或者不包含哪些要点。

角色扮演是测试电梯演讲的最快方式。假想目标客户有助于去掉那些妨碍我们清晰表述观点的泛语浮词。如果演讲真的令人信服和引人入胜,那么参与者就会自如地在客户面前把它变成真正的电梯演讲。

"电梯演讲"是风险资本圈的一个传统习俗,它的基本出发点是,如果你要阐述一个商业想法,它应该简单到能够在电梯上升的短短 20 秒时间内

第10章
社会企业商业计划

表达清楚。

本章要点

商业计划书是创业者的路标。商业计划书包含目标、预测和企业描述。换句话说,商业计划是一次旅行的蓝图和飞行计划。经过这次旅程,想法变成了商机,风险和回报得到了阐述和管理。商业计划书的篇幅长短不一,但所有商业计划书都必须包括详细的研究。这些研究可以清晰地说明企业理念、市场因素、管理结构、重大风险、财务需求和预算、阶段性发展目标。

创业者会在商业计划书的每一部分对企业的运营进行描述,并且指出可能遇到的主要问题。很多创业者发现,在商业计划书中说明他们会如何创办企业并解决创办过程中遇到的问题是大有裨益的。这两个方面都与企业的财务问题有关。在完成销售额预算、支出预算以及利润预算后,新创企业的所有者就可以开始制订管理和市场营销计划。财务预算数据对管理和市场营销计划起支持性作用。在计算出相关财务数字后,潜在所有者可以很轻松地完成这两部分内容。

商业计划不等于企业。实际上,有一些最成功的企业创建时根本没有正式的商业计划,或者即便有,也被认为是不具说服力或是有缺陷的计划。准备商业计划书并把它提交给准投资者是团队尝试合作,学习企业战略,并判断谁能增加最大价值的最好方式之一。

没有一份商业计划书是完整且一成不变的,创业者经常需要增补或删减商业计划书中的某些内容。有些内容没有按预期计划实施,而另外一些在原始计划中未能体现的内容需要增加到新计划书中。

关键术语

商业计划书;商业计划书的内容;商业计划书的制定;风投对商业计划书的评价原则;商业计划书的自我检测;商业计划书的包装与更新

案例分析

狱中学电脑编程,帮助囚犯重返社会

美国刑满释放人员重新犯罪率也高得出奇。如何帮助这些人更好融入社会?硅谷公益人士将计算机编程等技术课程引入监狱,取得了意想不到的效果。硅谷技术风险基金"跨媒体资本"经理克里斯·莱德利兹6年前作为志愿者第一次进入圣昆廷监狱,向犯人们介绍企业管理知识。这次接触促使莱德利兹决定利用专

长帮助犯人掌握谋生技能。

为了解决加利福尼亚超过60%的服刑人员会在出狱后3年内再次入狱的社会难题，2012年，克里斯·莱德利兹夫妇与加利福尼亚州的圣昆廷州立监狱共同开展了一个针对服刑人员的"最后一英里"项目，向囚犯提供职业培训并帮他们获释后找到工作。这是美国监狱首个计算机编程培训项目，该项目邀请不同领域专业人士作为志愿者。这些志愿者会在6个月的时间内，对40名服刑人员进行每周两次的创业相关知识培训。

项目参与者通过参加培训养成了一种利用技术来解决社会问题的商业思维，还学会如何通过5分钟的演讲阐述自己的创意。项目结束时，项目参与者面对企业领导人和其他服刑人员阐述自己的创业方案。在历届培训中，他们提出了帮助吸毒人员将毒瘾转换成对健康的追求的"健康猴"、帮助前罪犯成为移动应用软件的开发人员的"科技精英"、低价购买有磕碰的食材转售给不在意食材外表餐馆的"破洋葱"等创业项目。这些服刑学到的最重要的是如何从一个创业者的视角开拓人生之路。

"最后一英里"计划未来几年将培训项目的教室扩展至5间，员工增加至96名。将编程引入监狱的做法也很快产生巨大的示范效应，目前已被推广至加利福尼亚州另外5座监狱，影响力波及其他州甚至海外。

资料来源：王鑫方. 狱中学电脑编程"最后一英里"帮囚犯重返社会［EB/OL］.（2017-01-16）. http://wap.xinmin.cn/，本书作者有所改编。

延伸阅读

芬奇. 如何撰写商业计划书：第五版［M］. 邱墨楠，译. 北京：中信出版社，2017.

邓立治. 商业计划书：原理、演示与案例［M］. 北京：机械工业出版社，2018.

施拉姆. 烧掉你的商业计划书［M］. 李文远，译. 杭州：浙江人民出版社，2018.

查克埃拉基斯. 我是这样拿到风投的：和创业大师学写商业计划书［M］. 梁超群，杨欣，王立伟，译. 北京：机械工业出版社，2015.

复习思考题

1. 商业计划书是一份怎样的计划？计划中包括哪些内容？
2. 商业计划书的摘要部分应包括哪些内容？
3. 商业计划书的制订步骤是什么？
4. 怎样使自己的商业计划陈述得更加精彩？
5. 完成一份自己创业项目的商业计划书。

第 10 章
社会企业商业计划

创业挑战

1. 撰写商业计划书。勾画出一个工作计划,设定企业开发的每个阶段完成的日期。撰写整个商业计划书不应该花超过五周的时间。
2. 根据维诺德·科斯拉的五秒钟陈述规则,制作商业计划书演示文稿。
3. 运用电梯推销法的原则对商业计划书进行介绍。

第 11 章　社会创业筹融资管理

学习目标

- 了解社会创业筹融资困境的原因。
- 熟悉社会企业不同阶段的筹融资需求。
- 掌握债务融资与权益融资的区别。
- 熟悉社会创业筹融资的渠道。
- 熟悉社会创业筹融资的流程。

引导案例

Kiva：用最少的资源改变世界

在这个世界上还有很多人在贫困线上挣扎，单纯的捐赠并不能解决实质问题。钱花完了，人们依然回到原来的状态。有没有什么办法能改变这种情况呢？2004 年，杰西卡·美吉利前往肯尼亚等国农村地区，评估旧金山湾非营利组织"乡村企业基金"在东非小企业提供赠款和贷款的工作绩效。几个月以后，她的码农丈夫马特·弗兰纳里来探望她，这对夫妻不停地探讨帮助非洲艰难打拼的创业者的最佳办法。

一年前，美吉利在斯坦福大学听过格莱珉银行创始人尤努斯关于小额信贷的演讲，尤努斯的演讲对她产生深刻影响。来到东非以后，弗兰纳里和美吉利都同意推动贷款而非捐款。经过数周的考虑以后，他们敲定了 Kiva 的基本思路。起初，他们计划让朋友和家人借钱给东非的少数企业家。随着事情的发展，尽管不确定接下来应该怎么办，他们却看到 Kiva 正在变成可以自我调节的联网借贷市场，帮助小额信贷机构募集资金资助发展中国家小企业主的创业项目。回到美国后，他们就小额信贷问题和其他人碰头讨论，在遭到业内人士数月的怀疑、反对和拒绝以后，他们将 Kiva 定位为非营利组织（Kiva 在斯瓦希里语中的意思是"同心同德"），将 Kiva 的使命确定为"通过贷款扶贫让人类命运彼此相连"。

　　Kiva 的运作机制非常简单。它与发展中国家的小额信贷机构合作，这些机构把经过审核的贷款申请者的资料发布在 kiva.com 上，之后愿意为这些申请者提供贷款的人根据自己的意愿选择申请者，在网上通过 PayPal 等支付工具完成操作。提供贷款的人无需支付申请者所需的全部资金，而是根据自己的意愿与能力，最小的份额为 25 美元。这样，一个申请者可能会从多个贷款人得到资金。资金通过 Kiva 转移至发展中国家的小额信贷机构，这些机构再提供给申请者。还款期限一般为 12~18 个月，由当地机构收集还款，通过 Kiva 还给出资人，出资人可以选择继续向其他申请人投资或者收回资金。目前 Kiva 已经向全球多个国家的微型企业提供了 1100 万美元的无息或低息贷款，贷款回收率在 99% 以上。

　　传统的慈善机构如同"蓄水池"，将不同人的捐款汇集在一起，然后投向机构选定的领域、地域和人群。捐款者无法知道自己的那份钱投向了哪个项目。而 Kiva 则更像一个水管系统。出资人明确地知道自己的钱投到了哪个国家的什么人，哪些人用这笔钱做了什么。最重要的是，投资在哪个国家什么领域的哪个人身上，是出资人自己决定的。

　　Kiva 已为超过 150 万人发放了超过 6.8 亿美元的贷款，与 86 个国家的 300 余家机构建立了合作伙伴关系，成为公益性普惠金融的成功榜样。尽管 Kiva 十分成功，但美吉利坚持认为，这个组织最重要的成就，是影响浏览这个网站的贷款人和借款人的思想和心灵。这些人际交往是"这个星球上最强大的变革力量"。

　　资料来源：赵擎寰. Kiva：C2C 的小额信贷 [J]. 社会创业家，2010 (2)，本书作者有所改编。

11.1 社会创业者面临的难题

11.1.1 创业筹资的困境

　　2015 年 KAB（Know about Business）全国推广办公室开展的青年公益创业调查结果显示：融资问题是公益创业者面临的最大困难。项目实施并已经注册成功的公益创业组织中，有 72% 的被调查者表示，融资困难是其在社会创业过程中遇到的最大困难；项目已经开展、尚未注册法人单位的被调查者中，有 88% 的公益创业者表示其遇到同样的问题。而对于那些目前只有计划书的创业者而言，有43%的被调查者表示，因融资困难而尚未实施。究其原因，主要在以下几方面：

（1）社会企业缺少甚至没有资产。创业者的启动资金极为有限。既有企业在获得银行贷款资金时可以用企业的资产作为抵押，而社会企业几乎没有可以提供抵押的资产。银行为其提供资金面临更大的风险。

（2）初创社会企业没有可供参考的经营情况。对既有企业来说，可以通过分析其已有的盈利能力来预测未来的经营情况，银行或其他投资人在向企业提供资金时也都会对企业的财务报表进行分析。而社会企业没有以往的经营业绩，所能提供的资料仅仅是一份商业计划书，未来的营业情况具有很大的不确定性。

（3）社会企业的融资规模相对较小。当创业企业向银行申请借款时，其金额往往比既有企业要小，而银行办理一次业务的成本相差不大，使得创业企业的单位融资成本远远高于既有企业。据调查，以贷款规模比较，对社会企业贷款的管理成本平均为大型商业企业的5倍左右。银行理所当然地愿意向大商业企业而不是向社会企业贷款，这加剧了社会企业融资的难度。

社会创业小贴士

《国际筹款伦理守则》中筹款人的五大原则

（1）诚实。筹款人在任何时候都要诚实、真实、这样才能保障公众信任，筹款人和受益人才不会受到误导。

（2）尊重。筹款人任何时候都要尊重职业和组织的尊严，也要尊重捐款人和受益人的尊严。

（3）公正。筹款人需要公开行动，尊重它们对公众信任所承担的责任，公开所有实际和潜在的利益冲突，并避免出现专业失当的行为。

（4）同理心。筹款人需要以同理心向目标推进，并鼓励他人以同样专业的标准及约定来开展工作，筹款人必须尊重个人隐私，自由选择权和多元化。

（5）透明。筹款人需要撰写清晰的工作报告，以精准和容易理解的方式说明捐款的管理、分配、成本以及支出。

11.1.2　创业融资难的理论解释

社会创业融资难源于创业活动的高风险性。这种风险包含了两部分：一部分来自创业活动本身固有的风险,即创业企业的不确定性;另一部分来自外部投资人对创业活动风险的感觉,即信息不对称。

1. 不确定性

创业活动本身面临非常大的不确定性。尽管既有企业也面临环境的不确定性,但社会企业的不确定性比既有企业面临的风险和不确定性要高得多。社会企业缺少既有企业所具备的应付环境不确定性的经验和组织竞争能力,缺乏创办新企业的经验,缺乏进行创业管理的知识和经验,在机遇把握和资源组织方面能力不强等,进而加剧了社会企业的不确定性。国外有学者估计,新创企业在2年、4年、6年内的消失率分别是34%、50%、60%。创业企业的高失败率给投资者带来很大的风险,导致了创业融资难度增加。社会企业的融资难度较商业更加困难。

2. 信息不对称

信息不对称是经济生活中普遍存在的现象。在社会创业融资中同样存在着信息不对称。一般来讲,资金需求者比投资者对自身企业、产品和服务、创新能力、市场前景更加了解,处于信息优势的地位,而投资者则处于相对信息劣势的地位。投资前的不对称可能导致逆向选择,那些质量不高的社会企业可能包装得很漂亮,而真正优秀的社会企业有可能没做好这方面的工作。投资后的不对称则与道德风险有关,被投资社会创业者可能通过股权稀释、关联交易,滥用资金、给自己订立过高的报酬等侵害投资者的利益,投资者对社会创业者的行为很难监控。

11.2 社会创业融资的特点与种类

11.2.1 社会创业融资的特点

1. 社会创业融资决策的不确定性高

社会企业在创业初期由于客观上的信息不对称和主观上的知识积累不足,其创业融资存在着与一般企业融资不同的理念、原则和路径。创业融资与守成阶段融资相比,社会创业融资的决策常常具有变化速度快和不确定性高的特点。

2. 社会创业融资的偏好依赖较单一

社会企业在创业阶段综合实力弱,风险承受能力有限,风险管理及风险的预警预控在其管理活动中占据重要地位,从而导致单一融资偏好依赖更为明显。

3. 社会创业融资的网络资源较简单

融资网络主要是指社会企业与银行等金融部门、创业投资者等之间形成的一种相互认知关系、合作关系和信用网络关系。社会企业的融资网络呈现单一化、简单化的特点。

4. 社会创业融资的阶段性与组合化

社会企业在不同的发展阶段，面临的风险程度也不相同，投资者的投资风险也有所区别。创业风险和投资风险的最大值分别出现在创新过程的初期和中前期，中后期的风险逐步减少。根据社会创新风险收益的阶段性特征，社会企业在融资过程中应当实施阶段融资组合化，合理、有效的融资组合不但能够分散和转移风险，而且能够降低社会企业的融资成本和债务负担。

11.2.2 社会创业不同阶段的融资需求

社会创业的融资同其他商业创业一样，具有鲜明的阶段性特点。社会创业融资不仅仅是筹集创业的启动资金，而是包括了整个社会创业过程的所有融资活动。社会企业创业融资也会经历种子期、创业期、成长期和成熟期几个阶段的融资，所不同的是社会企业通常会集合公、私各种不同类型的资本。了解不同阶段的融资需求，做到融资阶段、融资数量与融资渠道的合理匹配，才能有的放矢，化解融资难题。社会创业融资循环图如图 11-1 所示。

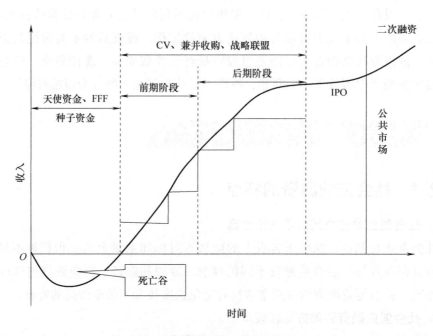

图 11-1 社会创业融资循环图

一个理想化的社会企业的成长一般遵循以下路径：在种子期有孵化器捐赠或政府采购社会服务；早期阶段有众筹、基金会或企业捐资、社会天使投资；在成长期有公益创投等耐心资本；规模化阶段有影响力资本、私募风险投资或企业社会责任资本进入。

第 11 章
社会创业筹融资管理

1. 种子期的融资需求特征

在种子期,社会创业尚处于孕育阶段,需要投入资金进行开发研究,以验证商业模式的可行性。此时,对资金的需求主要体现在企业的开办费用、可行性调研费用、部分技术研发费用等。总体而言,资金需求较少。同时,企业没有任何收入记录,资金来源有限,面临技术、市场、财务以及创业团队不稳定等风险。因此,外部资本一般不会介入,只能依靠自我融资或亲戚朋友的支持,孵化器捐赠或政府采购社会服务,也有可能获得天使投资。

2. 创业期的融资需求特征

创业期资金量需求逐步增大,主要用于购置生产设备、产品开发及产品营销费用等。由于市场处于拓展阶段,市场占有率低,社会企业资产规模小,缺乏盈利记录,缺少抵押、担保能力,社会企业仍面临较大的风险。传统的投资机构和金融机构很难提供足够的资金支持。此时,社会创业者应根据企业的实际修正商业计划书,充实相应的企业战略规划,调整组织架构,完善营销策略,规划未来销售收入和现金流量,该阶段可以通过众筹、基金会或企业捐资、社会天使投资。

3. 成长期的融资需求特征

在成长期初期,收入仍然少于开支,企业现金流为负,现金需求量增大。此时,社会企业的市场风险和管理风险尚未解除,未能形成足够的抵押资产以及建立较好的市场信誉。在中期,企业销售迅速扩大,收入大幅增加,收支趋向平衡,并出现正的现金流,但资金需求量急剧增加,需要大量资本投入生产营运。在成长阶段后期,实现规模效益的欲求使社会企业迫切需要吸纳外部资本。对资金的需求主要表现在社会企业的规模营运资金,如扩大固定资产投资、扩大流动资金、增大营销的投放等。此时,社会企业表现出高度的成长性,形成较好的声誉,且具有一定的资产规模,现金流处于较好状态,但为了提高市场占有率,扩大社会企业规模,仍然需要大量资金,有可能获得公益创投等耐心资本和风险资金的投资。

4. 成熟期的融资需求特征

在成熟期,社会企业在产品生产、营销服务和内部管理方面已经成熟,管理与运作处于较优状态,社会企业进入稳定发展轨道,风险显著下降,资本需求量稳定且筹资较前面任一阶段都更加容易。此阶段,尽管现金流能够满足现有业务的发展需要,但新的机会不断出现,社会企业仍需外部资金来实现高速增长,资本扩张成为这一时期企业发展的内在需要,因而规模扩大成为此阶段融资需求的重要特征,会有影响力资本、私募风险投资、企业社会责任资本或银行资金进入。

总之,社会创业在不同的发展阶段,表现出不同的融资需求特征。一般来说,随着新创企业生命周期的扩展,从种子期到成熟期资金需求量越来越大,而风险则相对越来越小,资金供给和需求的矛盾伴随着整个社会创业过程。

11.2.3 债权融资和股权融资

在融资之前,社会创业者还需要了解资金来源的性质。从资金的性质来看,分为债权融资和股权融资两种。债权融资是借款性质的融资。资金所有人提供资金给资金使用人,然后在约定的时间收回本金并获得预先约定的固定的利息,所获得的利息也不因为社会企业经营情况的变化而变化。股权融资是投资性质的资金。资金提供者占有社会企业的股份,按照提供资金的比例享有社会企业的控制权,参与企业的重大决策,承担社会企业的经营风险,一般不能从社会企业抽回资金,其获得的报酬根据社会企业经营情况的变化而变化。因为不同性质的资金对社会企业的经营有不同的影响,所以社会创业者应该合理安排各种资金的比例。表 11-1 是对这两种融资方式的比较。

表 11-1 债权性资金与股权性资金的比较

比 较 项 目	债权性资金	股权性资金
本金	到期从企业收回	不能从企业抽回,可以向第三方转让
报酬	事先约定固定金额的利息	根据企业经营情况而变化
风险承担	不承担	承担
对企业的控制权	无	按比例享有

11.3 社会创业融筹资渠道

对社会创业者而言,所有可以获得资金的途径都成为创业资金的来源。社会创业者需要开动脑筋,广泛收集信息,挖掘一切可能的融资渠道。

创业融资的渠道按融资对象可分为私人资本融资与机构资本融资。私人资本融资是指创业者向个人融资,包括创业者自筹资金、向亲朋好友、众筹和天使投资人融资;机构融资是指创业企业向相关机构融资,包括向中小企业间的互助机构贷款、风险投资机构、银行金融机构甚至发行股票公开上市等渠道融资。此外,还有政府的扶持资金,主要包括税收优惠、财政补贴、贷款援助等融资渠道。

11.3.1 私人资本融资

1. 自我融资

每一个社会创业者都应该明白,创业是有风险的。当准备创业时,必须放弃原有的待遇,将自己的所有精力和智慧都投入到新创社会企业中,同时,还需要将自有资金的大部分投入到新创社会企业中。一方面,创办社会企业是发现社会

第 11 章
社会创业筹融资管理

问题实现价值的过程，创业成功会获得较大的社会影响力回报。另一方面，自我融资是一种有效的承诺，它告诉其他投资者，创业者对自己认定的社会问题解决方案十分有信心，并且会谨慎地使用新企业的每一分钱。这种信号会适度缓解信息不对称的负面作用，增加其对新创社会企业投资的可能性。

> **社会创业启示录**
>
> idea 不需要钱，做出样品也花不了多少钱，应该自己掏钱，最初的用户测试可以找朋友同学，也花不了多少钱，等到有这些结果时，项目的潜力已经看得出端倪时找钱很容易，用户都说好的产品很容易找到天使，否则就会找钱困难。——查立（乾龙创投创始合伙人）

2. 向亲朋好友融资

亲朋好友是创业融资的重要来源。家庭成员和亲朋好友由于与创业者的个人关系而愿意给予投资，这有助于克服非个人投资者面临的一种不确定性。在社会创业初期，创业者往往缺乏正规融资的抵押资产，缺乏社会筹资的信誉和业绩。因此从创业者的家人、亲戚、朋友处获得创业所需的资金是十分常见的融资方法。有调查发现，企业在初创期 75% 以上的资金来源于自身积累和民间借贷。

在使用家庭成员和亲朋好友资金时，必须要用现代市场经济的游戏规则、契约原则和法律形式来规范借贷或融资行为，以保障各方利益，减少不必要的纠纷。家庭成员和朋友对新企业的投资应该建立在他们对投资成功的信心之上，而不是因为他们认为有这个义务。

> **社会创业启示录**
>
> 不要去欺骗别人，因为你能骗到的人都是相信你的人。——史蒂夫·乔布斯（苹果公司创始人）
>
> 不需要一天到晚在外忽悠，其实认识那么多人没什么用。正常情况下人一生最多有 60 个人你是能够同时了解的，这其中 30 个人是能保持联系的；当你真有难时，真能帮你，能张口借到钱的人不会超过 10 个，包括父母亲朋在内。所以把人生这关键的 60 个人的人际关系处好，就很不错了！——冯仑（万通公司联合创始人）

3. 众筹

近年来，众筹在全球发展迅速。众筹是指利用互联网和社交网站（Social Network Site，SNS）传播的特性，让创业者或个人对公众展示他们的创意或项目，争取大家的关注和支持，进而获得所需要的资金援助的模式。众筹具有低门槛、多样性、依靠大众力量和注重创意等特征。无论身份、地位、职业、年龄、性别，只要有想法、有创造能力都可以发起项目。公益众筹是指通过互联网方式发布公益筹款项目募集资金。相对于传统的公益融资方式，公益众筹更为开放，无论基金会、注册机构、民间组织，只要是公益项目就可以发起项目。

众筹受到越来越多创业者的青睐，Kickstarter 是全球最大最知名的文化创意类众筹平台。Indiegogo 是著名的科技硬件类产品众筹平台。AngelList 是全球知名的股权众筹融资平台，也是国内大部分股权众筹平台的原型。Unbound 是世界上第一家吸引读者和粉丝资助出书众筹出版公司。Crowdrise 是一家为公益和慈善事业提供捐赠资金的众筹平台。

目前国内主流的众筹模式有两种。第一种是产品预售+团购模式，参加后会得到产品。产品众筹一般由发起方在众筹网站发起项目，审核通过后既可以上线；参与方在众筹网站支持商品，即可得到相应的回报。第二种是股权众筹，即融资方面向投资者出让一定比例的股份，投资者通过出资入股公司，获得未来收益。

成功的众筹必须具有拥有创造能力但缺乏资金的发起人，对筹资者的故事和回报感兴趣且有能力的支持人，以及连接发起人和支持者的互联网终端。

4. 天使投资

天使投资（Angel Investment）是指具有一定净财富的个人或者机构，对具有巨大发展潜力的初创企业进行早期的直接投资。与其他投资相比，天使投资是最早介入的外部资金，即便还处于创业构思阶段，只要有发展潜力，就能获得资金。一般认为天使投资起源于纽约百老汇的演出，原指富有的个人投资，以帮助一些具有社会意义的文艺演出，后来被运用到经济领域，被指投资于非常年轻的公司以帮助这些公司迅速启动的投资人。

天使投资有三个方面的特征：一是直接向企业进行权益投资；二是不仅提供现金，还提供专业知识和社会资源方面的支持；三是天使投资的金额一般较小，而且是一次性投入投资程序简单，短时期内资金就可到位。

天使投资可以通过以下方式获得：通过专业的行业网站找到天使投资人的联系方式，也可以通过熟人引荐来寻找天使投资人，还可以通过专注金融和知识产权领域的律师来寻找天使投资人。积极参与专业的投资会议也是寻找天使投资人的非常重要的渠道之一。通过被投资过的公司不仅能学习到他们的融资经验，还能恳请他们帮忙引荐给他们的天使投资人。

第 11 章
社会创业筹融资管理

> **社会创业小贴士**
>
> **硅谷著名风险投资家盖伊·川崎谈寻找天使投资人的注意事项**
>
> （1）确定投资人是可信的。就是说"有钱到永远不需要计较几个小钱"。
>
> （2）确定投资人经验丰富。你需要的是天使投资人口袋里的钱，同样需要他们的专业眼光。
>
> （3）不要低估他们。天使投资人扮演散财童子的可能从来没有到来过。
>
> （4）理解他们的动机。天使投资人已经成功了，现在想要回馈社会，帮助新一代创业者。
>
> （5）请他们参与体验。天使投资人的收获之一就是和你一起感受创业的过程。
>
> （6）要让天使投资人的配偶也能很快明白你的理念。
>
> （7）拉天使投资人听过的人加入。天使投资人很喜欢与朋友一起投资新企业。
>
> （8）谦逊有礼。他们可能会觉得创业者有些地方很像自己的儿女。

11.3.2 社会投资机构融资

1. 影响力投资

（1）影响力投资的发展。影响力投资（Impact Investing）也被称为"公益创投"或"社会投资"。洛克菲勒基金会认为，影响力投资是对公司、组织和基金的投资，且该投资以获得财务回报的同时产生社会与环境影响为目的。维基百科认为，影响力投资是指在投资过程中不仅考察财务收益，也要考察投资项目的社会和环境影响，包括产品和服务所产生的影响。在一定程度说，影响力投资是在传统 VC（Venture Capital，风险投资）的基础上增加了社会价值的纬度。

2007 年，洛克菲勒基金会最先提出了影响力投资这一创新的投资概念，倡导资本通过有经济效益的投资来做公益。2010 年，摩根大通与洛克菲勒基金会联合发布了《影响力投资：新兴的资产类别》，把影响力投资界定为资产类别的一种，由此奠定了影响力投资在投资界和公益界的地位。

1984 年，美国半岛社区基金会提出将风险投资模式运用到慈善投资模式上，标志着影响力投资正式进入实践探索阶段。英国于 2010 年发行了世界第一只社会影响力债券（Social Impact Bond，SIB），也基本确立了英国在公益金融领域的国际领先地位。美国、澳大利亚等国都先后开展了类似项目，涵盖了社会问题的方方面面。

2006年，新公益伙伴在香港成功注册。同年，上海浦东非营利组织发展中心在上海正式注册。此后，影响力投资概念及其组织迅速在内陆兴起。2009年以来，上海、深圳、苏州、东莞、佛山等地影响力投资发展迅猛。

（2）中国社会影响力投资者主体构成。我国社会影响力的参与者呈现更为丰富的迹象，从政府背景的机构到商业组织，到学术机构。不同类型的行动者参与的程度方式都有所不同，促进了社会投资领域不同方面的发展。在中国进行社会影响力投资的主体主要有如下几类：

1）非公募基金会。私募基金会的创办人通常都是高收入人群，以企业家和投资家为代表。例如，南都基金会、友成基金会、北京乐平公益基金会、上海盛立基金会等。其投资都以产生积极社会影响、积极的环境影响和财务回报为目标，关注商业模式、项目的实施和管理风险、社会和环境影响力风险以及财务风险。

2）政府机构。其主要通过政府成立公益创投协会，组织开展社区发展、教育与培训、健康与医疗、减少贫困以及行业支持服务等基本公共服务领域及其相关受益人群的投资活动，并提供全面的支持与服务，促进社会公益组织能力建设。该模式在我国推广得最为广泛。也有研究认为我国公益创投是一种"政府主导、企业支持、基金会参与"的模式。

3）境外基金会。无论社会企业、影响力投资、还是公益创投，这些概念都源自欧美。许多运作成熟、理念先进的境外社会投资机构在近年来开始关注中国的经济发展和社会服务市场的空白。除了著名社会企业投资者阿育王（Ashoka）于2009年在香港入驻以外，福特基金会等许多影响力投资领域的先驱创投也以基金会的名义在我国内地先后开展项目。

4）私募股权基金。私募股权基金是从事私人股权投资的基金。私募股权基金投资于那些既能体现社会效益和环境效益，又能可持续财务运营的社会企业和非营利组织。在社会影响力投资领域主要采用三种模式：①直接支持社会目的组织；②投资一家公益创投机构或与其合作投资私募公司；③单独或共同成立公益创投机构。

5）商业创投。大多数商业创投采用股权投资的金融工具。在进行社会投资时，商业机构的投资形式较为灵活，多采用单独发起与联合投资的形式。在项目发展阶段上看，商业投资机构倾向于在项目的创建期和成长期进行投资，投资年限主要为5~7年。商业创投更关注商业模式及项目的实施和管理风险，股权投资的退出原则比较多样。

第11章
社会创业筹融资管理

6）具有社会责任的企业。如今用商业方法来解决社会问题的理念也影响大企业的企业社会责任方向。如联想集团等一些大企业将影响力投资的概念扩展到自己的社会责任发展规划中来。这样的投资方式不仅能够用来解决社会问题，还能够提高自己产品链上各个环节的质量，达到经济创收。

（3）公益投资的运作程序。虽然每一个影响力投资机构都有自己的运作程序和制度，但总的来讲包括以下步骤：

1）寻找和筛选项目。寻找投资项目是一个双向过程，可以是社会创业者提交商业计划书，公益创投机构进行评审遴选，也可以是创投机构主动寻找投资项目。创投机构对投资项目进行最初的筛选，筛选的根据先是一些概括性标准，然后再进一步深入分析。一般来说，获得创投机构青睐的项目必须具有较大的社会价值、良好的商业模式、持久的竞争优势等特点。

2）详细评价。一旦某一申请项目通过了最初的筛选，公益创投机构就会对该项目进行更详细的评估。评估项目涉及项目的技术水平、市场潜力、资金供给、经营管理人员的素质乃至政策、法律等复杂因素，需要由各方面专家组成的专门班子来完成。在挑选项目的标准中，技术是重要的，但更重要的是产品的市场和经营管理人员的品质。

3）谈判阶段。一旦某一协议经过评价后认为是可行的，公益创投机构和潜在的社会创业者就会在投资数量、投资形式和价格等方面进行谈判，确定投资项目的一些具体条件。这一过程在国外被称为"协议创建"。协议还包括协约的数量、保护性契约和投资失利协定等。

4）投资生效后的监管。公益投资机构和社会创业者之间达成某种协议以后，公益投资机构就要承担合伙人和合作者的任务。公益创投的一个重要特点就是其"参与性"。这种参与性不仅表现在对社会企业的日常运营进行监督管理，还表现在公益创投机构对所投社会企业的经营战略、组织结构调整、市场营销等高层次重大问题的决策上。

5）风险投资的退出。公益创投的退出一般有三种方式。第一种方式是股份回购。其主要是社会企业管理层回购公益创投手中的股份的方式实现公益创投的退出。第二种方式是兼并与收购。其是公益创投机构通过并购的方式将自己在社会企业中的股份卖出，从而实现风险资本的退出。第三种方式是破产清算。其是在公益创投不成功或社会企业成长缓慢、未来收益前景不佳的情况下所采取的一种退出方式。

公益创投机构对社会企业进行投资的目的不是对风险企业的占有和控制，而是为了获取收益的同时解决某一社会问题，因此公益创投机构会在适当的时机退出。以何种方式退出，在一定程度上是公益创投成功与否的标志。在做出投资决策之前，公益创投机构就制定了具体的退出策略。

> **社会创业小贴士**
>
> **社会影响力投资分析框架与选择社会创业者的标准**
>
> 影响力投资采用"6E模型"专业框架，分别为经济（Economics）、就业（Employment）、赋权（Empowerment）、教育（Education）、道德（Ethics）和环境（Environment）。其中，"经济"状况与公司股票价值的计算有关；"就业"与创造的就业机会有关；"赋权"与公司利益相关者的多样性有关；"教育"与公司在遵守和持续改进方面的成本有关；"道德"与管理企业的行为准则有关；"环境"与企业对地球的影响有关。
>
> 影响力投资是在寻找游戏规则的改变者而不仅仅是改良者。社会企业提供的应该是一种创新性的思维和变革性的力量。寻找社会创业者的标准如下：
>
> 1) 价值观一致。投资人在决定是否投资时首先会考虑：这家社会企业的服务领域、这个团队的价值观是不是与我的一致，对于社会目标的看法是不是相近等问题。
>
> 2) 可复制性和扩张性。如果社会企业的商业模式可以复制、推广，可以产生更多的盈利空间，带动更多的社会企业走向成功，产生更大的社会影响力，就能吸引社会投资者的眼球。
>
> 3) 社会投资的收益性。社会投资区别于慈善捐款，社会企业是否具备持续的营利能力是投资方考量的准则之一。
>
> 4) 目标可执行。社会企业的目标应该是清晰的，执行应该是具体的。

2. 基金会和专业筹款机构

基金会在公益事业领域的角色类似商业领域的金融机构。他们之间的不同之处在于，企业向金融机构融资必须还本付息，而基金会对非营利组织的拨款不要求偿还。正因为如此，基金会对拨款及其使用管理更加严格。在美国，资助型基金会往往以项目的方式向运作型社会组织提供拨款。社会组织必须寻找与自身定位相符的基金会，通过项目建议书的申请资助。基金会首先规定了与自己的使命和宗旨相符的资助领域和资助项目范围，然后识别并寻找合适的社会组织作为拨款对象。社会组织要根据基金会的兴趣寻找与自己的领域相匹配的资助者。所以，社会组织必须要准确判断各种基金会的关注领域和运作方式，保持与它们的联系，

第 11 章
社会创业筹融资管理

以增加获得资助的成功率。

3. 向商业银行贷款

向商业银行贷款是我国企业最常见的一种融资方式。社会创业者也可以通过银行贷款补充创业资金的不足。目前，我国的商业银行推出的个人经营类贷款包括个人生产经营贷款、个人创业贷款、个人助业贷款等类型。除此以外，为了缓解中小企业融资困难，我国的金融机构推出了许多新的金融产品，社会创业者可以选择适合自己的机构筹款。

4. 国家和社会创新创业融资支持

经国务院批准设立，用于支持科技型中小企业技术创新的政府专项基金，通过拨款资助、贷款贴息和资本金投入等方式，扶持和引导科技型中小企业的技术创新活动。根据中小企业项目的不同特点，创新基金支持方式主要有：

（1）贷款贴息。对已具有一定水平、规模和效益的创新项目，原则上采取贴息方式支持其使用银行贷款，以扩大生产规模。一般按贷款额年利息的 50%~100% 给予补贴，贴息总金额一般不超过 100 万元，个别重大项目可不超过 200 万元。

（2）政府资助。政府的资助是社会创业的主要资金来源之一。政府对社会组织的资助有直接拨款、税收减免、奖励、项目委托和购买服务等多种形式。

（3）社会捐赠。尽管社会创业者不断开辟新的资金来源和集道，但社会捐赠仍然是公益事业的主要资金来源之一。捐赠可以是个人、家庭和企业。在西方，个人和家庭捐赠是重要的筹款渠道。与个人和家庭捐赠不同，企业捐赠更注重回报。向潜在捐款企业寻求捐赠的时候，应该制订周详的募款计划，明确捐赠的意义、数额和用途，以及能够给予企业何种回报。

社会创业小贴士

阿育王（Ashoka）选择伙伴的标准与友成基金会的社会创新"3A3 力"原则

阿育王（Ashoka）选择伙伴的标准包括以下五项：第一，新想法，即对社会问题抱有极强的新想法；第二，社会影响，即这个新想法能显著改变一个领域，或能在全国甚至更广的范围内发挥影响；第三，创造性，即目标设定和问题解决能力都有创造性；第四，创业者特质，即不仅能看到变革和创新机会，还能全身心地长期投入，直至理想变为现实；第五，伦理操守，即社会创新者需要极高的伦理道德标准。

> 友成基金会的社会创新"3A3力"原则为：①更公平、更有效、更可持续地解决社会问题为目标导向的 Aim，即驱动力；②为达到资源的优化配置和有效利用而进行的模式、机制、工具和方法创新的 Approach，即创新力；③组织和团队实施创新解决方案达成社会目标的执行能力的 Action，即执行力。其中驱动力是最关键的考核指标。

11.4 创业融资过程

11.4.1 融资前的准备

在现实生活中，有些人有很好的创意，但筹集不到资金。有些人虽然自己没有资金，但凭借专业、信息和技术优势以及个人信誉和人脉关系，总能一次次幸运地找到资金实现企业梦想。机会总是眷顾有准备的人，创业融资不仅是一个技术问题，也是一个社会问题。在创业融资前做好以下工作，会有助于社会创业融资的成功：

1. 建立个人信用

个人信用也称"个人信用记录"，是指人们在同银行往来时，在贷款及还款行为方面的记录。它是银行决定是否贷款、贷款数量及贷款期限长短的重要依据之一。为保证融资顺利进行，社会创业者应努力建立起良好的个人信用记录。建立信用的开端，一般始于向银行贷款，越早贷款，就能越早在银行建立借款记录，为树立个人信用打基础。同时注意在日常生活中按时缴纳各项税费，遵纪守法，建立起良好的个人信用，为日后创业融资打下信用基础。

2. 积累人脉资源

人脉关系是指以自己为中心单位，向外围散射的人际利益关系网络。与一般的人际关系不同，人脉关系着重强调社交方面形成的工作、学习方面相识的各色人等的人际关系网络。人脉关系的建立是一个不断积累的长期过程。许多研究表明，社会创业者的人脉关系对创业融资和创业绩效有直接的促进作用。社会创业者应充分利用人脉资源，广结善缘，建立健康、有益的人脉关系，创造和积累基于同事关系的社会资本。建立人脉关系的方法有三：第一、建立你的价值；第二、向他人传递你的价值；第三、向他人传递他人的价值。

第 11 章
社会创业筹融资管理

> **社会创业小贴士**
>
> ### 社会企业公信力
>
> 公信力（Accountability）是一种责任力，是一种对某一事件进行解释、报告或辩护的责任。社会企业的公信力既是该组织宗旨理念、服务质量和行为能力的体现，也是公众对社会企业认可度、信任度和满意度的综合反映。公信力体现为社会企业是否一如既往地兑现自己对社会和公众的承诺，是赢得社会信任的战略能力。其主要表现在财务公信力、法律公信力、项目公信力和程序公信力。社会企业的公信力来自机构运作过程中积累的社会认可和信任程度，良好的公信力来自遵守法律约束和自律规范两个方面。其评价主体是社会和公众，包括政府机构、大众媒体、捐赠方、服务对象、第三方机构等多方主体。

11.4.2 测算资本需求量

1. 估算启动资金

企业一旦开始运营就需要有启动资金，启动资金用于购买企业运营所需的资产及支付日常开支。对启动资金进行估算，需要具备一定的企业经营经验，并对项目的种类、规模、经营地点、市场基本情况有充分的了解。一般情况下应该包括：企业注册资金和经营执照申办法律手续等费用，在经营过程中所需要的辅助设备和工具的购置费用，办公场所的租赁和装修费用，企业运营所需要的流动资金等。启动资金并不是越多越好，社会创业者在估算启动资金时，需要知道需要多少资金，什么时候需要这些资金，既要保证启动资金能够满足社会企业运营的需要，又要想方设法节省开支，以减少启动资金的花费。

2. 测算营业收入、营业成本和利润

对于新创社会企业来说，预估营业收入是制订财务计划与财务报表的第一步。为此，需要立足于市场研究、行业营业状况以及试销经验，利用购买动机调查、推销人员意见综合、专家咨询、时间序列分析等多种预测技巧，估计每年的营业收入。之后，要对营业成本、营业费用以及一般费用和管理费用等进行估计。由于初创企业起步阶段在市场上默默无闻，市场推广成本相当大，营业收入与推动营业收入增长所付出的成本不可能成比例增加。

因此，对于第一年的全部经营费用应该按月估计，在预估第二年及第三年的经营成本时，首先应该关注那些长期保持稳定的支出，如果对第二年和第三年销售量的预估比较明确，则可以根据营业百分比法，即根据预估净营业量按固定百分比计算折旧、库存、租金、保险费、利息等项目的数值。在完成上述项目的预估后，就可以按月估算出税前利润、税后利润、净利润以及第一年利润表的内容，然后就进入预计财务报表阶段。

3. 编制预计财务报表

新创企业可以采用营业百分比法预估财务报表。

预编利润表除了可以为投资者或贷款机构提供决策依据，还可以帮助社会创业者明了创业项目的盈利前景，预测企业未来的现金流量，考核企业经营管理业绩，适时调整管理举措。

预计资产负债表是预测外部融资额的一种报表。资产反映企业现有资源的分布情况，负债和所有者权益反映企业不同权利人对这些资源的要求权。新创企业通常需要预编未来3年的资产负债表。

预计现金流量表是反映企业一定时期现金流入和流出动态状况的报表。现金流量是新创企业面临的主要问题之一。因此，对于新创社会企业来说，逐月预估现金流量非常重要。在编制预计财务报表时需要假设各种情境，例如乐观估计、悲观估计以及现实情况估计。

4. 结合企业发展规划预测融资需求量

上述财务指标及报表的预估是社会创业者必须了解的财务知识，即使企业有专门的财务人员，创业者也应该大致掌握这些方法。需要指出的是，融资需求量的确定不是一个简单的财务测算问题，而是一个将现实与未来综合考虑的决策过程，需要在财务数据的基础上，全面考察社会企业的经营环境、市场状况、创业计划以及内外部资源条件等因素。

11.4.3 融资渠道的衡量

测算筹融资的需求量之后，接下来的工作就是确定筹融资渠道和对象。目前筹融资的类型很多，如权益融资与债权融资、内源融资与外源融资、直接融资与间接融资，每种类型都各有利弊；每种筹融资类型都存在若干不同的渠道和方式。因此，创业者选择融资渠道应该重点权衡以下因素：

1. 社会企业发展的阶段性与获得资金的可能性

新创社会企业采用何种方式融资，与其发展阶段有关。在不同的发展阶段，社会企业面对不同的筹融资背景、环境和机遇。一般而言，产品从投入市场到最终退出市场要经历产品的种子期、创业期、成长期、成熟期和衰退期五个阶段。

第 11 章
社会创业筹融资管理

在产品生命周期的不同阶段,由于产品的市场占有率、销售额、利润额是不一样的,社会企业的筹融资需求也有所不同,筹融资难问题则突出表现在前三个阶段。

2. 筹融资成本

筹融资成本是创业者为取得和使用资金而付出的代价,是选择融资渠道的重要依据之一。一般来说,在债权融资中,短期融资的成本低于长期融资。对筹融资成本特别敏感的创业者,应优先使用自有资金或内源融资,然后考虑债权融资,最后才是权益融资。

3. 资金的稳定性

虽然债权融资具有成本优势,调查研究却表明,出于对资金稳定性的考虑,大多数新创企业在起步阶段倾向于吸纳权益资金。从资金的稳定性考虑,社会创业者自有资金、内部积累资金或股东入股资金的资金稳定性较好。在某些情形下,社会企业相当长时间内难以现金净流入,权益融资、政府资助、社会捐赠将是企业重要的筹融资选择。

4. 非资金因素

除了货币,新创社会企业通常还需要管理和经营方面的帮助。很多社会创业者对项目的技术特点和市场前景非常了解,然而在管理企业方面却力不从心。这时,寻找有经验的战略合作者或社会投资者则可以事半功倍。此外,也有一些权益投资者,能够利用自身的资源优势,为社会企业带来更广泛的人脉关系、技术诀窍等。这些权益融资的好处不是一般债权融资所能够替代的。社会创业者有必要根据自身的情况,对这些非资金因素予以考虑。

社会创业启示录

不要去拿国内传统企业的钱,也不要拿国内 VC 的钱,更不要拿国内"土财主"的钱。引入国际的风险投资本身最重要的是建立一个符合现代企业理念的组织架构,而不是像中关村的很多公司那样,先天不足,先天在利益分配机制有问题,企业不可能做大。它在业务挣钱的时候通过发展掩盖所有问题,一旦碰上困难,内部先天架构上的矛盾就会导致企业崩盘。——周鸿祎(360 公司创始人)

11.4.4 与社会投资者的谈判策略

投资人每天看不同的项目,见不同的团队,很难对某一个领域有非常深的了解,即使他们会做一些行业研究,但是他们基本上还是不太懂业务,尤其是商业上的创新。从这一点上他们是不如创业者了解创新本身的业务。但是,投资人非常懂得谈判。社会创业者必须要明白的问题是,自己的创业目标与社会投资者的目标不可能完全相同,所以,创业者要多发挥懂业务的优点,而不是纠结在谈判上。

在正式谈判前,创业者要做的最重要的决策就是:为了满足社会投资者的要求,自己能有多大的妥协空间。另外,社会创业者还应该掌握必要的应对策略。创业者需要特别注意的是,在谈判中要尽量让风险投资者认识到本企业的价值。

社会创业者需要熟悉自己的谈判风格。自己是一个温和的、容易改变立场的谈判者?还是一个强硬的、坚持立场的谈判者?或者是一个专注于利益而非立场的原则性谈判者?根据自己的谈判风格制定适合的谈判方法,并注意扬长避短。

研究并了解谈判对手。在了解自身的基础上,社会创业者还要研究社会投资者,熟悉其谈判风格、价值观与偏好等,以此制定有针对性的谈判对策和谈判方法。不能一味妥协,对于原则性、关键性利益点,应坚持自己的立场观点,果断说"不"。

要学会讲故事。很多人可能并不知道,我们跟他人聊天的时候,他们真正记住的是我们所讲述"故事"的丰满度和意义。在社会投资中,社会创业者可能会认为你的"卖点"是投资回报,可是投资人带走的却是这个关于投资回报的"故事"。所以一个会"讲故事"的社会企业家更容易拿到社会投资。锻炼自己的演讲技能,形成有效的"讲述故事"的方式对于社会企业家来说非常重要。

一个有效的锻炼是方式是"30秒信息图法"(见图11-2),即将自己的创业故事分解为三部分,在30秒的时间内陈述完毕。第一步:写一条精简的组织使命,向投资人表达最直观有效的组织信息;第二步:用三项核心影响力或者业务来支持"组织使命";第三步:用故事和数据来支撑、强化上述信息。

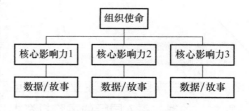

图 11-2　30秒信息图法

创新思维游戏

游戏名称: 不可能的任务

游戏目的: 要想真正有所创新,就必须挑战现有的约束。在本练习中,参与者利用现有的设计、流程或想法来改变其中一个基本项,使其在功能或可行性上变得"不可能"。例如,

"我们如何在一天时间内建一栋房子?"

第11章
社会创业筹融资管理

"我们如何创造一个没有电池的移动设备?"

"如果不接入互联网,浏览器会是什么样?"

游戏人数: 小型团队

游戏时间: 取决于参与人数,游戏时间大约45~60分钟

游戏规则: 当一个问题既重要又有趣的时候,我们会全心投入。要想设计这样的练习,事先得想好问题来调动大脑的情感和理智两部分。一个没有电池的移动设备既是个工程的壮举(理智),又具有使世界变得更美好的价值(情感)。为团队写下这个问题并解释面临的挑战。

在接下来的30分钟,以成对或小组的工作方式进行,各小组积极想办法来完成这些"不可能的任务"。他们可以考虑这些广泛的问题,或者想出一些针对这个挑战的具体问题:

◇ 在这样的约束下,会产生什么新的好处或功能?

◇ 为什么这是一个典型的约束或要求?它是否只是约定俗成的假设?

◇ 冲突的核心元素是什么?

◇ 冲突元素能否被消除、更换或以某种方式改变?

◇ 冲突元素在改变之前或之后会发生什么事情?

◇ 时间、空间、材料、运动或环境有何影响?

30分钟结束后,各小组相互演示他们的概念。接下来针对常见方法和不常见的方法分别讨论,列出可能的解决方案以供深入探索。游戏结束,下一步计划中应包括跟进工作。

游戏策略: 这种挑战方法非常适合全面、透彻地思考产品或流程中的假设和障碍。当一个产品停滞不前而需要焕然一新时,这种技术有助于挑战其设计的基本假设。在流程过于缓慢或超负荷时,单刀直入地提问题可以帮助从大框架上进行思考,例如"我们如何在一天之内完成这个任务?"

本章要点

由于社会创业融资具有高度不确定性、融资偏好比较单一、融资的网络资源比较简单等特点,所有社会创业者都面临其创业融资难的问题。社会企业创业融资同其他商业创业一样,也会经历种子期、创业期、成长期和成熟期几个阶段的融资。所不同的是社会企业通常会集合公、私各种不同类型的资本。

创业融资的渠道按融资对象可分为私人资本融资与机构资本融资。私人资本融资是指创业者向个人融资,包括创业者自我融资、向亲朋好友、众筹和天使投资人融资;机构融资是指创业企业向相关机构融资,包括公益创投、基金会和专业筹资机构、商业银行等渠道融资。此外,还有政府的扶持资金,主要包括税收

优惠、财政补贴、贷款援助等创新创业融资支持渠道。

融资需要建立良好的个人信用和积累人脉关系，测算对资本的需求量和对融资的渠道和对象进行衡量，需要考虑融资成本、资金的稳定性和一些非资金因素。

关键术语

创业融资；债务融资；权益融资；天使投资；众筹；公益创投

案例分析

同样是明星参与慈善公益，为何结果大相径庭？

2006年5月，王菲和李亚鹏患有先天性唇腭裂的女儿李嫣出生。2006年11月，王菲、李亚鹏捐资100万元，成立了嫣然天使基金，用于帮助中国贫困的唇腭裂患儿恢复笑容。同年5月，布拉德·皮特和安吉丽娜·朱莉夫妇的第一个女儿希洛出生。随后，他们将希洛首次曝光的照片，以760万美元的价格拍卖，所得款项全部捐给朱莉-皮特基金会，用于战争难民的人道主义救助。

7年之后，2013年11月，皮特和朱莉夫妇蝉联好莱坞明星慈善榜最具爱心人士奖。王菲、李亚鹏夫妇离婚，李亚鹏被爆料人周筱赟多次质疑，指出李亚鹏实际控制的书院中国文化发展基金会和嫣然天使基金存在多处问题。

在好莱坞，明星参与慈善公益活动已经成为一个潮流。对于他们而言，参与慈善公益是实现社会责任的一个部分。根据"期待明星"网站2010年的统计，好莱坞有2807位明星参与了1788个组织的公益活动。但是，做慈善公益是一件专业的事，不仅需要慈悲，还需要智慧。慈悲让明星看到别人的苦难，而智慧让明星学会如何支配手中的善款。

皮特和朱莉夫妇并非天生熟悉公益慈善，从2006年成立朱莉-皮特基金会开始，一直有一家专业公司在帮助指导他们如何参与、管理公益慈善组织。好莱坞明星参与慈善公益，有人在质疑中声名狼藉，也有人在质疑中华丽转身。获得3次诺贝尔和平奖提名的摇滚乐队U2主唱波诺，在自己创立的"One"慈善基金会爆出丑闻被关闭后，对记者说："只有实现慈善专业化，才能获得社会信服。"后来，在波诺的推动下，发达国家免除了非洲数百亿美元债务，波诺也找到了适合自己的慈善方式。

2013年年底，李亚鹏受到了爆料人周筱赟的质疑。上亿元的善款虽然是经由李亚鹏和王菲个人的社会影响力和人际关系募得，但这些进入慈善公益基金的善款，已经转身为社会的公共财富，这些钱应该怎么使用才算合理，怎么才能帮助到更多的人。从社会的大账簿看，今天不是周筱赟质疑了李亚鹏，而是李亚鹏的

第 11 章
社会创业筹融资管理

公益行动给社会出了一道题，我这么做公益行不行？需要回答这个问题的应该是这个社会以及捐款支持李亚鹏的朋友们。

社会需要李亚鹏这样的善行者，也需要周筱赟这样的监督者。但是，无论是监督还是善行，只有在制度框架内才能对社会做出贡献。如果有一个完善的公益慈善制度安排，民间爆发出来的公益慈善力量定能给这个国家带来更多好的变化。

资料来源：才让多吉．同样是明星参与慈善公益，为何结果大相径庭？[N/OL]．中国青年报，2014-01-09。

延伸阅读

桂曙光．股权融资 [M]．北京：机械工业出版社，2019．

勒纳利蒙，哈迪蒙．风险投资、私募股权与创业融资 [M]．路跃兵，刘晋泽，译．北京：清华大学出版社，2015．

孙巍．股权投融资：风险防范及争议解决 [M]．北京：法律出版社，2020．

徐本亮．社会组织管理精要十五讲 [M]．上海：上海科学院出版社，2018．

复习思考题

1. 社会创业筹融资困境的原因是什么？
2. 社会创业企业不同阶段的筹融资需求是什么？
3. 如何把握债务融资与权益融资之间的关系？
4. 社会创业筹融资的渠道有哪些？
5. 如何与天使投资和社会投资打交道？
6. 社会创业融资的流程有哪几项内容？

创业挑战

估算创业资金需求，设计组织架构，制定创业融资策略。

第12章 社会企业战略管理

学习目标

- 熟悉社会企业成长的特征和企业成长生命周期。
- 掌握社会企业战略制定过程。
- 掌握社会企业成长战略和竞争战略。
- 掌握社会企业战略实施。

引导案例

自愿—自知—自觉：惠泽人使命追寻之路

1995 年惠泽人公益发展中心发起人翟雁在北京红枫妇女热线做志愿服务时认识了时乐。1999 年，翟雁辞职并进入了这家组织。2003 年初，翟雁和时乐决定利用自己的心理咨询专业特长，创办一个从事社区心理服务的志愿者组织。她俩自掏腰包在工商局登记注册。此时另有一名 NGO（Non-Governmental Organizations，非政府组织）男性从业者自愿加盟，他以实物投资方式作为股东，参与了组织创立工作。

惠泽人的三名股东组成了董事会，实施一票否决制的决策方式，在组织章程中规定了组织使命，还规定"股东不得利用机构资源进行个人营利性活动，中心不进行利润分配"。为保证机构创办资金足以维持组织生存，三名股东作为组织创始人承诺 3 年内不领取薪酬。

2003 年 4 月份惠泽人开张就参与了抗击"非典"的任务，由此开始了社区专业化志愿服务之旅。2003 年夏季，惠泽人又与北京市司法局合作开展社区心理矫正工作，越来越多的具有专业背景的志愿者聚集在惠泽人开展各项公益活动。到 2004 年 5 月，惠泽人志愿者团队扩张到 200 多人，获得项目资助 20 多万元。

领导人意识到此时必须加强组织管理，逐渐成立了志愿者协会并试行社

第12章
社会企业战略管理

团民主化运行模式。惠泽人志愿者选举出3名志愿者代表与股东共同组成执管会，负责机构的日常决策与管理，将组织使命调整为"用生命影响生命，携手共建公民社会"。股东大会也据此修改了组织章程，明确组织为非营利性质，但就是否成立理事会没有形成决议。

2005年，就在组织领导人忙着筹资并开发社区矫正政府购买机制的时候，惠泽人内部矛盾与冲突越来越多。尽管惠泽人的项目筹资陆续到位，志愿者投入在忙碌的工作中，但组织的深层问题仍得不到解决，惠泽人高层管理团队发生分裂。一名股东办理完退股手续后向法院起诉，向惠泽人索要志愿服务薪酬，另一名发起人也提出辞呈。与此同时，执管会中的志愿者集体辞职。组织问题的发生仅仅是表象，惠泽人面临着使命缺失和志愿失灵的巨大考验。

2005年9月，惠泽人股东会、执管会和核心志愿者10多人召开了"组织战略研讨会"，重新审视组织使命并确定战略目标。领导人深刻反思，我们是谁？为什么创办惠泽人？我们要到哪里去？惠泽人能够为社会发展贡献什么？确立使命，回答这些问题，是领导人对组织不可推卸的首要责任！领导人找来志愿者协商，大家决定：下决心重建惠泽人，向合作伙伴请求暂停手头工作，正式成立理事会，加强组织治理和高层支持，并弄清楚组织的根本问题。

2006年2月，惠泽人在原有组织岗位上招聘了第一批付薪员工5人，由中心主任和部门主管员工组成执管会；7月，经过近半年的筹备，惠泽人第一届理事会正式成立，由来自研究机构和高校的学者、企业家、志愿者代表和发起人等七人组成。理事会一致通过决议，重新审视并制定惠泽人的使命和战略规划。9月，在战略合作伙伴VSO（Voluntary Service Overseas，海外志愿服务社）的支持下，由VSO国际专家为惠泽人主持了为期一周的使命重审和战略规划研讨会。并进行了组织发展咨询和辅导。惠泽人发起人、理事代表、顾问、全体员工、新老志愿者代表、合作伙伴和受益者代表都参加了研讨会。经过组织发展回顾与评估、组织内外部环境分析、社会志愿者资源评估、澄清了组织限制与定位，达成了多数共识。

但在讨论惠泽人新的使命描述时，争论最为激烈。大家逐字斟酌，最终，惠泽人的使命被定义为："通过志愿服务的能力建设、创新实践和宣传倡导，提高志愿者对公民社会发展的贡献"；惠泽人的愿景是实现一个"人人乐于志愿服务的公民社会"；惠泽人的三大战略目标是：提高民间组织志愿服务绩效、探索适合中国国情的志愿服务模式、改善中国志愿服务发展环境。执管会

> 接下来用了整整一个月时间，根据新使命制定出了新的五年组织发展战略规划以及执行策略。
>
> 然而，将概念转化为行动，实施组织变革与战略执行的过程更为艰难。首先面临的是如何做"减法"。惠泽人因为社区心理而创建，已经建立了比较稳定的专业志愿者团队和服务项目。如果根据使命定位，惠泽人需要砍掉这些服务，是否需要保留心理专业志愿者让他们能够继续为新使命贡献力量？
>
> 资料来源：翟雁. 惠泽人的使命追寻之路［EB/OL］.（2011-08-27）. https://wenku.baidu.com/view/，本书作者有所改编。

12.1 社会企业成长的概念与特征

12.1.1 创业企业成长的概念

创业企业最核心的因素是"成长"，所有和创业相关的东西都和"成长"息息相关。但是，和创业普通商业企业一样，社会企业也面临着成长难题。现实情况是社会企业的规模偏小，远不如普通商业企业那样，选准了风口，通过商业模式创新，会高速成长为企业巨人。对于一个社会创业者，如果不能在创业后的一定时期内，使企业健康地成长起来，将会挫伤社会创业者的雄心壮志。

新古典经济学派创始人英国经济学家阿尔弗雷德·马歇尔（Alfred Marshall）在他的名著《经济学原理》中指出："一个企业成长、壮大，但以后也许停滞、衰落。在其转折点，存在着生命力与衰落力之间的平衡或者均衡。"成长是一个适者生存、自然淘汰的过程，强调了纯粹竞争市场条件下的企业成长。经理型企业理论的主要代表人物之一罗宾·马里斯（Robin Marris）认为，管理的主要目标是企业规模的增长。近年对企业成长的研究认为，现代企业增长必须赋予结构变化和创新的含义。

1. 企业成长的含义

现代企业成长是指现代企业在利润性和社会性相统一的基础上的多目标结构引导下，为了生存和发展，与企业的经营结构、组织结构、空间结构和技术结构等结构发展变化相适应的企业规模增长的机制和行为。上述表述主要包含以下几层含义：①现代企业在成长过程中，应有确保利润、生存和成长、履行社会责任等多重目标，并力图使这些目标均衡实现。②企业成长存在着内部化、实用化、机制化、结构化的趋势。结构化体现在注重企业内部经营结构、组织结构、空间结构的发展变化。③当经营结构、空间结构发生变化时，组织结构也要作相应的变动。④企业成长是一种增长的过程，企业成长过程中，包括质与量两个方面，量的成长体现为规模的增长，其中包括销售额的增长、利润的增加等。质的成长包括结构特征的发展和创新。⑤现代企业质与量的成长，动态地互相促进、互为条件。

> **社会创业启示录**
>
> 一个企业只能在企业家的思维空间之内成长，一个企业的成长被其经营者所能达到的思维空间所限制！——彼得·德鲁克（现代管理学之父）
>
> 做企业没有奇迹而言的，凡是创造奇迹的，一定会被超过。企业不能跳跃，就一定是循着一个规律，一步一个脚印地走。——王石（万科公司联合创始人）

2. 企业成长模式

企业成长模式一般是指基于企业结构发展变化的企业成长方向及方式。

（1）基于经营结构发展的成长模式。基于经营结构发展的企业成长模式主要有：规模型成长、多角化成长、纵向成长等。规模型成长是指企业某一产品产量的增加，包括不同规格、不同包装的同一产品的产量增加，规模型成长是一种最基本的成长方式，是创业企业需要经过的成长阶段。多角化是指企业的产品或服务跨一个以上产业的经营方式或成长行为。纵向成长是指企业沿着其投入或产出方向的扩张成长。复合型成长是指多方位的成长。

（2）基于组织结构和空间结构发展的成长模式。基于组织结构发展的企业成长模式主要有两种：分散化成长模式、集团化成长模式。基于空间结构发展的成长模式会形成多地区企业和跨国企业公司。分散化成长主要是指企业发展到一定程度就会分化为若干个小企业。企业集团化本质上是企业与企业之间发展的一种长期稳定的契约关系结构。企业集团化也是一种企业成长的行为。此外，企业多角化成长也多以集团形式出现。企业空间结构发展会形成多地区企业或跨国公司，其中跨国企业是现代企业成长的重要模式。企业跨国经营成长不仅涉及地域变动，还涉及生产要素的国际流动。

3. 企业成长特征

（1）规模成长的基础性。在规模型成长、多元化成长、纵向成长等企业成长模式中，规模成长起着重要的基础性作用，体现在以下几个方面：

1）企业初始时期的成长是单纯规模成长。企业成长的初期，产品市场尚未彻底打开，企业生产能力尚未达到满负荷，市场销售增长率高。这时，企业的主要矛盾在于如何扩大生产能力，使企业实现规模经济性，是企业初创时期的主要目标。

2）规模型成长是多角化成长的基础。多角化的各项业务是一种相对独立的生产经营活动。如果各业务规模不经济，必然使成本提高，使企业竞争力下降。每一单项业务要与具有同类业务的其他企业竞争，多角化不能缓解这种竞争的压力。

3）规模型成长也是纵向成长的基础。纵向成长的各生产环节都需要具有一定的规模经济性。

4）规模型成长有利于企业培育核心竞争力。在激烈竞争中，许多企业追求规模经济走兼并的路子，迅速扩大了规模，实现了核心竞争力培育，在市场竞争中占据了有利地位。例如我国两大知名视频网站优酷与土豆的合并，实现了规模效应。

（2）结构关联适应性。一般而言，一定的生产经营活动必然要由一定的企业组织来实现。随着企业成长，经营内容增多和拓展，组织结构就会趋于复杂化，表现了企业成长过程中结构变动的关联适应性。应及时调整与合理设计组织结构，使之适应经营结构，如果组织结构与经营结构不相适应，会导致效率低下，企业成长难以得到应有的绩效。

1）内部成长与外部成长。一般而言，为了实现某种成长模式，企业存在两种选择：一是企业靠自己积累的资源或筹集的资金投资建厂，成立新的组织机构和营业场所而获得企业成长；二是外部成长，即靠收购、兼并或合并其他企业而获得成长。内部成长和外部成长的区别类似于"自制"与"购买"的选择，企业可以比较一下"自制"与"购买"两种方式的成本，选择成本较小者，来决定是选择内部成长还是外部成长。

2）企业成长多重边界性。企业成长不可能是无限度的，也不是在任何规模下都是有效率的。企业边界是指企业成长有效率的限度或范围。事实上，企业经营者经常要面对以下四个方面的问题：①是否要扩大某些产品的产量，这涉及规模经济；②是否应接管上游或下游企业，购买还是自己制造，这涉及交易经济；③是否应该变革组织结构和制度结构，这主要涉及组织经济和制度经济；④是否应该扩大企业所承担的社会责任范围，改变企业与政府之间的关系模式，这涉及企业、政府和其他社会组织之间的责权划分。

社会创业启示录

许多你仰慕的成功企业其实都是熬出来的。不要期望超常规提速，不要陷入成功的幻觉，不要为抢规模连毛利都牺牲掉，违背了最基本的商业规律，

第 12 章
社会企业战略管理

> 最后就会被最基本的问题绊倒……很多创业者梦想三年就达到一个什么高度，两年就取得一个什么样的成功，这是不现实的。例如，一个人怀胎十月才能生小孩，生第一个有了经验，怀第二个小孩是不是三个月就可以生了？孕育十个月是客观规律。很多时候，企业的发展不是一个斜直线不断地发展，会有高潮和低谷，会经过长时间的徘徊。积累的能量足够了，才能上一个台阶，再在一个新的水平上积累一个台阶。像《从优秀到卓越》讲了一个道理，很难预测企业因为哪一天做好的，哪一点做好的，企业的成功是依靠每天踏踏实实做好每一件事造就的。——周鸿祎（360 公司创始人）

12.1.2 社会企业成长的生命周期

社会企业成长如同人的成长一样，是一个从量变到质变的过程，是一种成长"基因"推动企业系统内部的组织与功能不断地分化，从而促进企业系统机体不断扩张、新陈代谢，不断适应环境，并与环境形成良性互动的过程。具体表现为社会企业规模的扩大，社会企业内部结构的不断完善和成熟，以及功能的优化等。

美国管理学家伊查克·爱迪思（Ichak Adize）的企业生命周期理论认为，企业像生物有机体一样也有一个从生到死、由盛到衰的过程。这一过程可以划分为几个不同的阶段。社会企业和其他商业企业一样，其生命周期也包括创业阶段、成长阶段、成熟阶段、衰退阶段四个阶段和十个时期。创业阶段包括孕育期和婴儿期，成长阶段包括学步期和青春期，成熟阶段包括盛年期和稳定期，衰退阶段包括贵族期、官僚初期、官僚期以及死亡期。

1. 创业阶段

创业阶段包括孕育期、婴儿期两个时期。在孕育期，企业还没有诞生，整个企业作为一个概念存在。基本上是创始人的梦想以及未来的可能性，创始人对创业想法的承诺、信念经受住了考验，就进入了婴儿期。婴儿期的企业要想获得成功，其创始人必须充满热情和激情，践行自己的承诺，把孕育期的梦想付诸行动。如果孕育期没有通过现实的检验，那仅仅是一段创业空想。在婴儿期如果出现创始人不能兑现承诺、失去控制权或丧失责任心，创业就会夭折。当企业的资金流和各项工作稳定下来时，企业就会从创业阶段进入下一阶段。

2. 成长阶段

成长阶段涵盖了学步期、青春期两个时期。学步期的企业产品和服务得到市场认可，在业内建立了一定的市场地位，生存有了保障。成功使创始人及整个公司变得骄傲，会出现不理性的决策与承诺，容易造成现金流枯竭。处于青春期的企业发展可能超出创始人个人能力所及的程度，需要引进职业经理人进行专业化管理，减少决策的随意性，但新制度与旧习惯势必会产生冲突，甚至导致创业核心成员流失。如果企业能够创建有效的管理制度，并使领导力制度化，该企业就进入了下一个阶段。

3. 成熟阶段

成熟阶段分为盛年期和稳定期。盛年期是社会企业生命周期中的最佳阶段，企业在这一时期既具有学步期企业的进取精神，又具备在青春期阶段所获得的对实施过程的控制力与预见力。成年期企业的分权程度越高，越能激发出企业的创业精神，越能延缓企业衰退。稳定期的企业面临的挑战在于维持这种旺盛状态，在稳定期则出现衰退倾向和老化前兆。创新精神衰退的原因主要在于创业者容易丧失创新精神，开始变得保守甚至固执起来。这一阶段表面上没有致命的毛病，但是，企业在不知不觉之中进入了生命周期的下一个阶段。

4. 衰退阶段

衰退阶段可以分为贵族期、官僚初期、官僚期以及死亡期。贵族期社会企业的特征是以自我中心、缺乏创新，远离顾客群体和追求稳定，试图通过兼并其他企业以获取新的产品和市场，从而"买到"创新精神。官僚化早期的企业，管理层内部冲突不断，充满争权夺利，开始相互诋毁，人员开始流失，或成为完全官僚化企业。人们关注的是谁导致了问题的产生，而不是关注应该针对问题做些什么，似乎只要找出了"罪魁祸首"就能解决问题。官僚期最显著的特点之一就是对书面文字的热爱。企业内部到处充斥着制度、表格、程序和规章。人们知道所有的规章制度和照章行事，很少考虑如何提高经营效率和为顾客提供价值。这样的企业已经接近僵尸企业。当一个企业不能有效满足顾客需求，没有任何资源来支付公司内成员的工资的时候，就进入了死亡期。

爱迪思认为，在企业生命周期的每一个阶段都面临着突然死亡的威胁，但是又不一定像生物那样必定经历老化和灭亡。如果它们懂得 PAEI 这四种组织"维生素"的配比，就能永远处于盛年。它们分别是维生素 P、A、E 和 I。其中，P(Performing)代表执行力；A(Administering)代表管理能力；E(Entrepreneuring)代表创新创业精神；I(Integrating)代表整合资源的能力。没有哪个组织在初创之时就在上述四项功能上驾轻就熟。组织需要经过一段时间逐渐培养在这些方面的 DNA。

第 12 章
社会企业战略管理

> **社会创业小贴士**
>
> **著名的管理专家吉姆·柯林斯论公司衰败的五个阶段**
>
> 第一阶段，"目空一切"。一旦公司取得成功，就容易在光环下"失聪"。领导人忘记了成功的关键因素在于他们理解为什么要采取这些措施，以及这些措施在哪些情况下将会失效。理智和洞察力被成功的沾沾自喜所取代，为衰败埋下了祸根。
>
> 第二阶段，"盲目扩张"，这是第一阶段的延续。公司忘记了其成功的本源，盲目进军没有把握的领域。领导人一味追求扩大企业规模、加快企业发展速度，由此博取更多的赞誉。
>
> 第三阶段，"漠视危机"。在这一阶段，领导者漠视负面信息，将挫折归咎于外因。他们不计后果地冒着巨大的风险行事。
>
> 第四阶段，"药石乱投"。在这一阶段，公司领导人鲁莽地采用未经检验的战略或盲目推出新产品，希望力挽狂澜。这些措施短期内可能会有一定效果，长远来看却并不能挽救企业于水火。
>
> 第五阶段，"随风而逝"。公司财务系统和企业精神已经完全崩溃，领导者放弃了最后一线希望。至于公司衰败的过程，可能会持续长达十年，也可能只需一年。

12.1.3 社会企业成长的决定因素

1. 以企业家才能为主导的决定论

约翰·吉尔（John Gill, 1985）认为，影响中小企业成长的主要因素有：创业者团队拥有五年以上的企业管理经验；资金的获取；市场营销经验与技能；识别和把握机遇的能力；企业内部管理效率；市场快速反应能力、控制能力、快速集中资源能力；与顾客的关系，快速准确提供服务的能力；计划和控制能力；创业者从手艺人到职业管理者的转变；创业动力。

2. 企业家、企业与战略相互协调的决定论

大卫·斯托里（David J. Storey, 1994）从企业家、企业和战略三个方面对以往研究成果进行了梳理，认为企业家的创业动机、行业背景及管理经验，企业的产业属性、地域位置及规模，以及企业的市场定位和出口导向等方面的因素，都会影响企业成长,并且这三方面的因素共同发生作用。只有当它们恰当地结合在一起时,企业才能实现快速成长,而当其中某些因素不起作用或配合不佳时,成长就会停滞甚至衰退。

3. 企业与产业相互制约的决定论

奥杰斯(Odgers,2000)从企业和产业两个层面分析了影响企业成长的因素。他认为,企业层面的因素包括初始规模、资本集约度、债务结构,产业层面的因素包括产业的平均企业规模、资本密集度、债务结构、边际成本、研发投入、年均增长率和新企业进入率等因素。这些因素共同影响产业内每个企业的持续成长。也就是说,企业与产业的相互制约是"一荣俱荣,一损俱损"的关系。

> **社会创业启示录**
>
> 你的愿景、使命、理念是什么?你的管理模式和你团队如何建立?你的公信力要怎样体现?进驻NPI(公益组织发展中心)孵化器后,NPI不断问我们这样的问题,让我们不断思考和整理。愿景是告诉人们"我们是什么",而使命就是你存在的理由和价值,这些都是你成立一个机构所必须要有的。于是,在压力下有了自己的愿景、使命、理念,开始去思考去调整自己的方向。虽然今天的欣耕还是很小,还未长出凤凰满身光鲜亮丽的羽毛,但是,已经退去了麻雀的骨头。——朱柄肇(欣耕工坊创始人)

12.2 社会企业战略的制定

12.2.1 社会企业战略及其特征

1. 社会企业战略

社会企业战略是指在竞争环境中,社会企业根据社会需求的变化因素、自身的客观条件和潜能,制定的全局性经营活动的理念、目标以及资源和力量的总体规划和行动方案。

社会企业的战略在制定过程、表达形式、传递方式等方面与成熟企业有很大差别。阿马尔·拜德在《创业者必须问自己的三个问题》中阐述了这样的观点:很多创业者的目标都是为了抓住某个短期的机会,而并没有考虑到长远的战略,然而,成功的创业者能够很快地适应从战术导向到战略导向的转变,从而引导企业走向成功。所以,对于社会创业者来说,制定一套完整的战略十分重要,战略完善的公司能够经受住组织的混乱所带来的考验。

2. 社会企业战略的特征

(1)战略选择更依赖创业团队的能力与资源禀赋。与成熟企业不同,社会创业企业的战略选择更加依赖创业者的能力、性格特征以及创业团队的技术能力与资源禀赋。例如,纸尿裤是科技含量极高的产品,涉及材料、化学、结构设计等多学科知识,最初是为了解决宇航员的如厕问题而设计的。"爸爸的选择"联合创始人王胜地从北京大学高分子化学专业毕业,在柔性供应链咨询服务公司工作过。崔翔做过际恒集团副总裁。樊喆做过眼镜电商。曹倩曾在宝洁中国负责中国区碧浪洗衣粉、洗衣液等产品的研发。出身不同领域的"爸爸的选择"创始人,整合营销、电商、供应链三个方面的优势资源,运用"互联网+制造业"模式成功进入了互联网母婴行业。

(2)战略调整更具有柔性。企业战略的核心是处理未知的未来。面对未来变化的不确定,社会创业企业战略就必须保证企业有足够的选择来应付各种不确定性,不需要精确的预测和计划,它只希望所制定的一系列机会选择中有些能应付未来的变化。例如,今夜酒店特价把自己定位为酒店业中的奥特莱斯折扣商店,并制订了完美的商业计划。但是,他们在执行的过程中发现原来的假设是错误的时候,并没有迷恋原来的商业计划,及时调整其经营战略,才走出了创业的迷雾。

(3)战略沟通更具有投资导向性。由于创业企业管理层级少,结构简单,所以公司战略比较容易通过各种正式和非正式的渠道被员工队伍所了解,进而融入工作行为。与员工的整个战略沟通相对简单。相反,创业企业的战略在与外部投资人进行沟通时往往会遇到比较大的阻力。这种战略沟通上的障碍时常会影响投资人与创业者之间的信任关系,最终导致双方的冲突,乃至分手。

社会创业启示录

战略管理不是一个魔术盒,也不只是一套技术。战略管理是分析式思维,是对资源的有效配置。战略管理中最为重要的问题是根本不能被数量化的……企业的最高战略:创造顾客……没有"尽善尽美"的战略决策。人们总要付出代价。对相互矛盾的目标、相互矛盾的观点及相互矛盾的重点,人们总要进行平衡。最佳的战略决策只能是近似合理的,而且总是带有风险的……有效决策的五个条件:问题性质、边界条件、正确方案、执行措施和重视反馈。——彼得·德鲁克(现代管理学之父)

社会创业学：
社会创业思维·过程·实践

> 我经常听说大公司、大型集团需要考虑它们的战略，小公司、创业型企业不需要战略，它们能通过其他途径取得成功。这是完全落后的看法。小企业不像大公司，它们不能依赖市场惯性取得成功。它们不能靠蛮力成功。相反，它们应该很清晰地看到所处的竞争环境，标出并保护他们能保护的位置。这就是关于战略的一切。——迈克尔·波特（哈佛大学教授，竞争战略之父）

12.2.2 企业价值链分析

1. 企业价值链

价值链是企业为客户创造价值所进行一系列经济活动的总称，也是企业经营活动从开始到结束的一组连续的过程。社会企业和传统企业一样，存在着企业价值链（见图12-1）。

从图12-1中可以看出，企业的生产经营活动可以分成基本活动和支持活动两大类。基本活动是指生产经营的实质性活动，一般可以分为原料采购、生产加工、物流储运、市场营销和销售服务五种活动。这些活动与商品实体的加工流转直接相关，是企业的基本增值活动，在这些基本活动上创造和运用其他竞争对手无法效仿的、特有的差异化要素，则能构成企业竞争优势。支持活动是指用以支持基本活动而且内部之间又相互支持的活动，包括企业投入的财务管理、研究与开发、人力资源管理和企业的基础性活动。

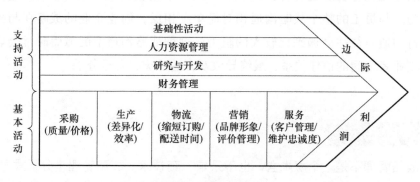

图 12-1 价值链模型

图12-1右侧的"边际利润"反映了企业所获得的边际利润要取决于价值链的管理过程和方式。在波特看来，价值链提供了一种系统的方法来审查企业的所有行为及其相互关系，但是必须从总体上考虑整个价值链。如果营销与生产作业配合得不好，那么营销工作做得再好也不能成为一项战略优势。财务管理、技术开发、人力资源管理三种支持活动既支持整个价值链的活动，又分别与每项具体的

第 12 章
社会企业战略管理

基本活动有着密切的联系。企业的基础设施与基本活动没有直接的联系，它是应用于整个价值链的，而不是价值链的某一部分。

价值链在经济活动中是无处不在，社会企业也不例外。一般来说，价值链分为三个层面（见图 12-2）。第一个层面是上下游关联的企业与企业之间存在行业价值链；第二个层面是企业内部各业务单元的联系构成了企业价值链；第三个层面是企业内部各业务单元之间也存在着运营价值链。

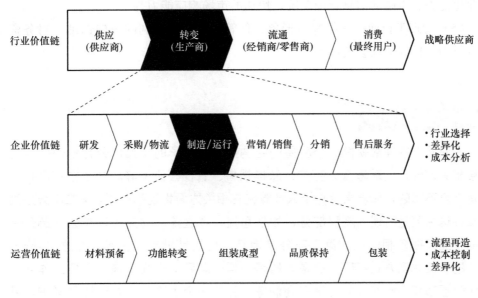

图 12-2　三种价值链模型

可以将行业价值链各环节展开后，对其经营方向、竞争优势和关键控制点做深入分析，寻找能够为社会企业带来竞争力优势的子活动。

（1）经营方向。进行价值链研究，就是要在深入行业价值链的基础上，对其影响方面和影响程度进行深入的考察，充分权衡其中的利弊，以求得最佳的经营方向。

（2）竞争优势。只有为客户所认同，并且能够控制实现差异经营的成本，以便将差异性转化为显著的盈利能力的差异化才能够真正成为社会企业的竞争优势。

（3）关键控制点。在社会企业的价值活动中增进独特性，同时要求能够控制各种独特性驱动因素，控制价值链上有战略意义的关键环节，对关键环节进行重点突破与管理，从而提升社会企业的实力。

2. 行业创业成功的关键因素

行业创业成功的关键因素因行业而异，因时而异，随驱动力和竞争情况而改变。常见行业创业成功的关键因素如下：

（1）制造类行业——低成本生产效率、高固定资产利用率、低成本的生产厂址、足够的娴熟劳动力和高劳动生产率、柔性生产能力等。

（2）技术类行业——产品创新能力、工艺改进与革新能力、既定产品与技术上的专有能力、科研专家与科学研究技能、信息化能力等。

（3）营销类行业——经销商网络、畅通的分销渠道、快速准确的技术支持、顾客订单快速完成与配送、低促销成本等。

（4）技能类行业——熟练的技术工人、质量控制体系、产品设计技能、快速商业化能力、卓越的信息管理系统、快速的市场响应能力等。

（5）管理类行业——品牌与形象、低管理成本、便利的设施选址、财务资本获有能力、良好的社会关系等。

社会创业启示录

对管理的理解就像一个房屋的结构一样。房子的屋顶部分是价值链的直接相关部分，关系怎么去生产、怎样销售、怎样去研发等。这个在不同行业是完全不同的，如麦当劳与个人计算机在相关方面肯定不一样。第二部分是围墙，这主要是管理的流程部分，如信息流、资金流、物流等，在这一部分好的企业有很多相同点。第三部分是地基，也就是机制文化等。在这一部分，好的企业体现方式不同，但是本质是一样的。我们十几年来的主要工作除了研究屋顶和围墙部分怎样赚取利润等，另外一个主要工作是研究怎样把地基打好，使我们长期发展下去。——柳传志（联想集团创始人）

12.2.3 社会企业战略的内容与制定

1. 企业使命

社会企业使命是指社会企业存在的理由，说明社会企业的经营领域、经营思想，为社会企业目标的确立与战略的制定提供依据。社会企业在制定战略之前，必须先确定其使命。社会企业使命应该包含以下的含义：

（1）社会企业的使命就是其存在的原因或者理由，即社会企业生存的目的定位。

（2）社会企业使命是其生产经营的哲学定位，为其确立了一个经营的基本指导思想、原则、方向、经营哲学等。

（3）社会企业使命是其生产经营的形象定位。在明确的形象定位指导下，社会企业的经营活动就不会"朝三暮四"。

使命足以影响一个社会企业的成败。领导力大师弗兰西斯·赫塞尔本女士认

第 12 章
社会企业战略管理

为：一个强有力的组织必须要靠使命驱动。企业的使命不仅回答企业是做什么的，更重要的是回答为什么做，是企业终极意义的目标。崇高、明确、富有感召力的使命不仅为企业指明了方向，而且使企业的每一位成员明确了工作的真正意义，激发出内心深处的动机。

2. 企业愿景

社会企业愿景是指企业的长期愿望及未来状况，组织发展的蓝图，体现组织永恒的追求。企业愿景体现了社会创业者的立场和信仰，是社会创业者头脑中的一种概念，是这些社会创业者对社会企业未来的设想，是对"我们代表什么""我们希望成为怎样的企业？"的持久性回答和承诺。

3. 战略目标

战略目标是对社会企业战略经营活动预期取得的主要成果的期望值。战略目标的设定，同时也是社会企业宗旨的展开和具体化，是社会企业宗旨中确认的经营目的、社会使命的进一步阐明和界定。

由于战略目标是社会企业使命和功能的具体化，一方面，有关社会企业生存的各个部门都需要有目标；另一方面，目标还取决于个别企业的不同战略。因此，社会企业的战略目标是多元化的，既包括经济目标，又包括非经济目标；既包括定性目标，又包括定量目标。德鲁克在《管理的实践》一书中提出了八个关键领域的目标：

（1）市场方面的目标。其应表明本企业希望达到的市场占有率或在竞争中达到的地位。

（2）技术改进和发展方面的目标。其是指对改进和发展新产品，提供新型服务内容的认知及措施。

（3）提高生产力方面的目标。其是指有效衡量原材料的利用，最大限度提高产品数量和质量。

（4）物资和金融资源方面的目标。其是指获得物质和金融资源的渠道及其有效的利用。

（5）利润方面的目标。其是常用一个或几个经济目标表明希望达到的利润率。

（6）人力资源方面的目标。其包括人力资源的获得、培训和发展，管理人员的培养及其个人才能的发挥。

（7）职工积极性发挥方面的目标。其包括对职工激励，报酬等措施。

（8）社会责任方面的目标。其主要注意企业对社会产生的影响。

4. 战略目标制定过程

一般来说，确定战略目标需要经历调查研究、拟定目标、评价论证和目标决策这样四个具体步骤。

(1) 调查研究。在制定社会企业战略目标之前，必须进行市场调查研究。但是在进入确定战略目标的工作中还必须对已经做过的调查研究成果进行复核，把机会和威胁，长处与短处，社会企业与环境，需要与资源，现在与未来加以对比，搞清楚它们之间的关系，才能为确定战略目标奠定比较可靠的基础。

(2) 拟定目标。拟定战略目标一般需要经历两个环节：拟定目标方向和拟定目标水平。首先在既定的战略经营领域内，依据对外部环境、需要和资源的综合考虑，确定目标方向。通过对现有能力与手段等条件的全面衡量，对沿着战略方向展开的活动所要达到的水平也做出初步的规定，这便形成了可供决策选择的目标方案。

(3) 评价论证。战略目标拟定出来之后，需要组织多方面的专家和有关人员对提出的目标方案进行评价论证。评价论证要着重围绕拟定的战略目标是否符合社会企业使命来开展，使其整体利益符合外部环境及未来发展的需要；论证和评价战略目标的可行性；对所拟定的目标完善化程度进行评价。拟定目标的评价论证过程，也是目标方案的完善过程，如果通过评价论证发现拟定的目标完全不正确或根本无法实现，就需要回过头去重新拟定目标，然后再重新评价论证。

(4) 目标决策。在选定目标时，要注意从以下三方面权衡各个目标方案：①目标方向的正确程度；②可望实现的程度；③期望社会与经济效益的大小。

社会创业小贴士

企业创新：先发射子弹，再发射炮弹

在创新找死，不创新等死之间，吉姆·柯林斯在《选择卓越》一书中告诉人们要用一种更有用的观点，即"先发射子弹，再发射炮弹"。子弹就是一种低成本、低风险、低偏离率的实证检验。成功的企业都是善于学习别人的实证经验，又发射过不少子弹，才找到自己需要全力实现的目标。比尔·盖茨和史蒂夫·乔布斯绝不是预测未来的天才，他们也不是一下就找准创新的突破口而大获成功的。他们走过的路上弹坑遍地，曾发射了很多并未击中目标的子弹。而一旦用子弹校准了目标，就要迅速发射重磅炮弹。经营和管理需要战略性的变革，产品和技术也需要突破性的创新。但是，不要相信任何所谓预见，不要迷信任何战略安排，不要沉溺任何独特创意。一切都只是一个实践过程，谁也不知道什么是正确的事。所以，面对变革和创新，真的需要先发射子弹，然后再发射炮弹。

第 12 章
社会企业战略管理

12.3 社会企业战略

社会企业的战略制定出发点与一般企业一样，有限的资源和创业的初衷常常决定了它们需要从现有的机会出发选择战略。特别是种子期和初创期的企业，公司层面主要面临的是发展战略问题，但是在发展战略中的一体化发展战略、多元化战略可能并无很大意义，更主要的是如何通过密集型成长战略进行市场开发和渗透，通过竞争战略使创业企业在激烈的市场竞争中生存下来和通过职能战略来保证公司战略和竞争战略的顺利实施。因此，有效的发展战略、竞争战略和职能战略对于社会企业意义更大。

12.3.1 社会企业成长战略

所谓社会企业成长战略是指社会企业抓住有利机会，充分发挥自身在产品、市场和技术等方面的竞争优势和潜力，以求得社会企业快速成长和发展的一种战略。一般而言，社会企业的成长战略包括密集性成长战略、一体化成长战略、多样化战略和集团化发展战略。由于社会企业的特征决定了不会采用一体化成长战略、多样化战略和集团化发展战略。所以，以下重点介绍密集性成长战略。

密集性成长战略也称集约性成长战略，是指社会企业在原有生产范围内，充分利用产品和市场的潜力来求得发展。其主要有市场渗透、市场开发和产品开发三种策略。

1. 市场渗透策略

所谓市场渗透，是指社会企业生产市场上基于已有的产品和服务，在原有市场上进一步渗透，扩大销售量。一般有三种方法：①通过增加销售网点或者其他促销方式增加原有顾客的购买量；②通过更低廉的价格、更周全的服务和更高的质量，或者更具说服力的广告和促销活动等争夺竞争对手的顾客；③利用赠品促销和其他公关活动激发潜在顾客的需求，引起他们的购买兴趣。

虽然市场渗透可以给社会企业带来增加市场份额的机会，但能否采取这一战略不仅取决于社会企业的相对竞争地位，还取决于该企业所在市场的特征。

2. 市场开发策略

所谓市场开发，是指用传统产品去开发新市场。当原有产品在原有市场已没有进一步渗透的余地，或者开发新市场的潜力更大，又或者新市场的竞争相对缓和时，社会企业都可以考虑采用市场开发战略。市场开发战略包括进入新的细分市场、为产品开发新的用途，或者将产品推广到新的地理区域等。

能否采取市场开发战略来获得增长，不仅与社会企业所处行业的特征有关，还与产品和服务的技术特性有关。在资本密集型行业，社会企业往往有专业化程度很高的固定设备和相关的服务技术。社会企业的核心能力主要来源于产品而不是市场，因而通过市场开发挖掘产品潜力就成为该企业首选的方案。所以，拥有技术秘密和特殊生产配方的企业比较适合采用市场开发战略。

3. 产品开发策略

所谓产品开发，是指用改进原有产品或开发新产品的方法增加社会企业在原有市场的份额。社会企业可以通过增加产品的规格、式样，使产品具有新的功能和用途等，以满足目标顾客不断变化的需求。产品开发和市场开发往往是同步或相继进行的，二者有着紧密的联系。一方面，进入新的细分市场，即市场开发，要求开发出现有产品的替代品或者新的功能和特性，也就是产品开发；另一方面，产品更新和再设计也需要新的细分市场作为支撑。一般说来，技术和生产导向型的企业更乐于通过产品开发寻求增长。这些企业或者具有较强的研发能力，或者市场开拓能力较弱。但是，一旦产品开发获得成功，往往可以给企业带来丰厚的利润。

社会创业小案例

慧灵创始人孟维娜：做特教最需要一份感同身受

1985年，孟维娜创办了当时全国第一家专门收养智力障碍儿童的民办学校——慧灵学校。慧灵通过学习和探索，将传统封闭服务模式转向社区家庭服务模式。该模式就是由5~6名智障人士和1名"家庭妈妈/爸爸"组成一个家庭，每个人都要承担煮饭、清洁等家务，与邻居共享和管理社区设施，模拟正常人的家庭生活。经过三十多年的发展，慧灵通过直营、加盟等商业模式，在全国25个城市设立分支机构。在南都基金会支持下，慧灵已经陆续整理出一部数百页的管理规范文件，探索标准化服务模式，把慧灵做大做强。

12.3.2 社会企业竞争战略

1. 总成本领先战略

总成本领先战略是指依靠强调成本控制，通过取得更低的总成本来参与竞争的战略。其核心是通过达成在某一行业中的低成本，来建立自己的竞争优势。实施成本领先战略要社会企业追求规模经济，也就是积极地获取一个相对较高的市

第 12 章
社会企业战略管理

场份额,并且通过控制直接成本和间接成本,压缩在研发、服务、销售、广告等方面的费用,全力以赴地降低成本,达到总成本领先的优势。

在大多数情况下,低成本战略不能单独成为社会创业企业战略。因为初创阶段的企业规模很难达到经济性的要求,只能通过成本管理和费用控制手段、最大限度地减少研发、品牌塑造、营销等方面的费用来降低经营过程中各个中间环节的成本。因此,这种战略往往是伴随着其他战略的实施过程同时执行的。

2. 差异化战略

差异化战略是指将产品或社会企业提供的服务差别化,树立起一些具有独特性的产品或服务以参与竞争的战略。其核心是通过提供给消费者一些相对于竞争对手的产品和服务而言独一无二的东西,来建立自己的竞争优势。实施差异化战略可以有许多方式,如建立品牌差异、技术差异、产品质量差异、服务差异、渠道差异等。在实际工作中,可以通过市场的差异化、产品差异化、质量差异化等方法落实差异化战略。

实施差异化战略,可以帮助社会企业创造出品质区别于其他竞争对手的产品或服务。一旦这样独特的属性成立,用户对价格的敏感度将会降低,这样差异化就能够帮助社会创业企业,持续地赚取相当比例的收益。但是,实施差异化应该具备如下条件:具有很强的研究开发能力;具有以其产品质量或技术领先的声望;社会企业的品牌在这一行业有一定的影响力或吸取其他企业的技能并自成一体;具有较强的市场营销能力;社会企业内部职能部门之间具有较强的协调性;社会企业具备吸引核心人力资源的能力;各种销售渠道强有力的合作。

3. 聚焦战略

聚焦战略是指社会企业的经营活动集中于某一特定的购买者细分目标客户群、产品线的某一部分或某一区域市场上的一种战略。聚焦战略实施的关键,是要将社会企业的目标锁定在一个细分市场之中。在这一市场之中,社会企业仍然是通过差异化战略或者是成本领先战略,完成对自身竞争优势的构建。

只有具备下列四种条件,采用聚焦战略才是适宜的:①具有完全不同的细分群体。这些客户或有不同的需求或以不同的方式使用产品。②在相同的目标细分市场中,竞争对手没有实施聚焦战略。③企业的资源不允许其追求广泛的细分市场。④行业中各细分部门在规模、成长率、获利能力方面存在很大差异,致使某些细分部门比其他部门更有吸引力。一般而言,大企业更愿意在成熟的行业中竞争,而社会企业资源有限,更倾向于在竞争不太激烈的细分市场内寻找机会。

> **社会创业小贴士**
>
> **Aha 社会创新中心创始人顾远论社会创新中的四个盲点**
>
> 第一个盲点：很多时候，所谓创新的解决方案都缺乏对受益人群"共情"。共情不是同情，是把自己置于对方的情境中去理解他们的需求、情绪和感受。用创新的方式去解决社会问题时，不能仅仅满足于自我想象和自我理解，而需要去理解用户及他们所处的情境。
>
> 第二个盲点：在进行社会创新时往往低估受益人群的能力，纯粹将他们视作"被帮助"对象。应该相信那些需要帮助人群的能力，让受益人群参与到解决他们自身问题的过程中来，应该铭记的是：社会创新不仅只是"for the people"，也是"with the people"。
>
> 第三个盲点：人们积极争取更多财务资本开展社会创新时，往往忽视了另一种或许更为重要的资本：社会资本。社会资本的真正含义是：人和人之间交往互动的广度、密度、频度、深度，以及由此产生的信任和合作关系。社会资本才是社会创业事业的核心资产。
>
> 第四个盲点：缺乏耐心。需要不断地提醒自己，第一，我们不是为社会问题寻找一个"创可贴"式的速效方案，而是要"改变整个捕鱼行业"，必须给予社会创业家足够的耐心和支持。第二，创新并不追求即刻实现完美。创新最有效方法是先小规模快速地实施创新方案、接受用户的测试和反馈，再和他们一起改良方案。

12.4 战略实施

战略实施就是将社会企业战略付诸实施的过程。社会企业战略的实施是战略管理过程的行动阶段，因此它比战略的制定更加重要。

战略实施是一个自上而下的动态管理过程。所谓"自上而下"主要是指，战略目标在企业高层达成一致后，再向中下层传达，并在各项工作中得以分解、落实。所谓"动态"主要是指战略实施的过程中，常常需要在"分析——决策——执行——反馈——再分析——再决策——再执行"的不断循环中达成战略目标。

第 12 章
社会企业战略管理

经营战略在尚未实施之前只是纸面上的或社会创业者头脑中的东西,而社会企业战略的实施是战略管理过程的行动阶段,因此它比战略的制定更加重要。社会企业战略实施包含四个相互联系的阶段:

(1) 战略发动阶段。为调动团队成员实现新战略的积极性和主动性,要对团队成员进行培训,灌输新的思想、新的观念,使大多数人逐步接受一种新的战略。

(2) 战略计划阶段。将经营战略分解为几个战略实施阶段,每个战略实施阶段都由分阶段的目标,相应的有每个阶段的政策措施、部门策略以及相应的方针等。要对各分阶段目标进行统筹规划、全面安排。

(3) 战略运作阶段。社会企业战略的实施运作主要与团队核心成员的素质和价值观念、企业的组织机构、企业文化、资源结构与分配、信息沟通、控制及激励制度六个因素有关。

(4) 战略的控制与评估阶段。战略是在变化的环境中实践的,企业只有加强对战略执行过程的控制与评价,才能适应环境的变化,完成战略任务。这一阶段主要是建立控制系统、监控绩效和评估偏差、控制及纠正偏差三个方面。

社会创业小贴士

联想的"复盘"方法论

复盘是围棋术语,指对局完毕后,复演该盘棋的记录,以检查对局中着法的优劣与得失关键。"复盘"作为联想文化的重要组成部分,其本质是基于核心价值观中的求实,而要想求实,必须强调"开放心态、开诚布公、实事求是、反思自我、集思广益"。柳传志认为:"学习能力是什么呢?不断地总结,打一次仗,经常地'复盘',把怎么打的边界条件都弄清楚,一次次总结以后,自然水平越来越高,这就是智慧,已经超出了聪明的范围。"目前,联想的复盘方法已经形成了一整套规范的流程。

复盘的四个步骤是:①回顾目标,当初的目的或期望的结果是什么;②评估结果,对照原来设定的目标找出这个过程中的亮点和不足;③分析原因,找出事情做成功的关键原因和失败的根本原因,包括主观和客观两方面;④总结经验,包括体会、体验、反思、规律,还包括行动计划,需要实施哪些新举措,需要继续哪些措施,叫停哪些项目。

社会创业学：
社会创业思维·过程·实践

创新思维游戏

游戏名称：太多假设会带来什么

游戏目的：在轻松的氛围中，让学员感受到为什么不能做太多假设。

游戏规则：

1. 将"ASSUME"（假设）这个英文词写在白板上或简报架上。

2. 要求学员安静，问学员他们是否知道为什么"ASSUME"这个词的拼写是这样的。

3. 当下面没反应时，在字母"S"和"U"，"U"和"M"之间画两条垂直的线。

4. 这时会看出，"ASSUME"这个词是由三个单独的词"ASS"（驴）、"U"（你）、"ME"（我）组成的，翻译成汉语的意思就是"如果你总是做假设的话，你会像驴一样干蠢事"。

相关讨论：

1. 在与人沟通或销售的过程中，销售员很容易在哪些环节单方面假设？
2. 过多地做假设会有什么危害？
3. 如何避免过多的假设行为？

游戏总结：

在日常生活和销售、谈判等过程中假设是不可避免的。可是你不能做过多的假设，尤其是一些关键或重要的问题，一定要反复地询问、聆听、引导和确认客户的真正意思或真正的事实，才能采取正确的对策。

本章要点

与普通企业一样，社会企业也面临着成长难题。管理的主要目标是实现企业规模的增长。社会企业成长是指现代企业在利润性和社会性相统一的基础上的多目标结构引导下，为了生存和发展，与企业的经营结构、组织结构、空间结构和技术结构等结构发展变化相适应的企业规模增长的机制和行为。社会企业和其他商业企业一样，其生命周期也包括创业、成长、成熟、衰退四个阶段。

社会企业的战略在制定过程、表达形式、传递方式等方面与成熟企业有很大差别。战略目标的制定过程包括调查研究、拟定目标、评价论证和目标决策。

创业企业战略制定的出发点不同于成熟企业，有限的资源和创业的初衷常常决定了它们需要从现有的机会出发选择战略。特别是种子期和初创期的企业，公司层面上的战略可能并无很大意义，因为它们尚未涉及公司业务多元化设计等问题，当务之急是如何在市场生存下来，因此有效的竞争战略和战略执行对于创业企业意义更大。

第12章
社会企业战略管理

关键术语

社会企业成长；企业生命周期；社会企业战略；社会企业使命；社会企业愿景；社会企业战略

案例分析

朱柄肇与他的欣耕工坊：帮助不幸的人们重拾生活的希望

欣耕的创始人朱柄肇先生来自新加坡。早年来到中国经商后，他发现中国许多未脱贫的地方，人们过着比较困难的生活。他们没有特殊的技能，没有谋生的方法，甚至没有改变生活的想法，仅仅凭借着政府救济和一些基金的资助，过着得过且过的日子。而他们的孩子没有机会得到好的教育，跟他们过着一样的生活。助学只能解决一时的问题，还有孩子的心理等许多后续问题有待解决。如果孩子的父母生活得不好，他们又何来自尊？例如孩子完成9年制义务教育或者高中学习后，没有考上大学的人因为学历低找不到好工作，回乡务农，那先前的资助和所学的知识是否就这么浪费了？怎样才能使人们的爱心产生可持续的效果？朱柄肇决定除了继续资助孩子的学业外，也要思考如何帮助孩子的父母及完成学业的孩子。

2006年8月，在探访河南某村时，朱柄肇和他的朋友们发现，当地艾滋病感染者因病无法从事繁重的农活，为了生计而从事危险的烟火爆竹加工工作，不少妇女和孩子也加入其中。他们不顾自己的生命，只想为家里多赚点钱。村里爆炸事故频发。如果在村里建立起手工作坊，让村民们依靠自己的手艺有尊严地生存下去，这样既能帮助他们摆脱贫困，也保证了他们的生命安全。

但生产什么产品，才能又发挥村民的技能，又有市场销路呢？朱柄肇发现中国西部虽然贫困，但却有丰富的特产和具有民族特色的手工艺品，只是因交通不便，而隐藏在穷乡僻壤无人知晓。如果以贸易的形式让这些民间的宝藏走进都市人的生活，这样既能给当地弱势群体带来经济收入，又能弘扬民族文化，所获得的收入还能资助贫困地区青少年的学业。

在经历了这些所见所闻，集合了自己的想法和理念后，2007年5月，一家集生产、贸易、助学为一体，致力于改善中国贫困地区青少年教育情况，为城乡弱势人群提供就业机会的社会企业诞生了。朱柄肇和他的朋友们遵循"助人自助"的帮困原则，希望未脱贫地区的人们通过自己的劳动改变自己、改变生活，帮助他们建立自尊、自信，让他们意识到自己不是依赖政府救济和基金的资助才能生活，靠自己同样可以。通过这种思维方式的改变，激发出他们心中的潜能，做一个积极向上的人。他们的这种改变同时也会影响下一代。

欣耕自主设计手工系列产品,通过专门和志愿者设计师沟通,针对客户的要求,设计产品。选用的产品原料均为环保材料,如土布、竹子、泥塑、线绳、荞麦壳、羊绒、骆驼绒等。受助的人们通过培训,按照设计师的设计,对一些手工系列产品进行加工和生产。欣耕还在进一步探索包括地沟油做肥皂、咖啡渣做肥料、利乐包做盆栽等各种社会创新项目,以帮助贫困、智障、残疾等弱势人群寻找平等的工作机会。

由于欣耕产品纯天然、纯手工,因此有自己的风格和特点,有自己的市场和定位,为中国农村和城镇的贫困、患病、残障等失去生活来源的弱势群体提供就业机会。而欣耕产品生产者通过自己的双手辛勤劳动,生产自救,改变了贫困的生存状态,更改变了自己原本的生活方式。另外,欣耕给予生产者的报酬也比一般的工厂要多,基本上把大部分的利润给予生产者,帮助他们改善生活。

欣耕产品的销售渠道主要分为企售和零售。企售是一个特定的市场,针对专门的客户进行量身定做。零售是欣耕的另一个市场,欣耕为中国农村和城镇的贫困、患病、残障等弱势人群和其他非营利团体所生产的商品提供一个展示和销售的平台,使这些美观实用的产品走进公众的日常生活,激发人们对文化的关注,也帮助弱势人群脱贫。欣耕的经营所得除了维持机构正常经营和发展、改善贫困人群生活状况外,将全部用于建立欣耕教育基金,资助贫困地区品学兼优的青少年完成学业,同时也是连接起社会公众与贫困学子的桥梁,把社会捐助提供给这些学生。

资料来源:朱柄肇:美丽的误会成就了欣耕[EB/OL].(2010-06). http://mag.shechuang.org/magazine/,本书作者有所改编。

延伸阅读

爱迪思. 企业生命周期[M]. 王玥,译. 北京:中国人民大学出版社,2017.
稻盛和夫. 企业成长战略[M]. 周征文,译. 北京:机械工业出版社,2017.
孙陶然. 创业36条军规[M]. 北京:中信出版社,2015.
冯仑. 野蛮生长[M]. 北京:中信出版社,2017.
朱沛. 创业战略管理[M]. 厦门:厦门大学出版社,2015.

复习思考题

1. 简述成长生命周期和成长的特征。
2. 分析社会企业成长的决定因素。

第 12 章
社会企业战略管理

3. 简述社会创业企业战略的制定过程。
4. 简述社会创业企业的战略类型。

创业挑战

为社会创业项目制定企业使命、愿景、战略目标,分析创业环境,选择创业项目成长战略和竞争战略。

第13章 社会企业经营管理

学习目标

➢ 掌握社会企业运营管理和项目管理策略。
➢ 熟悉社会企业人力资源管理和志愿者管理的原则与管理策略。
➢ 熟悉创业财务管理的内容、流程和重要的财务报表。

引导案例

TOMS 鞋的"买一捐一"捐购模式

2006 年初夏,美国人布雷克·麦考斯基正在阿根廷度假。他喜欢上了当地特产的一种轻便布鞋,经常穿着走街串巷。一天,他在路上偶遇一批都市游客正在发放为农村孩子募捐来的旧鞋。布雷克之前在美国真人秀节目"The Amazing Race"中获得亚军,也曾创办过几个跨越了不同行业的公司。看到孩子们因为没鞋穿而感染足疫或者无法上学,他的创业头脑突然灵光闪现:为什么不创办一家以"买一捐一"(Buy One Give One,BOGO)模式来解决穿鞋问题的营利性公司?

对制鞋一窍不通的布雷克立即注册了"TOMS"品牌商标,凭着直觉试制了一批手工样品。回到加利福尼亚州后去洛杉矶的鞋店里一家一家地游说,用诚意的慈善意图获得了一些鞋店的试售订单。没过多久,《洛杉矶时报》生活版的头条报道给他带来了大量的零售客户,登报当天就有 900 多张订单,当时他的存货只有 130 双。仅四个月内,就卖出了 1 万多双鞋,并在开业当年遵守承诺回到阿根廷发放了第一批赠鞋。随着多家时尚媒体的连续报道,TOMS 很快成为好莱坞明星们休闲装束中的最爱,也获得了不少时尚设计的奖项。

2009 年,麦考斯基又开始了一个新的尝试:生产 TOMS 眼镜,将其盈利用来帮助落后地区视力残障人士,包括提供免费的视力矫正眼镜、白内障手术和其他与视力有关的医疗服务。现在 TOMS 眼镜（TOMS Eyeware）与它的合作伙伴已经在美国和其他 12 个国家开展免费的视觉医疗服务。值得一提的是，中国不但是 TOMS 帆布鞋的主要产地之一，而且也是它的捐赠地区，而且 TOMS 帆布鞋在中国市场上也受到越来越多的年轻人青睐。

麦考斯基希望激发下一代的社会企业家和领袖们思考如何将"给予"放到他们的商业模式中。例如，爱尔兰著名歌星波诺（Bono）倡导建立的"红色产品"（Product Red）全球基金，"毛毯美国"（Blanket America）的一对一毛毯，"咧嘴大笑"（Smile Squared）的一对一牙刷和"罗马靴"（Roma Boots）的一对一雨靴等。在中国，虽然一直在探索商业和慈善的结合模式，如何在法律和政策范围内学习 BOGO 模式，将商业与慈善可持续地结合，仍然是社会企业家需要探讨的命题。

资料来源：TOMS 帆布鞋和"买一捐一"慈善经营的理念［EB/OL］. https://zh-tw.facebook.com/ILoveAITK/，本书作者有所改编。

13.1 社会企业人力资源管理

社会创业是从事社会产品或服务的研究与开发、生产和经营的经营实体。它以解决社会问题为企业的使命，与传统商业类型创业企业相比，对人力资源的依赖程度更高，所以人力资源管理在企业管理应该占据重要地位。

13.1.1 人力资源规划

社会企业人力资源规划即社会企业从战略规划和发展目标出发，根据其内外部环境的变化，预测社会企业未来发展对人力资源的需要，以及为满足这种需要所提供人力资源的活动过程。按期限分为长期（五年以上）规划、短期（一年及以内）规划和介于两者之间的中期计划。按内容分为战略发展规划、企业人事规划、制度建设规划、员工开发规划。

社会企业人力资源计划的任务主要是评价企业中人力资源的需求量、为企业选配合适的人员以及制订和实施人员培训计划。人力资源计划应包括的主要内容应包括职务编制计划、人员配置计划、人员需求与供给计划、教育培训计划、投资预算计划等。

13.1.2 岗位分析

岗位分析是对社会企业各类岗位的性质、任务、职责、劳动条件和环境，以及员工承担本岗位任务应具备的资格条件所进行的系统分析与研究，并由此制定岗位规范、工作说明书等人力资源管理文件的过程。在社会企业中，每一个工作或劳动岗位都应该有它的名称、工作地点、劳动对象和劳动资料。岗位分析的直接目的是编写岗位说明书，即通过岗位分析，在汇总、处理后，整理成书面形式的文件。

13.1.3 员工招聘

员工招聘是指社会企业根据人力资源管理规划和工作分析的要求，从企业内部和外部吸收人力资源的过程。员工招聘包括员工招募、甄选和聘用等内容。

员工招聘可以通过内部招聘和外部招聘。而对于初创社会企业来说，其招聘渠道主要是外部招聘。外部招聘的渠道主要通过人才交流中心、招聘洽谈会、传统媒体广告、网上招聘、校园招聘、人才猎取和员工推荐等。由于社会企业知名度低，在初创期较一般公司招聘更加困难，多采用网络招聘和校园招聘方式。Facebook 在被称为 The facebook 的时候，当年直接在 Stanford Google 的人才招聘会上摆了一张桌子，写着"Why working for google，come to the facebook"之类的话，基本上是吸引来一些实习生。

> **社会创业启示录**
>
> 公司不过是构建在人的基础之上的组织而已。公司并不会做错什么，真正没能把事做好的只不过是人罢了。如果你审视一下以前的商业史就会发现，尽管失败的表现形式各异，但是种种失败的诱因并非所谓的战略失误。正如莎士比亚说的那样，造成各种失败的人正是作为公司领导者的我们自己。公司只不过是领导者个性的外化体现，领导者有多魁梧，他们投射在公司上的影子就有多长。公司领导者就是商界大舞台，如果他们不小心犯错的话，他们就会把公司带入歧途，公司这列火车也就注定要开往滑铁卢。——唐纳德·奥基
> （可口可乐前首席执行官）

13.1.4 员工的培训

员工培训是指社会企业为开展业务及培育人才的需要，采用各种方式对员工

进行有目的、有计划的培养和训练的管理活动。其目标是使员工不断地更新知识，开拓技能，改进员工的动机、态度和行为，使社会企业适应新的要求，更好地胜任现职工作或担负更高级别的职务，从而促进组织效率的提高和企业目标的实现。

初创期的社会企业，最好由企业主亲自对新进员工进行岗位培训；规模稍大的企业，可分别由企业各职能部门的领导负责实施岗前培训工作。企业通常采用以会代训、专题讲座、角色扮演、自我培训、在职培训等培训方法。

> **社会创业启示录**
>
> 经营即教育……除了心存感激还不够，还必须双手合十，以拜佛般的虔诚之心来领导员工。——松下幸之助（松下电器创始人、日本经营之神）
>
> 进入企业的员工都可能成为"宝石"，每个人宛如未经加工的宝石的原矿石一样，经过很好的加工才能成为闪烁着璀璨光彩的宝石。人是固定不变的，经过培养都可以成为有用之才。——山本七平对"宝石"出版社名称的解释

13.1.5 薪酬设计

薪酬是指员工因被雇佣而获得的各种形式的经济收入、有形服务和福利。薪酬设计是建立薪酬管理制度的前提和重要组成部分，关系到社会企业的经营管理以及长远的发展。初创期社会企业，若要减轻或防止核心员工离职对企业运转带来的冲击，在制定薪酬制度时，需要建立与企业发展战略和企业文化相适应的薪酬制度，制定更加个性化、更加敏捷、更加全面的薪酬机制。薪酬设计一般要经历以下几个步骤：

第一步：职位分析。职位分析结合企业经营目标，企业管理层要在业务分析和人员分析的基础上，明确部门职能和职位关系，人力资源部和各部门主管合作编写职位说明书。

第二步：职位评价。职位评价重在解决薪酬的对内公平性问题。职位评价的方法有许多种。比较复杂和科学的是计分比较法。

第三步：薪酬调查。薪酬调查重在解决薪酬的对外竞争力问题。企业在确定工资水平时，需要参考人力资源市场的工资水平。企业可以委托比较专业的咨询公司进行这方面的调查。

第四步：薪酬定位。在分析同行业的薪酬数据后，企业需要做的是根据企业状况选用不同的薪酬水平。

第五步：薪酬结构设计。确定人员工资时，需要综合考虑职位等级、个人的

技能和资历以及个人绩效等三个方面的因素。在工资结构上与其相对应的，分别是职位工资、技能工资、绩效工资。也有的将前两者合并考虑，作为确定一个人基本工资的基础。

第六步：薪酬体系的实施和修正。在确定薪酬调整比例时，要对总体薪酬水平做出准确的预算。为保证薪酬制度的适用性，规范化的企业都对薪酬的定期调整做了规定。

13.1.6 压力管理

1. 创业压力的概念

创业压力是指在创业过程中，创业者由于受到创业环境特征持续作用所产生的生理、心理和行为反应的系统过程。压力可以看成是风对风筝的影响，需要某个最优的风量，没有风它飞不起来，而风过大时绳子则会被挣断。有调查表明，中国创业者一般每天都要工作14个小时左右。很多创业者认为，工作时间没问题，关键是心理压力太大，极容易焦虑。曾有人针对242位创业者进行调查，结果显示，其中49%的创业者都有不同程度的心理疾病，其中占比最高的是抑郁症，其次是注意缺陷障碍以及焦虑症。

创业路上到处都是创伤性事件，过多的压力会使个人和组织付出代价。对于个人而言，代价可能表现为健康、精神和情绪的宁静、工作绩效，或者人际关系。对于组织而言，代价可能表现为生产率下降，员工缺勤率、流动率和医药费提高。近年来不乏因为压力过大，导致企业家不堪重负的案例。优米网创始人王利芬表示，创业公司高管长期面临来自合伙伙伴及家庭的冲突，以及来自融资的焦虑。例如，2012年2月6日凌晨，桔子酒店创始人吴海发表博文《如果我还活着，我将如何还债》，文章凄厉而沉重，可以看出创业者所承受的巨大压力。2018年1月著名80后创业者茅侃侃选择自杀，还有42岁的比特易创始人惠轶在2019年6月自杀等，都引起人们的广泛关注。

2. 压力的形成过程

压力的形成必然是个体受到压力源的刺激，并且个体对于所处的情境的解释是有威胁的，感受到逼迫和压力感，从而引起认知变化到做出行为反应的一个复杂过程，是一个动态过程的产物。压力的形成过程大致包含四个环节，如图13-1所示。

3. 创业压力源

斯蒂芬·罗宾斯（Stephen P. Robbins）教授（1996）把所有引起员工工作压力感的因素归结为压力源。他指出压力源包括社会环境中的政治、经济、文化、技术因素，个体的家庭、收入、个性因素，组织活动中的角色、人际关系、工作任务、领导风格等，并提出了工作压力模型。在该模型中，罗宾斯教授认为有三

第 13 章
社会企业经营管理

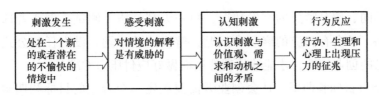

图 13-1　压力的形成过程

大方面的潜在压力源：①环境因素，主要包括外部的经济、政治或技术的不确定性；②组织因素，主要包括组织中的任务与角色要求、人际关系要求、组织结构、领导作风以及组织所处的生命周期等；③个人因素，主要包括影响个人的家庭因素、经济因素及个人的个性特点。

4. 社会企业压力管理策略

社会企业压力管理的目的是创造一个良好的工作环境，使社会创业者能够充分发挥自己的才能，为企业创造更好的绩效。针对社会创业者压力的实际状况，社会企业应采取相应的压力管理策略来缓解、调节和分散压力，使其处于良好的工作状态，提高工作效率。

（1）为团队成员带来更多的活力，让他们在企业中充分发挥自己的潜能。构建"家庭式"的工作氛围，使创业团队成员能明显地感受到自己是组织中必不可少的成员，这对缓解团队员工的压力具有重要的意义。

（2）协调社会创业企业中的人际关系。只有当团队成员之间有了相互尊重、相互支持和相互承认基础上的信任关系，才能在任何一个角色缺位的情况下实现角色的流动和互补。从根本上说，社会创业企业是需要以团队成员间的信任关系为支撑点的组织类型。

（3）通过员工帮助计划帮助社会创业者缓解压力。员工帮助计划通过专业人员对创业团队成员及其家属的专业指导、培训和咨询，帮助解决团队成员的一些心理和行为问题，以维护团队成员的心理健康，提高其工作绩效，并改善创业企业的管理和形象。

（4）通过工作再设计减少由于工作特征而导致的压力。工作再设计就是重新确定所要完成的具体任务及方法，同时确定该工作如何与其他工作相互联系起来的过程。其内容涉及工作任务、工作职能、工作关系、工作标准与业绩、员工特征和工作环境等方面。

5. 个人压力管理

（1）培养自信心。人的一生始终都在寻找自我，这是生命赋予每个人的至高无上而又不可推卸的神圣使命。只有正确地认识与评价自己才能扬长避短，打破自我的局限性，从而达到自己的目标。

（2）接受压力。对于社会创业者来说，在从无到有创立一家公司后，每一天都有形式不同、情况紧急的突发情况，每一天都是压力测试。创业者选择了社会创业的道路，总会有相应的麻烦和问题，解决这些难题，没有任何公式可用。只有增强自己的创业韧性，才能够从理性层面做好应付压力的准备。

（3）调整目标和期望。社会创业者需要制定一个合理的目标和期望，如果在创业过程中发现目标存在问题，应该适当地调整目标和期望。想尽一切办法实现可以实现的，勇敢地放弃无法实现的。

（4）实践一种健康的生活方式。高压力几乎是社会创业者恒定的生活特征，实践一种健康的生活方式，是使压力最小化的最佳方式之一。可以通过散步、慢跑、游泳、骑自行车等化解高压力。体育锻炼可以使人从紧张的工作压力中解脱出来，并提供宣泄压力的渠道。例如，李彦宏表示在创业压力比较大的时候经常通过蹦迪和游泳，舒缓创业压力。

> **社会创业启示录**
>
> 创业公司的 CEO 不应该计算成功的概率。创建公司时，你必须坚信，任何问题都有一个解决办法。而你的任务就是找出解决办法，无论这一概率是十分之九，还是千分之一，你的任务始终不变。——本·霍洛维茨（硅谷顶级投资人）
>
> 从创业第一天起你必须清楚，创业路上凡事只能靠自己，创业初期最难的三件事——找方向、找人和找钱要靠你自己，所有最难的事都只能靠自己。你不会做的事不要指望下属创造惊喜，不能指望任何人来教你，以授权的名义推卸自己的责任是最大的不负责任……创始人是公司的最后一道防线，不论何种情况都必须抗住，天塌下来必须硬抗，再苦再难也不能放弃，账上一分钱没有也得做出腰缠万贯的样子，打落牙齿和血吞，甚至越是困难的时候，越必须做出信心满满的样子来为下属鼓劲儿。——孙陶然（拉卡拉创始人）

13.2 志愿者管理

13.2.1 志愿者与志愿者管理原则

1. 志愿者与志愿者精神

志愿者（Volunteer）被联合国定义为"自愿进行社会公共利益服务而不获取

第13章 社会企业经营管理

任何利益、金钱、名利的活动者"。我国志愿者协会给"志愿者"的定义是：不为物质报酬，基于良知、信念和责任，志愿为社会和他人提供服务和帮助的人。在香港，志愿服务人员被称为"义工"。在台湾，志愿者被称为"志工"。

志愿者精神是指一种互助精神，它提倡"互相帮助、助人自助"。前联合国秘书长科菲·安南在"2001 国际志愿者年"启动仪式上的讲话中指出："志愿精神的核心是服务、团结的理想和共同使这个世界变得更加美好的信念。"

2. 志愿者的类型

（1）管理型志愿者。即在社会企业中参与或承担决策、领导、顾问等工作的志愿者，如理事会成员、部门领导等。此类志愿者一般素质较高，社会经验丰富，是企业的领导核心。

（2）日常型志愿者。即参与或承担社会企业日常事务性工作，并担任某一角色的志愿者，如工作人员、秘书、宣传员等。他们一般参与社会企业的策划、管理、协调、组织实施等工作，和其他志愿者一起参与事务性工作。

（3）项目型志愿者。即参与或承担社会企业各项项目或活动的志愿者。他们一般为项目提供技术支持或知识支持，他们的志愿服务主要集中在项目开展期间，项目结束后，志愿服务也随之结束。

（4）网络志愿者。网络志愿者有狭义的和广义之分，前者是指志愿者通过网络在线形式为他人提供信息、解答问题、分享快乐，进行远程教育等。后者是指志愿者通过网络结识及组织活动，以虚拟归于现实的活动方式开展志愿活动。

3. 志愿者管理的原则

（1）民主和机会均等。招募志愿者应该以让更多具有热情和参与精神的人们有相同的机会加入社会创业企业为基本原则。学历、工作经验、地域等限制条件不仅削弱潜在志愿者的参与热情，也束缚企业的发展。

（2）实现志愿者参与的意愿。在志愿者的使用上，容易忽略志愿者的需求，造成志愿者因成就感低而流失。现代社会个人参与志愿服务的机会成本很高，社会创业企业应十分重视志愿者的正当权利。

（3）适度筛选。民主和机会均等原则并不表示对所有有兴趣的人照单全收。社会创业企业应根据"适人适任"的原则，建立一套适合自身发展生命周期、规模、任务与担负的筛选机制，以满足企业与个人共同成长的目标。

（4）培训教育。社会创业企业在使用志愿者提供服务时，除努力提高服务的效率效能、降低成本外，也必须向顾客保证服务品质，这需要制定一套合适的培训课程，增加志愿者的敬业态度和岗位技能，提升志愿者的服务品质。

（5）必要的资源保证。志愿者在项目和工作中的投入需要必要的资源保证。社会创业企业应去关心志愿者工作的进度与进展，适时地给予专业的指导。这对于服务品质的提升、困境的排除、志愿者个人与专业的成长都有所助益。

（6）健康与安全。社会创业企业必须同时肩负起为志愿者的健康与安全提供保障的责任。指派给志愿者的职位与职务，及其工作时间、工作过程与工作环境，是否会对志愿者的健康与安全产生威胁或存在何种风险，都是社会企业事前要周密考虑的。

社会创业小贴士

国际志愿者组织

1970 年，联合国大会通过决议，组建"联合国志愿人员组织"（The United Nations Volunteers，UNV）。UNV 从事和管理与国际志愿者事业相关的各类事务。它从属于联合国开发计划署（The United Nations Development Programme，UNDP），是联合国系统内最大的直接向发展中国家输送各种行业高、中级专业技术志愿人员的组织。该组织的宗旨是向发展中国家提供积极有效的援助，以支持全球人类的可持续发展。自 1971 年以来，已有来自 160 多个发展中国家和发达国家的 3 万多名联合国志愿人员到 140 多个国家完成各个项目委派的工作。

13.2.2 社会创业志愿者管理

1. 志愿者规划

规划是社会创业企业根据对未来志愿者供求状况的评估和预测而制定的志愿者配备和配置的政策和措施。从而确保企业在需要的时间、地点和岗位上能够获得合适的志愿者。一个有效的规划应包括以下几个方面：

（1）志愿者现状分析。对社会创业企业现有志愿者的基本结构和变动情况的描述和分析，包括志愿者的数量、学历结构、能力结构、分布情况、流动率等。

（2）志愿者供求预测。社会创业企业在对志愿者现状分析的基础上，分析哪些工作和服务需要借助志愿者的力量来完成。在确定有必要使用志愿者后，对所需志愿者的知识、技能、数量等情况加以初步评估。

（3）确定志愿服务的目标，拟订招募服务计划。招募计划的内容应包括招募志愿者的宗旨、目的、工作职责、所需技能与经验的说明、服务方式和内容、服务地点及相关事宜的说明以及相关预算。

第13章
社会企业经营管理

（4）进行工作分析。志愿服务工作的范围应该被清晰明确地界定，否则会导致志愿者无所适从。其程序包括：针对不同职位，进行调查收集和记录描述，并进行结构化；界定要完成任务所需的知识、能力及预期的结果，了解胜任这项工作的必要条件与目标。

（5）形成工作说明书。工作说明书是对志愿者在社会创业企业所应尽的职责和义务的描述，工作说明书应包含工作职责、权力范围、工作目标、测评标准等四项要素。

2. 志愿者招募

志愿者招募包括招募和甄选环节。招募渠道包括现场招募、网络招募、校园招募、传统媒体招募、人才中介机构介绍、员工推荐、人事外包等途径。志愿者的甄选和营利性组织中的甄选过程相类似，可采用笔试、面试、实作测验、心理测验、情景模拟等多种手段。

3. 给予适当的培训和指导

志愿人员培训的内容一般包括组织的目标、工作要求、与工作有关的各种技能以及使命感培训。此外还有正式职员与志愿人员如何相互合作、支持的培训。在培训结束后，还需对培训效果进行评估，以确定培训计划是否达到了组织的目标。

4. 给志愿者安排合适的工作

志愿者加入社会创业企业，本来就是抱着提供志愿服务的目的。如果组织能够给他们安排合适的工作，他们就会以积极的态度去完成组织交给的任务，从而使志愿者和社会创业企业的目标都得以实现。

5. 志愿人员的激励

为了实现组织的宗旨和目标，组织必须能够保持、激励志愿人员。保持志愿者的关键是要通过组织活动来满足志愿者复杂的激励需求，志愿者才能表现出持久的热情和创造力。志愿者的激励的方式主要包括认同需求、控制需求、工作丰富的需求、发展的需求、人际需求、权力需求等。

6. 协调正式员工和志愿者的关系

社会创业企业在确定哪些任务是可以由志愿者来提供时，要将志愿者和正式员工的积极性有机结合起来。否则，会在组织内部产生志愿者和正式员工之间一些不必要的矛盾，影响正式员工对工作的投入程度，以致组织不能完成既定的工作目标。

7. 志愿者的绩效评估

志愿者的绩效评估是对志愿者的工作行为及其结果对组织的影响进行评估的过程。在绩效评估方面，企业积累了大量经验，社会企业进行志愿者管理可以借鉴这些方法。根据志愿者的特点，360 度评估方法较为适合，具体来说包括以下方面：①直接管理者对志愿者的工作状况的评估；②志愿者个人对自己的工作表现做出评估；③工作伙伴之间评估；④志愿者服务对象的评估。⑤其他相关人士参与志愿者评估。

> **社会创业启示录**
>
> 　　非营利机构需要更多而不是更少的管理，因为这些机构并没有盈亏平衡点来衡量其绩效。非营利机构的使命和"产品"必须清晰地定义出来，并需要持续不断地进行绩效评估。大部分非营利机构都必须学习如何吸引和维系义工，而义工的满意度是用责任和成就来衡量的，而不是薪水。——彼得·德鲁克（现代管理学之父）
>
> 　　没有任何其他的事物能像志愿者服务这样充实你的生命、带来喜悦的源泉……投入越多，你越能体现自己所具有的崇高品质，置身在这个纷繁复杂的世界里，你并不会愤世嫉俗，只是一心一意地为世界奉献。——伍德罗·威尔逊（普林斯顿大学毕业训词）

13.3 社会企业运营管理

　　企业有组织的活动，根据活动性质，可以分为运营（Operations）活动和项目（Projects）活动两类。运营是企业循环往复、不断重复、有比较成型的标准性参考依据的活动，例如企业流水线生产、规范性检验存储等日常运营活动；项目是临时性的、一次性的、往往缺少现成的标准性参考依据的活动，例如产品研发、市场开发、流程改造、会议庆典等活动。

　　鉴于社会企业的功能和所面临的业务范畴，更多地需要按照项目进行管理。关于项目导向型企业，罗伯特·德菲利皮（Robert J. DeFillippi）和迈克尔·亚瑟（Michael B. Arthur）将其定义为"以临时性项目作为管理生产职能中心的组织"。林德克维斯特（Lindkvist）认为"项目导向型企业在架构设计和生产过程中，以项目模式或者项目特权方式来完成公司中的各项活动"。

　　项目导向型企业组织结构是把项目、项目群和项目组合作为组织的核心工作模式，企业内部既有应对日常运营的职能部门，又有开展各种社会创新项目的临时性团队，还有项目管理办公室作为项目配置资源的主管部门和鼓励创新和团队

第13章
社会企业经营管理

合作的组织文化。项目导向型企业组织结构是社会企业最好的组织形式之一。

项目导向型企业组织模式将项目作为社会企业活动的主导方向，将自己的主要资源投放在那些非重复性的工作方面、放在那些从事创造性而不是规程性的制造和经营方面，通过项目导向不断提升自己的竞争能力和实现社会企业的生存与发展。这是社会企业组织建设和经营管理的战略选择。

由于项目活动和运营活动性质的不同，在社会企业经营管理中所起的作用和产生的影响也有所不同。运营给社会企业带来的是量的积累、渐进性的变化；项目给社会企业带来的是质的飞跃、跨越式的提升。研究建立适合项目导向型企业的内部运行管理机制十分重要。

社会创业启示录

> 运营一家公司就是有关创造性毁灭的事情。公司就像鲨鱼，必须向前游进，否则就会死去。运营公司事实上也是如此。——拉里·埃里森（甲骨文软件公司创始人）

13.3.1 运营管理概述

财务、运营和营销是创业企业三大主要职能。运营就是创造社会所需要的产品和服务。把运营活动组织好，对提高企业的经济效益有很大作用。财务管理就是为企业筹措资金并合理地运用资金，只要进入企业的资金多于流出企业的资金，企业的财富就会不断增加。营销就是要发现与发掘顾客的需求，让顾客了解企业的产品和服务，并将这些产品和服务送到顾客手中。因此，运营管理在企业竞争过程中，有着举足轻重且不可替代的地位。出色的运营管理是企业生存乃至取胜的关键要素之一。

从系统的角度而言，创业企业通过运营管理把投入转化成产出的过程，即输入一定资源，通过转换过程，输出相关的产品或服务（见图13-2）。

其中，输出是企业对社会做出的贡献，也是企业或组织赖以生存的基础。一个企业或组织的输出想要在同行业中具有竞争力，就必须使其输出在价格、质量及服务上具有鲜明的特色，表现出与竞争者相比在产品或服务方面的优势，才能在市场竞争中占有一席之地。这种输出的优势是在转化过程中形成的。因此，转化过程的有效性是影响企业竞争力的关键因素之一。转化过程通常涉及人员（People）的知识与技能、车间（Plants）的设备、产品制造所需的零件（Parts）、生产过程（Processes）

社会创业学：
社会创业思维·过程·实践

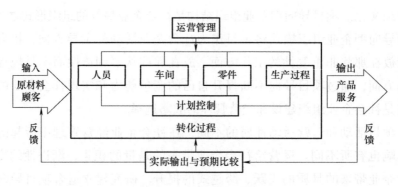

图 13-2　运营活动过程

的设计与优化和生产过程的计划控制（Planning and Control），只有这五项因素合理配置、有效协调才能保证转化过程高效运转。输入则由输出决定，生产什么样的产品决定了需要什么样的资源和其他输入要素。把输入资源按照顾客需要转化为有用输出的过程，就是运营活动的过程。同时，在运营活动中，为了更好地改进产品或服务，反馈、比较过程是运营活动的重要组成部分。

社会创业小贴士

运营管理项目化

这是一个摧毁你却与你无关的时代；这是一个你醒得太慢就不要醒来的时代；这是一个不是对手比你强而是你连对手是谁都不知道的时代。经济形势、商业环境、客户需求在变化，一切的一切都在变化，而且越变越快。经营管理项目化可以应对这个快速变化的时代！

"运营"以重复性活动为主要特征，此类业务采用流程管理，流程成熟之后制作标准化操作手册；"项目"以独特性活动为主要特征，"项目"针对的是独特的、临时性的创新业务，采用项目管理，项目可大可小。在快速变化的环境下，项目成了组织的主流业务，项目成为组织获得高额利润的主要途径。

---

1. 运营管理的目标

（1）实现企业的经营目标。全面完成产品的品种、质量、产量、成本和交货期等各项任务，这是运营管理最基本的目标。企业的生产计划，是根据企业经营目标及市场需求制订的，只有完成生产计划中规定的各项任务，企业才可能将投入及时转换为产出，为顾客提供所需的产品或服务，从而获得进一步发展所需的资金。否则企业的基本活动无法进入良性循环,也会因为完不成生产计划使企业无法持续发展。

(2)不断降低运营成本,缩短生产周期,提高企业的经济效益。完成上述第一个目标只是完成了运营管理最基本的任务。运营管理要求管理者不断提高运营管理的水平和技巧,即不仅要完成生产计划,而且要以较低的运营成本和较短的生产周期完成生产计划。为了能实现这个目标,管理者必须在运营管理的计划、组织和控制方面不断改善,不断提高。

(3)提高企业生产系统的柔性。由于市场的不确定性,企业要具备适应市场变化的能力。这种能力是考验企业能否长期生存的重要指标。而柔性体现在运营管理的诸多方面:从生产系统的设计,到生产战略的制定;从企业生产设施的柔性,到企业物质系统的布置;从产品设计、工艺设计的柔性,到员工多面手的培训;从生产计划技术,到生产现场的控制等。

2. 管理的决策内容

(1)商品和服务设计。设计商品和服务占了生产过程的大部分。成本、质量和人力资源决策通常由设计决策决定。设计通常决定了成本的下限和质量的上限。

(2)质量。明确客户的质量预期,制定方法和过程来识别并达到质量要求。

(3)流程和产能设计。产品和服务的流程要可行。流程决策决定了技术、质量以及人力资源的使用和维护。所涉及的费用和资本决定了公司基本成本结构。

(4)选址。制造和服务企业厂址的便利性决定了公司最终的成功。在这个关键点的失误会抹杀其他方面的效率。

(5)设施布置。材料流量、产能需求、员工水平、技术决策、库存要求都能影响布置。

(6)人力资源和工作设计。人是系统设计中重要而昂贵的部分。因此,必须确定天赋、知识和技能与从事一项特定工作要求之间的关系。

(7)供应链管理。这些决策决定了生产什么和购买什么。此外,企业同样要考虑质量、交货、创新以及价格的合理性。买卖双方成熟的信任关系是有效交易所必需的。

(8)库存。只有当客户满意、供应商、生产调度和人力资源计划都得到考虑时,库存才能达到最优。

(9)调度。必须安排可行和有效的生产调度,满足人力资源和设备的需求。

(10)维护。决策时必须制定可靠性和稳定性的期望水平,必须建立维护系统来保持可靠性和稳定性。

> **社会创业小贴士**
>
> **众包如何帮助社会企业**
>
> 集思广益。这类众包可以用来分享或者聚合信息以帮助问题的解决。例如,Ushahidi 是一个开源软件平台,它利用人们发来的手机短信将特定的连续事件制作成地图。
>
> 微志愿服务。把大的任务化整为零,就可以将重复性的工作外包给大众。例如,种子公司曾在亚洲的遥远村庄招募居民,他们每人只翻译一小段,将圣经翻译成他们的母语。
>
> 大众创作。众包可以利用大众力量创造原创艺术。例如,旧金山交响乐团将音乐家混搭表演通过 Youtube 众包出去。来自 30 多个国家的 90 名演奏者组成了一个"交响乐团"。
>
> 大众表决。大多数人通过投票表达见解。布鲁克林社区基金会发起了一场鼓励当地人提交表决让该社区变得更好的项目计划。最终,收到了 356 项方案,投票数超过 30 万。
>
> 大众募捐。这类众包是集合大家的财力为福及他人的项目出资。在 Kiva 众包平台,人们可以向发展中国家企业提供 25 美元的微贷款,以帮助改变发展中地区人们的生活。

13.3.2 精益生产

精益生产(Lean Production,LP)是美国麻省理工学院数位国际汽车计划组织(International Motor Vehicle Program,IMVP)的专家对日本丰田准时制生产(Just In Time,JIT)方式的赞誉称呼。精,即少而精,不投入多余的生产要素;益,即所有经营活动都要有益有效,具有经济效益。精益生产方式的优越性不仅体现在生产制造系统,同样也体现在产品开发、协作配套、营销网络以及经营管理等各个方面,它是当前工业界最佳的一种生产组织体系和方式。精益生产的体系结构如图 13-3 所示。

精益生产方式的基本思想可以用一句话来概括,即准时化生产 Just In Time (JIT),翻译为中文是"在需要的时候,按需要的量,生产所需的产品"。精益生产的核心可以概括为:追求零库存、追求快速反应、企业内外环境的和谐统一、

第13章 社会企业经营管理

人本位主义、库存是"祸根"。

如果把精益生产体系看作是一幢大厦，那么大厦的基础就是计算机网络支持下的团体工作方式。在此基础上的三根支柱就是：准时制生产（Just In Time, JIT）、成组技术（Group Technology, GT）和全面质量管理（Total Quality Management, TQM）。

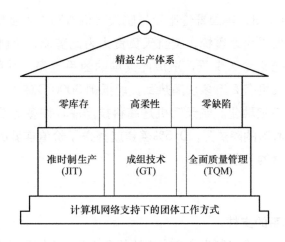

图 13-3 精益生产的体系结构

1. 精益生产的基本目标

（1）零库存。存在大量库存的生产系统会掩盖系统中各种管理问题：设备故障造成的停机，加工质量造成的废品或返修，计划不周造成的生产脱节等。表面上生产在均衡进行，实际上整个生产系统可能已千疮百孔。更可怕的是，如果对生产系统的各种问题熟视无睹，长此以往，紧迫感和进取心将丧失殆尽。因此，准时制生产认为库存是"万恶之源"，是生产系统设计不合理、生产过程不协调、生产操作不精良的证明，并提出"向零库存进军的口号"。

（2）高柔性。高柔性是指企业的生产组织形式灵活多变，能适应市场需求多样化的要求，及时组织多品种生产，以提高企业的竞争能力。面对市场多变化这一新问题，精益生产方式必须以高柔性为目标，实现高柔性与高生产率的统一。精益生产必须在组织、劳动力、设备三方面表现出较高的柔性。

（3）零缺陷。传统生产管理很少提出无缺陷的目标，一般企业只提可允许的不合格百分比和可接受的质量水平。它们的基本假设是：不合格品达到一定数量是不可避免的。而精益生产的目标是消除各种引起不合格品的原因，在加工过程中每一工序都要求达到最高水平。

> **社会创业小贴士**
>
> **哥伦比亚号航天飞机失事原因**
>
> 2003年2月1日,美国哥伦比亚号航天飞机着陆前发生爆炸,7名宇航员全部遇难,全世界为之震惊,美航天负责人为此辞职,美航天事业一度受挫。事后的调查结果令人惊讶,造成此灾难的凶手竟是一块脱落的隔热瓦。哥伦比亚号航天飞机有2万多块隔热瓦,能抵御3000℃高温,避免航天飞机返回大气层时外壳被融化。航天飞机是高科技产品,许多标准是一流的、非常严格的,一块脱落的隔热瓦,0.5%差错就葬送了价值连城的航天飞机,还有无法用价值衡量的7条生命。

2. 精益生产体系的支柱

(1)准时制生产。准时制生产本来表达的含义是:"在需要的时候,按需要的量,生产所需的产品"。当今的时代已经从"只要生产得出来就卖得出去"进入了一个"只能生产能够卖得出去的产品"的时代。对于创业企业来说,各种产品的产量必须能够灵活地适应市场需求量的变化,否则,由于生产过剩会引起人员、设备、库存费用等一系列的浪费。而避免这些浪费的手段就是实施准时制生产,只在市场需要的时候生产市场需要的产品。准时制生产是实现零库存目标,杜绝浪费的有效手段。它以准时生产为出发点,首先暴露出生产过量的浪费,进而暴露出其他方面的浪费,然后对设备、人员等资源进行调整。如此不断循环,使成本不断降低,计划和控制水平也随之不断简化与提高。

(2)成组技术。成组技术是指以零件结构和工艺相似性为基础,通过利用成组技术的分类编码系统,对产品中的零部件进行分类编码,可以使生产批量得以扩大,提高生产柔性,为多品种小批量的生产类型组织高效率生产打下良好的基础。在成组加工的基础上,精益生产的理念可以得到最大限度的实现。

(3)全面质量管理。全面质量管理是以质量为中心,建立在全员参与基础上的一种管理方法。精益生产在贯彻全面质量管理时,在产品质量形成的源头即设计阶段就消除缺陷源,把质量管理重点从产品事后检验转为过程控制,从管结果转变到管原因。企业的全体人员都参与质量管理,将不合格产品及发生的原因消灭在萌芽状态,并且坚持每道工序100%检验,通过全面质量管理实现"零缺陷"的控制。此外,精益生产的全面质量管理不仅是产品合格,还要不断提出新的改进方案。

第 13 章
社会企业经营管理

现行有效的是企业推行全面质量管理常用的 PDCA 循环工作流程。PDCA 循环又叫戴明环,是美国质量管理专家休哈特博士首先提出的。PDCA 是英语单词 Plan(计划)、Do(执行)、Check(检查)和 Action(行动)的第一个字母。PDCA 循环就是按照这样的顺序进行质量管理,并且循环不止地进行下去的科学程序。

计划包括方针和目标的确定以及活动计划的制订。执行是指具体运营,实现计划中的内容。检查是总结执行计划的结果,找出问题。处理是对检查的结果进行处理,对成功的经验加以肯定,并予以标准化;对于失败的教训也要总结。对于没有解决的问题,应提交给下一个 PDCA 循环中去解决。

社会创业小贴士

ISO9000 和六西格玛管理

ISO9000 是国际标准化组织建立的一套质量管理标准体系。越来越多的服务企业开始接受 ISO 质量认证。从 ISO9000:2000 版本开始,ISO 组织在认证体系中突出了企业经营过程中的流程管理、高管团队参与、持续改进、记录顾客满意度以及使用有效性的数字化评价等指标。通常改进组织活动的质量管理原则是:顾客关注、领导力、员工参与、流程方法、系统化管理、持续改进、基于事实的决策、互利的供应商关系。

六西格玛管理是 20 世纪 80 年代摩托罗拉公司创立的一种质量管理方法。这种方法使用统计手段消除缺陷,使产品的合格率达到 99.9997%。90 年代中期通用电气公司将其演变成为一个高度有效的企业流程设计、改善和优化的技术,六西格玛管理不仅是一种质量尺度和追求的目标,是运用 DMAIC(改善)或 DFSS(设计)的过程进行流程设计和改善的工具和管理方法,是一种企业获得竞争力和持续发展能力的经营管理策略。

13.4 项目管理

13.4.1 项目管理的含义

1. 项目的定义

项目的定义有很多,在此,我们采用英国项目管理协会(Association of Project

Management，APM）给出的定义：项目是为了在规定的时间、费用和性能参数下满足特定目标而由一个人或组织所进行的具有规定的开始和结束日期、相互协调的独特的活动集合。

根据项目的定义，为使项目获得成功，达到预期的目标，存在六个项目的基本要素。它们分别是：①项目的范围、②项目的组织、③项目的时间、④项目的成本、⑤项目的质量、⑥项目的环境。这六个基本要素是实现项目目标要考虑和把握的基本内容。

为了管理上的方便，人们习惯于把项目从开始到结束划分为若干阶段，这些不同的阶段便构成了项目的生命周期。不同的项目，阶段的划分也不尽相同。大多数项目的生命周期大致可以划分为概念阶段、设计阶段、实施阶段、终止阶段等四个阶段。

2. 项目管理的概念

美国项目管理学会（Project Management Institute，PMI）对项目管理的解释是：项目管理就是指把各种系统、方法和人员结合在一起，在规定的时间、预算和质量目标范围内完成项目的各项工作。有效的项目管理是指在规定用来实现目标和指标的时间内，对组织机构进行计划、引导和控制工作。

项目管理的主要内容包括项目计划、项目控制和组织管理等三个部分。其具体包括：范围管理、时间管理、成本管理、人力资源管理、风险管理、质量管理、采购管理、沟通和集成管理。与一般的工程项目管理不同，社会企业的项目多是以社会效益为目标的服务类项目，项目往往不是来自组织内部而是要向外部机构申请获得。项目管理的主要目的不仅是为了营利，而是为了实现组织的使命。

3. 社会创业项目的特点

（1）以商业手段解决社会问题。社会创业企业组织的核心工作模式就是围绕项目、项目群和项目组开展的。所有的社会创业项目都是为了解决某个社会问题，在充分考虑社会影响力的同时还要在一定程度考虑项目的收益。

（2）需要明确界定达成的目标和范围。目标就是成果，范围就是界限和边界。社会创业项目应符合 SMART 原则，即社会创业项目必须是具体的（Specific）、可以衡量的（Measurable）、可以达到的（Attainable）、与其他目标具相关性（Relevant）、具有明确的截止期限（Time-bound）。

（3）临时性。每一个社会创业项目基本上都有明确的开始时间和结束时间，即所谓的"一次性"，在项目目标实现后或其他原因无法实现时，意味着项目的结束。这也是与经常性和重复性运营的区别。

（4）项目团队的开放性。社会创业项目使得项目团队成员的数量和人选随着项目的发展与变化而不断调整，使得组织结构更加柔性化和具有很强的创新能力、学习能力和合作能力的组织文化。

（5）不确定性。社会创业项目的不确定性指项目负责人在事先不能准确地知道自己的某种决策的结果。社会创业项目需要做盈亏平衡分析、概率分析和敏感性分析，评估和制定防范和应对风险的措施。

13.4.2 社会创业项目管理

1. 社会企业项目管理的原则

（1）紧扣组织使命。使命是非营利组织的最高行动纲领，项目的选择和运作都必须紧密结合组织的使命。一般来说，对于众多可行性项目，应该选择那些符合企业使命和战略的项目。如果企业尚有余力或生存压力，对于即便与使命关系不大，也可以适当参与。

（2）重视申请环节。社会企业许多项目都是通常向组织外部申请，例如各种基金会、政府部门、国际组织和企业等。项目设计与管理是社会企业的基本功，做好项目选择与设计、可行性分析、项目建议书等申请环节的工作，有利于提高申请成功率。

（3）注重项目运作效率。社会企业开展项目主要是追求社会影响力等，但并不意味着项目管理可以不顾及效率与成本。社会企业的项目管理也要注重项目的实施与控制，优化资源配置，提高工作效率。

（4）管理规范化。由于除负责人和少量管理人员外，项目的运行更多需要吸收志愿者加盟，而志愿者变动性较大。规范化项目管理程序有利于保证项目管理的可持续性。

2. 社会创业项目管理过程

社会创业项目和项目管理一样，由多个过程组成，这些过程相互交叉，相互作用。美国项目管理协会（PMI）把项目管理过程分成五个阶段，每个阶段有一个或多个管理过程。

（1）启动阶段。通过社会需求调研产生项目的想法和创意，认定这个创意或项目具有社会价值，应当开始并保证去做。

（2）计划阶段。在一个具体的项目环境中，它可以说以目标为导向制订项目计划是预先确定的行动纲领。制订项目计划旨在消除或减少不确定性，改善经营效率，对项目目标有更好的理解及为项目监控提供依据。

（3）实施阶段。项目的实施从确定项目开始到项目完成这段时期。为了实施计划而协调任何其他资源。

（4）控制阶段。项目按事先制订的计划朝着最终目标挺进的过程中，由于不确定性和实施过程中多种因素的干扰，项目的实施进展可能会偏离预期目标。社会创业者根据项目跟踪提供的信息，对比既定目标，找出偏差，分析成因，研究纠偏对策，实施纠偏措施的全过程。

（5）结束阶段。项目结束是终结一个项目或项目阶段的管理工作过程。需要完成项目资料验收、项目费用决算、项目审计、项目后绩效评估和财务评估等。这一过程与项目启动一样重要，需要有始有终。

13.5 社会企业财务管理

13.5.1 社会企业财务管理目标

1. 经营收益最大化

对于任何类型的企业来说，如果无法创造收益，就称不上是企业。除去少数拥有基本捐献者或个人财富支援的组织以外，财务一向是社会创业者最大的挑战，任何社会企业都需要创造可以永续发展的财务计划。一些传统援助机构质疑尤努斯的项目为什么还要去盈利？尤努斯的回答是，许多为穷人服务的机构往往过于依赖捐赠而不能实现自我富足，这就像一位病人一天可以呼吸23个小时，余下的时间将由捐赠机构为他们供给氧气，这意味着得靠他们的怜悯而活着。一旦什么机构把他们遗忘了，那就必死无疑。

2. 投资者收益合理化

追求"股东利益最大化"在传统企业无可厚非，但是在社会创业领域就变成很大的问题。传统观点认为社会企业不能进行分红，如果创业投入后的产出不足以支撑可持续，社会创业者们很可能面临无法平衡社会使命与财务利益的困境。只有社会投资获得合理的回报才能持续投资。2007年，美国的共益企业（Benefit Corporation）运动，它认可所有在牟利基础上创造共享利益的企业为 B Corp，公司可以融资可以分红也可以上市，和一般的企业没有差别，只要企业的经营使命是通过市场的力量让世界变得更好。所以，投资者的投资价值合理化，是社会企业财务管理的目标。

3. 社会创业者薪酬激励科学化

社会创业不是做慈善，只是把重点立足于用商业手段解决社会问题的社会创业领域，为社会创造价值。社会企业的经营难度远高于商业企业，这就需要更为优秀的创业者投身到社会创业领域，以提升社会企业的影响力和经营业绩。所以，企业财务的重要目标之一应该是为社会创业者提供高水平的报酬。

第 13 章
社会企业经营管理

> **社会创业小案例**
>
> **联合利华解决社会问题的共益模式**
>
> 在印度,痢疾是一种普遍的疾病。其实只要用肥皂洗手就可以很容易预防,但印度偏远山村人没有意识到肥皂的重要性。联合利华在全球销售肥皂等清洁用品,完全有能力免费发放肥皂,联合利华没有这么做。他们联合当地小额贷款机构,在偏远山村找到几十位能歌善舞的家庭主妇,引导她们到小额贷款机构贷款,购买联合利华的肥皂,然后到各个村庄出售肥皂,出售时可以加价7%。这些妇女找来亲戚朋友,晚上搭台唱歌跳舞,用印度的方式宣传肥皂,吸引许多当地人购买。这一方式不仅普及了肥皂的作用,让当地人得以预防痢疾,同时让当地妇女获得收益,小额贷款机构也获得利润。

13.5.2 财务管理的内容

商业创业强调通过实现客户需求追求利润最大化。社会创业企业是为了解决社会问题,创造社会价值。在追求的是社会影响力最大化的同时,需要将社会价值与经济价值创造性地融合的过程,否则没有实现创造社会价值的可能性。因此,社会创业企业可以采用一般商业创业企业财务管理的模式。一般商业企业财务管理的主要内容是投资决策、筹资决策和红利分配决策。

1. 投资

投资是指以收回现金并取得收益为目的而发生的现金流出。例如,购买政府公债、购买企业股票和债券、购置设备、兴建工厂、开发新产品等,企业都要发生货币性流出,并期望取得更多的现金流入。

2. 筹资

筹资是指筹集资金。例如,企业发行股票、发行债券、取得借款、赊购、租赁等都属于筹资。筹资决策要解决的问题是如何取得企业所需要的资金,包括向谁、在什么时候、筹集多少资金。筹资决策的关键是决定各种资金来源在总资金中所占的比重,即确定资本结构,以使筹资风险和筹资成本相配合。

3. 红利分配

红利分配是指在公司赚得的利润中,有多少作为红利发放给投资者,有多少留在公司作为再投资。过高的红利支付率,影响企业再投资的能力,会使未来收益减少；过低的红利支付率，可能引起投资者不满，股价也会下跌。

财务管理是在一定的整体目标下，关于资产的投资、资本的融通和经营中营运资金，以及利润分配的管理。财务管理是社会创业企业管理的一个重要组成部分，它是根据财经法规制度，按照财务管理的原则，组织企业财务活动，处理财务关系的一项财务管理工作。

> **社会创业启示录**
>
> 金钱就像第六感觉，没有它你不能完整地运用其他五种。——威廉·萨姆赛特·毛姆（Human Bondage 公司总裁）
>
> 细致的财务分析可以使企业的财务状况、发展动态和存在问题像细胞在显微镜下一样清晰。通过财务分析，管理者可以全面、客观地评价并提高企业财务活动的业绩。——梅内茨·罗斯柴尔德（著名犹太银行家、金融家）

13.5.3 社会企业财务管理过程

社会创业企业与一般商业企业一样，其财务管理过程，也是一般商业企业财务管理职能的延伸，它是由财务管理的科学性、连续性和完整性决定的。由此，它应该由财务预测、财务决策、财务预算、财务控制、财务分析五个具体环节顺次构成。

1. 财务预测

财务预测是财务管理人员在历史唯物主义观点的指引下，根据企业财务活动的历史资料和其他相关信息，结合企业的现实条件和未来可能具有的条件，采用定性和定量的方法，对企业未来财务活动的发展趋势及可能达到的状况进行判断和测算的过程。作为整个财务管理过程的首要环节，财务预测是进行财务决策的基础，是编制财务预算的前提，是实施财务控制的标准，是开展财务分析的根据。

2. 财务决策

财务决策是对财务预测所提出的诸多财务方案进行可行性研究，从而选出最优方案的过程。它以资源的优化配置为目标，本着成本与效益的原则，主要研究企业经营决策中的资金的筹集、投放、营运、分配的时间、方向、数量等问题，是各项经营决策的核心和综合反映，其科学性直接决定着财务预算的合理性、财务控制的有效性和财务分析的有用性，没有财务决策，财务预算、控制和分析甚至财务预测，都将失去存在的意义。

3. 财务预算

财务预算是对财务决策所选定的最优方案的数量化、具体化、系统化的反映。它为企业的各项财务活动确立目标和任务，既为财务控制提供依据，也为财务分析和业绩评价提供尺度。财务预算在现代企业财务管理全过程中起着承上启下的作用，使得企业财务管理更有秩序，它以财务预测和财务决策为前提，又是财务控制和分析的基础。

4. 财务控制

财务控制是根据一定的标准，利用有关财务信息，影响与调节企业的财务行为，使之按照预定目标运行的过程。它既是现代企业财务管理的一个环节，也是实现财务管理目标的基本手段。

5. 财务分析

财务分析是根据财务预算、财务报表以及有关资料，运用特定方法，借助有关指标来了解和评价企业财务状况和财务能力，考核企业财务效果，以便为其他管理环节反馈信息的过程。财务分析作为财务全过程的最后一个环节，标志着上一个财务管理循环的完成，也意味着下一个财务管理循环的开始，是两个循环交替的转换点。

社会创业小贴士

首席财务官（Chief Financial Officer，CFO）和财务总监

在企业里通常有两种财务领导角色：CFO 和财务总监。CFO 必须站在更高的层面对公司的财务数据进行分析，构建前瞻性的财务战略。国际上通常把企业财务部门一把手称为财务总监。财务总监的视角局限在企业内部，负责具体财务管理的工作。财务总监必须具备财务组织建设能力、企业内控能力、筹措资金能力、投资分析决策能力、税务筹划能力、财务预算能力、成本费用控制能力、财务外事能力、财务预警能力和社会资源能力等。

13.5.4　重要财务报表

1. 资产负债表

资产负债表反映企业某个特定时点的资产、负债和所有者权益的概况。资产负债表的左栏反映了企业的资产，右栏则反映了企业的负债和所有者权益。资产按照"流动性"或变现时间长短顺序排列,负债则按照偿还顺序排列。资产负债表必须保持"平衡",即企业资产等于企业负债和所有者权益之和。

通过资产负债表,可以看出公司资产的分布状态、负债和所有者权益的构成情况,据以评价公司资金营运是否顺畅、财务结构是否合理;分析公司资产流动性或变现能力,以及长、短期债务数量及偿债能力;评价公司承担风险的能力。利用该表提供的资料还有助于计算公司的获利能力,评价公司的经营绩效。

2. 利润表

利润表是用以反映公司在一定期间利润实现(或发生亏损)的财务报表。它是一张动态报表。利润表可以为报表的阅读者提供做出合理的经济决策所需要的有关资料,可用来分析利润增减变化的原因,公司的经营成本,做出投资价值评价等。

通过利润表反映的收入、费用等数据,能够反映企业生产经营的收益和成本的耗费情况,有助于评价企业经营成果;同时,通过利润表提供的不同时期的比较数字(本月数、本年累计数及上年度实际数),可以分析企业今后的利润发展趋势与获利能力,了解投资者投入资本的完整性,有助于企业管理人员做出经营决策。

我国企业会计制度规定的利润表包括如下四个部分。

第一部分:主营业务利润,即主营业务收入减去主营业务成本、主营业务税金及附加后的余额。

第二部分:营业利润,即主营业务利润加上其他业务利润,减去营业费用、管理费用、财务费用后的余额。

第三部分:利润总额(或亏损总额),即营业利润加(减)投资收益(损失)、补贴收入和营业外收入或支出后的余额。

第四部分:净利润(或净亏损),即利润总额(或亏损总额)减去本期所得税后的余额。

3. 现金流量表

现金流量表是反映企业在一定时期内现金流入、现金流出以及现金净流量的财务报表。现金流量表显示期末企业手头有多少现金,以及现金在该会计期间内如何取得、如何花费。现金流量表的结构主要划分为经营活动的现金流量、投资活动的现金流量、筹资活动的现金流量三部分。可据以评价企业未来产生现金净流入量的能力及其偿还债务、支付股利和对外筹资的能力。帮助管理者清楚地认识到:企业是否有足够的现金用来偿还债务,或以股利形式回报股东;企业是否有足够的现金或收入进行投资活动,或是需依靠贷款者或投资者进行投资活动;企业是否有足够的现金用来偿还短期债务,还是企业短期债务因现金不足而不断增加等。

第 13 章
社会企业经营管理

社会创业启示录

对于初创企业来说,最重要的是资金效率。现金效率始终是初创企业中创业者考虑的首要因素。如果不能坚持不懈地追求现金效率,这样的公司注定会跟大多数企业一样最终走向失败。因此,一旦筹集资金,就要把每一美元都当最后一美元来用。将支出集中在客户确认和建立管理团队这两个关键领域。——Shomit Ghose(Onset Ventures 联合创始人)

只要一开始创业,你就应该手工跟踪每月的销售和毛利率数据,直至培养出对数据敏锐的感觉…真正决定企业生存死亡的关键是现金流,而不是销量和利润。自由的现金流并不是从销量中得来,而是从利润中生成的。在看销售报告之前,你应该把那些实时展示公司经营状况的关键指标先过一遍。——诺姆·布罗斯基等(《街头生意经》作者)

让一位财务专业人士在你身边,因为你绝对需要了解你公司的各种财务数据。——米歇尔·马西尼娅克(床上用品公司 SHEEX 联合创始人)

创新思维游戏

游戏名称:挑战卡

游戏目的:考虑并识别产品、服务或策略中的挑战、问题以及潜在的陷阱

游戏人数:5~10 人的小团队效果最佳

游戏时间:不限

游戏规则:首先将大家分成两个小组:一个小组为"方案小组",私下对产品或方案的功能和优势进行头脑风暴,集思广益;另一个小组为"挑战小组",私下也对同一产品或方案中的挑战进行头脑风暴,并将它们写在索引卡上,每张卡写一个问题或是一个挑战。

游戏开始后,将这两个小组合在一起,共同创造一个故事。挑战小组从卡片堆里抽出一张,把它放在桌上,描述该问题在实际中出现的一个场景或事件。方案小组也必须从他们的卡片堆里抽出一张,以应对这个场景或事件。如果他们有一个好的解决方案,就得 1 分;如果没有,那么挑战小组就得 1 分。接下来大家共同协作,设计一张卡片来应对该挑战。将这种方式继续下去:挑战之后是方案设计,然后接着又是挑战,如此反复,直到针对故事或场景的讨论得出完满的结论。

游戏策略:这个游戏的目的是通过讨论各种场景及其相应的选择方案,来提

高产品或策略的质量。将该游戏转变成故事比赛，参与者会更加积极主动地将自己融入场景当中。保持这个过程的轻松和有趣，会调动大家的积极性。

本章要点

企业有组织的活动，根据活动性质，可以分为运营（Operations）活动和项目（Projects）活动两类。运营是企业循环往复、不断重复、有比较成型的标准性参考依据的活动。社会企业的功能和所面临的业务范畴，更多地需要按照项目进行管理。

志愿者是自愿进行社会公共利益服务而不获取任何利益、金钱、名利的活动者。对志愿者，增强志愿者队伍的纪律性和行动规范化，实现志愿者服务工作的经常化，推动志愿服务工作的有效落实，是社会企业志愿者管理的重要内容。

新创社会企业的市场财务管理的目标主要有利润最大化、每股盈余最大化、股东财富最大化等几种观点。财务管理的内容主要有投资决策、筹资决策和红利分配决策三个方面。财务管理过程由财务预测、财务决策、财务预算、财务控制、财务分析五个具体环节顺次构成。在企业会计环节，资产负债表、现金流量表和利润表十分重要。

关键术语

运营管理；项目管理；精益生产；志愿者管理；企业财务管理

案例分析

"路人甲"创始人韩靖：让公益成为3亿人的生活常态

"路人甲"的创始人韩靖是一位连续创业者，有8年公益从业经验，曾在营销广告、慈善公益两个领域获得多个全国奖项。"路人甲"的联合创始人张岩也是位资深互联网从业者，曾在多家知名互联网公司及上市企业担任高管。在接触公益的路上，韩靖感受到一个很重要的经济原则，即"公益成本的社会化分摊"，很多人在做公益时都愿意承担一部分隐形成本。此外，在汶川地震中，韩靖也发现了目前公益领域的供需矛盾，当灾区人民都需要矿泉水时送来的却是方便面。如何进行准确的信息匹配和有预见性的发现需求，韩靖想到了互联网的撮合成本低，于是便有了将公益互联网化的想法。

"路人甲"开始想尝试的商业模式是买捐模式，在试错中发现"惠捐模式"可能才是公益互联网化的未来。"路人甲"的惠捐模式，使用户在捐赠10元后，即可兑换一张答谢券，可享受众多合作商家的超值优惠和在线服务，让公益走进每

第13章
社会企业经营管理

一个人的生活消费。惠捐模式将捐款人、商业机构和公益项目（或受助人）形成一个很好的价值闭环，实现了三者之间的互惠共赢，挖掘了优质捐款用户背后的巨大价值。

公益不是刚性需求，只有通过某种路径让公益和人的衣食住行发生关系，而通过惠捐模式让公益和每个人的衣食住行，寓教于乐发生关系是"路人甲"的最大目标。公益组织不仅得到了钱，有了很好的平台，也和捐款人保持一种稳定可控的捐款互动。"路人甲"在产品设计方面很感性，目的是给捐款人温暖的回馈和感受。用户在选择捐赠项目时可以看到项目简介、执行机构、善款接受、祝福建议以及项目的历史评论，捐款成功后用户会得到电子明信片，可以分享到朋友圈，持续关注项目的进展。

目前，"路人甲"平台上的捐赠项目多为公益基金会项目，个人捐赠项目很少。在删选机制的保障方面，"路人甲"多选择现有成熟的公益项目来保证项目的真实性。此外，"路人甲"只提供信息服务，并不直接接受善款，善款的收集直接给基金会。

"路人甲"由友成基金会孵化，是北京汇涓时代网络科技有限公司旗下产品，目前团队有16人，已完成200万的天使融资。2015年2月14日开始试运营，已有3000多装机量，点击捐赠1000多单，实际完成捐赠600多笔，有近一半的用户领取了优惠券。"路人甲"目前已经和中华社会救助基金会、中国慈善总会、中国红十字基金会、中国青少年发展基金会、世界大自然保护协会等公益组织签约战略合作，和美团网、华夏基金、桔子酒店、爱奇艺、东来顺等企业确认合作关系，覆盖娱、食、住、行等消费领域。

资料来源："路人甲"创始人韩靖：让公益成为3亿人的生活常态［EB/OL］.（2016-04-05）. http://mzyz.cyol.com/content/。

延伸阅读

周桦. 褚时健传［M］. 北京：中信出版社，2016.

冯仑. 理想丰满［M］. 北京：中信出版社，2017.

坂本光司. 日本最了不起的公司：永续经营的闪光之魂［M］. 蔡昭仪，译. 西宁：宁夏人民出版社，2010.

格鲁夫. 只有偏执狂才能生存［M］. 安然，译. 北京：中信出版社，2014.

周鸿祎. 周鸿祎自述：我的互联网方法论［M］. 安然，译. 北京：中信出版社，2014.

复习思考题

1. 运营管理的目标是什么？

2. 简述精益生产的基本目标和体系。
3. 简述社会企业压力管理策略。
4. 简述社会创业项目管理的原则与管理过程。
5. 简述志愿者管理的原则与管理模式。
6. 简述创业企业财务管理的目标和内容。
7. 简述创业企业重要的财务报表。

创业挑战

1. 运用精益生产思想构建社会创业企业运营管理模式。
2. 设计社会创业企业工作岗位，制定岗位说明书，设计公司的薪酬激励制度。
3. 设计社会创业公司的财务管理制度。

第 14 章　社会企业营销管理

学习目标

> 掌握市场营销的概念。
> 熟悉顾客感知价值。
> 熟悉社会产品的市场特征。
> 掌握消费者市场与组织市场的购买行为。
> 掌握市场细分、目标市场选择和市场定位策略。
> 掌握市场营销策略中的产品策略、价格策略、渠道策略和促销策略。
> 熟悉市场营销管理的过程。

引导案例

盐、肥皂和印度利华公司

印度利华公司（Hindustan Lever Ltd., HLL）是在向印度以及其他发展中国家的最贫穷人口营销方面做得最出色的公司之一。20 世纪 90 年代中期，HLL 的大众食品部门认识到印度的品牌日用品市场的巨大潜力，于是推出了"安娜普纳"品牌的食盐。其定位是"纯盐"，但由于消费者认为食盐都应该是纯的，这一尝试未获成功。

2 年后，印度政府开始向"碘缺乏症"宣战。碘缺乏症是造成智力发育迟缓等疾病的元凶之一。在印度，有约 7000 万人受此病的折磨。加碘盐被认为是提供足量碘的最佳途径。1997 年，印度政府禁止不含碘盐的销售。但是，问题是时间一长碘就挥发了，但是印度的仓储和运输条件比较落后，加碘盐的标准似乎不管用。

印度利华研究人员在分子层面上保护碘，只有当碘到达人的胃部时，才会在酸性的环境中释放出来。解决技术问题后，HLL 将注意力转移到新配方"安娜普纳"的营销上。公司把目标受众定位为贫穷的母亲们。她们在 25~40

岁之间，负责给家人做饭，掌握着采购权。HLL 传达的信息是"安娜普纳盐"中所含的"稳定的碘""不会损失"，这将有助于让她们的家人保持健康。很快该品牌就占据了 14% 的市场份额，成为南印度最大的品牌。

HLL 增加其在印度市场的肥皂销量时也采用了类似的战略——先找到一种有助于增进健康的方法，然后将这种方法市场化。大多数痢疾病例只需用肥皂洗手即可预防。全世界由痢疾引发的死亡病例 30% 发生在印度。调查显示，尽管 95% 的印度家庭拥有肥皂，却只有 30% 每天使用。

已有百年历史的力宝是 HLL 在印度的肥皂品牌。为了维持在市场上的主导地位，HLL 对力宝进行了重新配方，添加了抗菌成分。有了新配方，HLL 还须设计一套营销策略，把产品销售给以农村人口为主的客户群。公司面临两大障碍：第一，公司必须改变潜在顾客的习惯。他们认为肥皂是用来去除肉眼看得见的污垢的，如果手看上去不脏，就不需要使用肥皂。第二，大多数潜在顾客住在农村，接触不到电台、电视这样的大众传媒。

HLL 采取的方法是雇佣两人一组的推广小组，让他们到农村学校去，向 5~13 岁的未成年人传达这样一个信息：看不见的细菌可能对健康造成威胁，用肥皂洗手可以大大降低这种可能性。随后，推广小组再将这一信息传达给家长和村里的长者。初步数据显示，HLL 的肥皂销量不仅在推广小组活动的区域有所增长，在印度其他地区也上升了。

资料来源：C. K. 普拉哈拉德. 金字塔底层的财富：为穷人服务的创新性商业模式 [M]. 北京：人民邮电出版社，2015。

14.1 市场营销理念

社会企业和一般商业企业一样，营销能力是产生收益的根本保证。如果社会企业的产品或服务没有足够的吸引力，所有的财务、运营、会计和其他方面的努力也只是虚无缥缈的东西。因为只有发现和满足需求，社会创业企业才能真正获得收益。然而，市场营销又是一项十分复杂、微妙和永无止境的过程，成功的营销往往要求社会企业具有了解、洞察、交付、捕捉和维持客户价值的能力，而大多数辉煌一时的企业失败的诱因多出自营销环节。社会创业者不仅需要创造出新产品或服务，而且要为顾客设定合理的价格、到哪里去销售产品、花多少钱做广告和进行促销或进行营销推广。

第 14 章
社会企业营销管理

> **社会创业启示录**
>
> 企业有且只有两个基本职能：营销和创新。营销和创新产生收益；其他所有职能都是成本……可以这样说，推销是需要的。然而市场营销的目的是使推销成为多余。市场营销的目的就在于深刻地认识和了解顾客，使产品或服务完全适合特定顾客的需要，从而实现产品的自我销售。因此理想的市场营销应该可以自动生成想要购买特定产品或服务的顾客，而剩下的工作就是如何使顾客可以购买到这些产品。——彼得·德鲁克（现代管理学之父）
>
> 营销既是一种组织职能，又是一种创造、传播、传递顾客价值的思维方式。——菲利普·科特勒（美国西北大学经济学教授、现代营销学之父）

14.1.1　市场营销的概念

1. 市场营销

市场营销就是辨别并满足人类和社会的需要，最简洁的定义就是"满足别人并获得利润"。美国市场营销协会认为，市场营销是在创造、沟通、传播和交换产品中，为顾客、客户、合作伙伴以及整个社会带来价值的一系列活动、过程和体系。而营销管理是计划和执行关于商品、服务和创意的观念、定价、促销和分销，以创造能符合个人和组织目标的交换的一种过程。市场营销的过程包括分析市场机会、选择目标市场、确定市场营销策略和市场营销活动管理。

2. 市场营销理念

市场营销理念是指企业进行经营决策，组织管理市场营销活动的基本指导思想，也就是企业的经营哲学。它是一种观念，一种态度，或一种企业思维方式。营销理念贯穿于营销活动的全过程，并制约着社会企业的营销目标和原则，是实现营销目标的基本策略和手段。市场营销理念正确与否，直接关系到社会企业营销活动的质量及其成效。新创社会企业应该建立起"以消费者需求为中心，以市场为出发点"的经营指导思想。

14.1.2　顾客感知价值

营销的最终目的是实现企业利益的最大化，但其区别于其他企业经营导向的本质特征在于：营销强调通过满足顾客需求来实现企业利益的最大化。而如何才能满足顾客需求呢？满足顾客需求的最佳办法是向顾客提供高顾客感知价值。

顾客感知价值是指潜在顾客评估一个产品或服务或其他选择方案整体所得利益与所附成本之差。整体顾客利益是顾客从某一特定的产品或服务中，由于产品、服务、人员和形象等原因在经济性、功能性和心理上所期望获得的一组利益的认知货币价值。整体顾客成本是顾客在评估、获得、使用和处理该产品或服务时发生的一组认知成本支出，包括货币成本、时间成本、精力成本和心理成本。

由于顾客在购买产品时，总希望把有关成本包括货币、时间、精神和体力等降到最低限度，而同时又希望从中获得更多的实际利益，以使自己的需要得到最大限度的满足。因此，顾客在选购产品时，往往从价值与成本两个方面进行比较分析，从中选择出价值最高、成本最低，即"顾客感知价值"最大的产品作为优先选购的对象。

企业为在竞争中战胜对手，吸引更多的潜在顾客，就必须向顾客提供比竞争对手具有更多"顾客感知价值"的产品，这样，才能使自己的产品为消费者所注意，进而使消费者购买本企业的产品。为此，企业可从两个方面改进自己的工作：一是通过改进产品、服务、人员与形象，提高产品的总价值；二是通过降低生产与销售成本，减少顾客购买产品的时间、精神与体力的耗费，从而降低货币与非货币成本。

社会创业启示录

在工厂里我们制造化妆品，在商场里我们出售希望。——查尔斯·露华浓（露华浓公司创始人）

成功营销的关键是聚焦、定位和差异化。——菲利普·科特勒（现代营销学之父）

市场营销是"传送生活标准给社会"。——包尔·马苏（美国经济学家）

14.2 社会产品的市场特征与购买行为

14.2.1 社会产品的市场特征

金字塔的底层（Bottom of the Pyramid，BOP）。根据财富和收入能力，位于金字塔顶端的是富人，拥有大量获取高额收入的机会；超过40亿每日收入不足2美元的庞大人口群体，生活在金字塔的底层。在过去的50多年里，世界银行、捐赠

第 14 章
社会企业营销管理

国、各种国际援助机构、各国政府,以及稍后加入的民间社团组织都想尽办法要消灭贫困,但无一达到目标。

C. K. 普拉哈拉德(C. K. Prahalad)在其《金字塔底层的财富》一书里提出了一项革命性的主张:不要再把贫困群体看作社会负担,而要把他们视为有活力、有创造力的企业家和有价值的消费者,一个崭新的机会之门就将打开。四十亿贫困人口将是下一轮全球贸易和繁荣的发动机,是无穷无尽的创新之源。服务金字塔底层的消费者,需要大公司与民间社团组织、地方政府的通力协作。此外,金字塔底层市场的发展也将孕育成千上万个草根企业。

C. K. 普拉哈拉德将自己的这一消除贫困主张称之为"共同创造(Co-Creation)"的解决方案,即经济发展的同时实现社会变革。卷入这一共同创造过程的各方力量将包括私人企业、发展和援助机构、金字塔底层消费者、金字塔底层企业家、民间社团组织和地方政府。这一思想方法最有力的地方在于,帮助人们重新思考和改变那些长期持有的信仰理念、假想设定和意识形态,所有这些无不建立在以贫困群体为受害者、为社会负担的旧有思想基础上。

当改变金字塔底层消费群体长期持有的偏见,重新思考和界定金字塔底层消费群体的消费行为时,会发现:其一,金字塔底层有利可图,它是一个切实可行的市场;其二,金字塔底层市场无进入壁垒问题;其三,金字塔底层消费者同样有很强的品牌意识;其四,金字塔底层市场是相互连接的;最后,金字塔底层消费者对先进技术怀有开放心态。通过技术创新、商业模式创新和市场营销创新,能够释放出巨大的消费能力。

社会创业启示录

很多产品经理不了解顾客要买的不是某个产品,而是需要运用一个产品来完成某项任务或解决某个问题。有句著名的话:"顾客不是要买钻头,顾客要买的是洞。"不应只问用户:"我的功能是否满足你?"更要问:"你的痛处和需求是什么?"——李开复(创新工场创始人)

14.2.2 消费者购买行为

1. 消费品市场的购买行为

(1) 参与购买的角色。在一个购买决策中可以区分出五种不同的角色,它们分别是:

1）发起者：是指首先提出或有意向购买某一产品或服务的人。

2）影响者：是指其看法或建议对最终决策具有一定影响的人。

3）决策者：是指在是否买、为何买、如何买、哪里买等购买决策做出最后决定的人。

4）购买者：是指实际采购的人。

5）使用者：是指实际消费或者使用产品或服务的人。

（2）购买行为。消费者购买决策随着购买决策类型的不同而变化。根据购买者在购买过程中参与者的介入程度和品牌间的差异程度，可以把消费者购买行为分为四种类型：

1）复杂的购买行为。复杂的购买行为指消费者需要经历大量的信息收集、全面的产品评估、慎重的购买决策和认真的购后评价等各个阶段。营销者应制定策略帮助购买者掌握产品知识，简化购买过程。

2）习惯性购买行为。习惯性购买行为属于对于价格低廉的、经常性购买的商品，各品牌的差别极小，不需要花时间进行选择的购买行为。营销者可以利用价格与销售促进吸引消费者试用、开展大量重复性广告加深消费者印象、增加购买参与程度和品牌差异等方式开展营销活动。

3）寻求多样化的购买行为。有些商品品牌有明显差别，但消费者愿意不断变化所购商品的牌子。可以通过提醒购买的广告来鼓励消费者形成习惯性购买行为，或通过较低的价格、折扣、赠券、免费赠送样品等来鼓励消费者改变原来的习惯性购买行为。

4）化解不协调的购买行为。有些选购品品牌之间区别不大，而消费者又不经常购买，购买时有一定的风险性。购买以后，消费者会了解更多情况，以证明自己的购买决策是否正确。对于这类购买行为，营销者要提供完善的售后服务，使顾客相信自己的购买决定是正确的。

（3）消费者购买决策过程。消费者一般购买决策过程包括以下几个环节：

1）问题认知。购买过程开始于购买者意识到一个需求，无论它是一个问题，还是一个机会，都可以通过内部和外部刺激来刺激需求识别。内部刺激是识别订购履行过程中存在的瓶颈。广告可能提供一种外部刺激，如领先用户程序所提供的启示，或来自客户的抱怨。

2）搜寻信息。在本阶段，购买者积极地搜索关于如何解决问题的信息。这常表现为识别解决问题的替代方案的形式。购买者可能利用个人资源，例如朋友、同事；可能利用商业资源，例如广告或零售商；可能利用公关资源，例如互联网或贸易出版物述评；或者利用经验资源。

3）方案评估。对消费者来说，是否接受一项新技术产品或服务是一个充满风

第 14 章
社会企业营销管理

险的决策过程。由于市场和技术的不确定性,客户担心做出错误的决策。了解影响客户购买决策的因素是至关重要的。技术营销人员必须清楚地阐述他们的产品是如何符合消费者要求的。

4)购买决策。在评估阶段,购买者形成了关于不同取舍的观点。在购买阶段,购买者与已挑选好的产品销售者就购买条款达成了协议,这包括:产品提供范围、价格、付款和交货条款。

5)购后评价。消费者购后的满意程度取决于消费者对产品的预期性能与产品使用中的实际性能之间的对比。购买后的满意程度决定了消费者的购后活动,决定了消费者是否重复购买该产品,决定了消费者对该品牌的态度,并且还会影响到其他消费者,形成连锁效应。

2. 组织市场的购买行为

(1)组织市场及其类型。组织市场是指购买商品或服务以用于生产性消费,以及转卖、出租,或用于其他非生活性消费的企业或社会团体。组织市场的类别有生产者市场、中间商市场、非营利组织市场、政府采购市场。

(2)组织市场的特点。组织市场与消费品市场相比具有以下特征:

1)派生需求。其是指产业市场的所有行为都是为满足最终市场的,并随消费者市场需求的变化而变化。

2)购买者少,每次购买数量大,购买次数少,能获取价格优惠。

3)购买者往往集中在少数地区。

4)需求弹性小,价格变动对需求影响不大。

5)专家购买,即影响购买决策的人多。

6)需求波动大。消费品市场需求的少量增加会引起产业市场购买需求大幅度上升。

(3)影响组织市场购买行为的因素。影响组织市场购买行为因素主要有以下四种:

1)环境因素。环境因素是指企业所面临的宏观环境因素,包括政治法律、经济、社会文化、自然、科技等因素,它是影响产业购买行为的主要因素。

2)组织因素。组织因素是指企业内部因素,包括企业经营目标、战略、组织、规章制度、程序系统等。

3)人际因素。人际因素是指企业内部的人事关系。购买过程的参与者包括发起者、使用者、影响者、采购者、决策者、批准者和信息控制者七种类型,他们在组织中的职务、地位、态度、利益和相互关系决定了购买成员之间的人际关系。供应商应该要充分了解各成员在采购决策中的角色和地位以及彼此之间的关系,以利交易的达成。

（4）个人因素。个人因素是指企业参与购买决策人的年龄、性别、职务、受教育水平、个性特点、偏好及风险意识等因素对购买行为的影响，是影响产业购买行为的重要因素。

3. 组织市场购买行为类型

（1）直接重购。其是指组织采购部门按常规继续向原有的供应商购买产品，是一种最简单的购买方式。直接重购要求供应商与企业保持良好的关系，提供优秀服务，保质、保量、准时供应产品；在有条件的情况下，及时向企业提供新产品，以保证供应商在企业采购中的市场份额。

（2）修正重购。其是指组织采购部门由于某些原因适当修改采购产品规格、价格等其他交易条件的购买行为。它是一种较为复杂的购买行为，其目的是寻找价格低、服务好、交易条件优惠的产品。这对现有供应商造成威胁，给新供应商提供市场机会。

（3）新购。其是指组织第一次购买某种产业用品或服务。它是最复杂的购买类型，参与购买决策的人最多，做出购买决策较复杂。

4. 产业购买决策过程

组织新购某种产品决策一般要分以下几个阶段：

（1）认识需求。认识需求是指组织认识到需要购买某种产品来满足自己新的需要。它是产业购买决策过程的起点。

（2）说明需求。说明需求是指组织通过价值分析确定所需产品的品种、性能特征、数量和服务，做出详细的技术说明。

（3）明确产品规格。在这个阶段社会创业企业要及时与买方联系，通过价值分析向潜在购买者详细介绍本企业产品在价格、功能上的优势，争取市场机会。

（4）物色供应商。物色供应商是指组织采购人员根据产品技术说明书通过各种途径寻找最佳供应商。其中最便捷有效的方法是网上查询，征求供应建议书。

（5）选择供应商。选择供应商是指组织对供应商的建议书进行分析评价，确定供应商。分析评价内容包括供应商产品质量、价格、及时交货能力、性能、产量、技术、服务等。

（6）签订合约。签订合约是指企业根据所购产品技术说明书、价格、需要量、付货时间、退货条件、担保书等要求与供应商签订最后订单。

（7）绩效评估。绩效评估是指对各供应商的绩效进行评估。采购部门收集企业使用者对供应商产品的使用意见，检查和评估各个供应商履行合同的情况。

第 14 章
社会企业营销管理

> **社会创业启示录**
>
> 我们从不做市场调研,我们不招顾问。这 10 年我只请过一家公司分析 Gateway 的零售策略,以免犯下与他们一样的错误。我们只想制作伟大的产品。我们之所以开发 iTunes 音乐商店,是因为我们觉得能够以电子方式购买音乐会相当了不起,而不是因为我们计划去重新定义音乐产业。——史蒂夫·乔布斯(苹果公司创始人)
>
> 我在公司只管一件事,就是市场调研。——史玉柱(巨人集团创始人)

14.3 社会企业市场营销战略

营销大师菲利普·科特勒曾说:"现代战略营销的中心,可定义为 STP 市场营销——市场细分(Segmentation),目标市场(Targeting)和市场定位(Positioning)。"

14.3.1 市场细分

1. 市场细分的概念

市场细分是指社会创业者通过市场调研,依据消费者的需要和欲望、购买行为和购买习惯等方面的差异,把某一产品的市场整体划分为若干消费者群的市场分类过程。每一个消费者群就是一个细分市场,每一个细分市场都是由具有类似需求倾向的消费者构成的群体。

对社会企业而言,购买产品或服务的客户通常可能不是产品或服务的最终消费者或目标客户。产品或服务的决策者可能是政府,基金会,个人或其他第三方,如资助者。消费产品或服务的客户可能通过付款人免费或低于市场价格访问产品或服务。额外的客户信息意味着社会创业的营销策略和计划将与传统业务有所不同。这就需要运用市场细分策略,完全了解组织的每个目标参与者和付款人的需求。

2. 有效市场细分的条件

社会企业进行市场细分的目的是通过对顾客需求差异予以定位,来取得较大的经济效益。产品的差异化必然导致生产成本和推销费用的相应增长,所以,社会企业必须在市场细分所得收益与市场细分所增成本之间做一权衡。有效的细分市场必须具备以下特征:

(1)可衡量性。可衡量性是指用来细分市场的标准和变数及细分后的市场是可以识别和衡量的，即有明显的区别、有合理的范围。如果某些细分变数或购买者的需求和特点很难衡量，细分市场后无法界定、难以描述，那么市场细分就失去了意义。

（2）可进入性。可进入性是指社会企业能够进入所选定的市场部分，能进行有效的促销和分销，实际上就是考虑营销活动的可行性。一是社会企业能够通过一定的广告媒体把产品的信息传递到该市场众多的消费者中去，二是产品能通过一定的销售渠道抵达该市场。

（3）可盈利性。可盈利性是指细分市场的规模要大到能够使社会企业足够获利的程度，使社会企业值得为它设计一套营销规划方案，以便顺利地实现其营销目标，并且有可拓展的潜力，以保证按计划能获得理想的社会服务效益和经济效益。

（4）差异性。差异性是指细分市场在观念上能被区别并对不同的营销组合因素和方案有不同的反应。

（5）相对稳定性。相对稳定性是指细分后的市场有相对应的时间保持稳定。细分后的市场能否在一定时间内保持相对稳定，直接关系到社会企业营销的稳定性和经营效益。

3. 市场的细分标准

（1）消费品市场的细分标准。消费品市场的细分标准可以概括为地理因素、人口因素、心理因素和行为因素四个方面，每个方面又包括一系列的细分变量。

1）地理细分。按消费者的地理位置、城镇大小、地形、地貌、气候、交通状况、人口密集度等因素进行分类，然后针对每个地区的客户制定不同的营销组合。

2）人口细分。按年龄、性别、家庭人口、收入、教育程度、社会阶层、宗教信仰、家庭生命周期等因素对客户细分。

3）心理细分。从生活方式、性格、购买动机、态度等视角进一步细分；按个性或生活方式等变量对客户细分。

4）行为细分。通过购买时间、购买数量、购买频率、购买习惯（品牌忠诚度）和对服务、价格、渠道、广告的敏感程度等视角进一步细分。

（2）组织市场的细分标准。消费品市场的细分标准有很多适用于组织市场的细分，如地理环境、气候条件、交通运输、追求利益、使用率、对品牌的忠诚度等。但由于组织市场有其自身的特点，社会企业还应采用其他一些标准和变量进行细分，最常用的有用户要求、用户规模、用户地理位置等变量。

4. 市场细分的步骤

（1）选定产品市场范围。社会创业企业应明确自己在某行业中的产品市场范围，并以此作为制定市场开拓战略的依据。

（2）列举潜在顾客的需求。可从地理、人口、心理等方面列出影响产品市场

第 14 章
社会企业营销管理

需求和顾客购买行为的各项变数。

（3）分析潜在顾客的不同需求。社会企业应对不同的潜在顾客进行抽样调查，并对所列出的需求变数进行评价，了解顾客的共同需求。

（4）筛选。根据有效市场细分的条件，对所有细分市场进行分析研究，剔除不合要求、无用的细分市场。

（5）为细分市场定名。为便于操作，可结合各细分市场上顾客的特点，用形象化、直观化的方法为细分市场定名。

（6）制定相应的营销策略。调查、分析、评估各细分市场，最终确定可进入的细分市场，并制定相应的营销策略。

社会创业小贴士

利 基 市 场

利基市场（Niche Market）是指那些高度专门化的需求市场。Niche 来源于法语。法国人信奉天主教，在建造房屋时，常常在外墙上凿出一个不大的神龛，以供放圣母玛利亚。它虽然小，但边界清晰，洞里乾坤，因而被引来形容大市场中的缝隙市场。在英语里的意思是悬崖上的石缝，人们在登山时，需要借助这些微小的缝隙作支点，一点点向上攀登。美国学者将这一词引入市场营销领域，指市场利基者通过专业化经营而获取更多的利润。理想的利基市场应具有以下特征：①狭小的产品市场，宽广的地域市场；②具有持续发展的潜力；③市场较小但差异性较大，强大的竞争者不屑一顾；④企业具备该市场提供优质的产品或服务的能力和资源；⑤企业具有良好的品牌声誉，能够抵挡强大竞争者的入侵。

14.3.2 选择目标市场

1. 目标市场的选择标准

最初目标市场的选择是社会企业亟待解决的问题之一。尽管这种选择在事后看上去显而易见，但在做决策时却令人迷惘。细分市场并选择目标市场的本质思想是：识别那些具有相似需求及消费行为的特征，并对社会企业提供的产品做出响应的客户。与那些企图触及尽可能多的客户，并希望他们中的一些会对产品感兴趣的营销方法相比，直接定位于特定目标市场，营销努力会更加有效，并且可以获得客户的响应。

在明确了市场分类，了解了各类市场中客户的特点之后，在划分市场程序中，接下来的要求社会企业评估各类细分市场的吸引力，以便缩小要选择的目标市场范围。评估各类细分市场的三个重要标准为：

（1）有一定的规模和发展潜力。社会企业进入某一市场是期望能够为社会提供更多价值的同时有利可图。如果市场规模狭小或者趋于萎缩状态，企业进入后难以获得发展，此时，应审慎考虑，不宜轻易进入。

（2）细分市场结构的吸引力。波特认为有五种力量决定整个市场或其中任何一个细分市场的长期的内在吸引力。这五个群体是：同行业竞争者、潜在进入者、替代产品、购买者和供应商。

（3）符合企业目标和能力。社会企业必须认真地审视自己的优势和核心竞争力，据此来推断自身是否具有向某类特定细分市场提供服务的能力。只有选择那些社会企业有条件进入、能充分发挥其资源优势的市场作为目标市场，才会立于不败之地。

2. 目标市场选择策略

（1）无差异性目标市场策略。该策略是把整个市场作为一个大目标开展营销，它们强调消费者的共同需要，忽视其差异性。采用这一策略的企业，一般都是实力强大、进行大规模生产方式，又有广泛而可靠的分销渠道，以及统一的广告宣传方式和内容。

（2）差异性目标市场策略。该策略通常是把整体市场划分为若干细分市场作为其目标市场。针对不同目标市场的特点，分别制订出不同的营销计划，按计划生产目标市场所需要的商品，满足不同消费者的需要。

（3）集中性目标市场策略。该策略是选择一个或几个细分化的专门市场作为营销目标，集中企业的优势力量，对某细分市场采取攻势营销战略，以取得市场上的优势地位。一般说来，社会创业企业应采用集中性市场策略。

社会创业小贴士

蓝 海 战 略

蓝海战略是由欧洲工商管理学院的 W. 钱·金（W. Chan Kim）和勒妮·莫博涅（Rehee Mauborgne）提出的。"红海"是指竞争极端激烈的市场，但"蓝海"不是没有竞争的领域，而是通过差异化手段得到的崭新的市场领域，在这里，企业凭借其创新能力获得更快的增长和更高的利润。蓝海战略要求企业突破传统的血腥竞争所形成的"红海",拓展新的非竞争性的市场空间。蓝海战略的成功案例是加拿大太阳马戏团,从传统马戏的儿童观众转向成年人和商界人士,以马戏的形式来表达戏剧的情节,吸引人们以高于传统马戏数倍的门票来享受这项前所未见的娱乐。

14.3.3 市场定位

市场定位是指社会创业企业根据竞争者现有产品在市场上所处的位置,针对顾客对该类产品某些特征或属性的重视程度,为本企业产品塑造与众不同的,给人印象鲜明的形象,并将这种形象生动地传递给顾客,从而使该产品在市场上确定适当的位置。社会创业企业及产品与竞争者是不同的,市场定位的主要任务就是要充分突出社会创业企业及产品在市场上的新颖性、显著性、差别化的特征。各个社会企业经营的产品或服务不同,面对的顾客以及所处的竞争环境也不同,因而市场定位所依据的原则也不同。一般来讲,市场定位可以根据产品或服务的特点、产品的用途、顾客的利益、顾客类型等进行定位。

市场定位是一种竞争性定位,它反映了市场竞争各方的关系,是为社会创业企业有效参与市场竞争服务的。社会创业者可以选择避开竞争强手,瞄准市场"空隙",发展特色产品,开拓新的市场领域的避强定位策略;也可以选择与竞争对手正面市场冲突的迎头定位。如果初次定位后,随着新的竞争者进入,顾客需求偏好发生转移等原因,需要进行重新定位。

市场定位包括产品定位、企业定位、竞争定位和消费者定位等。不同的社会创业企业会采用不同的方式进行产品的市场定位。当然有时同一个企业也会运用不同的方式对产品进行市场定位,但是要保证定位的排他性特征。影响社会创业企业定位的主要因素有产品属性、产品的性价比、产品功能、使用者、产品类别和竞争者。

社会创业启示录

创业公司在做大的过程之中,一定是要有灯塔客户的。灯塔客户就是,这个客户很典型,要做好,然后通过这个客户去进行口碑宣传与媒体宣传。以后陆续地以灯塔客户为标杆,所有客户都能做成这样的话,公司品牌宣传就有了根基。——柳传志(联想集团创始人)

14.4 社会企业市场营销策略

市场营销策略，是社会企业以顾客需要为出发点，根据经验获得顾客需求量以及购买力的信息，有计划地组织各项经营活动，通过相互协调一致的 4P 营销组合策略，即产品（Product）策略、价格（Price）策略、渠道（Place）策略和促销（Promotion）策略，为客户提供满意的产品或服务而实现社会企业目标的过程。在制定服务营销组合策略的过程中，学者们又根据外部营销环境的变化在传统的 4P 基础上又增加了 3P。它们分别是人员（Participant）、有形展示（Physical Evidence）和过程管理（Process Management）。

从管理决策的角度看，影响社会企业市场营销活动的各种因素（变数）可以分为两大类：一是社会企业不可控因素，即营销者本身不可控制的市场营销环境，包括微观环境和宏观环境；二是可控因素，即营销者自己可以控制的产品、商标、品牌、价格、广告、渠道等，而各种可控因素包括产品、价格、渠道、促销四个营销因素。

14.4.1 产品策略

产品策略是市场营销 4P 组合的核心，是价格策略、渠道策略和促销策略的基础。因此，产品策略是企业市场营销活动的支柱和基石。社会企业生产什么产品、为谁生产产品、生产多少产品，是产品策略必须回答的问题。社会企业如何开发满足顾客需求的产品，并将产品迅速、有效地传送到顾客手中，构成了社会企业营销活动的主体。

产品是什么？这是一个不是问题的问题。因为社会企业时时刻刻都在开发、生产、销售产品和服务，顾客时时刻刻都在使用、消费和享受产品和服务。但科学技术的快速发展、社会的不断进步、顾客需求特征的日趋个性化、市场竞争程度的加深加广，导致了产品和服务的内涵和外延也在不断扩大。

1. 产品的内涵和外延

菲利普·科特勒认为，以现代观念对产品进行界定，产品是指为留意、获取、使用或消费以满足某种欲望和需要而提供给市场的一切东西。也就是说，产品是任何一种能够被提供来满足市场欲望和需要的东西。

产品的外延也从其核心利益（基本功能）向基本产品（产品的基本形式）、期望产品（期望的产品属性和条件）、附加产品（附加利益和服务）和潜在产品（产品的未来发展）拓展。即从核心产品发展到潜在产品五层次（见图 14-1）。

核心利益是指顾客真正购买到的服务和利益。消费者购买某种产品并非是为了拥有该产品实体,而是为了获得能满足自身某种需要的效用和利益。

基本产品即产品的基本形式,主要包括产品的结构外形等。产品核心利益需要依附在一定的实体来实现。

期望产品是消费者购买产品时期望的一组特性和条件。

附加产品是产品包含的附加服务和利益,主要包括运送、安装、调试、维修、产品保证、零配件供应、技术人员培训等。

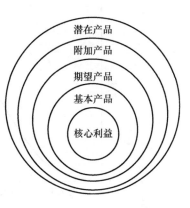

图 14-1 整体产品的层次

潜在产品预示着该产品最终可能的所有增加和改变。

在产品的核心功能趋同的情况下,谁能更快、更多、更好地满足消费者的复杂利益整合的需要,谁就能拥有消费者、占有市场、取得竞争优势。消费者对产品的期望价值越来越多地包含了其所能提供的服务、社会企业员工的素质及企业整体形象的"综合价值"。

2. 产品组合

产品组合是社会企业提供的所有产品和品种的集合,它包括所有产品线和产品项目。产品项目即产品大类中各种不同品种、规格、质量的特定产品,社会企业产品目录中列出的每一个具体的品种就是一个产品项目。产品线是许多产品项目的集合,这些产品项目之所以组成一条产品线,是因为这些产品项目具有功能相似、用户相同、分销渠道同一、消费上相连带等特点。

产品组合具体是社会企业生产经营的全部产品线、产品项目的组合方式,即产品组合的宽度、深度、长度和关联度。产品组合的宽度是社会企业生产经营的产品线的多少。

3. 产品生命周期

产品从投入市场到最终退出市场的全过程称为产品的生命周期。该过程一般经历产品的导入期、成长期、成熟期和衰退期四个阶段(见图 14-2)。

在产品生命周期的不同阶段,产品的市场占有率、销售额、利润额是不一样的。导入期产品销售量增长较慢,利润额多为负数。当销售量迅速增长,利润由负变正并迅速上升时,产品进入了成长期。经过快速增长的销售量逐渐趋于稳定,利润增长处于停滞,说明产品成熟期来临。在成熟期的后一阶段,产品销售量缓慢下降利润开始下滑。当销售量加速递减,利润也较快下降时,产品便步入了衰退期。产品生命周期不同阶段的营销策略也不一样。

导入期是新产品首次正式上市的最初销售时期,只有少数创新者和早期采用

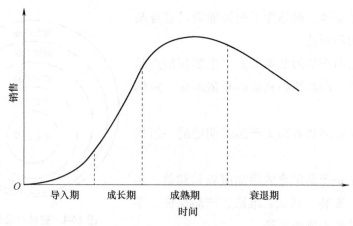

图 14-2 产品生命周期

者购买产品，促销费用和制造成本都很高。这一阶段社会企业营销策略是，投入市场的产品要准，时机要合适，设法让市场尽快接受此产品，缩短导入期，尽快地进入成长期。

成长期的产品，其性能基本稳定，大部分消费者对产品已熟悉，销售量快速增长，竞争者不断进入，市场竞争加剧。该阶段社会企业的营销策略是，提升产品质量，提高消费者的忠诚度，提高销售的数量和质量。

成熟期的特征是市场逐渐饱和，销售增长速度放缓。社会企业的营销策略应该尽量延长产品生命周期，开发产品的新用途和寻找新用户来扩大产品的销售量。

衰退期的特征是产品老化，产品销售和利润急剧下降。社会企业可选择转移策略、收缩策略或放弃策略。

4. 品牌策略

品牌是产品的名称以及标识的统称，通常有文字、标记、符号、图案、颜色以及它们的不同组合等构成。品牌通常由品牌名称和品牌标志构成。

产品是否使用品牌，是品牌决策要回答的首要问题。一般来说，市场上很难区分原料产品、地产、地销的小商品或消费者不是凭产品品牌决定购买的产品，可不使用品牌。第二，如果企业决定使用品牌，则面临着使用自己的品牌还是别人品牌的决策，如使用特许品牌或中间商品牌。对于实力雄厚、生产技术和经营管理水平俱佳的社会企业，一般都使用自己的品牌。使用其他企业的品牌需要结合企业的发展战略来决策。第三，使用一个品牌还是多个品牌。对于不同产品线或同一产品线下的不同产品品牌的选择，社会企业可以在不同的产品线上使用不同的品牌，也可以在所有的产品采用同一品牌，需要结合社会企业的发展战略来决策。

5. 产品包装策略

产品包装本身就是产品的组成部分，不仅起到保护产品的作用，同时还具有实现和增加商品价值的功能。产品包装可以采取相近的图案、近似的色彩和共同特征的类似包装策略,采取根据产品质量等级不同采取不同的包装的等级包装策略,采取将不同类型和规格但有相互联系的产品置于同一包装中的配套包装策略或采取在包装容器中附赠物品以吸引消费者购买附赠品包装策略。

> **社会创业启示录**
>
> 大多数产品都具有某些不同的特色,而特色就是指产品基本功能的某些补充。——菲利普·科特勒(现代营销学之父)
>
> 新的竞争不在于工厂里制造出来的产品,而在于工厂外能够给产品加上包装、服务、广告、咨询、融资、送货或顾客认为有价值的其他东西。——哈罗德·李维特(美国管理学家)

14.4.2 价格策略

价格仍是决定社会企业市场份额和盈利率的最重要因素之一。在营销组合中,价格是唯一能产生收入的因素,其他因素表现为成本。社会创业企业的三种主要的定价决策问题是:对第一次销售的产品和服务如何定价;怎样随时间和空间的转移,修改一个产品的价格以适应各种环境和机会的需要;怎样调整价格和怎样对竞争者的价格调整做出反应。

在第一次制定价格时,社会企业要考虑以下因素:定价目标、确定需求、估计成本、选择定价方法、选定最终价格。

1. 定价目标

社会创业企业的定价目标是以满足市场需要和实现社会企业社会效益和经济效益为基础的,它是实现其总目标的保证和手段。同时,又是社会企业定价策略和定价方法的依据。社会企业的定价目标可以分为以收益为中心的定价目标、以销售为中心的定价目标、以保持现状为中心的定价目标和以适应竞争对手为中心的定价目标。

2. 确定需求

价格会影响市场需求。在正常情况下,市场需求会按照与价格相反的方向变动。价格上升,需求减少;价格降低,需求增加。

3. 估计成本

需求在很大程度上为社会企业确定了一个最高价格限度,而成本则决定着价格的底数。价格应包括所有生产、分销和推销该产品的成本，还包括对社会企业的努力和承担风险的一个公允的报酬。

4. 选择定价方法

定价方法，是社会企业在特定的定价目标指导下，依据对成本、需求及竞争等状况的研究，运用价格决策理论，对产品价格进行计算的具体方法。定价方法主要包括成本导向、竞争导向和顾客导向等三种类型。

（1）成本导向定价法。以产品单位成本为基本依据，再加上预期利润来确定价格的成本导向定价法，是企业最常用、最基本的定价方法。成本导向定价法又衍生出了总成本加成定价法、目标收益定价法、边际成本定价法、盈亏平衡定价法等几种具体的定价方法。

（2）竞争导向定价法。在竞争十分激烈的市场上，社会企业通过研究竞争对手的生产条件、服务状况、价格水平等因素，依据自身的竞争实力，参考成本和供求状况来确定商品价格。这种定价方法就是通常所说的竞争导向定价法。竞争导向定价主要包括随行就市定价法、产品差别定价法、密封投标定价法。

（3）顾客导向定价法。市场营销观念要求社会企业的一切生产经营必须以消费者需求为中心，并在产品、价格、分销和促销等方面予以充分体现。根据市场需求状况和消费者对产品的感觉差异来确定价格的方法叫作顾客导向定价法。顾客导向定价法主要包括理解价值定价法、需求差异定价法和逆向定价法。

5. 选定最终价格

社会企业最后拟订的价格必须考虑以下因素：最后价格必须同企业定价政策相符合。最后价格还必须考虑是否符合政府有关部门的政策和法令的规定。最后价格还要考虑消费者的心理。选定最后价格时，还须考虑企业内部有关人员（如推销人员、广告人员等）对定价的意见，考虑经销商、供应商等对所定价格的意见，考虑竞争对手对所定价格的反应。

> **社会创业启示录**
>
> 除非是以产品质量的角度来衡量，"价格"才具意义。但这样还不够，除非能够与顾客的需求挂钩，优良与均一的质量才具意义。——爱德华兹·戴明（著名质量管理专家）
>
> 没有降价两分钱不能抵消的品牌忠诚！——菲利普·科特勒（现代营销学之父）

14.4.3 渠道策略

1. 渠道的概念

大多数生产者并不将其产品直接出售给最终顾客,在生产者和最终顾客之间有一系列的营销中间机构执行着不同的功能。这些中介机构组成了渠道。渠道就是某种产品和服务在从生产者向消费者转移过程中,取得这种产品或服务的所有权或帮助所有权转移的所有企业和个人。因此,渠道包括商人中间商(因为他们取得所有权)和代理中间商(因为他们帮助转移所有权)。此外,还包括处于渠道起点和终点的生产者和最终消费者或用户。但是不包括供应商、辅助商。

2. 渠道的类型

按商品在流通过程中经过的流通环节的多少,渠道可以划分为直接渠道和间接渠道。间接渠道是指产品经由一个或多个商业环节销售给消费者和用户的渠道类型。它是消费品销售的主要方式。

另外,渠道还可以按照中间环节(层次)的多少,分为长渠道和短渠道;按照每一渠道层次中间商的多少,分为宽渠道和窄渠道。

3. 渠道的设计

(1) 确定渠道模式。社会创业企业分销渠道设计首先是要决定采取什么类型的渠道,是派推销人员上门推销或以其他方式自销,还是通过中间商分销。如果决定中间商分销,还要进一步决定选用什么类型和规模的中间商。

(2) 确定中间商的数目。即决定营销渠道的宽窄,主要取决于产品本身的特点,市场容量的大小和需求面的宽窄。通常有三种可供选择的形式即运用尽可能多的中间商分销使渠道尽可能加宽的密集型分销,在一定地区内只选定一家中间商经销或代理的独家分销,有条件地精选几家中间商进行经营的选择性分销。

(3) 规定渠道成员彼此的权利和责任。在确定了渠道的长度和宽度之后,社会企业还要规定出与中间商彼此之间的权利和责任,如对不同地区、不同类型的中间商和不同的购买量给予不同的价格折扣,提供质量保证和跌价保证,以促使中间商积极进货。还要规定交货和结算条件,以及规定彼此为对方提供哪些服务,如产方提供零配件、代培技术人员、协助促销,销方提供市场信息和各种业务统计资料。生产者同中间商签约应包括以上内容。

4. 渠道的管理

在进行渠道设计之后,还必须对中间商进行选择、激励、评估和调整。

(1) 选择渠道成员。生产者选择渠道成员应注意以下条件:能否接近企业的目标市场;地理位置是否有利;市场覆盖有多大;中间商对产品的销售对象和使用对象是否熟悉;中间商经营的商品大类中,是否有相互促进的产品或竞争产品;

资金大小，信誉高低，营业历史的长短及经验是否丰富；拥有的业务设施，如交通运输、仓储条件、样品陈列设备等情况如何；销售能力和售后服务能力的强弱；管理能力和信息反馈能力的强弱。

（2）激励渠道成员。生产者不仅要选择中间商，而且要经常激励中间商使之尽职。生产者必须尽量避免激励过分和激励不足两种情况。

（3）评估渠道成员。生产者必须定期地、客观地评估他们的绩效。如果某一渠道成员的绩效过分低于既定标准，则需找出主要原因，同时还应考虑可能的补救方法。

（4）调整销售渠道。根据实际情况、渠道成员的实绩，对渠道结构加以调整，包括：增减渠道成员；增减销售渠道；变动分销系统。

> **社会创业启示录**
>
> 谁掌握了渠道，谁就掌握了明日帝国！——大前研一（日本著名管理学家）
>
> 在产品到达消费者手中之前，先让中间商赚到钱！——可口可乐公司营销准则之一

14.4.4 促销策略

促销策略是市场营销组合的基本策略之一。促销策略是指社会企业如何通过人员推销、广告、公共关系和营业推广等各种促销方式，向消费者或用户传递产品信息，引起他们的注意和兴趣，激发他们的购买欲望和购买行为，以达到扩大销售的目的。

社会创业企业将合适的产品，在适当地点、以适当的价格出售的信息传递到目标市场，一般是通过两种方式：一种是人员推销，即推销员和顾客面对面地进行推销；另一种是非人员推销，即通过大众传播媒介在同一时间向大量顾客传递信息，主要包括广告、公共关系和营业推广等多种方式。这两种推销方式各有利弊，起着相互补充的作用。此外，目录、通告、赠品、店标、陈列、示范、展销等也都属于促销策略范围。

一个好的促销策略，往往能起到多方面作用，如提供信息情况，及时引导采购；激发购买欲望，扩大产品需求；突出产品特点，建立产品形象；维持市场份额，巩固市场地位等。

第 14 章
社会企业营销管理

社会创业启示录

我曾经批评市场营销的 4P 退化成了 1P——促销,让人们误以为营销的主要活动就是销售。其实营销是一个比销售广阔得多的概念,例如说发现市场机会、测试新的产品与服务理念、度量需求、决定一种新产品的最佳特性组合、寻找渠道合作伙伴以及准备一个完美的上市计划。——菲利普·科特勒(现代营销学之父)

14.5 社会企业营销管理

社会企业营销管理的最后一个程序是对市场营销活动的管理,营销管理离不开营销管理系统的支持。社会企业营销管理需要以下三个管理系统支持:

1. 市场营销计划

既要制订较长期战略规划,决定企业的发展方向和目标;又要制订具体的市场营销计划,具体实施战略计划目标。

2. 市场营销组织

营销计划需要有一个强有力的营销组织来执行。根据计划目标,需要组建一个高效的营销组织结构,需要对组织人员实施筛选、培训、激励和评估等一系列管理活动。

3. 市场营销控制

在营销计划实施过程中,需要控制系统来保证市场营销目标的实施。营销控制主要有企业年度计划控制、企业盈利控制、营销战略控制等。

营销管理的三个系统是相互联系,相互制约的。市场营销计划是营销组织活动的指导,营销组织负责实施营销计划,计划实施需要控制,保证计划得以实现。

社会创业小贴士

核心竞争力理论的创始人 C. K. 普拉哈拉德论
金字塔底层市场创新 12 项原则

(1) 关注(突破)价格表现。

（2）杂交解决方案，将新老技术混合于一体。

（3）发展可量度、可传输的商业运营模式，且要能跨越国界、文化和语言。

（4）弱化资源强度，开发生态友好的产品。

（5）对于不适合的产品要从根本上进行重新设计。

（6）在物流和生产两个方面加大基础设施投入和建设。

（7）加强去技术化（服务）工作。

（8）教育（半文盲）顾客如何使用产品。

（9）开发即便在不良环境下也能正常工作的高性能产品。

（10）产品要具备可调用户界面，以适应多样异质的消费群体。

（11）设计分销方案时，要同时考虑到极度分散的边远地区市场和高度稠密的城市市场。

（12）优选宽广架构，便于快速便捷地融入新特征。

创新思维游戏

游戏名称：博弈游戏

游戏人数：4人一组

游戏时间：30分钟

游戏场地：教室

游戏规则：

1. 将学员分成5~6个组，每个组将分别代表一家航空公司在市场经营。

2. 市场经营的规则就是：所有航空公司的利润率都维持在9%；如果有三家以下的公司采取降价策略，降价的公司由于薄利多销，利润率可达12%，而没有采取降价策略的公司利润率则为6%；如果有三家和三家以上的公司同时降价，则所有公司的利润都只有6%。

3. 每个小组派代表到小房间里。培训师介绍上述游戏规则，并告诉小组代表，他们之间需要通过协商初步达成一种协议。初步协商之后小组代表回到小组，并将情况向小组汇报。

4. 小组讨论5分钟之后，做出是否降价的决策，将决定写在纸条上，交给讲师。

5. 讲师公布结果。

相关讨论：

1. 作为小组代表，在和其他组代表讨论时，你的出发点是什么？

第14章
社会企业营销管理

2. 在小组中,你们的决策是在什么基础上产生的?是否遵守了几个小组达成的共识?

游戏总结:

1. 本游戏看似简单,但结果往往出人意料但又在意料之中,因为大部分公司都会选择降价,结果降价会导致两败俱伤。

2. 这个游戏告诉我们两个道理:①不要假定竞争对手比你傻;②不要打价格战,因为价格战没有赢家。经营行为还是应该按照行业规则和市场需求操作。

本章要点

企业的营销能力是企业盈利的根本保证,如果企业的产品或服务没有足够的吸引力,所有的财务、运营、会计和其他方面的努力也只是虚无缥缈的东西。市场营销最简洁的定义就是"满足别人并获得利润"。现代战略营销的中心可以定义为STP市场营销——市场细分(Segmentation),目标市场(Targeting)和市场定位(Positioning)。

市场营销策略,是企业以顾客需要为出发点,根据经验获得顾客需求量以及购买力的信息、商业界的期望值,有计划地组织各项经营活动,通过相互协调一致的产品策略、价格策略、渠道策略和促销策略,为顾客提供满意的商品和服务而实现企业目标的过程。

营销管理包括市场营销计划、市场营销组织、市场营销控制。

关键术语

市场营销;市场营销理念;顾客感知价值;消费者购买行为;产业市场购买行为;市场营销战略;市场营销策略;市场营销管理

案例分析

美国教育先锋温迪·科普与她的"为美国而教"

温迪·科普出生于1965年,在德克萨斯州达拉斯一个白人中产阶级居民区长大。她在学校里是优秀学生,周围的年轻人也大都和她一样家庭条件优越。1985年,科普进入普林斯顿大学,被分配跟一个很聪明的女孩儿住一个宿舍。这个女孩儿来自纽约最穷、条件最差的南布朗克斯区。

她看到她的室友拼命用功才能跟上那些来自富裕家庭的同学,这让她很受感动:"结识她,是我头一次有机会看到,我们国家并没有给所有的孩子都提供良好的教育,这让我这个主修公共政策的学生更多地了解了这个问题,并对这个问题

社会创业学：
社会创业思维·过程·实践

越来越关注。"

科普当时仍然不能确定今后的职业道路应当怎样走。即将上大四那年夏天，她在密苏里州圣路易斯打工发生的一件事情，让她猛醒。她当时在一个从事慈善事业的商人的豪华办公室里，向他推销学生杂志上的广告版面。那个商人指着窗外的黑人贫民区对她说，我不资助这份学生杂志，我资助内城区的学龄青少年会产生更大的影响。然后，他给科普讲起城市里孩子们的困境。这些孩子家庭非常贫困，没有受教育的机会。他的话在科普的内心里引起一场良心危机。于是，就产生了发起成立"美国教学"组织的想法。

她的毕业论文是关于成立一个组织的详细计划。该组织要招募最有才能的大学毕业生，以及各行各业的年轻人，给他们提供训练，以便在美国条件最差的学校工作。他们到那里不仅仅是教学，而且也是实地推动一场全国性运动，谋求让美国所有的儿童都能得到一流教育。

科普大学毕业，把她的论文转换成了一个成功的资金募集计划。毕业后的第二年，她在一个礼堂里欢迎489位年轻人。这些人是美国教学组织招募的头一批教师。2009年，这个组织接到35000份申请。现在，该组织有7300名教师在全国各地教学。科普说："在所有的申请者当中，我们找的是一些为数不多的人，他们具备领导技巧，能成功教学，并最终对我们的社会产生影响。我们寻找面对挑战时坚持不懈、能够影响并激励他人、善于解决问题、对我们的使命有强烈认同感的人。"

温迪·科普的使命在继续。在完成两年的实地教学之后，有将近三分之二的美国教学组织成员继续在教学领域工作。曾经在美国教学组织工作过的人当中，有400人在全国各地学校担任校长，好几个人是学区总监。

"为美国而教"项目之所以受欢迎，有多方面的原因。

首先，项目的合同时间一般为两年，这对于高校毕业生来说，相当于一种生活体验。在最开始步入社会时，用两年时间，深入接触一个社会领域，既支持了贫困边远地区的教育，又锻炼了自己，有利于他们制定自己的人生计划。两年后，他们可以回到自己原来的专业学习或工作。

其次，这不是无偿的义工，而是有收入的工作。参加项目的毕业生能够得到不低的工资，这可以让他们偿还助学贷款。假如参与者在项目结束后要进一步再读教育硕士，成为专业教师，这个项目将提供全额的学费资助，这对一些毕业生来说也很有吸引力。

最后，能够体现社会责任感。"为美国而教"这个项目得到了政府的支持，也得到许多大企业的资助，许多参加项目的年轻人由于"支边"的经历，再加上推荐，非常容易获得自己满意的职位。所以，两年的锻炼经历并不会耽误毕业生今

第14章
社会企业营销管理

后的就业,反而会使他们的经历更让人高看,是一种信誉上的加分。

46岁的温迪·科普为人低调但梦想远大,在32个国家招聘社会活动担任资金短缺的公立学校教师。她的目标是"缩小全球教育差距"。美国教学组织又建立了一个分支组织,叫作"为所有的人教学",把美国教学组织的模式引入印度、澳大利亚和拉美、非洲很多国家。

资料来源:美国教育先锋温迪·科普与她的"为美国而教"[EB/OL].(2018-09-02).https://zhuanlan.zhihu.com/p/,本书作者有所改编。

延伸阅读

里斯,特劳特.定位[M].邓德隆,火华强,译.北京:机械工业出版社,2017.

里斯,特劳特.商战[M].邓德隆,火华强,译.北京:机械工业出版社,2017.

特劳特.特劳特营销十要[M].邓德隆,火华强,译.北京:机械工业出版社,2017.

里斯·A,里斯·L.互联网商规11条:互联网品牌圣经[M].寿雯,译.北京:机械工业出版社,2013.

思恩.乔·吉拉德经典推销思想和案例[M].北京:中国纺织出版社,2012.

复习思考题

1. 什么是市场营销?
2. 什么是顾客感知价值?
3. 简述消费者购买决策过程。
4. 简述组织市场购买的类型和购买决策过程。
5. 简述市场细分的标准和步骤。
6. 简述产品的内涵与外延。
7. 简述渠道的管理方式。

创业挑战

对社会企业的产品进行市场细分、目标市场选择和市场定位,制定市场营销策略,特别是渠道策略。

第 15 章　社会创业新发展

学习目标

- 掌握设计思维的理念、原则和步骤。
- 熟悉精益创业的核心理念和原则。
- 掌握四步创业法的理念与步骤。
- 掌握内部创业概念、过程和模式。

引导案例

他们在实践"精益创业"

曾工作于美国新蛋网的任鑫，看好线下商务与移动互联网结合的 O2O 模式，决定利用移动互联网销售酒店库存房间，于是，"今夜酒店特价"诞生。这是一款销售酒店剩余库存的智能手机应用程序。

在创业之初，"今夜酒店特价"的规划是，利用移动互联网线上预付，低价出售酒店当天晚上六点钟还没预订出去的房间，并抽取 10% 的佣金。用"六点钟以后开放"和"手机客户端预订"两个条件，分隔出了特定消费人群，因而不会对酒店正常销售造成冲击。采取预付，不仅符合移动支付的趋势，也为自身带来很多便利条件：公司在一个月后将房费付给酒店，保持良好的现金流；用户支付以后便会到店，酒店就会保证留住房源。

创业团队接下来的每一步战略都制订了详细的计划，仅用了一个月开发，就将这个概念产品推向市场，随后不断进行产品完善。产品上线前 3 天下载量突破 10 万次。2011 年年底"今夜酒店特价"获得了 400 万美元投资。随后，却迎来了长达 7 个月的噩梦，用户订单量一直以微乎其微的速度增长，95% 的订单没有完成最终支付。任鑫意识到：错了，全错了！千万别以为事情会按照商业计划书走！意识到公司实际上是航行在不确定性的迷雾中之后，"今夜酒店特价"不再坚持创业计划书上的战略，而是将了解用户的真实需求

第 15 章
社会创业新发展

作为首要任务。

抛掉商业计划书以后,"今夜酒店特价"把愿景界定为"用信息化或移动互联网来变革旅游产业",不再纠结于其具体实现方式。分析"今夜酒店特价"上线前几个月的数据,发现多数用户在交易过程中,卡在了支付环节。"今夜酒店特价"耗费大量精力和快钱、支付宝与银联谈判支付合作,开发对接系统与功能后,仍然收效甚微。

任鑫开始尝试改变支付模式,从移动预付改成客户到店现付,这是对原有商业模式的一大挑战,但是,**尊重市场选择更加重要**。为了试验现付从订购到支付的转化率表现,先在几个城市试验开通了酒店现付功能,很快发现现付的成交率比预付提高了 10 倍以上。2012 年 4 月,"今夜酒店特价"所有酒店都开通了现付功能。

为此"今夜酒店特价"用精益创业模式进行了 20 余次版本更迭,支付方式与功能都进行了很多调整。"今夜酒店特价"又重新走向成功。在经历了挫折以后,任鑫坦言:"我们以为我们正确理解了市场,以为我们正确提出了解决方案,以为我们的商业计划书是靠得住的,实际上我们错了,我们根本不知道目标在哪里。我们消耗了大量的时间和金钱来认识这个错误,而很多浪费本可以避免……创业应该接受不确定性迷雾,并尽量缩短试错过程。"

资料来源:郭嘉. 他们在实践"精益创业"[EB/OL]. (2012-11-06). http://www.ceconline.com/strategy/ma/,本书作者有所改编。

15.1 设计思维

15.1.1 设计思维的理念

设计思维是以人为中心的进行创新探索的方法论系统,其发源地是斯坦福大学的设计学院(D. School)。IDEO 创始人戴维·凯利(David Kelly)在实践过程中感受到"设计思维"可作为一种通用方法论而被广泛应用,并最终发起创立斯坦福 D. School。2005 年在获到 SAP(Systerms, Application & Products in Data Processing)公司创始人哈索·帕特纳(Hasso Plattner)的捐赠后,斯坦福 D. School 正式成立。近年来,设计思维在世界范围内受到越来越多的关注。斯坦福 D. school 认为,设计思维提供了一种"可以在任何领域产生可靠的创新成果"的方法论。

IDEO 的 CEO 蒂姆·布朗(Tim Brown)对于设计思维(Design Thinking)的定

义是:"这是一门运用设计师的敏锐感觉和方法,通过把技术可能性和商业战略可行性转化为客户价值和市场机会,用以满足客户需求的学科。"他在《IDEO,设计改变一切》一书中写道,设计思维是战略层面的,它将"设计"拉出设计工作室,并释放出设计思维的颠覆性和改变游戏规则的潜能。

"设计"本质上不应是一个"技巧"(Know-how),它应该是一种新的思维方式(Way of Thinking),而最终成为一种行为方式(Behavior)。设计思维本质上是以人为中心的创新过程,它强调观察、协作、快速学习、想法的可视化、快速概念原型化,以及并行商业分析。这最终会影响创新和商业战略。

设计思维有两层含义:首先,它是一个关于积极改变世界的信念体系;其次,它是一套如何进行创新探索的方法论系统。设计思维的目标是使消费者、设计者和商业人士均参与到一个统一的流程里,这个流程可以适用于产品、服务甚至商业体验。它是一种想象未来情形并将产品、服务和体验带入市场的工具。斯坦福大学工程学教授伯纳德·罗斯(Bernard Roth)表示,设计思维能帮助所有人形成解决问题、达成目标的习惯。这些可以维持终生的习惯可以让我们的生活变得更好。

设计思维所倡导的信念可以归纳为:设计并非设计师的专利,个人和企业都可以运用设计方法积极地改变世界;解决问题的出发点是用户需求而不是商业模式或技术先行;不要只用分析性思维方式思考问题,而是要先学会问正确的问题并使用发散思维考虑各种看似无关的可能性;团队要多样化和互补并要跨界协同;要包容失败,失败是学习的过程;动手是最好的思考过程,在动手呈现想法的同时其创意将得到验证、调整和提高。

蒂姆·布朗认为一名设计思维者(Designer Thinker)的个人特质应该包括以下五个方面:同理心(Empathy)、综合思考(Integrative Thinking)、乐天精神(Optimism)、实验主义(Experimentalism)、合作精神(Collaboration)。设计思维提倡团队成员来自完全不同的专业背景、文化背景和不同的部门。

15.1.2 设计思维的原则

1. "用户同理心"原则

"用户洞察"一直是商业世界准则,但设计思维将"洞察"上升到"同理心"的层面。所谓"同理心"即是换位思考和体察,是超越于"他者旁观"的角度的更深刻的换位感受。

2. 异质交融与协同原则

当设计被理解成一种战略,实际上是一种"模糊化"前端(Fuzzy Front End),并没有一种特定的思维方式能完全处理这种模糊和不确定性。因此,设计思维是

第 15 章
社会创业新发展

一个开放的创造过程，需要引入战略制定者、设计师、咨询师、调研机构、客户代表、意见领袖、音乐家、社会学家、人类学家。

3. 模型化和原型设计原则

任何一个"想法"，如果不能以可视化的方式加以描述和呈现，这个想法就不成立。一个设计概念，也只有"做出来"才有机会成立。这"做出来"的原初的东西，正是"原型"（Prototype）。

4. 宽容失败与短周期迭代原则

"失败"意味着这一代设计有了被更新被优化的可能。推动企业创新的，往往不是"失败焦虑"，而是"宽容失败"。"原型"设计本身是一个动态的不断试错和更迭的过程。随着产品的生命周期变得越来越短，也要求越来越短周期的迭代。

5. 品牌接触点体验原则

消费者对品牌的体验，往往开始于感官层面的审美，之后会在行为层与获得一种与产品的交互；之后消费者才会使用产品，在功能层了解其性能；再深入地体验，在于如何运作的构造层面的认知。而消费者最为本质的体验是在抽象的精神层面对产品和设计的"含义"的认知和认同。在层层深化的品牌体验中，设计实际上是在贯彻着品牌的精神内涵，也以不同的形式为品牌创造和传输某种特定的体验。这样，在"用户体验"的语境之下，品牌激发设计，设计又反过来驱动品牌。

社会创业小贴士

斯坦福设计学院的极端用户产品设计方法

极端用户（Extreme Users）是斯坦福设计学院的产品设计的方法。所谓极端用户，是处于正态分布两端的用户，可能是特别频繁使用你产品的人，可能是过度甚至超越产品设计载荷的人、把某些功能用到极致的人。因为极端用户会把普通用户需求的放大，是社会设计与商业创新的交集。斯坦福设计学院的思维就是，极端用户所体现出来的需求，其实往往可能也隐藏于普通大众之中，但是不容易被发觉。你有机会去察觉这些对他们来说非常有意义的需求。如果要测试某个功能可以选择普通用户，如果需要革新产品和创新启发时应该选择极端用户。Smart Design 设计公司为奥秀（OXO）设计的削皮刀，考虑针对的用户并非是普通用户，而是患有关节炎的用户，当解决了关节炎患者使用削皮刀的不便时，常规用户同样适用。

15.1.3 设计思维的步骤

设计思维的过程由交叉存在的五个部分组成,而不是一组顺序排列的步骤。正如《设计思维》一书的作者希瑟·弗雷泽(Heather Fraser)所说:设计不是线性的过程,而是将用户的需求、强大的想法和企业的成功编织在一起的迭代架构。设计的对象,是企业的"活动",而这些"活动",本质上是网状的,多维的,交缠的,也是复杂的。每个环节都需要反复进行迭代改进。为了方便学习,设计思维的步骤是按照线性路径展开的。

总的来说,设计思维是基于对别人体验完全理解的一种解决问题的方式,是以用户为中心的方法论,强调从用户的立场想问题,并且尽快做出低保真模型进行测试。通过设计思维的应用,创业者可以从用户的痛点出发,找到洞察点以及可能的机会,进而演化出解决方法和最终的产品。即:设计思维=传统设计思维方式+视觉化思考+社会化思考。设计思维包括以下五个步骤(见图15-1):

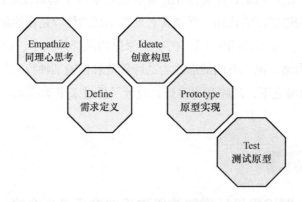

图15-1 设计思维的步骤

第一步:同理心思考(Empathize),即移情。要做到同理心就要履行三个步骤:

首先是观察(Observe)。观察不仅仅是观察用户行为,而是把用户的行为作为他的生活的一部分来观察。然后是吸引(Engage),与用户交谈,做调查,写问卷,甚至跟用户"邂逅",尽可能地了解到用户的真实想法。最后是沉浸(Immerse),即体验用户。其目的是尽可能地站在用户的立场上思考问题。

第二步:需求定义(Define)。在了解了客户之后,我们要做的事情是写出一个问题陈述来阐述一个观点。观点是用一句简练的话来激励团队或者项目的使命或价值观。

第三步:创意构思(Ideate)。通过头脑风暴,尽可能地产生大量的想法,一旦产出了很多想法,要把想法尽可能多地展示出来。把这些想法展示给顾客,再

第 15 章
社会创业新发展

次访问他们并再次获得反馈，然后进行筛选。这个过程是通过迭代不断改进想法的过程，也是先发散再聚焦的过程。

第四步：原型实现（Prototype）。用最短的时间和花销来做出解决方案。设计思维提倡的原型除了廉价地做产品原型外，还强调在做原型和展示原型的过程中，发现那些事先未曾预见到的挑战和意料之外的结果，反思原型存在的问题。

第五步：测试原型（Test）。检验自己的想法，收集其他人的反馈，对制作出来的原型进行测试。这就需要走出设计室，重新回到顾客身边，获取一些关于原型的反馈，在反馈的基础上进行迭代改进。

社会创业小案例

设计思维中运用同理心的成功案例

斯坦福大学的学生曾去缅甸做一个灌溉项目。依照设计思维的前两步——同理心思考和需求定义，学生们深入农村，了解他们在灌溉庄稼方面存在的问题。他们发现农民面临的真正问题不是灌溉而是照明。农民们使用蜡烛或煤油灯照明，他们住的小棚屋里充满有害气体，还消耗了当地农民的很多收入。最后，这些学生将注意力放在需要解决的实际问题上。开发出农民买得起的太阳能 LED 作业灯。之后，他们陆续给 42 个国家的人提供了数以百万计的灯具，给世界上那些没有电力或电力供应不稳定的区域提供了一种可行的照明解决方案。

CT 机的发明者道格·迪兹（Doug Dietz）一直为自己的工作能拯救生命而感到骄傲，但他在医院观察机器使用时却大吃一惊。一个接受检查的小女孩被吓哭了，这种情况非常普遍，医院近 80% 的儿科患者需要服用镇静剂才能做核磁共振。道格当时正在斯坦福设计学院学习，他运用设计性思维、同理心，以及反复运算的原型设计等知识重新设计了扫描检查的全部体验。他把核磁共振检查变成了孩子们的冒险历程：在墙上和机器上画上儿童普遍喜欢的图案；对医务人员重新培训，指导他们用孩子能听懂的语言为孩子们解释噪声和检查舱的运行，并配合设计的场景指导检查流程，在孩子进入 CT 机时他们会对孩子说"你现在要潜入这艘海盗船，别乱动，不然海盗会发现你的"。被大多数大人看作幼稚的情景设计对孩子却非常适用，需要服用镇静剂的孩子从 80% 降到了 10%，几乎八成儿童患者会主动选择海盗船 CT。

15.2 精益创业

15.2.1 精益创业概述

精益创业（Lean Startup）是硅谷流行的一种创业方法论，代表了一种不断形成创新的新方法。它源于日本丰田"精益生产"的理念。精益生产中包括了吸取每位员工的知识和创造力、把每批次的规模缩小、实时生产、库存管理以及加快循环周期的思想。硅谷创业者兼作家埃里克·莱斯（Eric Ries）在自己的创业实践中，把精益生产、设计思维、客户开发和敏捷开发等理念运用到自己创业实践中，逐渐形成了精益创业的理论框架。

精益创业的核心思想是创业公司应该进行"验证性学习"，先向市场推出极简的原型产品，然后通过不断地实验和学习，以最小的成本和有效的方式验证产品是否符合用户需求，对产品进行快速迭代优化，灵活调整方向，以期适应市场。如果产品不符合市场需求，最好能"快速或廉价地失败，"而不要"昂贵地失败"；如果产品被用户认可，也应该不断学习，挖掘用户需求，迭代优化产品。这一模式不仅针对车库创业派，对于全球最大企业内部的创新业务也同样适用。

新创公司不只是要打造有价值的产品，更重要的是学习怎样创建可持续增长的商业模式，即埃里克·莱斯所说的"验证性学习"。"验证性学习"的思路可以帮助决策者们对各种假设进行有效的验证。精益创业的基础运作思路就是将概念付诸到最小化可行产品中，测量用户的反应，对观测数据进行分析，进而做出保持方向或转型的决策。

新创公司通常会在产品初期或迭代周期中将假设落实到原型里，通过原型进行可用性测试，来验证产品是否真正切中用户的需求、产品所提供的功能是否能够成为用户乐于接受和易于使用的解决方案。在通往成功的道路上，新创团队必须学会逐渐加速这样的循环迭代过程。

这个循环包含三个最主要的部分。这个循环迭代过程可以用三个动词驱动三个名词来理解：IPD→BML，即 Idea→（Build）→Product→（Measure）→Data→（Learn）。建立验证学习，然后推动下一轮迭代。创业团队从一个想法开始，在多次迭代过程中持续地构建、测试和优化产品，为产品注入真正的价值。循环迭代过程如图15-2所示。

由于创业是在极端不确定情况下开发新产品或者新服务。所以，在创业早期，谁是客户、客户认为什么东西有价值都是未知的。最初的想法和现实之间必然存

第 15 章
社会创业新发展

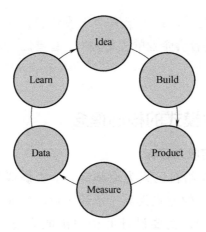

图 15-2　循环迭代过程

在差距。精益创业的关键就是：加快迭代的速度，让每次迭代尽可能短。每次迭代结束，得到可证实的认知，进行调整或者转型。

在精益创业模式中，新创企业要做的每一件事都被视为一次实验，用来获取"经证实的认知"。经证实的认知和最小化可行性产品的逻辑是，必须尽早把产品送至顾客手中。除了需要从顾客那里学习的认知外，其他任何工作都是浪费。另外，开发—测量—认知的反馈循环是一个持续过程，不能在一个最小化可行性产品之后就停下脚步，而要使用已经学到的信息，马上投到下一个迭代周期的工作中。

精益创业是一种科学的方法，可以使我们快速找到并测试创意，并以此创建可持续发展的公司，同时使我们避免愚蠢的错误、盲目的前行、反复的试验、错而不吸取教训、花费大量的时间和金钱去打造客户永远不会购买的东西。目前精益创业收到了良好的效果。

社会创业启示录

　　创业即是某种形式的管理……初创公司面对着无数的不确定性。初创企业就是一个在极端不确定的情况下开发新产品和新服务的组织……新创企业的成功不在于优秀的基因，或生逢其时其地，它可以因为遵循了正确的流程而获得。也就是说，成功是可以习得的，是可以传授的。——埃里克·莱斯（硅谷企业家和作家）

　　很多公益项目都可以用社创模式来运作；运用精益创业方法来创业，不必在草创阶段浪费精力去寻找资金；通过精益创业方法来设计业务，不但会大

> 大提高创业成功的可能性，更明显有助于投资者评估项目的可行性及吸引度。——谢家驹（香港社会企业的领军人物、香港仁人学社创始人）

15.2.2 精益创业模式的核心理念

1. 创业第一天就设定收入目标

许多创业的公司总是给自己人为地确定一个"烧钱"的期限。可是对于精益创业的企业来说，这样的方式无异于承认企业的创业失败。精益创业的团队从公司创立的第一天开始，就要设计并构想出能为公司创造收入的来源和产品。这样的目标推动，才能够快速构建自我生存的能力，并快速满足投资人的要求。

2. 持续的客户互动

精益创业的企业从产品概念形成阶段就不断地与客户展开互动，去验证所有的假设，包括：市场的需求是否存在？哪个细分群体是我们的目标客户群？什么是合理的定价模式和定价区间？并将假设验证的结果第一时间反馈到产品的设计和开发中。与传统企业不同，精益创业的企业在产品只有一个雏形和核心的时候就开始和客户接触，了解客户对这一产品反馈。在这一产品达到足够的黏度，客户的群体也达到一定的数量级之后，再在这一客户群体的基础上创新、挖掘新的产品和业务模式，不断扩大产品线和业务组合。

3. 如果没有收入，就一定限制规模

对于创业初期，在没有业务收入产生或者没有找到合适的收入模式前，一味地扩大规模，则会导致公司失去焦点，同时降低效率。对于精益创业的企业，在创业初期，每个团队、每个职能都扮演着多方位的角色，而且一定将其潜能发挥到极致。以核心团队为基础能创造出收入，复制扩大规模才能创造更多的收入。如果在还没有稳固的收入模式的基础上就盲目地扩大规模，那么投资回报率是不成正比的。

4. 产品开发周期——以小时计而不是月或者年计

对于产品开发的周期，精益创业的要求是，每天都能够看到产品的差异和进展。因为对于现在这个市场来说，只会承认和记住第一，一旦步伐放慢，很容易就会失去客户和竞争地位。因此，精益创业的产品开发对时间的要求极高。

5. 产品开发功能——最少的功能，最大的客户覆盖

产品功能方面，精益创业的原则是，对于产品的推出只需要最少的模块和功能，而面向的是最大的客户群体的需求。这是产品设计的第一个需求。在这个基础满足后，公司再逐渐提升和丰富这一产品的功能和模块。而进一步，会针对客户的细分来进行形成略有差异化的功能以满足不同客户的需求。

6. 产品开发——与客户拓展并驾

在精益创业的企业中，产品的开发不是为了开发而开发，也不是纯粹的在理念中的开发。这里的产品开始会和客户的需求紧密相连，有时候甚至某一个产品的开发，是因为与某个客户的合作而引发的，有明确的销售目标而开发的。这样产品的开发成本就能很好地被覆盖了。

15.2.3 精益创业的原则

1. 创业者无处不在

不一定非要在车库里折腾才算是创业。在创业企业中工作的任何人都是创业者。所谓的新创企业就是在充满不确定性的情况下，以开发新产品和新服务为目的而设立的个人机构。这意味着创业者无处不在，而且精益创业的方法可以运用到各行各业，运用在任何规模的公司、甚至是庞大的企业中。

2. 创业即管理

新创企业不仅代表了一种产品的问世，更是一种机构制度，所以它需要某种新的管理方式，特别是要能应对极端不稳定的情况。事实上，"创业企业家"应该是一个在所有现代企业中使用的头衔，因为企业未来的增长需要依靠创新。

3. 经证实的认知

新创企业的存在不仅仅是为了制造产品、赚取金钱、服务顾客，它们的存在更是为了学习了解如何建立一种可持续的业务。创业者们可以通过频繁的实验检测其愿景的各个方面，这种认知是可以得到验证的。

4. 开发—测量—认知

新创企业的基本活动是把点子转化为产品，衡量顾客的反馈，然后认识到是应该改弦更张还是坚守不移。所有成功的新创企业的流程步骤都应该以加速这个反馈循环为宗旨。

5. 创新核算

为了提高创业成果，并让创新者们负起相应责任，需要关注那些乏味的细枝末节，包括如何衡量进度、如何确定阶段性目标以及如何优先分配工作。这需要为新创企业设计一套新的核算制度，让每个人都肩负职责。

> **社会创业小贴士**
>
> ### 精益创业画布模型
>
> 精益创业画布是早期创业的最佳分析工具。它能够帮助创业者找到市场切入点、明确价值定位、发现核心竞争优势、定义盈利模式与客户接触渠道，形成战略目标和行动计划。精益创业画布模型如图 15-3 所示。
>
> | ①问题：
客户最需要解决的三个问题

产品的商业目标 | ④解决方案：
产品或服务最主要的三个功能

⑥关键指标：
应该考核影响成功的关键策略 | ③独特价值主张：
简要说明产品和服务为何与众不同

一句话描述产品核心功能 | ⑦竞争壁垒：
难以被竞争对手模仿或购买的优势

⑤渠道：
找到客户的路径 | ②客户细分：
目标客户

早期用户 |
> |---|---|---|---|---|
> | ⑧成本分析：
争取客户成本，销售成本，网站架设成本，人力资源成本等 | | | ⑨收入分析：
盈利模式，收入毛利 | |
>
> 图 15-3 精益创业画布模型

15.2.4 精益创业的适用范围

精益创业推崇从用户中得到反馈，逐步完善产品功能，而在此之前，无须一次性投入开发完善产品。目前埃里克·莱斯的这一创业理念被硅谷的很多创业公司奉为圭臬。但是，创业者对精益创业理念的使用是存在边界的。

1. 不是所有的创业公司都适合这一法则

当一个创业公司一开始就立下大胆的目标时，精益创业就显得有所局限。因为很多时候要达成一个大胆的目标，产品必须足够完善才能推向市场。例如，苹果在开发麦金塔电脑时，该产品必须一次性功能完善才能获得人们的青睐，才能在计算机的发展史上留下浓重的一笔。SpaceX 的联合创始人伊隆·马斯克说他的公司只能一鸣惊人，不能逐步完善，因为他的目标是把火箭送上天空。

2. 精益创业不能成为销售和营销不力的借口

精益创业倡导在前期不急于雇佣大量员工，只需专注和不断完善产品自身。

第 15 章
社会创业新发展

部分创业公司漠视销售和营销，这是对精益创业的错误理解。很多创业者都陷入一种理想化的思维，部分创业者认为创业公司只需专注完善产品，只要做好产品，品牌知名度就会像病毒传播一样得到快速提升，销售和营销将会自动产生。这是不正确的认识。

3. 别迷恋失败，别轻言放弃

硅谷之所以与众不同，很大程度上是创业公司相信，失败是成功之母，屡败屡战总有成功之日。也因为如此，创业者们很容易就容忍失败的发生。经过多次失败后取得成功当然很兴奋。但是，很多创业者太有远见导致过快做出放弃决定，认为成功之前必然有多次失败，所以习以为常。创业失败是可以容忍的，但创业者要从中吸取经验教训，否则只会导致更多的失败。看到失败的征兆就立即放弃，会患上习惯性失败症。

社会创业启示录

我们的努力有多少创造了价值？有多少浪费了？这个问题是精益生产的核心所在。精益的思维方式把价值定义为"向顾客提供利益"，除此之外的任何东西都是浪费。在制造业中，只要产品能正常工作，顾客并不介意它是如何组装起来的。但是，在新创企业中，谁是顾客、顾客认为什么东西有价值都是未知数。而这种极端不确定性，正是新创企业定义中的一个重要部分。作为新创企业，需要一个新的价值定义。——埃里克·莱斯（硅谷企业家和作家）

15.3 四步创业法

15.3.1 四步创业法概述

为什么有些创业公司的事业蒸蒸日上，有些却匆匆关门大吉？原因很简单：能挨过最初几年的创业公司都没有严格遵守传统的、以产品开发为中心的创业模式。经过不断尝试、反复调整，幸存的创业公司摸索出一套新方法作为对产品开发方法的补充。这是一套研究和发现客户的方法，四步创业法的发明者史蒂夫·布兰克将其称之为客户发展方法。

客户发展方法由四个阶段组成：客户探索、客户检验、客户培养和组建公司（见图15-4）。客户发展方法四个阶段的目标可以概括为：客户发展的目标是根据既定的产品设计，去寻找目标客户，判断产品能否解决客户的问题；客户检验的目标是找到可以重复使用的销售模型；客户培养的目标是激发更多的潜在客户；组建公司的目标是从学习、探索型团队向全速运转的企业过渡。前三个阶段可以在人力有限的情况下完成，从而大大节约创业成本。虽然每个阶段的目标不同，但是客户发展流程作为整体有一个共同目标：寻找可盈利的、可扩展的商业模式，让公司实现盈利。

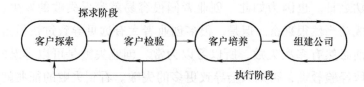

图 15-4　四步创业法流程

客户发展方法的四个阶段受市场类型的影响。常见的市场类型有三种：现有市场、全新市场和细分市场。现有市场即生产市场已经有的产品。全新市场是生产全新产品或开拓全新的市场。细分市场为生产改良的产品以进一步细分现有市场。创业失败不一定是因为不够勤奋或缺乏激情，还有可能是因为不懂得正确区分自己进入的市场类型。市场类型不仅决定市场大小、产品定位产品发布方式，还决定应该如何了解顾客需求。不同创业公司面对的市场类型不同，采取的创业策略也应该不尽相同。

客户发展方法的理念很简单：离开办公室，到用户中去；在确定产品设计方案和销售策略之前，请潜在客户检验产品设计和销售策略。创业仅凭理想远远不够，必须依赖可靠的流程。四步创业法提出这种流程。只要全面严格地执行客户发展方法，创业的成功概率就会大幅提高。

15.3.2　客户探索

客户探索的目标是根据既定的产品设计去寻找目标客户，判断产品能否解决他们的问题。检验商业计划中关于产品、待解决的问题，以及关于客户的各种假设是否正确。因此，必须走出办公室去发掘最有价值问题，弄清产品应该如何解决问题，弄清谁是你的客户。完成任务后，产品的特色就会变得清晰可见。在创业公司里，定义产品雏形的工作通常是由公司创始人和产品开发团队完成的。客户探索的任务是判断是否有顾客买产品雏形的账。

客户发展方法的四个阶段都可以划分为更小的步骤。客户探索流程如图 15-5 所示。与后三个阶段不同的是，客户探索有额外的第零步：行动之前，先要获得董事会和管理层的支持，然后才能开始正式的客户探索。公司上下认可客户发展

第 15 章
社会创业新发展

方法后，即可进入客户探索阶段。

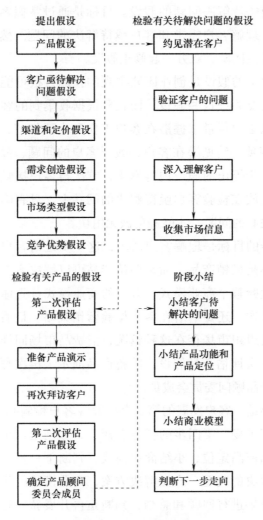

图 15-5 客户探索流程

第一步：提出假设。创业总是从一系列设想开始的，包括对产品或服务的设想、对客户需求的设想、对产品销售方式的设想。但是这些设想只是理性的预测。为了把设想变成现实，必须设法验证这些设想，去伪存真。所以客户探索的目标可以概括为用事实检验创业者的设想。为此，必须寻找客户，了解客户的意见。唯其如此，才能证明设想的可行性。

有必要把这些假设记录成文，因为整个客户发展过程会不断回顾、检验、修正这些假设。建议采用备忘录的形式，内容主要涉及产品假设、客户亟待解决问题假设、渠道和定价假设、需求创造假设、市场类型假设、竞争优势假设等几方面。我们会不断回顾这些假设，随着掌握的客户信息不断增加，备忘录也会逐步完善。第一步先尽量写下已知的信息，搭建框架，以后再往里面补充内容。

第二步：检验有关待解决问题的假设。目标是通过掌握客户的业务状况、工作流程、组织结构，理解客户需求和客户亟待解决的问题。然后汇总信息，去芜存菁，反馈给产品开发团队，双方一起修正假设。

因为，第一步提出的假设是创业团队主观的预测，很可能与实际情况相去甚远，所以第二步不但要验证这些假设，而且要根据收集到的客户反馈信息修正假设。为此，创业团队必须尽量掌握潜在客户工作和生活细节，用数据说话。第二阶段的任务有以下四项：约见潜在客户、验证客户的问题、深入理解客户、收集市场信息。鉴于第一步提出的假设内容繁多，首次与客户接触不可能得到所有答案，所以应该把重点放在检验客户亟待解决的问题上。只有确定产品宣称要解决的问题确实是客户关心的问题，才能避免做无用功。

第三步：前两步的目标是理解客户需求，这一步是请客户检验有关产品的假设。这一步的目标不是推销产品，而是确认产品可以解决客户的问题。检验产品功能的同时，还要检验整个商业模式。有效的商业模式首先体现在拥有一批高度认可产品的客户。其次，还要请潜在客户检验营销策略。最后，要留意究竟谁拥有购买决定权。不仅组织市场存在这种情况，消费品市场同样如此。第三步的任务有以下五项：第一次评估产品假设、准备产品演示、再次拜访客户、第二次评估产品假设、确定产品顾问委员会成员。

第四步：阶段小结。客户发展的第二个阶段（客户检验），或者再开展一轮客户探索，进一步了解市场。第四步的任务有四项，分别是：小结客户待解决的问题、小结产品功能和产品定位、小结商业模式、判断下一步走向。前三步的任务是检验有关客户待解决的问题、产品解决方案、商业模式的假设等的假设，这一步对前三步的工作成果进行回顾和总结，判断是再开展新一轮客户探索，还是进入下一阶段客户检验。

社会创业启示录

如果在汽车时代早期询问客户有何需求，很多人可能都会回答说"要一匹跑得更快的马。"——亨利·福特（福特汽车创始人）

创业失败往往……不是因为缺少技术，而是因为缺少客户。不是因为忽略需求，而是因为过度收集需求。不是因为缺少梦想，而是因为缺少检验梦想的方法。——佚名

15.3.3 客户检验

客户检验的目标是制定可行的销售路线图,而不是组建销售团队。在完成客户检验之前,对如何销售产品还知之甚少(最多是合理的假设),这时仓促组建销售团队,盲目开展销售活动并不明智。客户检验应该充分发挥天使客户的作用,让其帮助你制定销售路线图。但是应注意,重点不是向天使客户推销产品,而是请他们检验你的假设。创业公司和成熟的大企业的区别在于大企业已经拥有针对目标客户的销售路线图,而创业公司对客户知之甚少,针对主流客户展开蛮力销售只会事倍功半。所以创业者应该亲自带领团队调研客户开展销售。

与客户探索一样,客户检验也分为四个步骤,四步首尾相连,构成循环。客户检验流程如图 15-6 所示。

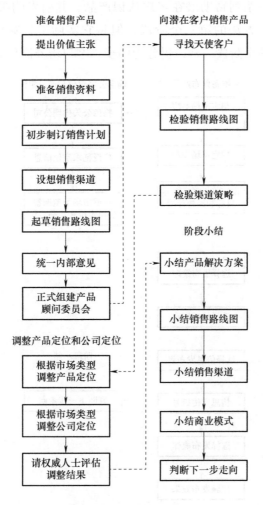

图 15-6　客户检验流程

第一步：准备销售产品。提出价值主张，准备销售资料，初步制订销售计划，设想销售渠道，起草销售路线图，统一内部意见，正式组建产品顾问委员会。

第二步：向潜在客户销售产品。寻找天使客户，检验销售路线图，检验渠道策略。

第三步：调整产品定位和公司定位。先根据天使客户的意见，调整产品定位和公司定位，调整产品在市场中应占的位置。然后请权威人士评估调整结果，进一步优化定位。

第四步：阶段小结。小结产品解决方案，小结销售路线图，小结销售渠道，小结商业模式，判断下一步走向。

15.3.4 客户培养

客户培养是指一系列帮助潜在客户认识产品，并引发购买行为的行动。虽然客户培养是客户发展方法的第三个阶段，但是它实际上贯穿整个客户发展流程。客户培养流程与前两个阶段一样，仍分为四步。客户培养流程如图15-7所示。

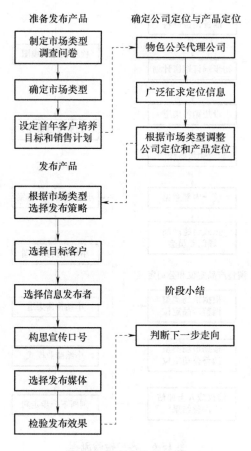

图 15-7　客户培养流程

第 15 章
社会创业新发展

第一步:准备发布产品。这一步需要完成制定市场类型调查问卷、确定市场类型、设定首年客户培养目标和销售计划。尽管从客户发展的第一步开始就需要思考自己所面对的是现有市场、细分市场或全新市场类型中的哪种类型,但是,到这一步必须做出市场类型的决定,因为市场类型决定了创业企业应该制定何种客户培养策略。选择市场类型可以借鉴新兰切斯特模型。

兰彻斯特模型是英国工程师弗雷德里克·兰切斯特(Frederick Lanchester)提出用于战争仿真的模型。第二次世界大战后,被引申到市场营销战略领域,被称之为新兰切斯特模型。该模型适用于创业企业用于识别自己所处的创业市场类型。

第一,如果市场排名第一的企业市场份额达到75%,说明市场已经被它独家垄断,创业企业想直接挑战独家垄断企业几乎不可能成功,只能选择细分市场。

第二,如果排名前两位的企业共同占据75%的市场份额,且第二位的市场份额不低于28%,意味着形成双寡头垄断,在此市场形态下,创业企业直接挑战几无胜算,最好选择细分市场。

第三,如果排名第一的企业的市场份额在26%~47%,则说明市场尚不稳定,市场排名随时可能发生变化,这种情况下对创业企业比较有利。

第四,如果排名第一的企业的市场份额不足26%,那么市场仍处于开放状态,这种环境最适合创业企业的成长。

第五,如果创业企业想要战胜垄断企业成为市场第一,花在市场营销上的成本至少是对方3倍。即使处于不稳定的市场,要战胜已经领先的对手,也至少需要1.7倍的市场营销成本。除非创业企业有超强实力,否则不应挑战对手。

第二步:确定公司定位和产品定位。定位就是要在客户心目中形成独特的价值主张。在客户探索和客户检验阶段,已经讨论过产品和公司定位问题,还制定了初步的价值主张,现在需要进一步根据客户、媒体、行业分析的反馈意见修正定位。

第三步:发布产品。公司定位和产品定位确定后,可以着手准备宣布公司成立,向公众发布产品。这一步的主要任务是:根据市场类型选择发布策略、选择目标客户、选择信息发布者、构思宣传口号、选择发布媒体和检验发布效果。

第四步:阶段小结。需要对产品发布的准备环节、产品与公司定位的准确性、发布产品的效果进行复盘总结,并判断下一步走向。如果是产品定位和宣传口号不妥,需要返回到第一步,重新执行客户培养流程。如果产品销量不断攀升,竞争对手开始竞相模仿你的产品,证明取得了成功,就可以进入客户发展的最后一个阶段。

15.3.5 组建公司

在完成了客户探索、客户检验和客户培养三个步骤之后,即可进入组建公司

社会创业学：
社会创业思维·过程·实践

阶段。组建公司流程如图 15-8 所示。

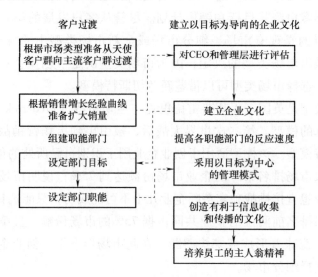

图 15-8　组建公司流程

第一步：客户过渡。调整公司策略，根据市场类型准备从天使客户群向主流客户群过渡。这个过渡存在着鸿沟，除非拥有开拓天使客户的经验，否则难以跨越这个鸿沟。

第二步：建立以目标为导向的企业文化。组建公司是一个从"打江山"到"坐江山"的转型过程，需要在保持创业精神和企业运行规范化之间保持平衡，这对创业团队提出严峻的挑战。所以，需要对创业团队进行全面的评价。组建公司后能否跨越鸿沟占领主流市场仍存在很大的不确定性，机械模仿大公司的文化和组织结构很可能会为失败埋下伏笔。创业企业应该把更多的精力放到建立以目标为导向的企业文化上，这是扩大公司规模的关键。

第三步：组建职能部门。客户发展团队已经完成自己的历史使命，公司要跨越鸿沟，就需要组建正式的职能部门。可以按业务职能对原客户发展团队进行拆分，围绕企业目标组建各职能部门。

第四步：提高各职能部门的反应速度。商场如战场，为了赢得主流客户，必须对市场变化做出快速反应。创业企业应该采取分权决策原则和 OODA 原则。

分权决策原则就是企业为了保证低层组织的主动性和创造性把部分决策权分给下属组织，企业领导层只保留重大战略问题的决策权。其表现形式为决策部门化，用华为创始人任正非的话讲，就是让听见炮声的人做决策。以保证创业企业能够比竞争对手做出更快的反应。

OODA 原则又称 OODA 循环、包以德循环，是美国陆军上校约翰·包以德

（John Boyd）凭借战斗飞行员的经验和对动力机动性的研究发明的。尽管包以德循环的发明纯粹是军事目的，但是这一理论同样适用于企业经营。OODA 是 Observe（观察）、Orient（调整）、Decide（决策）和 Act（行动）的首字母缩写。OODA 循环理论的基本观点是：武装冲突可以看作是敌对双方互相较量谁能更快更好地完成"观察—调整—决策—行动"的循环程序。

双方都从观察开始，观察自己、观察环境和敌人。基于观察，获取相关的外部信息；根据感知到的外部威胁，及时调整，做出应对决策，并采取相应行动。"调整"步骤在整个 OODA 循环中最为关键，因为如果对外界威胁判断有误，或者对于周围环境理解错误，那么必将导致方向调整错误，最终做出错误决策。敌、我的这一决策循环过程有快慢之分。己方的目标应该是率先完成一个 OODA 循环，然后迅速采取行动，干扰、延长、打断敌人的 OODA 循环。企业文化坚持倡导充分调动团队成员积极性，支持员工在合理范围内享有最大的自由空间，久而久之，就会形成一种独立、自律、积极主动的工作氛围，团队成员的主观能动性和创新精神就能够被充分调动起来。

> **社会创业启示录**
>
> 创业公司之所以能成功，只不过是因为其在资源耗尽之前做足了改进。——埃里克·莱斯（硅谷企业家和作家）

15.4 企业内创业

近年来公司内部创业变得非常流行，越来越多的企业意识到内部创业的重要性。管理学家也在倡导企业推动内部创业。有长远眼光的企业家在努力推动企业内部创业。内部创业成为各界广泛关注的话题。

15.4.1 企业内创业的含义

1. 企业内创业的概念

对企业内创业的概念可以从狭义和广义角度进行界定。企业内创业广义的界定强调企业内创业包含多类创造和创新活动的过程，包括战略的更新、经营业务的拓展或者创造、技术上的创新、组织结构、文化及管理体制的创新等。而狭义的界定强调企业内创业是为利用现存组织内的创业资源和雇员进行新业务活动的建立过程。

我们认为，企业内创业是由一个企业内具有创业愿望和理想的员工，基于机会而发起的，为了获得创新性的成果，在公司授权和资源保证下承担企业内部某些业务内容或工作项目，进行创业并与企业分享成果的企业创业模式。企业内部创业表现为正式的或非正式的行为，目的是通过产品或方法的创新以及市场开拓为企业创造出新的商机。

2. 企业内创业的特点

（1）企业内创业具有明显的资源优势。内部创业在本质上要优于个人创业，因为企业环境是内企业家所充分熟悉的，企业可以提供创业所需要的各种资源甚至企业品牌。内企业家不必向外界筹措创业资金，失败后承担责任较低，相对成功的机会较大。

（2）企业内创业活动具有较强的风险性。企业内创业活动是在企业内开创新的业务，环境的不确定性使得内创业活动本身的风险加大。这些风险主要包括政策风险、经营性风险和资本风险等诸多风险。

（3）企业内创业是由内企业家推动的。新创企业的早期增长主要依赖企业创始人即创业者的理念、驱动力和个性。成熟企业的增长也需要创业的理念、驱动力与文化，但这些因素既来自作为企业所有人的管理者，也来自在企业工作的人，这些人就是内企业家。

（4）宽松的内部环境产生内企业家。企业内创业的主体是内企业家。他们会经常挑战现有组织的秩序和稳定性。这要求企业具有鼓励新想法、鼓励尝试和错误、允许失败、长远的战略眼光、相应的报酬体系、高层管理者的支持的创业氛围。只要营造良好的创业氛围，任何人都有可能成为内企业家。

（5）企业内创业类别的多样性。根据内创业源而将内创业分为内源内创业和外源内创业。内源内创业是指通过借助企业内部资源而进行的内创业。外源内创业是指通过借助企业边界之外的资源来进行的内创业，如通过战略联盟、并购、外包、外部风险投资等方式进行创业活动。

创业家语录

如果没有内部创业者的存在，公司也不可能有任何创新。几乎所有重大的革命性创新都是由充满激情的创新者推动的结果，其他人的百般阻挠也扼杀不了他对于创新的追求。——吉福德·平肖第三（《创新者与企业革命》作者、"内企业家"概念提出者）

第 15 章
社会创业新发展

> 经营公司的关键不在于培养更好的经理,而是要让员工便显得像真正的创业家那样,把公司当成他们自己的事业。——赫维·汉比克(汤姆森多媒体公司创业高级副总裁)

15.4.2 企业内创业的过程

1. 明晰企业的使命与愿景

清楚陈述企业未来的愿景与目标,使内部创业者从事创新活动时有一个遵循的方向,并能与企业的经营策略相结合。

2. 发掘企业内部具有创业潜力的人才,并加以鼓励支持

内企业家追求的不只是金钱的报酬,还包括成就感、地位、实现理想的机会以及自由使用资源的权力。对于创业成功的奖励,除给予升迁选择外,还涉及分享成果红利,以及给予可供自由支配的内部资源作为额外的奖励。同时应该宽容其失败。

3. 建立内部创业团队、寻找组织内保护人

内企业家除了具有创意外,还必须是一位优秀领导人,能够在企业内部吸引所需要的专业人才,共同组成创业团队。同时在新事业开创过程中,还需要一位具有影响力的高层支持者作为保护人,协助获得所需资源,并排除创业过程中的企业内部阻力,使创业团队能够度过艰辛的创业初始期。

4. 赋予创业团队行动自由,但同时要求对成果负责

企业对于内部创业团队的创新与创业活动,应给予很大程度的行动与决策自主。在一定额度范围内,创业团队可拥有自由支配资源的权力,但同时也对成果负责。在未实现成果以前,创业团队必须放弃分享其他部门为企业的所创造的利益。

5. 推动管理变革

贯穿内创业始终的是内创业的文化建设。在企业的快速发展过程中,内创业组织应传承原企业的文化,跟踪学习国内外先进的管理思想,适时总结适合企业发展的管理经验,不断创新管理模式,提升企业的管理水平。

社会创业启示录

> 内部创业意味着他们的工作内容已发生变化,更多地在于跨越界限将各组织捆绑起来,经常需要处理超越权限的问题,需要通过跨部门地说服和共享来解决问题。——吉福德·平肖第三(《创新者与企业革命》作者、"内企业家"概念提出者)

> 我鼓励一种内部的创业文化。不要把创业狭隘地定义成非要自己开公司当老板。其实，你在公司有一片自己的天空，有一些合理的资源，然后你带着一些人发挥你的潜能，借着公司的平台把事情做得更大，也是创业。——周鸿祎（360公司创始人）

15.4.3 企业内创业模式

1. 阶段管理式内创业模式

该模式的代表企业是柯达公司。柯达公司内部创业体系的独到之处在于其对创新业务分阶段的管理。大约10%有成功希望但与主营业务不符的创新提议，可以从新业务开发部门获得高达2.5万美元的资助。如果设想可行，发起人可以获得高达7.5万美元的项目资助。如果项目运转顺利，创业项目可以通过上市或转让，实现资本增值。

2. 事业部先庇护，公司再放手式内创业模式

该模式的代表企业是宏碁公司。宏碁公司对进入公司5年以上的员工，提供内部创业的机会。公司鼓励员工参加内部竞标活动，让对项目感兴趣的员工参加竞标，中标者成为该项目的项目经理，负责项目的全过程实施。宏碁的内部创业公司，通常与母公司在技术、渠道、上下游或人才方面有多项关联性。

3. 杯酒释兵权式内创业模式

该模式的代表企业是用友和华为公司。用友公司在合肥、武汉和温州推行了"创业计划"，鼓励那些地区分公司的员工离开公司，转为自行创业的代理商。公司为离职做代理并成立公司的员工提供资金和产品的支持。用友和华为这种模式是在特定时期的特定政策，用友由于原有的渠道成本压力太大，需要变革。华为更多的是需要解决老员工的出路问题。

4. 计划书式内创业模式

该模式的代表企业是富士通公司。富士通通过设立专门的基金来鼓励内部创业。只要在富士通工作3年以上的员工均可申请创业基金。公司每半年组织一次大赛，公司成立有专门的创业评定机构。公司与入选的员工共同创立新公司，富士通在新公司所持股份通常不超过50%。随即，公司与创业员工解除劳动关系。

5. 公司风险投资式内创业模式

该模式的代表企业是壳牌公司。壳牌公司采用的是"游戏改变者"项目。这是该公司勘探与生产部发明的，目的在于给公司寻找新的市场机会，特别是突破性的机会。项目组四处收集创意，并为最有希望成功的想法提供资助。公司将

10%的技术预算按"风险投资"的方法来使用。

6. 15%式内创业模式

该模式的代表企业是3M公司。3M公司有一条没有成文的规矩,就是研发技术人员可以不经同意,使用15%的工作时间干个人感兴趣的事。员工有了好的创意后可以向公司申请资金支持。15%模式最大的特点是自由和开放的空间,不对员工的任何创新进行限制,那些绝妙的创新很自然地进化到创业的实操阶段。同时,它创造了一种组织的理念,为公司的创业文化赋予了灵魂。

15.4.4 克服企业内创业障碍

1. 企业内创业障碍

在实际生活中,企业里存在着众多限制创业的因素,以至于我们觉得在企业内创业毫无希望。但是,即使在最沉闷、官僚气息最浓厚的公司,也可能会发生创业行为。关键是先找出对内创业威胁最大的障碍。

(1) 内创业的体系障碍。成熟的组织通常依赖一系列经多年发展所形成的正规管理体系。这些体系保证了日益复杂的企业内部环境的稳定有序和协调。但它也会成为创业的障碍。当人们过分强调分析,重形式轻内容,重文件轻流程,注重由专业的规划者准备计划,在这种情况下问题就出现了。其结果是无法对新的机会做出快速反应、只能遵守严格的流程。

(2) 内创业的结构障碍。当企业存在很多层级时,内企业家寻找市场机会的能力、承担风险的能力都会出现问题。此外,等级制度还会带来管理和沟通渠道方面的障碍。其结果往往是组织中的各个阶层无法相互妥协,以致最终无法对创新和变革活动做出承诺。

(3) 内创业的战略方向障碍。对于一项产品或流程的创新,如果没有明确的目标以及完成这类目标的战略,内部创业活动的最终结果将难以预料。

(4) 内创业的政策和程序障碍。一些用来保障企业秩序和稳定政策和程序,可能会耗费内企业家大量的时间和精力,破坏内企业家的努力,逐步瓦解内企业家的创新精神。

(5) 内创业的人员障碍。在创业领域内普遍缺少相应的技术和人才。一些人认为自己没有创造力;另一些人则不愿意在自己的职责范围之外寻找新的想法或解决方案;还有一些人在寻找解决方案的过程中,缺乏实现最终目标所需的技巧。

(6) 内创业的文化障碍。许多以成功的创新者而闻名的企业都会采用一种强烈的组织文化。如果企业在价值的优先顺序问题上没能达成一致,创新活动就没有了明确的目标和重点。此外,如果企业的普遍风气是模仿竞争对手、保守和自大,就不可能做出创新承诺。

社会创业启示录

企业里如果没有广泛存在的创业精神,没有许多团队的员工朝着一个更大的梦想努力使之成真,公司就会陷入旧的困境,逐渐衰亡。——吉福德·平肖第三(《创新者与企业革命》作者、"内企业家"概念提出者)

2. 克服企业内创业障碍的策略

(1)建立社会资本。公司创业家必须通过灵活性和持之以恒的毅力来建立这种影响。他们需要建立社会资本,当新的项目需要时,可以将这些信任、感激和义务转化成现金。我们可以通过多种手段来建立这个资本,其中包括共享信息;为人们展示技能和能力创造机会;建立和使用影响网络。

(2)获得合法性。获得合法性的基本策略是使用个人影响或影响网络获得别人的认可,使支持创业的相关人员相信公司创业家的能力和可信度。创业家参与其他人发起的创业活动,将自己的想法成功地转化为创业活动,在得到经验的同时也得到了合法性。

(3)运用政治手段。在一个复杂的企业内创业环境中,内企业家需要运用一些政治技巧来积蓄资源,获得合法性并克服惯性和抵制。在现实生活中,如果另一个部门可能正通过提出无理要求妨碍创业团队的工作,创业家就可以采用规则型、规避规则型、个人政治型、教育型或组织相互影响型的策略来抵消他们提出的不合理要求。

(4)获得必要的资源。斯塔(Starr)和麦克米兰(MacMillan)确定了四种不同的共同决策策略,它们分别是借用、祈求、净化和放大策略。借用策略用于确保临时或定期使用资产或其他资源,最后归还。祈求战略是通过唤醒所有者的善意来得到资源。净化策略是提取其他人不打算使用的资源。放大策略是一种创造出的资产价值远远超过原持有人预计价值的能力。

社会创业小贴士

全球内部创业孵化的翘楚——Google 的创孵模式

为了保障 Google 的"内部技术风投"——Google X 的高效运作,两位

第15章
社会创业新发展

创始人采取"一国两制"的思路。通过成立"分公司"Alphabet 使得 Google X 的项目得以长期在一个相当区隔化的管理环境中进行孵化与成长，免受过多的审计干扰与战略制约。一边是 Google 这个庞然大物需要在制度上不断进行规范，以讨得华尔街的欢心；另一边，Alphabet 依旧完好地继承了 Google 早期"研究实验室型"的精神与体制。类似于研制出首枚原子弹的"曼哈顿计划"，Alphabet 力争尽可能地减少给予研究者的束缚，并营造一个松散、自发的工作氛围。在这里，任何天马行空的创意都有可能被付诸实践，而不用去考虑季度财报。

创新思维游戏

游戏名称： 记忆墙

游戏人数： 10~50 人

游戏时间： 45~90 分钟

游戏规则：

1. 在会议开始的时候，选出组长，发给组长马克笔、纸、胶带和一个平板用来画画。同时确保墙上有足够的空间来展示他们的作品。

2. 让大家调查本组成员，并花 10~15 分钟写下对创业学课程正面的、印象深刻的记忆，包括一起学习、互相学习或是以某种方式参与课堂活动的情景。

3. 当参与者写下许多回忆时，让他们在 A4 大小的纸上分别将每个场景画下来。告诉他们有 20~30 分钟的时间将这些"难忘的时光"画出来。他们可以和回忆中涉及的其他人一起，共同设计场景中的细节——视觉上或文本的都可以。

4. 当画画结束后，让大家把他们的图画用胶带粘在墙上，形成一个视觉"记忆云彩"。

5. 作为会议的领头人，首先征求志愿者，让他们来到墙边，讲述他们自己贴出来并愿意分享的回忆。当志愿者都讲完后，你可以自己走到墙边，挑出那些吸引你的图画，并让它们的作者来分享其中的故事。

6. 总结经验，并要求大家花上一点时间，安静地回想和感激那些帮助他们工作做得更好的人。游戏结束后，就接着进行"美好时光"，尽情地开心吧！

可选活动： 让志愿者来到墙边，挑出一幅图，然后猜一猜是谁画的。如果猜对了。就发给他们一个小奖品并让那个人上来详尽地描述一遍他画的画。如果猜错了。就把问题留给听众，让大家一起猜。如果有多个人猜对，就给他们每人发一个小奖品。

游戏策略：记忆墙不是一种策略游戏，而是一种感激方式。它唯一的规则就是参与者必须回忆并画出正面的、蓬勃向上的场景。而对于画出记忆场景有一个通用的指南：告诫参与者不要就他们或其他人的绘画本身做出评价。告诉大家，这个活动是用来分享趣闻轶事，而不是赢得绘画大奖的。图画描绘了逝去的时光，会营造出一种善意的幽默气氛。

如果看到某些参与者在回想过程中遇到麻烦，就问他一些泛泛的问题。使他能够回忆起某个场景。当有人在分享回忆墙上的一段回忆时，如果其他人能够从另外一个独特的视角回想起同样的场景时，也可以让他参与描述。记忆墙也可以专注于一个项目或是一个里程碑，让大家回想与工作有关的那些回忆，并据此画出一幅图画来代表该项目或里程碑。

本章要点

IDEO 的 CEO 蒂姆·布朗认为，设计思维是一门运用设计师的敏锐感觉和方法，通过把技术可能性和商业战略可行性转化为客户价值和市场机会，用以满足客户需求的学科。设计思维的目标是使消费者、设计者和商业人士均参与到一个统一的流程里，这个流程可以适用于产品、服务甚至商业体验。设计思维的步骤包括同理心、定义、设想、产品原型化、测试原型。

精益创业（Lean Startup）源于日本丰田"精益生产"的理念。核心思想是小型的创业公司应该进行"验证性学习"，先向市场推出极简的原型产品，然后通过不断地实验和学习，以最小的成本和有效的方式验证产品是否符合用户需求，对产品进行快速迭代优化，灵活调整方向，以期适应市场。

四步创业法由四个阶段组成：客户探索、客户检验、客户培养和组建公司。客户发展方法四个阶段的目标可以概括为：客户发展的目标是根据既定的产品设计，去寻找目标客户，判断产品能否解决客户的问题；客户检验的目标是找到可以重复使用的销售模型；客户培养的目标是激发更多的潜在客户；组建公司的目标是从学习、探索型团队向全速运转的企业过渡。

对企业内创业的概念可以从狭义和广义角度进行界定。企业内创业狭义的界定强调内创业是为利用现存组织内的创业资源和雇员进行新业务活动的建立过程。而广义的概念应包括战略的更新、经营业务的拓展或者创造、技术上的创新、组织结构、文化及管理体制的创新等。

关键术语

设计思维；精益创业；最小化可行产品；快速迭代；四步创业法；企业内创业

第 15 章
社会创业新发展

案例分析

实战中的设计思维

美国塔夫茨大学助理教授杰里·斯特林（Jerry Sternin）创办了一家名为"积极偏差行动（Positive Deviance Initiatives，PDI）"的公司。1990年，他应越南政府邀请，前往越南开发降低农村儿童营养不良率的解决方案。当时越南5岁以下的儿童有65%存在营养不良问题，大多数依赖政府或联合国机构提供免费营养补品的解决方案从未能带来预期效果。

斯特林夫妇使用称作"积极偏差"的方法，从那些营养不良问题不太严重的个人和家庭身上探寻解决方案。斯特林夫妇和"救助儿童会"的成员一起走访了清化省广昌地区的四个社区，寻访到六个"非常非常贫穷"但孩子却健康的家庭，这些家庭被称作"积极偏差"。然后仔细观察这些家庭准备食物、烹饪和享用食物的过程。

他们发现一些其他家庭没有的共性行为。这些家庭的父母搜集稻田里的小虾、小蟹、小蜗牛混在番薯叶子里给孩子们当饭吃。另一个现象是几家"积极偏差"的家庭喂养孩子的方式是"少食多餐"，可以让孩子的肠胃够容纳和吸收更多的食物。

斯特林和团队与这几户家庭一起向那些营养不良儿童的家庭提供烹饪培训课程。在项目第一年结束的时候，项目招募的1000个儿童中有80%都获得了充足的营养，而这种改善营养的新方式也在越南的其他14个村庄得到复制。

斯特林夫妇的工作非常好地展示了"积极偏差"和"设计思维"如何依靠当地智慧来发掘解决方案。他们在人们通常视作"边缘"的地方寻找那些"极端"的人，这些人有着与众不同的生活方式、思考方式和消费方式。

资料来源：蒂姆·布朗. 社会创新中的设计思维［EB/OL］.（2013-06-06）. http://mag.shechuang.org/，本书作者有所改编。

延伸阅读

王可越. 设计思维创新导引［M］. 北京：清华大学出版社，2017.
莱斯. 精益创业［M］. 吴彤，译. 北京：中信出版社，2012.
Maurya A. 精益创业实战［M］. 张玳，译. 北京：人民邮电出版社，2013.
Blank S G. 四步创业法［M］. 七印部落，译. 武汉：华中科技大学出版社，2012.

希斯里奇，卡尼. 公司内部创业 [M]. 董正英，译. 北京：中国人民大学出版社，2013.

复习思考题

1. 简述设计思维的理念和原则。
2. 简述设计思维的步骤。
3. 精益创业模式的核心理念与原则是什么？
4. 精益创业模式的适用范围是什么？
5. 简述运用四步创业法进行创业的路径。
6. 简述企业内创业的过程和模式。

创业挑战

1. 运用设计思维的理念设计自己的社会创业项目。
2. 根据精益创业的理念和四步创业法的步骤开展自己的社会创业实践活动。
3. 怎样通过内创业成为内创业家？

参 考 文 献

[1] 斯坦福社会创新评论编辑部. 斯坦福社会创新评论1 [M]. 何雨, 译. 北京: 中信出版社, 2018.

[2] 斯坦福社会创新评论编辑部. 斯坦福社会创新评论2 [M]. 李凡, 等译. 北京: 中信出版社, 2018.

[3] 徐本亮. 社会组织管理精要十五讲 [M]. 上海: 上海社会科学出版社, 2018.

[4] 郭超, 比勒菲尔德. 公益创业: 一种以事实为基础创造社会价值的研究方法 [M]. 徐家良, 等译. 上海: 上海财经大学出版社, 2017.

[5] 巴尔金. 影响力投资: 为什么说金融是一种向善的力量 [M]. 黄延锋, 译. 北京: 中信出版社, 2017.

[6] 徐永光. 公益向右　商业向左: 社会企业与社会影响力投资 [M]. 北京: 中信出版社, 2017.

[7] 福克曼, 等. 社会创业与社会商业: 理论与案例 [M]. 黄琦, 译. 北京: 社会科学文献出版社, 2016.

[8] 朱晓红. 公益创业理论与实践 [M]. 北京: 知识产权出版社, 2016.

[9] 巴林杰. 商业计划书: 从创意到方案 [M]. 陈忠卫, 等译. 北京: 机械工业出版社, 2016.

[10] 麦考斯基. 用一双鞋子改变世界 [M]. 赵习群, 译. 北京: 新华出版社, 2016.

[11] 李健. 公益创投SPPP模式研究 [M]. 北京: 中国社会出版社, 2016.

[12] 凯欧翰. 21世纪社会创业: 席卷非盈利、私人和公共部门的革新 [M]. 叶托, 译. 广州: 华南理工大学出版社, 2016.

[13] 普拉哈拉德. 金字塔底层的财富: 为穷人服务的创新型商业模式 [M]. 傅婧瑛, 译. 北京: 人民邮电出版社, 2015.

[14] 苏世彬. 创业管理 [M]. 北京: 高等教育出版社, 2015.

[15] 苗青. 社会企业: 连接商业与公益 [M]. 杭州: 浙江大学出版社, 2014.

[16] 魏拴成. 技术创业学: 创业思维·过程·实践 [M]. 北京: 清华大学出版社, 2014.

[17] 布兰森. 当善行统治商业 [M]. 胡丽英, 译. 北京: 东方出版社, 2013.

[18] 戈德史密斯. 社会创新的力量: 美国社会管理创新启示录 [M]. 王栋栋, 等译. 北京: 新华出版社, 2013.

[19] 尤努斯. 穷人的银行家第三版 [M]. 吴士宏, 译. 北京: 三联出版社, 2015.

[20] 陆汉文. 社会企业评论 [M]. 北京: 社会科学文献出版社, 2013.

[21] 伯恩斯坦. 如何改变世界: 用商业手段更好地解决社会问题 [M]. 张宝林, 译. 北京: 中信出版社, 2013.

[22] 魏拴成. 创业学: 创业思维·过程·实践 [M]. 北京: 机械工业出版社, 2013.

[23] 王世强. 社会企业的官方定义及其认定标准 [EB/OL]. (2012-06-18). http://chinadevelopmentbrief.org.cn/.

[24] 张远凤. 社会创业与管理［M］. 武汉：武汉大学出版社，2012.

[25] 尤努斯，韦伯. 企业的未来：构建社会企业的创想［M］. 杨励轩，译. 北京：中信出版社，2011.

[26] 斯基勒恩，奥斯汀，莱昂纳德，等. 社会部门中的企业家精神［M］. 翟启江，等译. 北京：社会科学文献出版社，2011.

[27] 莱特. 探求社会企业家精神［M］. 苟天来，等译. 北京：社会科学文献出版社，2011.

[28] 迪斯，等. 社会企业家的战略工具［M］. 周红云，等译. 北京：社会科学文献出版社，2011.

[29] 比索普，格林. 慈善资本主义［M］. 丁开杰，等译. 北京：社会科学文献出版社，2011.

[30] 资中筠. 财富的归宿：美国现代公益基金会述评［M］. 北京：三联出版社，2011.

[31] 布鲁克斯. 社会创业：创造社会价值的现代方法［M］. 李华晶，译. 北京：机械工业出版社，2009.

[32] 唐亚阳. 公益创业学概论［M］. 长沙：湖南大学出版社，2009.

[33] 迪斯. 企业型非营利组织［M］. 颜德治，等译. 北京：北京大学出版社，2008.

[34] 蒂蒙斯，斯皮内利. 创业学［M］. 周伟民，吕长春，译. 6版. 北京：人民邮电出版社，2005.

[35] 德鲁克. 创新与创业精神［M］. 张炜，译. 上海：上海人民出版社，2002.